主　编■邓晓芒　戴茂堂
副主编■舒红跃

德国哲学

（2015年卷）

GERMAN PHILOSOPHY

(The 2015 volume)

社会科学文献出版社
SOCIAL SCIENCES ACADEMIC PRESS (CHINA)

《德国哲学》编辑委员会

卷首语

德国哲学，有如一片蓝色的海洋，时而风平浪静，底下却潜伏着激烈的洋流；时而巨浪滔天，风暴中展示着思想的伟力。40 多年前，当我初次接触这种思想的伟力，并开始在这片陌生的水域小心翼翼地试航时，便陶醉于其中，欲罢不能，甚至后来还为此自学了德语。但当初万万没有想到，有一天我会从前辈专家手中接手一本叫作《德国哲学》的辑刊，并且一辑一辑地出下去，让那些和我同样着迷于这一话题的中外学者欢聚一堂，交流各自的心得，推进这一学术园地的繁荣，这真是三生有幸！今年将迎来《德国哲学》创刊 30 周年（1986 ~ 2016）的纪念大会，多年来关心、支持这一刊物的专家学者，特别是曾经为这一刊物的创办和成长呕心沥血的前辈学者，将相聚武汉，共同回顾这份中国思想界不多见的纯学术刊物所走过的艰难历程。

从我主编《德国哲学》2007 年卷开始，到目前这一卷，也已经在 10 年间出了 9 卷。我的办刊宗旨，是继承前辈一贯的传统，坚持一种纯正、精细、脚踏实地的学术风格，决不哗众取宠，不赶时髦，但也不自我封闭，凡采用稿件务必言之有物、言之成理。这也正是德国哲学的总体风格。我曾把康德哲学比作中国人“思维训练的夏令营”，其实整个德国哲学，从古典到现当代，都是如此。那种严谨、细腻、系统、逻辑一贯和内涵深邃，是其他民族的哲学无法比拟的，更是中国传统思维方式所欠缺的。的确，通过编辑《德国哲学》的工作，我深深体会到，在当今世界各国林林总总的哲学形态中，几乎任何一派你都可以从中找到出自德国哲学的源头，即使不是原发性地来自德国哲学，也是在德国哲学中才初次获得了它最具有哲学确定性的形式。德国人不愧为西方各民族哲学思想中的“第一小提琴手”（马克思语）。当然，与此相应的，德国哲学也是所有人类曾经有过的哲学中最困难的。这个民族不断地给人类贡献出一部又一部的“天书”，要解读这些“天书”，得具备超越于一般人的眼界和思维层次，需要有系统的训练、敏锐的观察和坚韧的意志。我越来越觉得，在当代中西文化的碰撞和融合中，德国哲学是无法绕行的一条必经之路，我们可以不同意他们的观点，但我们不能不读懂他们的意思，否则最终是上不了档次的。《德国哲学》是当代中国思想界的一座象牙之塔，当代中国需要这样一座象牙之塔。

邓晓芒，2016 年 7 月于武汉暴雨中。

目录 德国哲学（2015年卷）

目录 德国哲学（2015年卷）

Translations

Young Scholars' Forum

特　稿

《实践理性批判·导言》句读

邓晓芒*

内容提要　本文是对康德《实践理性批判》导言的一个句读，共分两段，第一段概述实践理性批判和纯粹理性批判的关系，说明纯粹理性批判一方面保留了“自由”概念的可能性，从而单凭纯粹实践理性自身就足以对意志进行规定；另一方面排除了一切经验运用于这个概念的可能性。这就为纯粹实践理性的运用提供了可能性和范围，并使纯粹实践理性成为对一般实践理性进行批判的准绳。第二段则由上述关系引出了《实践理性批判》的章节安排，它和《纯粹理性批判》的结构具有相同的要素，但次序是相反的。本文对该导言进行了逐字逐句的详细的解释。

关键词　纯粹理性　实践理性　自由　理念　经验性

---

* 邓晓芒，1948 年 4 月生，男，湖南长沙人，华中科技大学哲学系教授，德国哲学研究中心主任，中华外国哲学史学会常务理事，湖北省哲学史学会副会长；研究方向为德国哲学、美学、文化心理学、中西文化比较等。本文为将要出版的《康德〈实践理性批判〉句读》的导言部分，为本人主持的国家社科基金重大项目“德国古典哲学与德意志文化深度研究”（12&ZD126）中期成果之一。康德的文本参看中译本《实践理性批判》，邓晓芒译，杨祖陶校，人民出版社，2003，第 16 ~ 18 页；德文本参看 Kants Gesammelte Schriften, *Herausgegeben von der Königlich Preußischen Akademie der Wissenschaften*, Band V. Berlin 1913, SS. 15 – 16。

导言　实践理性批判的理念*

今天开始讲导言。导言的题目是“实践理性批判的理念”，理念（Idee）也就是理性的概念。这里要阐明的是，什么叫实践理性批判？这样一个理性的概念或理念究竟是什么意思？实践理性的批判不同于知性概念（范畴），而是由纯粹理性所想出来的一个概念，所以称之为理念。但是这个理念呢，也可以理解为实践理性批判这个概念的内涵，实践理性批判这个概念它的含义何在？这个导言一共只有两段，我们先来看它的第一段。

理性的理论运用所关心的是纯然认识能力的对象，而着眼于这种运用的理性批判真正说来涉及的只是纯粹的认识能力，因为这种能力激起了在后来也得到了证实的疑虑，即它很容易超出自己的界限而迷失于那些不可达到的对象或者甚至是相互冲突的概念之中。

这是跟《纯粹理性批判》接上头，来引入“实践理性批判”的理念。你要谈实践理性批判，那么它有一个前提，就是《纯粹理性批判》里面已经谈到了，认识的理性需要进行批判。认识的理性就是理性的理论运用。他说“理性的理论运用所关心的是纯然认识能力的对象”，认识能力的对象如何可能，也就是认识如何能够获得有关对象的知识，认识能力的对象也就是认识能力所建立的有关对象的知识，这个在康德那里是一回事。理论理性批判所关心的是纯然认识能力的对象，“纯然”在这里是“只是”的意思，那么理论理性所关心的仅仅是认识能力的对象，“而着眼于这种运用的理性批判”，也即纯粹理性批判，要批判理性的认识能力，要批判理性的理论运用，“真正说来涉及的只是纯粹的认识能力”。这个地方为什么要强调它仅仅涉及纯粹的认识能力？什么是不纯粹的认识能力？不纯粹的认识能力，当然是包含有后天经验性的、感性的东西的那样一种认识能力。比如说，感官、五官的接受能力，那当然也是认识能力。在“先验感性论”里面，接受能力分两个层次，一个是质料，也就是五官的接受；一个是先天的直观能力，就是空间时间。空间时间是属于纯粹的感性、纯粹的直观。而不纯粹的直观呢，就是五官的那些感觉、知

---

* 凡是康德的原文，在第一次出现时都加下划线，以示区分。

觉、印象。所以，他在这里讲，纯粹理性批判真正说来涉及的只是纯粹的认识能力，它并没有对五官感觉逐个地进行批判，而是对人的先天直观能力、知性范畴，乃至于人的理性理念，这些都属于纯粹的认识能力，对它们进行批判。所以《纯粹理性批判》里面的话题主要是一个先验感性论，一个先验逻辑，都是先验的，都是纯粹的。为什么要对纯粹的认识能力进行批判，而对这些后天感性的认识能力、五官的能力就不需要批判呢？因为五官的能力不存在先天的认识能力那样一些问题。什么问题？下面就讲了："因为这种能力激起了在后来也得到了证实的疑虑，即它很容易超出自己的界限而迷失于那些不可达到的对象或者甚至是相互冲突的概念之中"。为什么只对纯粹的认识能力进行批判，因为这样一种能力激起了一些疑虑，这些疑虑后来也得到了证实，也就是在辩证论里面得到了证实。什么疑惑？"即它很容易超出自己界限"，人类的先天认识能力很容易超出自己的经验的界限，这个界限在康德看来就是现象界。至于本体界，物自体，它是不能够涉足的。但是这个先天的认识能力很容易越界，因为它本身不是来自于经验，它来自于先天。所以，虽然你说它必须要运用于经验，但是它本身总觉得自己可以不限于经验。所以它很容易超出自己的界限，而迷失于那些不可达到的对象，或者甚至相互冲突的概念。那些不可达到的对象，也就是理念所涉及的那些对象。灵魂啊，上帝啊，宇宙整体啊，这样一些对象，它会在其中迷失。甚至迷失于那些相互冲突的概念之中，关于这样一些对象，我们有一些相互冲突的概念：宇宙到底是有限的还是无限的，可分的还是不可分的，等等，这就是二律背反所产生的一些相互冲突的概念。

理性的实践运用则已经是另一种情况。在这种运用中理性所关心的是意志的规定根据，这种意志要么是一种产生出与表象相符合的对象的能力，要么毕竟是一种自己规定自己去造成这些对象（不论身体上的能力现在是否充分）、亦即规定自己的原因性的能力。

前面是讲理性的理论运用，也就是理性在认识方面的运用，它的对象在认识论方面，理性的批判所涉及的只是纯粹的认识能力。现在理性在实践运用方面就已经不同了。"在这种运用中理性所关心的是意志的规定根据，这种意志要么是一种产生出与表象相符合的对象的能力，要么毕竟是一种自己规定自己去造成这些对象（不论身体上的能力现在是否充分）、亦即规定自己的原因性的能力”。在理性的实践运用中，理性所关心的是意志的规定根据，意志如何得到规定。那什么是意志呢？有两个层次。意志“要么是一种产生出与表象相符合的对象的能力”，意志的活动都是目的性的活动，目的性的活动必须有一个表象首先在心目中，那么意志就促使自己去产生出一个与这表象相符合的对象，这样一种能力就是意志能力，也就是我们通常所讲的实践能力、动手能力。你有没有一个能力，自己树立一个目标把它实现出来，这就是实践能力，也就是意志能力。意志能力一般来说呢就是这样规定的。这是我们日常大家都认可的对意志的一种规定。下面的“毕竟是”，有一种反驳的意思，为什么讲“毕竟是”呢？就是说，如果前面那样一种规定你还觉得不满足的话，或者说你不同意的话，你说意志不一定要把一个对象实现出来，只要你有这个愿望，就已经有意志了，这也是一种比较常见的看法。当然第一种看法是最普遍的，就是说，意志就是要把一个对象实现出来。那么第二种看法呢，就是说，不必把一个对象实现出来，也许你还不具备这种能力，但只要你有这样一种意志，只要你有这样一种动机，就能够“知其不可而为之”，这也是一种对意志的看法。“毕竟是”也就是说，虽然不同意前面那种看法，但是毕竟是一种自己规定自己去努力造成这些对象的能力，哪怕身体上的能力现在还不充分，只要你有那个心就可以了。你这个事情没做成，那不是你的错。谋事在人，成事在天嘛，哪能一个事情你想做成，就心想事成了。前面一个对意志的规定就是你要把一件事做出来，这个人就是有意志了，他实现了他的意志。这是对意志的一种规定。那么第二种就是虽然不把对象实现出来，但是毕竟是一种自己规定自己去造成这些对象，不论身体上的能力现在是否充分，它都是一种规定自己的原因性的能力。这是对于意志的第二种解释。就是说，意志就是自己规定去造成这些对象，以及规定自己的原因性，把自己当作是造成一个对象的原因性。原因性我在前面讲过，自由意志我们把它看作一种原因性，虽然在自然界里面呢都是自然律，都是自然因果性，但是自由意志呢，我们也可以把它看作是一种原因性。它当然会造成一种结果，但是它的结果不重要，它的结果是否符合它的原因，是否符合它的初衷，符合它最初的目的，这个不重要；重要的是它作为一个原因，引起了自然界的变化，改变了自然界的因果性进程，这个才是最重要的。所以我们把 Kausalität 在这里翻译成原因性，而在自然律中，我们把它翻译成因果性，因为自然界中原因和结果是不可分的，有原因就有结果，而且这个结果必定是原因导致的，原因和结果相符合，结果不能大于原因。自然界中间的因果律通常有这样一种规则。但是自由意志就不一样了。自由意志只考虑它的原因性；至于它的结果，当然它也会有结果，因为它也是在自然界里面发生了影响，也会有它的结果，但是自由意志本身呢，是不考虑它的现实的结果的。或者说，自由意志所考虑的结果是可以不和现实的结果相符合的。所以这里讲的是道德实践的情况，这是与通常实用的实践活动不同的，是层次更高的实践活动。在这里，意志无论身体上的能力现在是否充分，它自己规定自己去造成这个对象。虽然它现在的能力不够，结果它有可能没有造成它所要造成的对象，甚至它造成的结果适得其反，把事情搞砸了，这都是可能的。但是呢，他的意志毕竟实现了，他的意志就是作用于自然界，他作用了；至于结果怎么样，他不考虑，那个是科学家、技术专家考虑的问题。他的这样一种意志是否可行，需要进行可行性论证，那个是具有科学头脑的人所干的事情；具有自由意志的人不必考虑这些问题，他只要觉得自己应该做，他就去做。这是第二个层次。所以在这个层次上，它就是规定自己的一种原因性的能力，自由意志就是规定自己的一种原因性，他把这样一种原因性当作意志的规定根据。那么这种原因性呢，就是后面他所讲的自由。规定意志的这种原因性，规定自己去造成这个对象的那种原因性，就是自由。所以从另外一个也可以说是更深的层次来看这个意志的规定根据，我们就可以进入到这样一个层次，就是说，一切意志行为后面都有自由，它的根就在于自由，在于自由意志。而自由意志跟自然律是不一样的，它们处在不同的层次上。你要做一件事情，你要设计这个事情的可行性，你要把它做出来，这个当然已经是自由意志的行为了；但是这样一种自由意志的行为还没有考虑到它的根。他为什么能够设计一个目标？如果这个事情做不成，是否还是出于他的意志？这在前面一个层次上呢就没有考虑到，在日常生活中人一般不太去考虑这个问题。但是另外一种更深入的思考，就要从这个实践活动、有目的性的活动的底下去寻求它的更深层次的根据。

因为理性在这里至少能够获得意志规定，并且在事情只取决于意愿时，总是具有客观实在性的。

也就是说，后面那种情况为什么毕竟是一种自己规定自己去造成自己对象的能力呢？“因为理性在这里至少能够获得意志规定”，就是说，尽管它的结果也可能实现不了，由于考虑不周，或者事先根本就没有策划，我只是自由意志嘛，觉得应该这么做，我就去做；但是至少呢，在这里理性能够获得意志规定。为什么要这么做？为什么应当？这个里头有一种意志规定。当然这可以追溯到道德律，要深入到道德上的意志自律。意志自律就是一种根本性的意志规定。你现在在这里，不管结果怎么样，也不管他律是如何样的，但是意志的自律的规定至少是能够获得的。并且“在事情只取决于意愿时，总是具有客观实在性的”。当这个事情仅仅取决于意愿——意愿也就是意志了，在感性的表达上面，意志可以表达为意愿、愿望，我想这样，我愿意这样做，当问题只取决于你愿意不愿意的时候，那么它总是具有客观实在性的。也就是说，只要你愿意，你就具有客观实在性，“我欲仁，斯仁至矣”，你的这个行为就会影响现实生活。因为它是意志行为，它不是一种旁观的、理论的态度，它是一种行动的态度，所以它肯定会影响客观现实，它就有它的客观实在性。不需要考虑它的后果，它总是有后果的，不管成功还是失败，都是它的后果。只要你有这个意愿，你这个意愿呢，就会在现实中发生影响，所以它就具有客观实在性。

所以在这里第一个问题就是：是否单是纯粹理性自身就足以对意志进行规定，还是它只能作为以经验性为条件的理性才是意志的规定根据。

这里就有一个问题了，即纯粹理性既然可以不考虑任何现实的后果，那么这样一种纯粹理性，是不是本身单独地就足以规定意志了。这是一种想法，这就是我刚才已经讲的，理性在这里至少能够获得意志规定，并且在事情只取决于意愿时，总是具有客观实在性的，这样一种情况就是单凭纯粹理性自身就足以对意志进行规定。那么是不是这样呢？人是否可以不考虑后果，只做他应该做的事情，只按照纯粹理性本身的规定来决定自己的意志，是否能做到？有没有这种可能？抑或是相反的情况，“它只能作为以经验性为条件的理性才是意志的规定根据”，也就是说，从经验上考虑它的可行性，考虑成熟了，考虑周全了，然后我的理性才来规定我的自由意志，以便达到预期的结果，这是另外一个问题。是纯粹理性单凭自身就可以规定我的意志，还是纯粹理性必须参考经验的客观条件，各种现实所给予的条件，然后我从中进行谋划，进行选择，进行权衡，看目的和手段是否适合，选择一定的手段，然后有条不紊地按照自然律的必然因果关系去实现自己的目的。这是另外一种情况。这种情况呢，是我们在日常生活中最常遇到的情况。在日常生活中我们总要想达到自己的目的，任何人想要干点事情，如果说他不想达到自己的目的，那他不如不干。你要想达到自身的目的，你就要选择与之相配的手段，而这个手段与这个目的的相配或者不相配取决于自然律，取决于经验世界，取决于你在进程中有没有经验。一个没有经验的生手，那肯定失败多于成功。你有了经验以后，你就知道，这个事情在通常情况下是不可能成功的，那你就不会做了。你有了把握以后，你就会去做，你就可以用你的理性规定你的意志。这是另外一种情况。也就是在现实的实践活动中，我们通常采取这样一种策略。但是否有前面那种情况，就是不考虑这些问题，单凭纯粹理性就能决定自己的意志？这就是一个问题了。这两种情况，到底是哪一种情况更加根本？或者说第一种情况有没有？是否所有的意志行为都是按照第二种经验模式在实现？这就是首先出现的一个问题了。

现在，这里出现了一个由纯粹理性批判提供了辩护理由、虽然不能作任何经验性描述的原因性概念，这就是自由的概念，并且如果我们目前能够找到一些理由去证明，这种属性实际上应属于人类的意志（并同样也属于一切有理性的存在者的意志），那么由此就并不只是说明了纯粹理性可以是实践的，而且也说明只有纯粹理性、而不是受到经验性局限的理性，才是无条件地实践的。

也就是我们进入到实践理性批判之后，我们就发现，已经出现了“一个由纯粹理性批判提供了辩护理由、虽然不能作任何经验性描述的原因性概念，这就是自由概念”。自由的概念现在提出来了，前面都是提出问题，那么现在有一个答案在这里。就是说，出现了这样一个自由概念，它是由纯粹理性批判提供了辩护理由的。《纯粹理性批判》在第三个二律背反里面已经对于先验自由的理念提出了一个辩护理由，就是先验自由，作为二律背反的一方。世界上有没有自由，还是一切都是自然必然性、自然因果律？正方认为是有先验自由的，反方则否认有任何自由；而在二律背反的解决中呢，康德为正方进行了辩护。就是说，在经验世界中，我们虽然不能指定哪一个经验是由自由而产生的，或者说这种自由产生出来，它是根据一种什么样的因果性的机制发生的，这个我们没有办法做到，因为自由本身不属于现象界，它是物自体；但是康德认为，你如果把现象和物自体严格地划分开来，那么这种自由是有可能的。因为你虽然不能用经验证实它，但也不能用经验来否定它，你不能否定至少有这种自由的可能性。我虽然不能够向你描述出它的经验性的性状，但是你也不能够用经验来取消它的可能性，因为它不在经验的范围之内。你用经验既不能证实，也不能否证我们的自由。经验的证实也好，否证也好，在这个领域里都只是属于现象界，现象界的事情不干预物自体的领域。所以在物自体领域里面，康德在第三个二律背反中，为自由留下了一个余地，留下了一个空位。它是什么样的我们不知道，但是我们至少知道，在物自体的领域里面是有可能有自由的。你既不能否认也不能肯定，所以我们就不妨去给它留下一个余地，留待后面再来讨论。这个后面就是现在了，就是留给《实践理性批判》里面再来讨论。在实践理性批判里面，我们就开始涉及自在之物的领域了，涉及物自体的领域了，这个时候我们就可以来讨论它到底是什么意思了。所以他这里讲，“这里出现了一个由纯粹理性批判提供了辩护理由、虽然不能作任何经验性描述的原因性概念”，我们对这个原因性概念、对自由概念不能作任何经验性的描述。在第三个二律背反里面，反题要否定它的存在，因为你不能作任何经验性的描述；但是正题恰好借此为它保留了一个位置。就是说，你虽然不能用经验性的东西来描述它，但是你也不能凭经验来否认它有可能在超经验的领域里面是存在的。虽然不能作任何经验性描述，但是《纯粹理性批判》提供了它的辩护理由，这个原因性的概念就是自由的概念。“并且如果我们目前能够找到一些理由去证明，这种属性实际上应属于人类的意志（并同样也属于一切有理性的存在者的意志)”，既然已经提供了这样一个自由的概念，并且如果我们找到一些理由去证明自由的属性属于人类的意志。找到一些什么理由去证明呢？我们在前面序言里面已经看到了，这个理由就在于人的道德律，道德律是一个理性的“事实”，由此我们证明人是有自由的，而且唯有道德律证明人的本体是自由的。因为“道德律是自由的认识理由，自由是道德律的存在理由”，这个我们在前面已经烂熟了，在序言里面已经说过了。我们目前能够用道德律的理由去证明，这种自由的属性应该属于人类的意志，虽然我们不能认识它有何经验的属性，但是由道德律这个理性的事实我们认识到，我们的行为有种超经验的属性，这就是它是彻底自由的，是不受任何经验条件限制的。由其他的任何行为都不能够证明这点。比如说，你很聪明，你做成了一件惊天动地的大事，或者你发明了动物所不能发明的科技产品等等，这些当然都属于理性所造成的事实，但是这些事实都不足以证明人是自由的。因为你为什么要发明科技产品？还是服从动物性的本能需要嘛，最终还是因为大自然构成了你有这方面的需要，有五官方面的需要，有感性的需要，有生理方面的需要，有本能方面的结构，所以你才去发展科学、技术、文化。如果从这里面排除道德，那么你永远也证明不了人最终是自由的。你只能证明人在某种情况下好像是自由的，人比动物高明，动物是不自由的，人就可以跳出动物的制约性啊，人可以活得比动物更好啊，人可以成为万物之灵长啊，等等。但是这些东西最后归结到人的本能，就是说，你毕竟还是动物，你是由大自然所决定了的，你没有逃出自然因果律。真正能够超出自然因果律的，那就是人的道德。它不是为了人的本能需要或者任何一种感性的考虑，如幸福、快乐等等，这些东西都不在纯粹理性考虑之中，完全单凭纯粹理性来决定自己的行为，那就是道德行为。只有这种道德行为，才能证明人是自由的。这个理由就可以证明自由“这种属性事实上应属于人类的意志”，并且“同样也属于一切有理性的存在者的意志”，一切有理性的存在者，就不只是包括人类了，所以康德在很多地方他都注意把自己跟经验的人类学区分开来，跟地球上的人类的某种属性区分开来。他谈的不是经验的人类学，他谈的是哲学，他谈的不是地球上的人，而是一般有理性者，不管是外星人也好，还是其他的有灵之物、天使甚至是上帝，这都是属于有理性的存在者。那么只要是有理性的存在者，他就会有自由意志，他的意志就会有自由这种属性。上帝、天使、外星人等等，只要你能想到的有理性的存在者，那么他的意志就是自由的，人当然也是属于此列。这是由于从任何有理性的存在者里面排除了一切经验性的成分以后，所找到的一种共性，即意志自由。如果我们能够找到一些理由去证明它属于人类的意志，“那么由此就并不只是说明了纯粹理性可以是实践的，而且也说明只有纯粹理性、而不是受到经验性的局限的理性，才是无条件地实践的”，如果你能证明一切有理性者的意志都是自由的，而前面《纯粹理性批判》在第三个二律背反里面又预先给我们提供了一个先验自由的理念，“那么”——这个“那么”就是从前面两个前提所推出来的——“由此就并不只是说明了纯粹理性可以是实践的”。纯粹理性可以是实践的，这个当然是人们日常生活中每个人都会承认的，就是你可以把你的纯粹理性运用于实践活动中。但是呢，他的重点在后面一句，不仅仅说纯粹理性可以是实践的，我们可以在实践中运用纯粹理性，而且也说明“只有”纯粹理性才是“无条件地”

实践的。为什么要强调这一点？“只有纯粹理性，而不是那些受到经验性局限的理性，才是无条件地实践的”，纯粹理性在实践中具有至高无上的地位，它是无条件地实践的，要强调的是这一点。也就是说，自由的概念，它是不能够做任何经验性描述的一个原因性概念，而这样一种自由的概念又是一切有理性者的意志的属性，就是那种不能用任何经验性东西来加以描述的纯粹理性的自由的概念，或者纯粹的自由的概念。那么，由此它也说明，唯有实践理性才是无条件地实践的，就是在一切经验性的条件还不具备的时候，我就可以运用我的纯粹理性来加以实践，甚至在一切经验性的条件都在阻碍我的时候，我仍然可以义无反顾地凭借纯粹理性来进行我的实践。那就是纯粹自由的行为，它是其他一切实践行为的根。单凭纯粹理性来决定自己的自由意志，来规范自己的自由意志，这是其他一切理性的实践行为的根，唯有这个根，才是无条件的实践，它不需要任何条件，不需要经验中已经给它准备好了某些条件，然后它才能够按照理性来实行，那不是的。纯粹理性是不考虑任何条件的，也不考虑是否能够成功，只说自己按照纯粹理性应该怎么做。这就是自由，它撇开了一切现象界，撇开了一切经验性的条件，而涉及了物自体的领域。就是说，我为什么要这样做，这个是不能够认识的，不能够用科学的方式来对它加以把握、加以解释的。唯一能够加以解释的就是纯粹理性本身，它应该无条件地这样做。那么由此来决定我的意志，并且凭借这样一种意志来影响现实世界，这就是纯粹理性的一种无条件的实践活动。当然只有从道德律出发才能做到这一点，这也就是他由此得出的结论。就是说，不仅仅说纯粹理性可以是实践的，纯粹理性可以是认识的，也可以是实践的，它可以用在认识上，也可以用在实践方面，这个前面一开始就讲了，当然是这样的了。但是由于前面这样两个理由呢，我们就可以进一步说，只有纯粹理性，才是无条件地实践的。你如果掺杂了一些经验性的东西，受到经验性的局限的这样一种理性呢，它虽然可以是实践的，但并不是无条件地实践的，它是有条件地实践的。而有条件的实践，这个条件，那就不是实践的东西了，那就是自然规律。你以自然规律为条件来进行实践，那最终是非实践的，跟动物没有什么区别。当然这里面也包含了纯粹理性，但是纯粹理性在里面不起主导作用。起主导作用的是他的那些经验性的感性的因素，利用纯粹理性作为工具，为自己服务。所以他虽然比动物高，但是归根结底他没有超出动物。

这样一来，我们将要探讨的就不是一种纯粹实践的理性的批判，而只是一般实践的理性的批判。

这样一来，就是从上面这句话得出来，在这个《实践理性批判》里面我们所要探讨的主题，就不是一种“纯粹实践理性批判”，不像《纯粹理性批判》里面一样，一开始就要对纯粹的理性认识能力进行一番批判，而且，在《纯粹理性批判》里面，它的矛头所针对的，就是这个纯粹的认识能力。因为纯粹的认识能力，它有一种自大和狂妄，它觉得自己很纯粹，所以它可以单凭自身就构成知识。所以在那里就是要打击纯粹理性的这样一种狂妄。那么在《实践理性批判》里面呢，就不是这样的了。《实践理性批判》里面所要探讨的不是一种对“纯粹实践的理性”的批判，纯粹实践理性是不需要批判的；而只是对“一般实践的理性”的批判。《实践理性批判》里面所要批判的主题不是纯粹实践理性，而是一般的实践理性。只要是实践的理性，通常所讲的，我们日常的实践理性，当然也是实践的，因为它里面有理性嘛，有理性当然也有自由在里头，只不过理性也好自由也好，在这个里头都是为人身上的这种自然的本能、自然的需要服务的。所以我们就要对它进行批判。人的日常的实践，虽然也有纯粹理性，也有自由意志，但是它们都被遮蔽了，你要是不经过批判，这些被遮蔽的东西就显不出来。所以，《实践理性批判》里面的主题呢，它只是一般实践的理性的批判，或者是对一般实践理性的批判。换句话说，我们就是要用纯粹实践的理性来批判一般的实践理性。把纯粹的实践理性作为一个标准来衡量、来批判、来检验一般的实践理性。这个是《实践理性批判》里面的主题。《纯粹理性批判》是要阻止纯粹理性在认识上过于狂妄；《实践理性批判》则反过来，要克服一般理性在实践上的过于局限，要提升至纯粹理性的无条件的实践能力。

因为纯粹理性一经被阐明了有这样一种理性，就不需要任何批判了。纯粹理性是本身包含有对它的一切运用进行批判的准绳的。

在《实践理性批判》这本书里面，纯粹理性只要被阐明了有这样一种理性，有纯粹实践理性，那就不需要任何批判了，既不需要对于有没有这样一种纯粹实践理性加以批判，也不需要对纯粹理性的运用范围、它的界限、它的可能性条件进行批判。在《实践理性批判》里面这些都是用不着的，我们只要确立了有这样一种纯粹实践理性在起作用，那就够了。为什么是这样呢？为什么在《纯粹理性批判》里面，有了纯粹理性，我们还要对它进行批判呢？因为那是认识，那是把纯粹理性用在认识方面，我当然就要对纯粹理性的认识方面的范围、它的可能性条件、它的有效性这些问题进行批判的考察。认识嘛，你必须要在认识之先对认识的工具加以考察，我凭借这样一种认识能够达到什么样的认识结果，能不能建立起一个地基牢固的大厦，而这除了取决于纯粹理性之外，还要取决于经验。这就是认识的态度。认识的态度是主客二分的态度，客观的知识还没有出来之前，我先把主观的东西奠定好，然后再去获取客观的知识。这就是认识的态度。但是进入到实践理性，它是实践的态度，它不需要预先考虑客观对象，它本身就是客观的活动，实践嘛，自由意志嘛，自由意志是没有前提的，你要考虑它之所以可能的基础，那就把一个实践问题变成一个认识问题了。自由何以可能？你要去追究自由何以可能，那你就是追究自由的根据了。自由本身是没有根据的，有根据它就不是自由了，有根据它就变成因果律了。所以在实践理性的领域呢，我们只需要阐明有这样一种纯粹实践理性，就不需要任何批判了。因为我们拿这个纯粹理性不是用来认识的，不需要考虑它的范围和有效性等等，我们是拿来运用于行动。你要说没有纯粹实践理性，人就是动物，那就没话说；但是一旦你阐明了人有纯粹实践理性，比如说道德，人有道德行为，道德行为不是出自任何自然律，那么这个道德行为你就不需要去进行批判了。道德行为的运用条件怎么样，它的可能性范围怎么样，它的有效性怎么样，这些问题都不是你所要阐明的，要是能够阐明，那它反而不是道德行为了，而是功利行为了。由于在实践理性领域里面，它已经发生作用，有理性的人，他在实践中，哪怕他的这个条件还不成熟，或者说超出了他的范围，不管你怎么规定吧，你所有这些规定他都可以不考虑，他只按照自己的纯粹理性来决定自己应当做什么。所以它不存在经受批判的问题。你要对它进行批判，你就是把它变成了认识的问题，那就偷换了它的论域，偷换了它的论题，它不是属于这个题目之下的。所以只要阐明有这样一种理性，就不需要任何批判了，这个道理在前面序言里，在全书开头第一段话中就说明了，就是说这里“应当阐明的只是有纯粹实践理性，并为此而批判理性的全部实践能力”。所以这里说，“纯粹理性是本身包含有对它的一切运用进行批判的准绳的”，纯粹理性在实践中本身不需要批判，它就是一切批判的准绳。这条准绳就在于纯粹理性撇开一切经验性的条件、一切经验性的内容，而只从它本身的形式方面来考虑问题。而这是一般实践理性所无法做到的，所以呢，它的一切实践的运用，我都可以用纯粹理性的这样一个准绳来加以批判，比如说你那种功利主义的道德观不是真正的道德，而是伪善。我按照这个标准，来批判理性的一切运用。你如果把实践的理性运用到日常生活中，用来追求人类的幸福，满足人的需要，却又要标榜自己是道德的，超出动物之上，那就要进行批判了，批判的准绳，就是纯粹理性。纯粹理性本身就包含了它的准绳，它不需要借助于别的准绳，它也不需要用别的东西来批判它。这都是在实践理性批判这个范围里面谈的。

所以，一般实践理性批判有责任阻止以经验性为条件的理性想要单独充当唯一对意志进行规定的根据的僭妄。

这句话我们要仔细地辨析一下。实践理性批判实际上是一般实践理性批判，而不是纯粹实践理性批判，这跟认识论上的纯粹理性批判是不一样的。一开始康德就声明了这一点：实践理性批判并不是对纯粹实践理性的批判，纯粹实践理性是不需要批判的，而只是用纯粹实践理性来作为标准衡量一般的实践理性，来批判理性的一切运用，看这些运用是否纯粹，是否合乎纯粹理性。所以，一般实践理性批判，也就是实践理性批判了，“有责任”——实践理性批判的责任是什么呢？它的主题是什么？它是干什么的？——“阻止以经验性为条件的理性想要单独充当唯一对意志进行规定的根据的僭妄”。要批判的是什么呢？要批判的就是以经验性为条件的理性，它的那种唯一性的僭妄。我们日常的理性里面，都是以经验性为条件的，或者说都是掺杂有经验性的条件的，没有经验性的条件，我们几乎想不到去运用理性。由于有了经验性的条件，比如说我肚子饿了，那么就想到去弄点吃的，想到去赚钱，饿肚子的味道不好受。这就是经验性的条件，那么我们就运用理性去设计啊，去推理啊，怎么样才能赚到钱，如何才能尽快地赚到钱，如何才能赚大钱。这都是需要运用理性的。但是以经验性为条件的理性，想要单独充当唯一对意志进行规定的根据，这就是一种僭妄。当然赚钱无可非议，人的肚子饿了，当然就要去谋生谋食，这是无可非议的。但是，如果这样一种理性想要单独充当唯一的对意志进行规定的根据，那就不对了，它有它自己的范围。如果说这个批判是考察理性的范围，那么，一般实践理性它具有它的范围，它的范围是有局限性的，不能够僭越到其他领域。在日常的实践中，在以经验性为条件的理性中，它有很多标准，每个时候它都有每个时候不同的标准。但是呢，如果它想要单独充当唯一的对意志进行规定的根据，就是把那些不以经验为条件的东西都用以经验性为条件的理性来加以规定的话，那它就是一种僭妄了。人为财死，鸟为食亡，这个是我们通过理性从我们日常生活中推出来的一条准则，这条准则在某些情况下是实用的。人如果不为财，他也许就不会丧命，很多人丧命就是在求财的过程中，在谋生的过程中发生了危险，工伤啊，事故啊。平常讲，我们躲在家里，要是不去赚这个钱，我们就不会死啦。当然是这样的了。但是呢，这只是某一方面的标准。某个人，在某种情况之下，你可以用这样一种理性来进行推理，就是如果他今天不出门的话，他就不会送命了。他今天为什么要出门呢？因为他想要多赚点钱嘛。为什么要多赚点钱呢？他要养家糊口啊，这个当然是可以理解的。但是你不要把它单独地充当唯一对意志进行规定的根据，还有很多事情，它不是你单凭养家糊口就可以加以辩护的。你要养家糊口可以，但是你不能谋财害命，你不能伤天害理，你不能做不道德的事情。而有时候出门不是为了求财，而是为了道义。这个你用什么人为财死鸟为食亡这样一些理性根据都是无法解释的。所以这样的准则呢，是不能够单独地充当唯一的对意志进行规定的根据的，如果它想制造这样的根据，那就是僭妄。而这种僭妄只有通过纯粹理性才能揭示出来。纯粹理性是另外一种层次上更高的理性，就是撇开一切后天经验性的需要这些条件，纯粹理性不考虑这些，你只说你这样做应不应该。你如果问问自己的良心，所谓问问自己的良心，就是把一切经验性的后天的条件全部撇开不考虑，你只考虑你自己应不应该这样做，那才是唯一的根据。在任何情况下，你做任何事情，都是可以用这样一个根据来加以考量的。你今天做没做对不起良心的事情，我们每个人晚上都可以这样想一想，我今天是否做了对不起良心的事情。不管我做了什么，我都可以用这条唯一的标准来加以衡量。至于其他的标准呢，那是没有这个资格的。如果它想要充当唯一的对意志进行规定的根据，那就是僭妄。所以，一般实践理性批判，它干的就是这个事情，它有责任阻止这样一个经验性的理性来充当意志的唯一根据。《实践理性批判》就是要批判这种僭妄，它跟《纯粹理性批判》里面所要批判的对象是不一样的。《纯粹理性批判》里面批判的是纯粹理性要超出自己的经验的范围去认识物自体那样一种僭妄，而《实践理性批判》呢，它要批判的是我们日常的经验性的理性想要把自己当作唯一的评判标准的这样一种僭妄。这两者是不一样的。

纯粹理性的运用，只是当有这样一种理性已被断定时，才是内在的；相反，自以为具有独裁地位的以经验性为条件的纯粹理性的运用则是超验的，它表现出完全超出自己领域之外去提要求、发命令的特点，这与有关在思辨的运用中的纯粹理性所能说出的东西是恰好倒过来的关系。

确实人是有纯粹理性的，当它已被断定时，它的运用是内在的。什么叫内在的呢？内在的就是在经验范围之内的。这句话好像跟前面的有一点接不上，“纯粹理性的运用，只是当有这样一种理性已被断定时，才是内在的”，也就是才能运用于经验，才具有经验的实在性。只有当它是纯粹理性，把那些经验性的东西都撇除了以后，它才能够在经验中作一种纯粹理性的运用，才能够把我们的道德运用于我们的现实生活之中。这就是内在的运用了。这跟下一句话对比起来看可能更清楚。他说：“相反，自以为具有独裁地位的、以经验性为条件的纯粹理性的运用则是超验的”。以经验性为条件的纯粹理性的运用，反而是对纯粹理性的一种超验的运用，也就是说，它当然有纯粹理性在里面，但是它以经验性为条件，这样一种纯粹理性的运用，那就不是完全纯粹的理性，那么这样一种运用呢，当它自以为具有独裁地位的时候，也就是它把自己当作唯一的标准的时候，那么这种运用呢，恰好是超验的。因为这种运用，恰好是超出经验世界的，它恰好不能够在经验世界中运用纯粹理性，而是指望有一个超验的对象，指望在超验的对象里面，它能够继续运用自己的这样一种不纯粹的理性。这是一个很鲜明的对比，一个纯粹的理性运用，当这样一种纯粹的理性被断言是纯粹的，这个时候它才能够作内在运用。也就是说，一种道德，只有当它是以纯粹的理性作为它的唯一的标准的时候，它才能够是实践的，才能够在经验中影响客观世界，影响现象界。不管这个影响是怎么样的，反正它能够在这个现象界里面作为一个道德行为起作用，就是内在的作用。那么反过来，自以为具有独裁地位的但是又是以经验性为条件的纯粹理性的运用则是超验的。在现象界，它的运用不是纯粹的，但反而是超验的。例如说，“人为财死鸟为食亡”，如果不上升到道德的境界，那么他的这个幸福呢，反而是在现实世界中间根本没有必然性的，他的纯粹理性只能够寄希望于一个彼岸世界，那就是迷信了，求神拜佛了。相信“人为财死鸟为食亡”的人总是喜欢进庙里面去烧香拜佛，求上天保佑他能够获得他所希望的财富。但是上天是否能够保佑他，这个是根本不知道的。他以为有个上天在保佑他，这样一种信仰就是迷信。它超出了经验世界，仅仅是为了追求那种经验性条件之下的目标，但又要运用纯粹理性来追求，那么它就要超出这个经验性的条件，于是就只有寄托于彼岸世界，寄托于物自体，寄托于不可知的命运，等等。所有这些呢，都是由于以经验性为条件的对纯粹理性的运用占据了独裁地位，唯一地从动物性的需要这个立场去考虑自己的实践行为，去运用自己的纯粹理性，那么这种运用将会是超验的。当然也可以不是超验的，我就是认了，人只有一生，及时行乐，死了就算了。当然那样也可以，但是那就不是运用纯粹理性了，你要运用纯粹理性，使自己的准则具有独裁地位，要把你的准则上升为一条唯一的意志规定的根据，那么你就要借助于对彼岸的一种独断、一种假设。所以，这样一种运用呢，恰好是超验的。“它表现出完全超出自己领域之外去提要求、发命令的特点”。如果是以经验性为条件的这样一种纯粹理性，它的运用呢，就表现为完全超出自己领域之外去提要求、发命令，比如说，设定一个上帝，设定一个神，来对自己提出要求、发布命令。当然这样的人还算是有良心的人了，还没有完全变成动物，因为他还是想要把自己的这样一个准则变成超验的、具有独裁地位的根据，规定自己的义务的根据。实际上这个准则是不具有这种地位的，不具有这样一种僭妄的资格。但是如果你把它当作一个具有独裁地位的根据，用自然科学的眼光来看待人的这样一种实践理性的行为，那么你就要去规定形而上学的三大理念，即灵魂、宇宙、上帝。以往的旧的形而上学，就是把人的自由也看作是一种自然的过程，一个自然的行为。所以他们必须把灵魂、自由以及上帝都看作自然科学的研究对象，我们通过科学可以规定人的灵魂，我们可以规定人的自由，我们可以规定上帝，去判定上帝将会怎么做。判定了上帝会怎么做，我们就可以适应上帝来使自己获得更大的幸福。比如说上帝的意志，上帝在一切可能的世界里面选择了一个最好的世界，上帝具有绝对的善意，这是上帝的神义论。我们根据这样一种神义论，就可以使自己获得最大的幸福，不做那种无谓的牺牲，等等。所以，从自然科学的观点来看待人的这种实践行为，就必然会超出到一个彼岸世界，根据对这种彼岸世界的认知来决定自己的行为，这就把理性的实践立场转移到了认识的立场。这个在《纯粹理性批判》的先验辩证论里面已经做出了深刻的批判。就是说，当你把一切都看作是遵循自然规律的，那么人出于自身的需要，出于一种自然倾向，就必然要设定一个来世的灵魂，设定一个自由意志，设定一个上帝的最后审判。但是呢，这种证明完全是站不住脚的，是自相矛盾的，二律背反的。但是从科学的角度把人的实践看作是以经验性为条件的一种纯粹理性的运用，那么你必然会达到这样一种超验的运用。但是反过来，如果你立足于我们的纯粹理性，把其中的经验性条件都清除掉，那么纯粹理性这样一种实践的运用将会是内在的。就是说，上帝也好，来世也好，自由意志也好，你都可以把它们运用于经验中，只要你不去涉及对物自体的一种经验性的认识。当然它们本身是来自于物自体，但是你不要把它当作一种认识对象，你把它当作一种实践的法则，它是可运用的。我在现实生活中当然可以认为自己是有自由意志的，我通过自由意志来做一种道德行为，我当然也可以指望按照道德行为获得相配的幸福，因此我们相信有来世，相信有上帝，这些理念在这个时候呢，都具有内在的意义，不再具有超验的意义。这些理念，当你把它们看作是物自体的时候，它们就可以在内在的方面作一种实践的运用，或者在实践的方面作一种内在的运用。我就可以在现实生活中具体地运用这样一些理性的悬设，它们会发生现实的作用，你相信上帝和你不相信上帝，你的行为完全是不一样的。你意识到道德律，跟你没有意识到道德律，或者用你的感性需要来遮蔽道德律，你的行为也会是完全不一样的。那么这种行为呢，就是纯粹理性的一种内在的运用，它会影响你周围的现实世界。但它不会超出这个现象界去追求某个彼岸的某个物自体，它只是把彼岸的物自体当作一种悬设，作为内在运用、理性的实践运用的一种法规。“这与有关在思辨的运用中的纯粹理性所能说出的东西是恰好倒过来的关系”，就是说，在《实践理性批判》中，当这种纯粹理性已经被断定的时候，它的运用肯定是内在的；但是在《纯粹理性批判》里面呢，当我确定有纯粹理性这样一种认识能力的时候，恰好就有了这样一种疑虑，就是它可能会是一种僭妄，假如它不把自己的范围限定在可能经验领域的话，它就会是一种超验的运用。而在《实践理性批判》里面，只有纯粹理性不把自己与经验的东西相混淆的时候，它才是内在的，才能以实践理性的身份与经验世界发生关系。这个就是完全颠倒过来的关系了。在实践中，一旦我们确定了有纯粹实践理性，那么这种纯粹实践理性呢，它就会具有一种内在的运用，也就是说，它就会在实践中发生现实的作用，它就会改变世界。我们在实践中就是要改变现实世界嘛，实践这个词的意思无非就是要在现实中造成现实的后果，要把一个在表象中设想的对象实现出来，影响现实世界，那就是内在的运用了。这个是跟《纯粹理性批判》完全不同、完全相反的。在《纯粹理性批判》那里，以经验性为条件的纯粹理性的运用当然具有独裁地位了，人为自然立法，纯粹理性在经验的范围之内具有独裁地位，这是完全正当的，它不会导致超验的运用，它恰好是内在运用的前提。但是在《实践理性批判》里面就倒过来了，也就是理性当它是以经验性为条件的时候，它就不再是内在的运用，而是一种超验的运用。因为它把经验性的条件用来衡量物自体，规定自由意志，借助于纯粹理性而推广到彼岸世界去，把这样一种建立在自然律之上的纯粹理性当作是我们实践行为的唯一法则，具有独裁地位。当你把科学的东西推广到人的实践行为乃至道德行为之上，使道德也变成了科学，那你已经僭越了道德的地盘。你就把道德变成了一种谋利的手段，变成了一种工具，这就完全取消了道德。所以这两个领域里面的纯粹理性的运用恰好是互相颠倒的。

下面是导言的第二段，这一段跟上一段的语气完全是接下来的。这一段主要是说明《实践理性批判》这本书的体例和章节的安排与《纯粹理性批判》相比有些什么特点。前面一段的最后讲到了在《实践理性批判》里面和在《纯粹理性批判》里面有一种颠倒过来的关系。也就是说，纯粹理性的运用，在实践上的运用，它是首先断定有纯粹实践理性，然后再用这样一条纯粹实践理性的法则来批判所有其他的在经验中所表现出来的实践理性活动，或者说一般实践理性活动。这是自上而下的，并没有一个要追溯其“何以可能”的、自下而上的回溯的过程。所以它跟《纯粹理性批判》是一种颠倒的关系。《纯粹理性批判》首先要追溯它的运用何以可能，然后把这个何以可能的最高条件、一切综合判断的至上的原理即自我意识的统觉的综合统一确定了以后，才运用于可能经验中，先验的原理必须要运用于经验的领域里面才能够有效，否则的话就是空的。但是在《实践理性批判》里面呢，纯粹理性的法则自身就是有效的。当然它这个自身有效并不是说它可以脱离经验，因为是实践嘛，不管是什么实践，它都是脱离不了经验的，它都是在现实中做出来的事情。但是这一点呢，在一开始就已经确定，不是说你后来再去把它连接起来。已经有纯粹实践理性，这一点一开始就确定了；这点一确定，它必然地已经作用于现实世界了。在这一点上呢，它是内在的运用。但是它作用于现实世界并不是着眼于它的结果，着眼于它的自然因果性，而是仅仅着眼于主体的这样一种意志行为，所以在这方面呢，它不去超越自身的这个范围，不从一种经验的立场去规定这个自由意志怎么样起作用。它不像《纯粹理性批判》里面，作为理论理性有这样一种幻相产生，就是自以为给整个宇宙和人心提供了一条超验的法则。不过，尽管两者的结构是完全颠倒的，但是在安排《实践理性批判》的体例的时候呢，还得参考《纯粹理性批判》。

然而，由于以其知识在这里为实践的运用奠定基础的总还是纯粹理性，所以实践理性批判的划分就总的纲要而言毕竟还必须按照思辨理性批判那样来安排。

这里以一个“然而”开始，就是尽管有上面讲的那些颠倒的关系，“然而，由于以其知识在这里为实践的运用奠定基础的总还是纯粹理性，所以实践理性批判的划分就总的纲要而言毕竟还必须按思辨理性批判那样来安排”。就是说，实践理性批判，它的章节划分，它的体例安排，就总的纲要而言，还是必须按照思辨理性那样来进行安排。为什么呢?“由于以其知识在这里为实践的运用奠定基础的总还是纯粹理性”，“以其知识”这个“其”，就是指代后面的纯粹理性。就是说，纯粹理性以自己的知识在这里为实践运用奠定基础，那个东西总还是纯粹理性，总还是纯粹理性在这里为实践的运用奠定基础。那么这里用了知识这个词，以纯粹理性的知识来为实践的运用奠定基础。也就是说，纯粹实践理性还是纯粹理性，那么作为纯粹理性它本身已经是一种知识，一种先天的知识，在广义上我们已经可以说它是一种知识了。当然严格意义上来说，通常康德讲的知识是经验知识，理性知识只不过是经验知识里面包含的一种先天成分。在作为经验知识里面的一种先天成分这个意义上，康德经常把知性或者是纯粹理性也称之为一种知识。但是这个用法并不是绝对的，在康德那里，知识概念的这个用法，他往往扩展到实践的方面去，实践的知识、道德的知识，你知道“应该怎么做”的这样一种知识，也就是关于“应当”的那种知识。那么这就是广义的知识了，不具有通常的那种含义，更不具有经验知识的含义。你不能把它当作自然界的一种规律，它只是告诉你，应当怎么做才是正当的，才是道德的。当然这里头就有一种歧义了，但是这个歧义呢，我们熟悉了康德以后，我们可以把它忽略过去。就是说，它只不过是广义的知识。那么在什么意义上是广义的知识?纯粹理性，作为一种广义的知识，严格说起来，就是一种逻辑推理的知识，你总要遵循逻辑推理呀，你总要遵循不矛盾律、同一律、排中律，这就是理性知识。知性知识就是那些判断的分类，纯粹知性概念，以及在认识的时候所产生的那些纯粹知性原理。理性的逻辑运用就是要从有条件者推到无条件者，在实践领域里面，就是要从有条件的命令推到无条件的命令，推到无条件的命令以后呢，你就可以设定一个理念，那就是比如说自由意志，这就是理性的纯粹运用了。自由，先验的理念，在这里变成了一个实践的自由的概念。这都是属于纯理性在它的逻辑运用和纯粹运用中所得出的一些知识，但是这些知识是为了实践，它不是自然科学意义上的知识。这第一句话就是这个意思，就是说，纯粹理性的知识在这里为实践的运用奠定了基础，所以实践理性判断的划分呢，就总的纲要而言就必须按思辨理性批判那样来安排。也就是说，纯粹理性既然是以它的知识为实践的运用奠定了基础，那么它总的体例安排还是应该按照理性知识本身的结构来加以安排。从这里我们也可以看出，康德的三大批判其实都还是以第一批判作为它们的基础，也就是他的实践哲学也好，美学也好，自然目的论也好，宗教哲学也好，所有这些，都是奠定在纯粹理性首先为知识奠定了基础这个前提之下的，也就是它们还是代表大陆理性派一个总的趋势，一个总的传统，因为一切都建立在理性知识的基础之上。因为在西方理性主义传统中，主流还是苏格拉底所奠定的“美德即知识”，一切都要从知识的角度看，虽然这个知识不一定是科学知识。苏格拉底也很鄙视那些仅仅停留在自然知识范围之内的智者，那些有学问的人，他则把知识运用于伦理、道德的领域，但是尽管如此，伦理道德领域还是有知识论的前提，就是说这些东西都还是一种知识，首先是一种理性的逻辑知识。康德继承了这样一个大传统，在这里也体现出他的这样一个倾向，就是说既然伦理道德是以纯粹理性作为前提建立起来的，所以你的这个体系就要按照纯粹理性“建筑术”那样来安排，就是他的纯粹理性有一套固定的模式，首先是要素论，里面包括分析论和辩证论，然后是方法论。当然还有感性论，感性论不属于纯粹理性，它是感性的，所以要另当别论；但是也是少不了的，也必须要附属于先验逻辑这个框架之下。所以第一句话就是说，这个划分的总的纲要还是要按照思辨理性那样一种模式来安排。

所以我们将必须有实践理性的一个要素论和一个方法论，在第一部分要素论中，将必须有作为真理规则的分析论，和作为对实践理性判断中的幻相的描述和解决的辩证论。

这个“所以”就是说，按照《纯粹理性批判》的结构那样来安排的话，

“我们将必须有实践理性的一个要素论和一个方法论”，这个是在《纯粹理性批判》里面已经是这样做的。首先是“先验要素论”，是全书的最大部分；最后有一个方法论，那个篇幅不大，等于是一个尾巴了，方法论部分一共才三万多字，前面有五十多万字，是最大的一块。除了序言和导言以外，《纯粹理性批判》里面要素论是主体部分，包括先验感性论和先验逻辑，那么先验逻辑里面又包括先验分析论和先验辩证论。而方法论就是在要素论之外，你把这些要素都分析出来了，然后再讨论用这些要素来建立未来的形而上学，要采用一种什么样的方法，这个实际上已经向《实践理性批判》过渡了。那么这个结构呢，我们在《实践理性批判》里面也将照此办理，当然内容已经不一样了，但是从性质上来说，仍然是要素论和方法论，而且要素论占了很大的比例，方法论则是讲道德教育的方法。“在第一部分要素论中，将必须有作为真理规则的分析论，和作为对实践理性判断中的幻相的描述和解决的辩证论”，这也是按照《纯粹理性批判》的体例来安排的，就是在要素论里面，有作为真理规则的分析论。这个“真理”在这里也是广义的。既然《纯粹理性批判》里面讲到的科学的真理是一种知识，在《实践理性批判》里面讲到的道德法则，也可以称之为一种知识，那当然就有真假问题了。既然他把知识这个概念运用于不仅仅是自然科学方面和数学方面，而且是道德方面，那么这个知识就有真知识还是假知识，即真道德还是假道德的问题了。所以他的分析论的部分呢，仍然是讲的真理的问题，但是这个真理跟科学知识的真理不一样，它讲的是道德上的真知识、道德上的真理。在道德上面我们到底应该怎么做，你也应该分辨真假。当时有很多道德上的流派，比如说，经验主义、功利主义、幸福主义、禁欲主义，这些流派康德都不赞成，认为那对于道德上应当怎么做来说，都是一些伪知识。当然作为心理学或者作为社会学、政治学，他并不否认那些是一些知识，它们当然也有其地位，但是作为一种道德知识来说呢，它们不能称之为知识，它们没有普遍法则。所以在这里呢，作为真理规则的分析论跟在《纯粹理性批判》里面的分析论所讲的内容有类似之处。就是说，《纯粹理性批判》里面讲的分析论就是要提供先验的范畴和各种先验的原理，以便使我们的知识成为真知识。怎么成为真知识呢？就是成为对象跟主体的这些原理相符合的知识，其中有一种必然性。如果没有必然性，仅仅像休谟所讲的那种偶然的习惯性联想，那就不是真知识了，那只是主观的一种知觉。所以在先验逻辑的先验分析论里面，他讲的就是有关真理的逻辑。那么在这里的分析论里面呢，也是作为真理规则的分析论。当然这种真理规则是用在实践方面，在实践方面有没有客观的法则，还是仅仅只有一些主观的准则？主观准则就相当于休谟的习惯性的联想，只是对我主观有效。我主观认为这个东西我可以坚持，人为财死鸟为食亡，能够骗人我就骗人，这也可以作为人的主观上的一个准则、一个习惯，习惯了以后就成为准则了，但是并不能成为普遍的客观法则。所以它不是真知识，它只是假知识。要成为真知识，那就是说，这样一种法则，客观上任何人都必须作为命令来加以执行的。你自己可以终身行之，而且任何别人同样也可以终身行之，甚至是必须行之，无条件地要做。这个就是真知识，真正的道德知识。这就是作为真理规则的分析论。那么这个道德知识按照什么样的规则来运行呢？那在分析论里面就讲了，分析论里面就是讲这个东西的。“和作为对实践理性判断中的幻相的描述和解决的辩证论”，辩证论也是模仿《纯粹理性批判》里面的辩证论，是关于幻相的逻辑。在《纯粹理性批判》里面是讲，我们要避免伪知识，但是有些伪知识又避免不了，比如说幻相，先验的幻相你怎么能避免得了呢？它是出于人性的一种自然倾向，必然要产生出来的。但是避免不了也不要紧，你要识破它，不受它的迷惑，来维护真知识的纯洁性。你不要把这些东西掺杂进来，以为这也是一种知识，那就把事情搞混了。这是在《纯粹理性批判》里面。在《实践理性批判》里面也是这样，作为实践理性判断中的幻相的描述和解决。实践理性在做判断的时候，这个事情我应不应该做，在我做一个应当的判断的时候，也会产生一种幻相。一种什么幻相呢？就是说，我做这个判断的时候我是根据一条什么样的原理，根据分析的原理呢，还是根据综合的原理。根据分析的原理，就会产生出幻相，比如说，以为德行里面就包含了幸福，或者以为幸福里面就包含了德行，所以德行就是幸福，或者幸福就是德行。这两种判断都是属于分析判断，因而造成了一种幻相。要么是禁欲主义的，要么是幸福主义的。这两种道德都是幻相。那么如何解决？在康德看来呢，就是要把它当作综合判断来看待。幸福和德行两者之间完全是出于不同的来源，一个出于经验、感性，另外一个出于纯粹理性。你怎么能够把它当作一种分析的关系呢？它们肯定是一种先天综合的判断。先天综合判断就必须要追溯它的条件，如何能够把德和福结合起来？只有当你把德当作一个标准，用来衡量福，这个福是配得上德的幸福，这个时候你才能把它作为一个先天综合判断结合在一起，德福一致。德福一致当然在现实世界中是达不到的，于是就通向上帝和宗教。这个是他后来要讲的一些基本的原理，就是对实践理性判断中的幻相的描述和解决的辩证论，就是在这样一个实践领域里面，我们如何避免两种幻相的二律背反。现象和物自体在《纯粹理性批判》里面谈不上是综合的，你必须把它们绝对地划分开来，然后把你的先天综合判断运用在现象领域里面，但这个先天综合判断你不要延伸到物自体里面去，那就越界了。但是在《实践理性批判》里面呢，恰好是要把现象和物自体当作一种综合的关系来加以设定。而这种设定呢，就延伸到了宗教领域，它就不再是停留在道德领域里面了。道德领域，它是专门讲物自体的问题，专门讲人的自由，自由是不可认识的。但是不可认识却可以实行，它本身还是有它实行的法则。道德领域就是讲这个法则的。至于幸福、经验，这些东西不考虑，但是在宗教领域里面，它又要考虑。所以宗教领域实际上是现象和物自体，或者是思辨理性和实践理性这两个领域的一个大综合，宗教是把道德和知识双方统一起来的一个第三项，一个合题。当然这是后话了。

不过，在分析论底下的划分中的次序又将与纯粹思辨理性批判中的次序相反。因为在当前的批判中，我们将从原理开始而进到概念，而从概念出发才尽可能地进达感觉；反之，在思辨理性那里我们则必须从感觉开始而在原理那里结束。

前面是“然而”，现在又反过去说了，这里又来了个“不过”。“不过，在分析论底下的划分中的次序又将与纯粹思辨理性批判中的次序相反”，为什么相反呢？因为在内容上它实际上还是颠倒过来的关系。尽管在总体纲要方面我们按照《纯粹理性批判》的划分方式来建立《实践理性批判》的这种体例模式，不过呢，比如说在分析论这个范围里面，它的划分次序将与纯粹思辨理性批判中的次序相反，要颠倒过来。如何颠倒过来？“因为在当前的批判中，我们将从原理开始而进到概念，而从概念出发才尽可能地进达感觉”。在《纯粹理性批判》里面，是先谈感觉，再从概念开始进到原理。在先验感性论之后，先验分析论第一章就是概念分析，是纯粹知性概念，也就是范畴的形而上学的演绎，它是从哪里来的？它是从形式逻辑的判断的分类表里面引申出来的，作为一个线索而找出来的。然后是先验演绎，它运用于经验之上的权利何在？它的权利就在于它是一种能动性，它的能动性来自于先验自我意识的统觉。这是形而上学演绎和先验演绎，已经把这个概念说清楚了。然后从这些概念里面呢，我们再引申出各种原理、直观的公理、直觉的预测、经验的类比，以及一般经验思维的公设。人为自然界立法，这四大原理为自然界立了一整套法。这就是原理论。从感性论到概念论再到原理论，这是《纯粹理性批判》里面的次序。那么，在当前的批判中，在《实践理性批判》中，我们不再是从感性到概念再进到原理，像《纯粹理性批判》那样，而是颠倒的，从原理开始而进到概念，“而从概念出发才尽可能地进达感觉”。从原理到概念，这个原理是实践的原理，也就是道德律，定言命令。实践最开始不需要它的概念，它只需要有实践理性的原理就够了，用纯粹理性来支配意志的实践行动就形成了一条原理，就是意志自律。然后从这种道德律中我们才看出，它是一种真正的自由行动，道德律是自由的认识理由嘛，你的自由，作为一种自由意志，必须在实践中坚持下来，成为一条普遍法则，才能显得出来。你这个自由的自发性要能坚持下来，不是碰一下就没有了，而是要把它连成一条线，那就必须要有原理。有了原理以后，你再去寻求这个自由的概念，这也就是《实践理性批判》的自由范畴。像《纯粹理性批判》里面的范畴一样，《实践理性批判》里面也有范畴。但是这些范畴是自由的范畴，它们被规定为善与恶的概念。我们在后面可以看到康德提出了一个自由范畴表，有些什么样的自由的概念。这些自由的概念都是由原理所引出来的，首先是原理，然后从这些原理里面呢，引出了这些概念，这些范畴。而从概念出发，也就是从这些自由范畴出发呢，才尽可能地进达感觉，这就进到了感性论。《实践理性批判》里面也有感性论，《纯粹理性批判》里面一开始就是感性论，但《实践理性批判》要到要素论的最后才走到感性论。感性论是第三个环节。第一个环节是原理，第二个环节是范畴，第三个环节才是感性论，才涉及感性。而且是“尽可能地”进达感觉。为什么是“尽可能地”？就是说，《实践理性批判》里面讲的那些原理、那些概念，它们虽然与感性经验格格不入，把感性差不多剔除干净了，但还是要在不危害纯粹实践理性的纯洁性的前提下，尽可能地进到感觉。就是说，你的行为要实现为一种感性的活动，那么尽管你是超感性的，你的自由意志是从物自体来的，但是你毕竟要在感性中找到你的行为的所谓“动机”（Triebfeder）。你不考虑后果，你只考虑动机，但动机必须是感性的，才会有起码的效果。你如果连动机都没有一种感性的特点的话，那你对于感性世界发生作用就是空谈，那你就是在抽象概念里面做游戏了。你要把你应当怎么样的行为实现出来，你必须在感性中至少有种动机，有种冲动，有一种发动。你发动你的意志进入到感性的领域，当然最后能得到什么结果，那不是你所能考虑的。肯定有它的结果，但是这个结果呢，它往往不是有规律的，它是偶然性的。感性的效果往往是看机会，谋事在人成事在天嘛，就是看机会，机会好碰得巧，你就有好的结果，碰得不好，哪怕你做了好事，也没有好结果。这个是你不必去考虑的。但是有一点你必须考虑，就是你必须是真的具有一种感性的动机。那是什么呢？那就是道德情感。道德情感就是所谓的敬重感，敬重感是唯一对道德律有必然性的情感，你必然是出于对道德法则的敬重才做这件道德的事情的，那么你在做这件事情的时候你是排除了其他一切感性的后果考虑的，这就是真正的道德，是为道德而道德，为义务而义务。为义务而义务并不是说完全没有任何感性的因素，它也有感性的因素，那就是对义务本身的敬重，你纯粹只是出于对义务本身的敬重。当然为什么会有对义务本身的敬重，还是因为自由意志本身在你的行为底下作为一个最终的动因（Bewegungsgrund）在起作用。所以你的敬重动机呢，并不是你的道德行为的根本性的原因，并不是最终的原因性，它只是一个发动起来的契机。但是这个发动起来的契机，它的后面还是有自在之物的一个原因，就是动因，那就是自由意志。动因还是超感性的。但是超感性的东西要在感性世界起作用，它必须要借助于感性世界中的某种动机，那就是敬重感。尽可能地进达感性，就是说虽然它是超感觉的，但是你尽量地在感觉领域里面找到某个结合点，那就是唯一的敬重感。出于对义务和道德法则的一种纯粹的敬重而决定做这个事情，这就是感性世界里面的唯一的动机，至于其他那些感性的因素你可以不去考虑它。这里我预先把后面的东西都已经说了，我们是全息式的讲授，就是说不是局限于哪一句话，你要前联后挂，前面的也要联系，后面的也要联系，你要看到后面，才能理解前面，不然的话，你就这句话来读，你都不知道他说的是什么了。下面："反之，在思辨理性那里我们则必须从感觉开始而在原理那里结束"。这个我刚才讲了，在《纯粹理性批判》里面，先验感性论和先验逻辑是两部分，首先是先验感性论，我们必须从感觉开始，一切感觉的经验材料，它们的先天形式就是空间和时间。这是从先验感性论开始，而在原理那里结束，也就是在先验逻辑的原理那里结束，这个中间包括先验的范畴和判断力，也就是图型，然后才是纯粹知性的原理，人为自然界所立的一整套法规在这个时候就建立了。先验辩证论暂不考虑，因为先验辩证论只是幻相的逻辑，是用来排除谬误的。《纯粹理性批判》这一套程序和现在《实践理性批判》所安排的次序是完全相反的。那么为什么要这样安排呢？

其中的理由又是在于：我们现在要涉及的是意志，并且必须不是在与对象的关系中、而是要在与这个意志及其原因性的关系中来考虑理性，因为不以经验性为条件的原因性的那些原理必须成为开端，在此之后才能够尝试去确定我们关于一个这样的意志的规定根据的、关于它在对象上的运用的、最后关于它在主体及其感性上的运用的那些概念。

其中的理由，什么理由呢？就是我们为什么在当前的批判中将从原理开始，进达概念，并且从概念出发，尽可能地进达感觉，这个理由何在？它跟思辨理性批判里面的次序是完全颠倒的，这个理由何在？这是因为，在思辨理性那里，我们涉及的是认识，“我们现在要涉及的是意志”，意志能力和认识能力显然是完全不同的。认识能力当然是基础，但是现在我们已经进到了意志能力，“并且必须不是在与对象的关系中、而是要在与这个意志及其原因性的关系中来考虑理性”，这是进一步地说明。我们现在涉及的是意志，是意志又有什么不同呢？为什么要颠倒呢？为什么到了意志我们就必须把这个次序颠倒过来呢？因为在思辨理性里面，我们是在与对象的关系中来考虑理性的，首先接触到的是对象的直观或感性，也就是说，我们的理性要考虑的是与对象之间的一致或符合；而现在我们涉及的是意志，只有在最后才涉及意志对感性动机的作用，所以我们不再是在与对象的关系中，而是在与这个意志及其原因性的关系中来考虑理性。理性在目前这样一个场合，它所考虑的不是它与对象的关系，而是与主体意志自身的关系，并且这个主体的意志是作为一种原因性，那就是自由的原因性了。现在是在与这个意志及这个自由的原因性的关系中来考虑问题，即理性和自由意志有什么关系。这个时候呢，我们的眼光肯定要颠倒过来，原来是向外的，现在我们要向内；原来是为自然界立法，现在我们要为自身立法，要为自己行动的意志立法。原来是为自然界的因果性立法，现在我们要为意志自由的原因性立法。所以道德实际上是为自由立法、为意志立法，它不是向外而是向内，它当然应该颠倒过来。“因为不以经验性为条件的原因性的那些原理必须成为开端，在此之后才能够尝试去确定我们关于一个这样的意志的规定根据的、关于它在对象上的运用的、最后关于它在主体及其感性上的运用的那些概念”，这就是讲为什么要颠倒了。“不以经验性为条件的原因性”，也就是自由意志的原因性，也就是自由的原因性，摆脱了一切经验性条件而自由的原因性，它的那些原理必须成为开端。自由就是最高的原因，再没有别的什么原因来决定它了，自由意志当然成为开端，它本身就是开端。我们在《纯粹理性批判》的先验辩证论中就看到了这样的定义：所谓的自由，就是“自行开始一个因果系列的原因性”。它是自发的原因性，最初的原因性，所有的因果系列都是由它开始的，在它的上面再没有自己的原因了。如果还有它的原因，那它又是一个结果了，那它就又需要有别的原因性来开始，它就成了因果必然性了。但是自由之所以是自由，就在于它自行开始一个因果系列，所以它的“原理”必须成为开端。自由本身是一个端点，但是进一步地考察，你就会发现，自由不是一个点，而是一条线。如果是一个点的话，那这些点是连不起来的。一点，然后又是另外一点，那种自由就是一个一闪而过的东西。闪了一下灭了，就不自由了，然后又闪一下，又不自由了，那自由就无法存在了。实际上，那就是类似于动物性的那种偶然的任意。但是人的意志是有理性的，所以人的意志是自由的。自由的意志就在于，它有理性，它可以为自身提供原理。这些原理已经不是以经验性为条件，而是摆脱了那些经验性的条件。也就是我在各种不同的经验性条件之下，都必须以纯粹理性来保持我的自由的连续性、一贯性。“在此之后才能够尝试去确定我们关于一个这样的意志的规定根据的、关于它在对象上的运用的、最后关于它在主体及其感性上的运用的那些概念”，我们要从自由的连续性、一贯性的原理出发，然后才去尝试确定那些概念，才从原理出发进到概念。什么概念呢？有三个层次。第一个是去确定我们关于这样一个意志的规定根据的概念。这样一个意志，就是自由的连续性、一贯性，既然是连续一贯的，它就不再是任意了，而是一贯的意志。那么它的根据何在？是什么使得自由能够保持连续一贯性？只有一个根据，那就是意志自律，这是后面要讲到的。第二个是“关于它在对象上的运用”的概念，这里涉及意志的对象，就是说这个原理要体现为一个目的，你追求那个目的，这个目的不是感性的对象，而是一种概念或范畴，通常叫作“善”或“恶”。这就从意志自由的原理进到了善恶的概念或范畴，也就是自由的范畴，例如那些禁止啊，允许啊，义务啊，这都是一些善的概念，它的反面是恶的概念，这都属于自由范畴。善和恶都只有基于自由才有可能。首先有了原理以后呢，我才能够尝试去确立这样一些范畴，这是一些关于原理在对象上的运用的范畴。第三个是“关于它在主体及其感性上的运用”的概念，这就涉及敬重感了，我们就把概念运用于感性上了。这还是解释前面讲的，我们从原理开始，然后进到概念，然后从概念又进到感觉，但整个过程的背后的支撑点（存在理由）则是自由意志。这就是《实践理性批判》的一个结构模式，在分析论的划分中，从原理开始进到概念，从概念又尽可能地进达感觉。

出自自由的原因性的规律，也就是任何一个纯粹实践原理，在这里都不可避免地成为开端，并规定着唯有这条原理才能够涉及的那些对象。

“出自自由的原因性的规律，也就是任何一个纯粹实践原理，在这里都不可避免地成为开端”，就是说在一般的实践理性里面，作为开端的原理就是出自自由的纯粹实践理性的原理，它不可避免地要成为开端。它是更高的，它是一切实践理性运用的最高点，用来检验其他一切实践理性的运用是不是纯粹，是不是真正地按照纯粹理性来贯彻的，也就是说，是不是真正的出自自由的原因性的规律。规律（Gesetz，又译法则）跟这个原理（Grundsätze）不同于一般实践理性的那些准则（Maxime）或者规则（Regel）。准则或规则通常是主观的，主观的准则或规则只有同时成为客观的规律或法则，那才是纯粹实践的原理，才是自由意志的自律，那就不是你个人主观的了。我们讲道德律，或道德法则，所谓康德的定言命令，无非就是说，要使你的行为的准则成为一条普遍的法则，这里面有准则，也有法则。而所有其他的实践理性的原理，虽然也是理性的，但不一定是法则，它可能仅仅是准则，是你自己个人的适用性，但是你没有考虑它的社会普遍性，以及它的客观性。客观性的东西才是规律或法则。所以，出自自由的原因性的规律，也就是任何一个纯粹实践原理——纯粹实践原理就是道德律了——在这里都不可避免地成为开端，并规定着唯有这条原理才能够涉及的那些对象。这样一条道德原理必然规定着它的那些对象。那些什么对象呢？那就是自由的范畴，即那些善或恶的对象，它们都是由纯粹实践理性的原理所规定的。

康德哲学研究

康德道德哲学对直观的拒斥和运用

惠永照*

内容提要 康德的直观理论是由感性直观、想象力和智性直观三个层次构成的。直观在第一批判和第三批判中都发挥着重要作用，但在《实践理性批判》和其他道德哲学的著作中，康德明确拒斥了直观的作用，这种拒斥集中体现在《实践理性批判》的分析论中。然而直观在康德的道德哲学中仍然以一种间接的方式发挥着作用，即康德借助于类比和象征，用可直观之物来表现不可直观之物。从象征的角度也可以理解康德提出的“德性义务的图型”这一看似自相矛盾的概念。

关键词 直观 道德 图型 类比 象征

康德的道德哲学中是否有直观，这本身是一个问题，因为康德非常明确地拒绝了可直观之物作为意志的规定根据，同时拒绝了直观在道德判断中的作用。然而另一方面，康德一直都有一种将不可直观之物直观化的意图，即使这种直观不是一种真正的直观，而只是一种直观的类似物。本文从“直观”的

* 惠永照（1983～），河南南阳人，华中科技大学哲学系在读博士生，研究方向为康德哲学、政治哲学。

视角来看康德的道德哲学，考察康德在道德哲学中对直观的拒斥和运用的理由，从正反两方面看直观在康德道德哲学中的地位和作用。为此，我们首先需要弄清楚什么是康德意义上的“直观”。

一　康德的直观概念

康德的整个先验哲学虽然是从“直观”（Anschauung）开始的，但在康德那里，“直观”的含义并不清楚，海德格尔指出，康德的“直观”含义是模棱两可的，它既可以指一种直观的行为，又可以指这种行为的结果，即被直观之物，而康德对此并没有进行明确的区分。[①] 海德格尔的批评实际上指出了一个完整的直观是由直观活动和直观对象两部分构成的，所以对直观的考察就要从一种作为意向活动的直观行为和作为意向对象的直观对象两个方面入手。

作为一种意向活动的直观，其最大的特点是直接性，在直观中，对象不借助于任何中介而直接被给予，也就是在某种感官（外感官或内感官）中直接地显现出来。康德所说的直观一般而言包括感性直观和智性直观。有时候，康德将感性直观和智性直观统称为“一般直观”。感性直观是派生的直观（intuitus derivativus），而智性直观是一种本源的直观（intuitus originarius）[②]。因为感性直观的特点是被动性和接受性，其对象的被给予依赖于一个外在客体的刺激，这就使得感性直观对象只能局限于现象世界，即局限于感官被外在客体刺激而显现的范围之内。与感性直观相对，智性直观是一种主动性和创造性的直观，可以通过直观直接地“看”到自在之物，而且它完全不依赖于外在客体提供的杂多材料就能够通过直观直接将对象创造出来。所以刺激感性直观的外在客体恰恰是智性直观的产物[③]，从这个意义上来说，感性直观只是派生性的，感性直观之可能依赖于智性直观的创造性。康德明确否认人具有智性直观的能力，但他并不否认其他的存在者，比如上帝会有这种直观能力。人只有感性直观的能力，人的直观依赖于外在客体的存有，但对于上帝来说，也可能

---

① Martin Heidegger, *Phenomenological Interpretation of Kant's Critique of Pure Reason*, Translated by Parvis Emad and Kenneth Maly, Indiana university press, 1997, p. 58.

② 康德：《纯粹理性批判》，邓晓芒译，杨祖陶校，人民出版社，2004，第 50 页。

③ 邓晓芒：《康德的“智性直观”探微》，《文史哲》2006 年第 1 期，第 119 ~ 125 页。

具有这种直接创造对象的智性直观能力，不过康德并没有断言上帝具有智性直观能力，因为正是由于我们没有智性直观的能力，所以我们对处于自在之物世界中的上帝完全无法形成知识。

除了感性直观和智性直观以外，在康德的体系中还存在着一种直观，即想象。和现象学把感知和想象都作为直观的类型相一致，康德也明确把想象力当作一种直观能力。“想像力是把一个对象甚至当它不在场时也在直观中表象出来的能力。”[①] 在《实用人类学》中，康德的表述更加直接，想象力是“一种即使对象不在场也能具有的直观能力”[②]。想象力在康德的体系中占有一个非常重要但也非常模糊的地位，这种状态自海德格尔在《康德与形而上学疑难》中揭示出来之后就备受关注。在康德看来，想象力既具有感性的接受性，又具有知性的自发性，既是一种直观的能力，又是一种综合的能力，所以它可以充当感性与知性的中介，成为沟通感性和知性的桥梁。

那么想象力与感性直观和智性直观是什么关系？首先，想象力具有感性直观的特点，但它又不同于感性直观。想象力并不依赖于外在客体的存有，它甚至可以在观念中自由地创造对象，虽然这种创造不能够违背逻辑规律。其次，想象力的创造性又不同于智性直观，它无法在存有中创造对象，只能在表象中创造对象，所以它和感性直观一样，都只是一种派生性的直观。再次，作为一种派生性的直观，想象力又构成了感性直观的基础，因为在感性直观中，在先的表象与在后的表象需要借助于再生性的想象力才能够联结起来，离开了再生性的想象力，就永远不可能产生出一个完整的表象，“甚至就连空间和时间这两个最纯粹和最初的基本表象也不可能产生出来了。”[③]

由此我们可以看到，康德的直观理论可以分为三个层次：感性直观、想象力和智性直观。其中人类只具有前两种直观能力。而在一个完整的直观中，既包括直观活动，也包括被直观的对象。

在道德哲学中讨论直观时，还需要注意直观与情感（Gefühl；feeling）之间的区别。在康德三大批判中，直观和情感都可以归于感性（Ästhetik；aesthetic）的概念之下，并且情感作为一种意识对象本身是内感官的对象，但

---

① 康德：《纯粹理性批判》，邓晓芒译，杨祖陶校，第 101 页。
② 康德：《实用人类学》，邓晓芒译，上海人民出版社，2012，第 42 页。
③ 康德：《纯粹理性批判》，邓晓芒译，杨祖陶校，第 116 页。

是康德强调了两者之间的区别。直观是一种感性的认识能力，能够为我们的认识提供一个感性对象，而情感是一种愉快或者不愉快的感受能力，它不涉及对象而仅仅与主体感受有关。用现象学的观点来说，情感本身不是一个客体化的行为。当我们正沉浸于某一类型的情感之中时，我们并没有进行直观，因为在其中没有任何对象被给予我们，引发我们情感的那个对象并不是由情感提供给自身的，而是由我们的感性直观能力提供给情感的。

在前批判时期，康德受哈奇森的影响，一度将道德的基础建立在情感之上。哈奇森发展了由沙夫茨伯利提出的道德情感学说，他明确认为人具有一种道德感官（Sinn；sense），而道德感官是和眼、耳一样的器官。哈奇森认为我们的心灵能够接受不同种类的观念，并且能够产生不同种类的快乐或痛苦的知觉，那么每一种快乐或痛苦的知觉都对应于一种感官，这样哈奇森就主要区分了五类感官：外在感官、内在感官、公共感官、道德感官和荣誉感官。其中通过道德感官，“我们知觉到了自身或他人的善或恶。”① 并且在哈奇森看来，道德感官具有普遍性，人们的道德感官是普遍一致的，② 并且感官的这种相同构造会一直延续下去。③

前批判时期的康德一定程度上认可哈奇森，道德感官概念在康德伦理思想中也发挥着作用。④ 比如在 1764 年《关于自然神学与道德的原则之明晰性的研究》一文中，康德赞同地提到：“表象真东西的能力就是认识，但感受善的能力却是情感。”⑤ 并且也称赞了哈奇森的道德情感理论。1770 年之后，康德通过对义务的“判断原则”（Principium dijudicationis；Principle of Appraisal）和“执行原则”（Principium executionis；Principle of Execution）所进行的划分，完全将情感从道德的基础中排除了出去。判断原则涉及意志的规定根据，用来判断什么是道德上的善或恶；而执行原则用来推动我们做道德上善的行动，也

---

① 哈奇森：《论激情和感情的本性与表现，以及对道德感官的阐明》，戴茂堂等译，浙江大学出版社，2009，第 6 页。

② 哈奇森：《论激情和感情的本性与表现，以及对道德感官的阐明》，戴茂堂等译，第 200 页。

③ 哈奇森：《论激情和感情的本性与表现，以及对道德感官的阐明》，戴茂堂等译，第 202 页。

④ Antonino Falduto, *The Faculties of the Human Mind and the Case of Moral Feeling in Kant's Philosophy*, Berlin/Boston：Walter de Gruyter GmbH，2014，p. 217.

⑤ 康德：《前批判时期著作Ⅱ（1757 ~ 1777）》，李秋零主编，中国人民大学出版社，2003，第 301 页。

就是构成我们行为的动机。[①]

虽然康德否定了情感能够作为意志的规定根据，但他并没有否定情感在道德中的作用。一种特殊的情感，即对道德律的敬重可以作为我们行动的动机。康德所反对的是“道德感官”的概念，反对把道德情感和道德感官混为一谈。他明确指出，“把这种情感称为道德感官并不恰当；因为感官这个词通常意味着一种理论上的、与一个对象相关的知觉能力；相反，道德情感（如一般的愉快和不快一样）是某种单纯主观的东西，并不提供任何知识。”[②] 在康德看来，道德感官是一种人所不具有的认识能力，人并不能借此直观道德上的善与恶。

二　纯粹实践理性对直观的拒斥

直观在第一批判和第三批判中都发挥着重要的作用，但在第二批判中，凡是提及直观之处，都是以否定的形式出现，往往是出于对比的需要，对第一批判中直观的作用进行回顾，然后否定直观在第二批判中的相同或相似作用。总的来说，康德在道德哲学中对直观的拒斥主要出于两个理由，第一个理由是，人没有智性直观的能力，所以无法对处于自在之物世界的自由和道德律进行直观。第二个理由是，一切可直观的对象，不论是感性直观的对象，还是智性直观的对象，都不能够成为意志的规定根据，否则意志就会是他律性的而非自律性的。两个理由中第二个理由更根本，因为它单独就可以成为否定直观的理由，不论人有没有智性直观的能力，直观都不能够成为意志的规定根据。人没有智性直观的能力，这固然是一个遗憾，它让我们只能认识到现象，而无法认识自在之物，但是在道德哲学中，对于构成道德哲学的内在组成部分而言，有没有智性直观都是一样的，这个遗憾什么也没有改变。在这两种情况下，自由都具有实在性，虽然智性直观的缺失让我们无法在理论上而只能在实践上确立自由的实在性；人都需要把道德律作为一种绝对命令，因为有没有智性直观都

---

① Kant, *Lecture on Ethics*, Translated by Peter Heath, Cambridge University Press, 1997, pp. 65 – 66.

② 译文出自邓晓芒教授《康德“德行论导论”译文》（未刊稿），参见康德《道德形而上学》（注释本），张荣、李秋零译注，中国人民大学出版社，2013，第183页。

无法改变人是处于两个世界的实际状态；行为的道德性都是出于意志的纯粹性。区别主要在于道德论证的策略和论证的难易程度。

具体来看，康德对直观的拒斥集中在《实践理性批判》的分析论中，在该书的其他部分和其他道德哲学著作中也都有所涉及。《实践理性批判》的分析论与《纯粹理性批判》的先验分析论在组成部分上是一样的，但是以一种相反的秩序排列起来。与理论的纯粹理性分析论三个部分都对直观有依赖相反，实践的纯粹理性分析论的三个部分都拒斥直观。

首先，在原理分析论中，作为意志的规定根据的是实践理性的纯粹的形式，而不是意志的客体（质料）。只有如此，意志的准则在任何时候才都能够成为一个普遍的立法原则，这样直观就无法在其中发挥作用，因为直观的对象正好是意志的质料（客体），而一切质料要么是感性直观的对象，比如道德情感、幸福，要么是智性直观的对象，比如上帝及其完善性。康德否认一切把质料作为意志规定根据的实践原则能够充当实践的法则。他认为一切质料的实践原则都是他律性的，并且都可以把它们归于幸福之下，因为一切质料的实践原则，包括来自于上帝的完善性的质料原则，其规定根据中都包含着那个客体（质料）的表象与主体的一种关系，即对一个对象的现实性感到的愉快。[①] 这种愉快或不愉快的感受性是无法先天地被给予的，而只能后天经验性地被给予，所以一切质料原则都是一些经验性的原则。而经验性原则是不具有普遍性和必然性的。正如康德指出的那样，幸福概念“只是那些主观的规定根据的普遍称谓，而并未作任何特殊的规定”，“它在不同的主体中可以且必定是很不相同的”[②]。所以说，把一切可直观的对象作为意志的规定根据，我们只能得到一些经验性的原则，而一切经验性的实践原则都是他律的。正是通过对直观的拒绝，理性才能够自我立法，而人作为理性的存在者通过理性的自我立法才能够超出现象世界之外，成为理知世界的一员，由此人才是自由的。

其次，在概念分析论中，实践理性的对象，即善和恶，不是先于道德法则，而是后于道德法则并且是由道德法则来规定的。[③] 这就意味着我们的善恶观念并不像柏拉图的理念一样，是一种实在的对象，对它们的认识可以来自于

① 康德：《实践理性批判》，邓晓芒译，杨祖陶校，人民出版社，2003，第 25 页。

② 康德：《实践理性批判》，邓晓芒译，杨祖陶校，第 31 页。

③ 康德：《实践理性批判》，邓晓芒译，杨祖陶校，第 85 ~ 86 页。

一种理性直观。对康德而言，善恶都是由道德法则建构起来的，我们并不能对善与恶的概念进行直观，道德法则先于一切善恶的规定，这就是康德著名的义务论原则。正当性对善的优先性让一切希望通过感性直观或智性直观来直观善恶的企图变得不可能。

由于我们无法直观到善恶，所以当我们想要判断一个可能的行动是善或恶的时候，我们并不是用善恶的概念直接来判断行为。因为一个行动的善恶并不取决于善恶的概念，而是取决于道德法则，所以判断力就将道德法则运用于某种可能的行动之上来判断行动本身的善恶。这时候同样作为一种规定性的判断力，纯粹实践理性的判断力就会遇到和纯粹理论理性的判断力一样的困境。在纯粹理论理性那里，判断力面临着先验的范畴如何能够运用于后天的感性杂多之上的问题，毕竟二者是不同质的。康德是通过想象力对时间进行的先天规定，即先验的时间图型来解决这一问题的。但康德明确否定了纯粹实践理性的判断力也可以利用想象力的图型来进行判断，“德性法则除了知性（而不是想像力）之外，就没有任何其他居间促成其在自然对象上的应用的认识能力了，而知性并不为理性理念配备一个感性图型，而是配备一个法则。”① 在这里，居于道德法则和一个可能行动之间的不再是想象力及其图型，而是知性及其法则，这条法则是知性的法则，并且能够在感觉对象上具体地表现出来，所以它“好像”是一条自然法则。但道德法则与自然法则的相似性只是就其形式而言的，也就是两者都具有形式上的纯粹合法则性。康德把这条形式上的自然法则叫作道德法则的模型（Typus）。模型不同于图型的一个显著方面是，模型不是想象力的产物，而是知性的产物，通过对想象力的拒斥，直观在纯粹实践理性判断中也被拒斥了。

再次，在纯粹实践理性的动机（Triebfeder）上，康德否定了任何经验性的情感可以成为意志的动机，只有道德律本身才是意志的动机，否则的话，一种行为虽然可以因为符合道德律而具有合法性，但它不是为了道德律所以并不具有道德性。使一种行为具有道德性的动机只能是为了道德而道德，也就是把道德律本身当作动机。然而道德律是以一种什么方式成为动机呢?

由于人类的有限性，道德律会遭受来自人的感性本性的强烈抵制，所以道德律作为动机首先在人身上起的是一种否定作用，它贬低了我们的一切爱好从

---

① 康德：《实践理性批判》，邓晓芒译，杨祖陶校，第94页。

而使我们产生一种经验上的不愉快的情感，然而通过这种贬低使我们意识到了不是各种爱好而是唯有道德律才应当成为我们意志的直接规定根据，从而在我们的心中就唤起了对道德律的敬重。“通过法则而对意志的直接规定以及对这种规定的意识就叫做敬重。”① 敬重是一种情感，但并不是一种经验性的情感，而是一种先天的情感。它不是由爱好引起的，而是由理性引起的，是道德律对主体感性上的影响。在有限的理性存在者那里，道德律和对道德律的敬重是先天地结合着的，我们能“先天地看出一个这样的情感是不可分割地与每个有限的理性存在者心中的道德律表象结合着的”②。所以在人那里，“以道德律为动机”和“以对道德律的敬重为动机”是一致的，道德律作为动机正是通过道德律对主体感性上的影响，即敬重而起作用的。然而意志的动机并不是人们做道德事情的原因，它只是一个发条，促发那些处于现象世界中的人去做道德的事，真正能够成为意志的原因的是法则对意志的直接规定，“这种原因是在物自体层面发生的，它归根结底来自于人的自由意志，来自于人的自由。”③所以康德有意地区分了动机和动因（Bewegungsgrund 或 Bwegursache）：“欲望的主观根据是动机，意愿的客观根据是动因。”④ 敬重感只是一种主观的情感，是我们意志的动机，它并不能够成为我们意志的规定根据，即动因。

通过区分动机与动因，康德否定了一切情感对于我们意志的规定性。而通过区分经验性情感和先天情感，康德又拒绝了将意志的动机与一切可直观之物相联系。因为经验性情感是爱好的对象作用于我们的感官从而在人的感性中产生的一种接受性的情感，而爱好的对象都是可直观之物，然而敬重和一切爱好的对象无关，“尽管敬重是一种情感，但它却不是通过受影响而接受到的情感，而是通过一个理性概念自己造成的情感”⑤。所以敬重只是理性法则作用于主体的结果，并不涉及爱好的对象，所以与一切经验上可直观的对象无关。

除了分析论以外，在辩证论部分，为了至善在现实中的实现，康德把灵魂不朽和上帝存有当作纯粹实践理性的两个悬设，之所以要对它们进行悬设，是

① 康德：《道德形而上学奠基》，杨云飞译，邓晓芒校，人民出版社，2013，第 23 页注释。
② 康德：《实践理性批判》，邓晓芒译，杨祖陶校，第 109 页。
③ 邓晓芒：《康德〈道德形而上学奠基〉句读》（上），人民出版社，2012，第 223 页。
④ 康德：《道德形而上学奠基》，杨云飞译，邓晓芒校，第 61 页。
⑤ 康德：《道德形而上学奠基》，杨云飞译，邓晓芒校，第 23 页注释。

因为一方面它们对于至善的实现是必需的，另一方面，由于我们没有智性直观能力，无法对于作为自在之物的灵魂和上帝进行直观，所以就必须以假设的方式把它们认定下来。同样地，自由作为纯粹理性的理念也是不可直观的，不过自由与灵魂不朽、上帝不同，它的实在性并不是悬设的，而是由“理性的事实”推理出来的。在方法论部分，康德反对为儿童和青少年树立一些道德高尚的榜样，虽然榜样可以使法则直观化，[①] 但康德认为这样做完全适得其反。针对儿童和青少年的道德训练应该是在一些实例中磨砺他们的实践判断力，唤起他们对于道德律的敬重，培养他们为义务而义务的动机，如此才能够使纯粹实践理性的法则真正地进入他们的内心并影响他们内心的准则。

三 直观在康德道德哲学中的作用

由此可见，在《实践理性批判》中，康德处处都有意地拒斥直观的作用，那么在康德的道德哲学中，直观是否完全没有作用呢？尽管康德的道德哲学给人一种拒直观于千里之外的印象，但实际上在他的文本中也可以找到一些运用直观的踪迹。在《单纯理性限度内的宗教》的一个注释里，康德在讨论了美和义务的差异之后说：“如果所说的还仅仅是义务，那么，美惠女神便要敬而远之了。不过，如果注意到德性一旦被普遍接受就会在世界上传播开来的那些优美的结果，那么，关注道德的理性在这种情况下，就会（通过想象力）把感性也召来一并发挥作用。”[②] 康德用美惠三女神来指代美，如果仅仅说的是义务本身，那么就与美无关了，因为义务只与法则相关，但如果为了德性能够普遍地实现，那么就可以借助想象力，用与义务的实现所伴随的美的结果来影响我们的感性，打动我们的内心。在这里，为了道德律能够在现实层面获得好的结果，康德允许了感性的参与，而感性的参与依赖于人的想象力。

不过直观在康德道德哲学中的作用更多时候是间接的。所谓间接的作用，主要是指康德总是倾向于将原本不可直观的对象，即理性的理念直观化，尽管这种直观化并不是对不可直观之物的直接直观，而是借助于类比和象征，用可

① 康德：《实践理性批判》，邓晓芒译，杨祖陶校，第 105 页。

② 康德：《单纯理性限度内的宗教》，李秋零译，商务印书馆，2012，第 18 页。

直观之物来表现不可直观之物，这样后者仿佛也被直观到了。在《判断力批判》中，康德有一个著名的表述"美是德性的象征"。康德把一切感性化的直觉的表象方式分为图型式的和象征式的。图型是就纯粹知性概念而言的先天直观，而象征所针对的是理性的概念（理念），通过象征，"一个只有理性才能想到而没有任何感性直观能与之相适合的概念就被配以这样一种直观。"① 图型是对概念的直接演示，象征是对概念的间接演示。在象征中存在两个对象，一个是可以感性直观的对象，另一个是不能被感性直观的对象，并且是在内容上和前一个对象完全不同的对象，我们并不把在对第一个对象直观时所直观的内容加到第二个对象之上，因为二者在内容上是根本不同的对象，而只是"把对那个直观反思的单纯规则应用到一个完全另外的对象上，前一个对象只是这个对象的象征"②。德勒兹举了一个白色百合花的例子来说明象征。当我们对白色百合花直观的同时也唤起了纯真（pure innocence）的理念，而纯真理念的对象仅仅是反思性地与百合花的白相类似。③

海纳·比勒费尔特（Heiner Bielefeldt）的《康德实践哲学中的象征性表现》一书，专门研究了康德实践哲学中的象征问题，勾画出了象征性表现（symbolic representation）在康德整个实践哲学中扮演的角色。比勒费尔特认为，象征性表现在康德的实践哲学中发挥着关键的功能。埃里希·阿迪克斯（Erich Adickes）甚至建议将康德的整个计划称为"好像哲学"（as-if philosophy），即无论何时表现理性的理念，所有客观化的知识都必须转化为自觉的"好像"模式。④ 这种表现理性理念时所运用的好像结构是一种类比思维，"这种思维拒绝了对任何理性理念的直接把握（grasp），以便间接地表现它们。类比思维运用知性的能力，同时否认了由知性必然唤起的客观知识。"⑤ 这样，一方面我们可以避免那种想要把善恶的概念建立在某种经验性直观或智

---

① 康德：《判断力批判》，邓晓芒译，杨祖陶校，人民出版社，2002，第 198 页。

② 康德：《判断力批判》，邓晓芒译，杨祖陶校，第 199 页。

③ Gilles Deleuze, *Kant's Critical Philosophy: The Doctrine of the Faculties*, Translated by Hugh Tomlinson and Barbara Habberjam, The Athlone Press, 1984, p. 54.

④ Heiner Bielefeldt, *Symbolic Representation in Kant's Practical Philosophy*, Cambridge University Press, 2003, p. 35.

⑤ Heiner Bielefeldt, *Symbolic Representation in Kant's Practical Philosophy*, p. 35.

性直观之上的企图，避免了实践理性的经验主义危害和神秘主义危害；[1] 另一方面“好像结构”也在理性理念和道德实践之间拉开了一定的距离，任何通过否定道德的现实性从而否定善恶概念的怀疑论做法都是无效的。所以，“只有认识到这种好像结构，人类理智才能避免独断论和怀疑论的互补性的陷阱。”[2]

然而在有关康德的学术著作中，象征的角色并没有受到太多的注意。这主要是因为康德没有系统而又引人注目地论述过它，虽然他经常提到它，比如康德虽然在《纯粹理性批判》的“人类理性的自然辩证法的终极意图”一节和《实践理性批判》的“纯粹实践判断力的模型论”一节中已经提到并且运用了类比和象征，然而只在《判断力批判》第59节“美作为德性的象征”中，他才非常简短地讨论了“象征”的问题，并且也是浅尝辄止。正如格哈特·科鲁格（Gerhard Krüger）写道：“不幸的是，康德从没有像分析直接表现那样用同样精细的方式来分析间接表现。”[3]

康德对象征和类比的使用要远远多于人们意识到的部分，尤其在实践哲学中，用象征和类比来对不可直观之物直观化是康德惯用的手法。比勒费尔特将康德运用象征性表现的目的归结为四个方面：（1）为道德判断提供指南（通过自然法则和道德法则、自然王国和目的王国之间的类比）；（2）表示道德法则无可置疑的强制力（通过审美中的崇高感和道德上的敬重感之间的类比）；（3）巩固合理的道德希望（通过对上帝理念的“象征性的拟人论”）；（4）使社会机构潜在的规范功能透明化（通过经验上的共和国和“本体的共和国”、有形的教会与“无形的教会”之间的类比）。[4]

图型和象征都是想象力的产物，通过图型，判断力将普遍的范畴运用于一个经验对象之上，从而获得关于这个对象的知识；通过象征，判断力将我们对于某个感性对象的纯粹的反思形式投射到一个不可直观的理性对象之上，从而好像获得了关于这个对象的知识。两者不同的是，运用图型的判断力是规定性的，是在普遍的东西被给予的前提下将特殊归摄于普遍之下，而运用象征的判

---

① 康德：《实践理性批判》，邓晓芒译，杨祖陶校，第96～97页。

② Heiner Bielefeldt, *Symbolic Representation in Kant's Practical Philosophy*, p. 36.

③ Heiner Bielefeldt, *Symbolic Representation in Kant's Practical Philosophy*, p. 6.

④ Heiner Bielefeldt, *Symbolic Representation in Kant's Practical Philosophy*, p. 181.

断力是反思性的，在此只有特殊被给予，没有普遍被给予，因而判断力自己为自己寻求普遍性。凡是知识，不论是理论知识，还是道德知识，都是规定性的判断力的结果，而审美判断是反思性的判断力的结果。

基于类比和象征，我们也才可以理解康德在《道德形而上学》中提出的“德性义务的图型”[①] 这一似乎自相矛盾的概念。康德正是基于道德情感与崇高感的相似性，在对敬重和崇高的类比中，才使用“图型”的。在对崇高的分析中，康德提到了一种反思性的判断力的图型。[②] 这种图型是审美理念的图型，想象力之所以要构造这种理念的图型是要使内心对这些理念具有一种感受性，从而在我们内心产生对这些理念的崇敬和敬重。从规定性的判断力来看，理念是没有图型的，因为知性的范畴根本不允许运用于理念之上，所以我们对于理念根本无法形成任何知识，理念只能被思维，不能被认识。但如果从反思性的判断力来看，反思性的判断力可以允许想象力为理念设定一个图型，借助于这个图型，理念就可以进入我们的内心，将一种强制力施加于我们的感性之上，使我们的内心产生出一种既恐惧又吸引的情感，也就是崇高。所以对反思性的判断力来说，想象力同样可以作为理性及其理念的工具。[③] 规定性的判断力的图型与客观的知识相关，而反思性的判断力的图型与主观的情感相关。后一种图型实质上是象征，因为规定性判断力适用的范畴的图型是想象力直接对范畴的图式化，而反思性判断力适用的理念的图型是想象力为理念寻找的一种类比物。

如果我们从反思性的判断力来看康德所说的德性义务的图型，那么可以说康德似乎是在审美的意义上，也就是在影响我们感受性的意义上来看待这些德性义务的。德性义务的图型实际上也只是象征并且也是归属于反思性的判断力的。虽然我们不能够借助于一个图型来判断一个可能行为的善恶，但我们可以借助于图型而使道德法则和德性义务影响我们的感性，激发我们的道德动机。在此，原本被康德否定的想象力及图型的作用，又以另外一种方式被引入到了

① 康德：《道德形而上学》（注释本），张荣、李秋零译注，中国人民大学出版社，2013，第 181 页。对“德性义务的图型”的分析主要是受邓晓芒教授“《道德形而上学》德行论导论句读”课的启发，并且总体上采用了邓老师的分析。

② 康德：《判断力批判》，邓晓芒译，杨祖陶校，第 104 页。

③ 康德：《判断力批判》，邓晓芒译，杨祖陶校，第 109 页。

其道德哲学之中。

以上是从康德可能承认的方面讨论了直观在康德道德哲学中的作用。如果我们考虑到那些康德可能不会承认的论述，比如海德格尔在《康德与形而上学疑难》中对想象力作为感性与知性的“共同之根”① 的讨论，以及 Bernard Freydberg 在《康德〈实践理性批判〉中的想象力》一书中基于海德格尔的论述而做出的如下判断：想象力也是实践理性的中心②，那么直观在康德道德哲学中的作用将会更加突出。

① 海德格尔：《康德与形而上学疑难》，王庆节译，上海译文出版社，2011，第 130 页。

② Bernard Freydberg, *Imagination in Kant's Critique of practical reason*, Indiana University Press, 2005, p. 19.

论康德的第一类比*

胡　好**

内容提要　康德的第一类比即实体性类比的论证值得研究。它的主要目标是论证实体在现象的变化中持存。对此，康德给出了三个论证。第一版论证从主观领会入手，强调持存物是时间本身的经验性表象的基底，但由于其存在跳跃和缺漏，最终不令人满意。第二版论证转换角度，强调持存物是时间本身的基底，论证简洁明了，弥补了上述不足。为了说明实体为何不生不灭，康德还补充了一个论证，它一方面捍卫了第一类比的论证目标，另一方面为第二类比做好了铺垫。总的来说，康德的第一类比的论证是可以令人接受的。

关键词　康德　第一类比　实体性　第一版论证　第二版论证

康德的第一类比即实体性被第二类比即因果性类比的光芒掩盖。第二类比的研究成果颇丰，相比之下，第一类比的成果少得多，国内甚至还没发表过一篇关于第一类比的论文。这或许来源于人们的偏见。一方面，由于康德主张实

* 本文受教育部人文社会科学重点研究基地重大项目“康德道义论重大理论与实践问题研究”（13JJD720007），博士后科学基金二等资助项目“康德的第二类比”（2015M572160）的资助。

** 胡好（1983～），湖南株洲人，哲学博士，华中科技大学哲学系博士后，西北师范大学哲学与政治学研究院副教授，研究方向为德国古典哲学。

体的持存性，因而被误认为保留着“实体性的形而上学思维”的残余；另一方面，持存性原理被认为跟当代量子理论相矛盾。基于种种原因，研究者们对第一类比不够重视。但正如赫费（Höffe）所言，这些都不成问题。① 英美学界的研究者着眼于康德的论证，有的认为他的论证失败了，有的替康德进行辩护。这引起了笔者的兴趣。下文将详细考察康德第一类比中的论证，首先重构出第一版论证，指出其存在的问题；然后重构出第二版论证，对一种批评意见进行评论；最后根据阿利森（Allison）和盖耶尔（Guyer）的提示，给出补充论证。根据这些考察，笔者认为康德的论证是可以令人接受的。

一　第一版论证

康德的第一类比又称为“持存性原理”，它在《纯粹理性批判》两版中表述略有不同。

第一版是：“一切现象都包含有持存的东西作为对象本身，而包含可以变化的东西作为这对象的单纯规定、即对象实存的某种方式。”

第二版是：“实体在现象的一切变化中持存着，它的量在自然中既不增加也不减少。”②

较之第一版，第二版多了关于实体的量的表述。但本文对此忽略不计，着重比较二者相同部分的论证。

第一版论证可重构如下。

1. 如果领会的主观相继没有以持存物为基础，那么单凭它无法确定现象的杂多在客观上是同时并存还是前后相继。

2. 所以，持存物是现象的时间关系的前提。

3. 所以，持存物是时间本身的经验性表象的基底。（2 =3）

4. 时间本身不能被知觉。

5. 所以，持存物是现象的时间关系的基底，也是经验的可能性条件。（3 +4→5）

---

① 赫费：《康德的〈纯粹理性批判〉》，郭大为译，人民出版社，2008，第184页。

② 康德：《纯粹理性批判》，邓晓芒译，杨祖陶校，第170页。

6. 实体是持存物。

7. 所以，实体在现象的变化中持存着。(5 + 6→7)[①]

步骤 1：类似的观点在第三类比也有出现。在那里，康德说如果实体之间是相互孤立的，那么尽管知觉之间在主观上是相继的，但却无法分辨出现象在客观上是同时并存，还是前后相继。[②] 理由很简单，既然实体之间断绝了一切关系，那么就连时空关系也没有了，如此一来自然就无法分辨现象是同时还是相继。但第一类比的理由略有不同，它不在于实体间孤立，而在于没有以持存物为基础。康德有个预设，那就是知觉的关系要以对象的关系为根据：若对象之间是前后相继的，知觉之间的相继就是必然的；若对象之间是同时并存的，知觉之间的相继就是交互的。这个预设还必须有个根据，那就是对象的相继和同时的辨别，总归需要以一个绝对的同一的持存物做参照。

步骤 2：所谓现象的时间关系，是指时间中现象之间的关系。时间中的现象只有同时和相继两种关系。既然不以持存物为基础就不能辨别现象是同时还是相继，那么持存物是现象的时间关系的前提。

步骤 3：这里出现了两个比较费解的概念，一个是“时间本身的经验性表象”。裴顿（Paton）正确地指出，时间本身的经验性表象似乎是指对象的经验性的时间规定。[③] 我再补充一点，对象的经验性的时间规定其实就是对时间本身的间接认识。时间本身不能被直接知觉到，但我们可以通过对对象的知觉来表象时间本身，这就构成了对它的间接认识。在此意义上，时间本身虽然不能直接被知觉到，但可被看作是经验性的。另一个概念是“基底（substratum）”。基底这个概念在亚里士多德那里就被使用了，它原本有“支撑物”的意思，是支撑各种规定性的背后的东西。但它在第一类比的含义不太一样。当康德说时间本身是同时性和相继性的基底时，基底是指必要条件，若没有时间本身，则不可能表象出同时和相继；当他说持存物是表象时间本身的基底时，基底是指认识条件，通过持存物来对时间本身加以认识。两种含义不一样，这里的基底指的是第二种含义。值得注意的是，步骤 2 和步骤 3 之间并没有论证，而是直接等同。

---

① 康德：《纯粹理性批判》，邓晓芒译，杨祖陶校，第 171 ~ 172 页。

② 康德：《纯粹理性批判》，邓晓芒译，杨祖陶校，第 192 页。

③ 裴顿：《康德的经验形而上学》，韦卓民译，华中师范大学出版社，2009，第 746 页。

步骤4：这是比较容易被接受的前提。三个类比都用到了它，阿利森认为它的意义在于，“按照现象在意识中的统一的规则来联结这些现象”[①]。在我看来，时间本身不能被知觉，虽然都是为了引出规则联结现象，但它在三个类比中的作用略有差别。在后面两个类比中，通过它可以用规则确定现象杂多的时间位置，但在第一类比中，通过它却是为了找出时间本身的认识条件。

步骤5：这一步的得出比较奇怪。步骤3和步骤4只交代持存物和时间本身的联系，没有交代持存物和现象的时间关系的联系，如何能够得出结论？这中间似乎缺了一个环节。

步骤6：这个命题是不成问题的，因为“‘实体是持存的’这个命题是同义反复的”[②]，换言之，持存性已经存在于实体这一概念之中了，它是个分析命题。[③]

步骤7：既然实体是持存物，持存物是前后相继的基底，前后相继的现象总是发生变化，那么实体在现象的变化中持存着。这个命题不能由“实体是持存物”直接推出，因为它讨论的不是实体和持存性的概念之间的关系，而是实体如何应用到现象中去，换言之，它不是分析命题，而是个先天综合命题。需要证明的是“在一切现象中都有某种持存的东西，在它身上可变更的东西无非是它的存有的规定而已”[④]。

不过，上述论证存在一些问题。首先，步骤1、2同步骤3、4、5重复，貌似康德在一段中给出了几个不同的论证，显得零乱冗余。其次，步骤2和步骤3之间存在某种跳跃。康德将这两个步骤直接等同：“只有在持存的东西中，时间关系才是可能的……，就是说，持存的东西是时间本身的经验性表象的基底”[⑤]。但是，步骤2说的是持存物对现象的时间关系的必要条件关系，步骤3则是强调持存物对时间本身的认识条件关系，它们从基底的第一层含义跳到了第二层含义。康德至少应该在这两种含义之间给出说明。再次，步骤3到步骤5之间缺乏一个前提。步骤3和步骤4只涉及持存物和时间本身的联系，没有

---

① H. E. Allison, *Kant's Transcendental Idealism*, Yale University Press, 2004, p. 238.

② 康德：《纯粹理性批判》，邓晓芒译，杨祖陶校，第172页。

③ 参看赫费《康德的〈纯粹理性批判〉》，郭大为译，第184页。

④ 康德：《纯粹理性批判》，邓晓芒译，杨祖陶校，第172页。

⑤ 康德：《纯粹理性批判》，邓晓芒译，杨祖陶校，第171页。

涉及持存物和现象的时间关系的联系。若要推出步骤 5，它们必须再加一个前提——时间本身是现象的时间关系的基底。因为时间本身是现象的时间关系的基底，并且它不能直接表象自身，只能借助于持存物来表象，所以持存物是现象的时间关系的基底。或许康德已经意识到第一版论证的问题，于是在第二版中重新进行论证。

二　第二版论证

第二版论证可重构如下。

1. 时间本身是现象的同时和相继的基底。
2. 所以，时间本身必须持存。(1→2)
3. 时间本身以实体为基底。
4. 所以，实体必须持存且实在。(2 +3→4)
5. 所以，实体在一切现象的变化中持存着。(1 +2 +3→5)
6. 所以，实体的量在自然中不增不减。(5→6)[①]

步骤 1：这里的基底是指必要条件，它表示只有预设时间本身，现象的同时性和相继性才得以可能。根据第二和第三类比，我们知道，如果知觉的次序是不可逆的，那现象之间是相继的；如果知觉的次序是可逆的，则现象之间是同时并存的，这是从知觉关系到对象关系的认识路径，但归根结底，对象关系才是知觉关系的客观根据。对象之间不管是同时还是相继，都必须有个先决条件，那就是以时间本身为参照。裴顿总结说，第二类比确定客观的前后相继所需的条件，第三类比确定客观的同时并存所需的条件，但第一类比，“康德所关心的乃是更一般性的某东西，即确定任何种的客观时间关系（不管是前后相继性的或同时性的客观时间关系）的最终条件。”[②] 作为最终条件的时间本身不是别的，就是内直观形式。在内直观的形式 - 质料的关系中，杂多质料只有通过形式的规定才能表现出同时或相继，在此意义上，形式充当了质料的基底。

步骤 2：持存是指保持不变。[③] 既然时间本身是同时和相继的必要条件，

---

① 康德：《纯粹理性批判》，邓晓芒译，杨祖陶校，第 170 ~ 171 页。

② 裴顿：《康德的经验形而上学》，韦卓民译，第 754 页。

③ 参见康德《纯粹理性批判》，邓晓芒译，杨祖陶校，第 170 页。

那它必须是持存的，因为只有以不变为根据，才能察觉出变化。以运动为例，如果海和船一起运动，海员就不可能觉察到船的运动，除非有某个不动的东西，比如一个岛，才能从船与它的关系观察到船的运动。[①] 不可否认，在某些情况下，通过运动双方的相互关系也能确定它们的运动状态，比如张三和李四从 A 点出发朝同一方向走去，张三的速度是 1 米/秒，李四的是 2 米/秒，张三能觉察到李四是运动的。但以运动为根据所得到的结果只是相对的，它不能普遍有效地确定他物的运动状态，因为还可能出现相对静止。假如李四的速度也是 1 米/秒，对张三而言，他就是静止的。所以，只有以不动的东西为根据，才能确定世间万物的运动状态。同理，只有以不变的东西为根据，才能确定世间万物的变化。但时间本身作为持存物，不是相对的不变者，而是绝对的不变者，也就是说，不存在另一物，使得时间本身发生变化。时间本身是一切变化的绝对的同一的参照物。

步骤 3：这里的基底是指认识条件，它表示只有通过知觉去充实时间本身（内直观形式），才能将其表象出来。时间本身不能被直接知觉到，它只有通过另外的东西才能表象出来。这个东西存在于知觉对象之中，因为只有知觉对象才能充实时间，但它不可能是对象的可变更的种种规定，而只能是这些规定的基底。“一切实在的东西、即一切属于物之实存的东西的基底，就是实体”[②]，所以，时间本身以实体为基底。

步骤 4：这里有个费解的概念——实在性。时间本身是持存的，但它自身不能被知觉，必须通过实体表象出来，所以实体也必须是持存的，否则会因不能完整地充实时间而造成空的时间，并且它必须是实在的，因为只有实在才能表象时间本身。不难看出，较之时间本身，实体除了持存性，还多了一种规定性，即实在性。但实在性是什么意思？实体能被知觉吗？我们能知觉到的都是实体的偶性，实体作为支撑物怎能被知觉到？但如果实体不能被知觉，它如何去充实时间，如何作为认识条件表现时间本身？裴顿认为，实体能被知觉到。[③] 他还找到了文本依据：“物质作为现象的持存性，当它被表象为某种外部的东西时，却

---

① 康德：《形而上学讲义》，转引自裴顿《康德的经验形而上学》，韦卓民译，第 756 页。

② 康德：《纯粹理性批判》，邓晓芒译，杨祖陶校，第 171 页。

③ 裴顿：《康德的经验形而上学》，韦卓民译，第 764 页。

毕竟是可以被观察到的”①，意即实体作为外部对象可以被知觉到。如果实体真能被知觉，那它在什么意义上被知觉？裴顿认为，我们能用感官知觉的比较来寻找实体，② 比如可以先找到一些相对持存的实体（如地球），然后通过比较，找出更为持存的实体（如太阳或银河系），最后通过归纳推想存在着绝对持存的实体（如整个宇宙）。但他没注意到，这恰好是康德所批评的经验主义路线。③ 在我看来，实体可以被看作是间接的知觉对象。尽管实体和时间本身都不能被直接知觉到，但实体由于支撑着偶性而能成为知觉对象，时间本身却不能，所以，相较于偶性被直接知觉的情况，实体在间接的意义上能被知觉到。

步骤 5：同时的诸现象是共存的，相继的诸现象是变化的。拿变化的现象来说，由于时间本身是变化的基底，所以它在现象的变化中持存着。又由于时间本身以实体为基底，所以实体在现象的变化中持存着。当然，也可以拿共存的现象来看，结论是一样的，实体在现象的共存中持存着。所以，比较全面的结论是，持存的实体规定着现象的一切时间关系。

步骤 6：这个结论容易得出。由于实体在存有中是持存的，因此实体的量不增不减。

有人认为康德无法论证出绝对持存的实体，充其量能论证相对持存的实体，因为康德承认物质、质量这类经验性的事物是实体，一旦这样，则永远也无法证明绝对持存的实体。比如，一辆白色轿车被喷成红色，这辆轿车在颜色变更中是保持同一的实体，但当它被送进废品收购站变成废铜烂铁时，轿车成了更基本的实体的偶性。也就是说，从经验中找到的实体都是相对的，相对于一些偶性它是实体，但相对于另一些更为基本的实体它就成了偶性。没有任何一种事物能成为绝对持存的实体。④ 阿利森认为康德可以论证出绝对持存的实体。⑤ 陈虎平认为，绝对持存的实体作为一种力学的调节性原则，并不是支撑

---

① 康德：《纯粹理性批判》，邓晓芒译，杨祖陶校，第 322 页。

② 裴顿：《康德的经验形而上学》，韦卓民译，第 764 页。

③ 参见康德《纯粹理性批判》，邓晓芒译，杨祖陶校，第 187 页。

④ 参见 J. Bennett, *Kant's Analytic*, Cambridge University Press, 1966, pp. 199 – 200; A. Melnick, *Kant's Analogies of Experience*, University of Chicago Press, 1973, pp. 67 – 68; P. F. Strawson, *The Bound of Sense: An Essay on Kant's Critique of Pure Reason*, Methuen, 1966, pp. 80 – 81。

⑤ 参见 H. E. Allison, *Kant's Transcendental Idealism*, pp. 242 – 244。

变化或偶性的背后的东西。他承认通常理解的实体都是相对持存的，从这些实体中不可能证明绝对持存的实体，于是他另辟蹊径，认为绝对持存的实体不做形而上学的承诺，“不告诉你世界本身是怎样的，实体到底是什么，而只是提供一个组织各种变化和偶性的思考方式”，它实质上是人类的思考方式的条件。[①] 我基本上认同这种观点，但要补充一点，绝对持存的实体是其他实体是其所是的先决条件。树木、房屋等之所以能成为实体，是因为它们都以绝对持存的实体为根据，就像同时和相继以时间本身为根据一样。因此，绝对持存的实体不是相对持存的实体中的一个，而是它们的先天根据。

三　补充论证

阿利森和盖耶尔根据另一段重要文字提出了其他论证。阿利森从“变化”的概念入手，对康德的论证进行辩护。其实，第二版论证已经透露出康德对变化的看法。既然实体在变化中持存着，那怎么解释变化？“变化是一种实存的方式，它紧跟着同一个对象的另一种实存方式之后。因此一切变化之物都是保留着的，只是它的状态变更了。”[②] 也就是说，变化不是实体的产生或消失，而是同一个实体的偶性的变更。举例来说，木柴被烧成灰烬，在这个变化中，木柴没有消失，灰烬没有产生，而是同一个对象由木柴的形态变更为灰烬的形态。[③] 整个过程不是从有到无或者从无到有，而是从有到有，一直有。

阿利森依据的文本是这样的：

> 因此变化只有在实体身上才能被知觉到，而绝对的产生和消失，如果不是只涉及到持存之物的某个规定的话，则根本不会是一种可能的知觉，因为正是这个持存之物，才使得从一个状态向另一个状态、以及从非存在向存在的过渡的表象成为可能，所以这个表象只有作为那保留着的东西的

① 阿利森：《康德的先验观念论》，丁三东、陈虎平译，商务印书馆，2014，第299页。陈虎平以译者脚注的方式阐明自己的观点。

② 康德：《纯粹理性批判》，邓晓芒译，杨祖陶校，第174页。

③ 可能有人要问，在这个例子中，同一个对象究竟是什么？康德没有说，他只是说在这个变化中物质的量不变。我认为，同一个对象可以是木柴的原子。从木柴到灰烬，只是这些原子从一种排列状态转变成另一种排列状态。

变更着的诸规定才能被经验性地认识。①

他认为变化不仅仅是从一个状态到另一个状态以及从非存在到存在的过渡，因为共存也可以是这样。比如，我在 t_1 时刻知觉到桌子，t_2 时刻知觉到书架，尽管这两个状态是相继而来的，但我们不会说桌子变成了书架。再比如，在 t_1 和 t_2 的间隔中，桌子从 A 点移开，在 t_2 和 t_3 的间隔中，书架被放到了 A 点，我们知道在 t_1 到 t_3 的区间中，桌子的状态（移开）过渡到了书架的状态（移入），但它们之间不能算作变化，因为这是发生在不同的对象之间的。他说，木柴被烧成灰烬才能称为变化，因为这些相继的事态与某个共同的对象关涉起来，它们被当作这个对象的状态的变更。所以，阿利森总结，只有把相继的事态指派给一个持存的基底，才能区分变化和共存，换言之，变化必须是同一个实体的从一个状态到另一个状态以及从非存在到存在的过渡。仅仅强调状态的变更是不够的，必须把这些状态指派给同一个实体才行。在这个意义上，同一个实体成为变化的前提。因此，实体在变化中持存着。② 盖耶尔也有类似的看法。③

安德鲁·沃德（Andrew Ward）把阿利森和盖耶尔的理解称为共享的解读（shared interpretation），他认为这种解读牵强附会。首先，康德在这里并没有比较变化和共存的知觉，甚至没有提及共存。其次，说持存的实体是区分变化和共存的前提，这是有问题的。阿利森说，只要我们确定相继的事态被指派给同一个对象，它就是变化，而非共存，可“我们怎么确定两个不相容的事态确实属于同一个对象呢？”④ 不回答这个问题，无法区分变化和共存，但如果要回答，按沃德的说法，就会陷入循环。一种可能的回答是，我们可以通过观察来确定那是同一个对象，但如果不是预先假设了它就是同一个对象，我们是无法通过观察知道这些相继的事态是变化的，而非共存的。⑤

---

① 康德：《纯粹理性批判》，邓晓芒译，杨祖陶校，第 174 页。着重号是笔者所加。

② H. E. Allison, *Kant's Transcendental Idealism*, p. 241.

③ P. Guyer, *Kant and the Claims of Knowledge*, Cambridge University Press, 1987, pp. 224 - 235.

④ Andrew Ward, "Kant's First Analogy of Experience," in *Kant-Studien*, Walter de Gruyter, 92 (2001), p. 389.

⑤ Andrew Ward, "Kant's First Analogy of Experience," in *Kant-Studien*, Walter de Gruyter, 92 (2001), p. 389.

其实，康德自己明确意识到了这一问题。阿利森的解读似乎是从变化的定义来论证的。变化要区别于共存，必须以同一个实体为前提，因而变化就不只是不相容状态的变更，而必须是同一个实体的不相容状态的变更。如果是这样，实体当然在变化中持存。可是，这个论证不过是在分析变化和实体的概念，它一开始就把结论隐藏在变化的定义中了。问题在于，变化的定义为什么只能是这样？如果同一个实体已经蕴含在变化的定义中，那实体持存这个结论就不需要证明了。只有当变化可能是同一个实体的偶性的变更，也可能是绝对的产生和消失，这才需要证明。为什么第二种可能要被排除？所以，主要问题不是在承认变化是同一个实体的偶性变更的情况下来证明实体持存，而是证明变化为什么不能是绝对地产生和消失，即实体为什么不能变化。对此，康德给出了明确的回答。

康德说，实体不能变化，因为正是这个持存物使得变化成为可能。如果实体能变化，则需要另一个实体作为持存物使其可能，这样一来，这个实体实际上就被当作偶性了。或者说，如果有人认为实体能变化，那不过是误把偶性当成了实体。坦率地说，康德在这里似乎没有说出新东西，还是在强调变化要以持存物为前提。他的新理由体现在下面一段文字：

> 若是假定某物绝对地开始存在，那么你就必须拥有一个它曾不在其中的时间点。但你将把这一点附着于什么上面，如果不是附着于那已经在那里的东西上面？因为一个先行的空的时间决不是什么知觉的对象；但如果你把这一产生连结于那些先已存在、并且直到那个产生出来的东西为止都延续下来的事物上面，那么后面这个东西就只是前面那个作为持存之物的东西的一个规定。①

这段文字很费解，有几个细节需要事先交代。“附着（heften）”是指用知觉来充实。时间本身不能被知觉，它只有被知觉充实才能表象出来，否则就是空的。“因为”和前面那个反问句的意思是：因为空的时间不可认识，所以时间必须附着于某物之上，即必须被某物的知觉充实。句中的分号表示后面的内

---

① 康德：《纯粹理性批判》，邓晓芒译，杨祖陶校，第175页。

容是另一层含义。整段话的大意是：实体若能变化，则世间的现象可以无中生有，而无中生有存在两大困境（第二个困境出自另一处文本）：其一，它意味着在实体存有之前必定存在一段尚未被充实的空的时间，但空的时间既然未被充实，就无法断定其存在，所以无中生有必陷入矛盾；其二，无中生有意味着创造，但创造破坏了经验的统一性。① 但是，如果换一种思路，把变化看作是以实体为前提的偶性的变更，则一切顺理成章。这个论证的要点是，如果实体能变化，则现象可以无中生有或有中生无，但这是不可能的。

但是，时间是唯一的，而实体有很多，有可能某些实体的产生或消失不会造成空的时间，因为可以由另一些实体去充实。比如实体 B 由实体 A 产生，虽然 B 绝对地开始存在，但在它之前并没有出现空的时间，因为那段时间附着于 A 之上。也就是说，无中生有的第一个困境看起来并不存在。

康德考虑到了这一点，于是给出了补充说明。“一些实体的产生和另一些实体的消失，本身将会取消时间的经验性统一的惟一条件，这样一来，诸现象就会和两种不同的时间发生关系，存有就会在这两种不同的时间中并行地流逝：而这是荒谬的。因为只有一个时间，在它里面一切不同的时间都必须不是同时地、而是相继地被设定。”② 意即，如果一些实体产生和另一些实体消失，则它们的存有可以在两种不同的时间中并行流逝，但这是不可能的，因为时间只是唯一的相继地流逝。这里的“两种不同的时间”指的是空虚的时间和充实的时间。产生的那些实体在产生前处于空虚的时间中，产生后处于充实的时间中，它的存有在两种不同的时间并行流逝，同理，消失的另一些实体的存有也在充实的时间和空虚的时间中并行流逝。各个变化的实体虽处于无数个时间中，却同时流逝在两类时间中。③

总之，康德第一类比的主要论证目标是实体在现象的变化中持存。对此，

① 康德：《纯粹理性批判》，邓晓芒译，杨祖陶校，第 187 页。

② 康德：《纯粹理性批判》，邓晓芒译，杨祖陶校，第 175 页。

③ 对于“两种不同的时间”，还有一种解释，即持存的时间和变化的时间。理由在于，如果都是变化的时间，则不只两种，而是有无数种时间，因为变化的实体有无数个。我认为，两种时间都是变化的时间，不管实体有多少个，它们都处于两类时间中——空虚的时间和充实的时间。这里不能理解为持存的时间，第一，持存的时间对应持存的实体，这段话却是在假设不存在持存的实体的情况下进行的讨论；第二，“只有一个时间”，它是相继地被设定的，这说明这里讨论的都是变化的时间，如果两种不同的时间中有持存的时间，则这个唯一的时间不会是相继地被设定。

康德给出了三个论证。第一版论证不令人满意，因为它在行文上显得比较零乱，更重要的是，某些环节出现了纰漏，比如在步骤 2 和步骤 3 之间产生了跳跃、步骤 5 的结论缺少一个前提。但第二版论证可以让人接受，它不但清楚明白，而且弥补了上述不足。此外，康德还补充论证了实体为什么不能变化。无论如何，实体在变化中持存的命题是先天综合的，不能通过实体和持存的概念分析来完成。第一类比实际上回答了“谁在变”的问题，是同一个实体通过偶性的变更在变化。这就为第二类比做好了铺垫，第二类比在此基础上回答“怎么变”的问题。

论康德《纯粹理性批判》中的先验客体概念*

姜维端**

内容提要 先验客体概念在康德的《纯粹理性批判》一书中由于一方面其意义精微且有层次递进，另一方面又与若干概念意义相近，所以有些许模糊难懂。本文首先对先验客体的概念进行梳理，概括出其作为统一性本身、统一性的规则与客观性之保障这三重含义。在此基础上阐明它与物自体所体现的是先验与超验、认识论与存在论的区别。最后考察其与先验主体的关联，进一步指出先验客体是先验主体统一性的对象化。通过这一系列的考察厘清先验客体概念在康德哲学中的作用。

关键词 先验客体 表象 物自体 先验主体

二元论是康德哲学的一个显著标志，他对现象与本体做出严格的区分，在《纯粹理性批判》中，这一方面体现为为知识限定可以合理运用的界限：将知

* 本文由教育部人文社会科学研究基金（2015 年度）项目“承认的政治与法的形而上学：黑格尔早期法哲学思想研究（1788 ~ 1807）”（项目编号：15YJC720017）资助。

** 姜维端（1989 ~ ），陕西西安人，现为复旦大学哲学学院外国哲学专业博士研究生，研究方向为古希腊哲学与文化。

识限定在经验的范围内，并设立完全独立的不可认识的物自体，以否定的方式给经验知识的客观性给予回答；另一方面也揭示了传统形而上学的不合法：由于理性本能地想对一切做整体性的理解，但这种整体性既非经验所能给予，又非以知识的方式可以表达，因而传统形而上学便因为试图以“认识”这一方式来完成理性的本能倾向而陷入纷乱。一立一破之间，康德在唯理论与经验论的纷争中另辟蹊径：既同意直观杂多作为知识之质料的必然，同时强调直观形式和知性范畴在获得直观材料和综合统一它们中的作用，因为双方的存在和配合判断与知识才得以形成。这一切都是在他的先验哲学中完成，因而二元论与先验哲学关系密切。

然而二元论并不意味着本体与现象没有任何关联，相反，不仅经验将没有了客观必然性与合理性，本体世界也同样没有了自身调节性与整体性在实践领域中的意义。二元意味着区别，但以不可逾越的鸿沟隔离双方却并非题中应有之义，是以物自体仅是不可认识但却可以思维。因此，在经验性的表象与完全不可知的物自体之间存在的一个过于彻底，但同时也过于模糊的分裂，便必须被给予充分的重视：如果经验的诸表象完全与物自体无关，那么从哪里获得一个保证其客观的基础？如果没有，它们便是任意的偶然的组合；但如果由物自体本身来确保表象的统一的客观性，物自体本身就变得可以表象可以直观了，而这样不仅取消了二元论与先验哲学，而且更加无法回答知识和知识对象的关系问题，一如之前的理论纷争一样。

于是，为了避免表象和物自体完全分裂，为了解释表象的对象到底是什么、表象之所以如此呈现，以及表象的客观性从何而来等问题，康德提出了先验客体（对象）的概念。这一概念一方面作为表象的对象解释并保证了表象的客观性来源，但另一方面由于其意义的微妙而引发了许多疑问，例如先验客体的来源，它与物自体的关系等。本文将尝试在分析先验客体概念的同时，对与之相关的问题进行回应。

一　先验客体三重意义的递进

在论述先验统觉的综合统一能力时，康德引出了先验客体（对象）的概念，这一概念第一次出现在第一版主观演绎的“概念中认定的综合”（A109）中。①

先验演绎是为了证明先天的知性范畴如何可能应用于直观杂多之上，在第一版的主观演绎中康德通过“自下而上”的方式，从直观的领会到想象的再生，进入到可以再将二者统一起来的概念中认定的综合：如果直观到的和想象再生的表象不能意识到它们都是同一个主体关于同一个东西的表象，便不能意识到相互间拥有的必然联系，那么杂多的表象就无法综合统一起来形成一个经验对象的概念，我们也无法进行认识，例如康德举出的数数的例子。因此，需要有高于直观和想象的能力来带给诸表象以统一性，而这就是知性的“概念”这一能力。概念意蕴着一种统一的意识，“这样的一个意识，把杂多逐步地，先是把直观到的东西，然后也把再生出来的东西，都结合在一个表象中”②，没有它，“概念及与它一起的有关对象的知识都将是完全不可能的”③。而这里提及的“对象”则是指上述通过统一的意识（即统觉）综合而成的表象的对象，它并不是某一个经验的对象，而是表明对象具有客观统一性的标志。换言之，先验统觉通过概念的运用将诸杂多表象统一综合起来，而表象的对象则代表体现了这种被综合起的表象的统一性。同时，由于此综合是先天必然的，这一对象便具有先验的性质，而它所代表的统一性也就是必然的。所以接下来康德又将表象的对象叫作“先验对象”：“一切表象作为表象都有自己的对象，并且本身又都能是另外一些表象的对象。现象是能够被直接给予我们的惟一的对象，而凡是在现象中直接与对象相关的就叫作直观。但现在，这些现象不是自在之物本身，而仅仅是一些表象，这些表象又有自己的对象，所以这一对象则不再能够被我们所直观，因而可以被称之为非经验性的、即先验的对象，等于 X”④。因此，上述这种诸表象与杂多的必然统一性以及肯定这种统一性便

① 此概念有多种表达，在《纯粹理性批判》中也多次出现：“先验对象”曾出现在 A109（3 次），A191B236，A358，A361，A393－A394（4 次），A479B507，A495B523，A538B566（3 次），A545B573，A566B594，A680B708，A698B726；“先验（的）客体”曾出现在 A250－251（4 次），A277B333，A288B344－345（3 次），A366，A380（2 次），A494B525－523（2 次），A566B594，A614B642；“表象的对象”曾出现在 A104，A108，A191B236，A371，A399。

② 康德：《纯粹理性批判》，邓晓芒译，人民出版社，2004，第 117 页（A104）。

③ 康德：《纯粹理性批判》，邓晓芒译，第 117～118 页（A104）。

④ 康德：《纯粹理性批判》，邓晓芒译，第 121 页（A109）。

是先验客体的第一重意义。

虽然拥有了这一重意义，但先验客体的性质仍有待阐明。首先，为什么先验的对象必须要作为统一性而存在？这与先验演绎的宏旨密切相关，康德在书中说得很明白："我们的知识并不是以碰运气或随意的方式，而是以某种先天的方式被规定的，因为由于这些知识应当与某个对象发生关系，它们也就必须在与该对象的关系中相互间必然地协调一致，也就是必须拥有那构成一个对象概念的统一性"①。显然，这种先验对象代表的统一性是唯一可能的综合结果，它与其他一切东西都无关，而"只涉及那种只要和一个对象发生关系就必然会在知识的一个杂多中找到的统一性"②。所以，由于事物只能以这一种方式统一起来，被认识并形成判断与知识，因而，先验对象的统一可看作是一种规则本身。先验客体被描述为"等于 X"的某物，这一方面是由于它不可直观、不可认识、不可被规定，但另一方面也表明了它的普遍性：因为它不是在特殊情况下才适用的特殊，而是对于一切经验对象，我们都只能有这样一个先验的客体，作为表象的对象规定我们的认识方式，因此，它的统一性所代表的规则从这一方面被证明为普遍必然的。事实上，先验客体作为规则的意义并不很明显，只是由于它代表一种存在着的必然统一性本身，而且"是在一切经验之前自在地被给予了的"③，所以反过来我们可以将它的必然性看作具有一定的规范的意义。我们可以思维一个三角形，是因为我们可以通过对以三条线构成一个图形的那条唯一的规则有所意识，从而才能意识到这一规则下的具体图形。三角形的概念在此时便是那个等于 X 的对象的表象，而那种规则本身才是先验对象，康德接着说道："于是这种**规则的统一性**就规定了一切杂多，［……］而这种统一性的概念就是关于我们通过一个三角形的上述谓词所想到的等于 X 的对象的表象"④。因此，作为一切表象得以综合统一的规则便是先验客体的第二重意义。它与第一重意义的区别仅在于它是对必然统一性从另一角度的理解。

由于先验客体由一种必然的统一性中生发出统一性规则的含义，因此这两

① 康德：《纯粹理性批判》，邓晓芒译，第 118 页（A104 – 105）。

② 康德：《纯粹理性批判》，邓晓芒译，第 121 页（A109）。

③ 康德：《纯粹理性批判》，邓晓芒译，第 407 页（A494B523）。

④ 康德：《纯粹理性批判》，邓晓芒译，第 119 页（A105）。

者相结合便产生了第三重意义，即确立统一的表象的客观性，从而在它的意义范围内回应范畴何以应用于事物具有其客观性。但是，康德的客观性并不是经验式的求助于与外在世界相关联的客观性，而是指意味着普遍必然性的先验的客观概念。由于我们所能直观的仅仅是表象，所以经验中的现实的对象无力保证任何客观性。而先验客体意味的作为综合之规则的统一性本身，就保证了诸杂多表象按此规则统一的普遍必然性，亦即客观性。但由于一方面，先验客体的非经验性使得它不能和直观有任何关系，另一方面，这种统一性只是“在对表象的杂多的综合中意识的形式的统一性”[①]，因此不具有践行综合统一的活动的能力，这种行为由先验统觉所完成，可同时统觉所做的统一又是符合客体统一性的规则的，因为统一只能以这一种方式进行，因此先验范畴作为知性纯概念对表象所作的综合是普遍必然的、客观的。并且先验客体以规范的方式也在一定程度上回应了休谟的质疑，包括因果联系在内的各种客观必然的规则，并非任意和偶然的，它们之所以如此有先验客体作为客观性保证；而且，先验哲学也不是主观唯心论，表象的联结所依据的是表象的对象的统一性，这种统一性是先天必然的。

另外，虽然先验客体代表表象综合的统一性及其规则，并保证了其客观性，但是它并不是独立于我们之外的某种实在，因为实在性作为范畴只能做经验运用而不能逾越界限，所以，正如下文所要提到的先验与经验的区别“只是属于对知识的批判的”，因而是知识论意义上的区别一样，先验客体作为一种理论设定，是为了证明并指代表象的统一性，并没有一个具体的先验客体如同物自体一样存在于我们不知道的领域（这与接下来一段的内容相关），它只是在我们对知识何以可能的分析中必须要做出的一种区分与定义。

二　先验客体与物自体的区别与联系

上一段表明，先验客体是不可知的 X，同时是一切表象得以综合的必然统一性的保障。那么同样是不可知的并且必然也是一个统一体的物自体与它又是什么联系呢？在文中有些地方，康德将先验客体或是和物自体，或是和本体直

---

① 康德：《纯粹理性批判》，邓晓芒译，第 118 页（A105）。

接互换，有时还用作内感官与外感官的根据[1]，而这些都或多或少地将它与物自体相混淆；然而，不仅有学者坚持先验客体与物自体的区别性[2]，而且文中也有一些地方点出了二者的不同，最明显的一处便是，“我们把外部现象归因于一个先验对象，……在可能出现于经验领域的一切课题中，我们都把那些现象作为自在的对象本身来处理，而不去为它们（作为现象）的可能性的最初根据而操心。但如果我们超出经验的界限，则一个先验对象的概念就成为必要的了”[3]，这段话表明，在经验的考察中，我们并不会刻意去区分现象与物自体，因为经验中的一切现象有其统一的客观性，我们也只能考察此客观性之下的经验事物，因此可以将现象看作是物自身的表象，这一切只有在经验的领域中才是可行的；但是，当要从先验的角度解释经验之所以如此的时候，区分现象与物自体就是极为必要的，否则认识能力会试图超出自己的界限运用而产生各种幻相，而此时，作为表象的对象的先验客体就和物自体有着不可混淆的区别，前者只是诸杂多表象中的统一性，而不是事物本身的统一性。因此，先验客体与物自体从严格意义上讲的确有所不同，或许我可以将这种区别简言之，看作是先验性与超验性的差异，也可以说是认识论与存在论的差异。

何为先验？康德在“先验逻辑”导言的第二小节中第一次给出了明确的回答：“并非任何一种先天知识都必须称之为先验的，而是只有那种使我们认识到某些表象（直观或概念）只是先天地被运用或只是先天地才可能的、并且认识到何以是这样的先天知识，才必须称之为先验的（这就是知识的先天可能性或知识的先天运用）。因此不论是空间，还是空间的任何一个几何学的先天规定，都不是一种先验的表象，而只有关于这些表象根本不具有经验性的来源、以及何以它们还是能够先天地与经验对象发生关系的这种可能性的知识，才能称之为先验的。……所以先验的和经验性的这一区别只是属于对知识的批判的，而不涉及知识与其对象的关系。”[4] 很明显，形式逻辑便属于先天知识，它只具有先于经验不依赖于经验的性质，但并不能对经验有所解释；而

---

① 例如，与物自体同义：A366，A393；与本体同义：A288B345，A358；作为内感官或外感官的基础：A361，A380，A393，A399，等等。

② 参见 J. N. Findlay, *Kant and the Transcendental Object: A Hermeneutic Study*, Oxford University Press，1981。

③ 康德：《纯粹理性批判》，邓晓芒译，第 339 页（A393）。

④ 康德：《纯粹理性批判》，邓晓芒译，第 55 页（A56 - 57B80 - 82）。

先验知识则要解释先天因素何以能够与经验对象发生关系的原因，因而，先验性虽有其先天的一面，即不来源于经验，但仍与经验有所联系，因为它是经验得以成立的基础。

何为超验？康德并没有像对先验进行明确阐释那样解释超验的含义，而这个词语第一次出现是在先验辩证论的导言的第一节中，此处是在解释先验理念的两种不同运用及其原理，即内在的原理和超验的原理，“我把它们（超验原理）理解为一些现实的原理，它们鼓励我们拆除所有那些界标，而自以为拥有一个在任何地方都不承认有什么边界的全新的基地。所以先验的和超验的并不是等同的。我们在前面所阐述的纯粹知性原理只应当具有经验性的运用，而不能具有先验的、即超出经验范围之外的运用。但一条取消这些限制甚至要求人们跨越这些限制的原理，就叫作超验的”①。先验性由于要解释先天因素用于经验对象的合法性，因而对先天与经验双方负有责任，它托起了这二者的联结；然而超验却可以合理地“取消一切界限”，这表明超验完全与经验无关，经验是否可能的问题与它无涉。因此我们可以看出，先验性与超验性虽然都超越于经验，但是先验的超越是作为经验的基础保证其运用的客观性，先验的范畴可以运用于经验；而超验性则完全处于经验之外而与经验无关，完全不可能运用于经验之上。②

而先验客体与物自体的差异也正是这样的先验性与超验性的区别。先验客体“只能作为统觉的统一性的相关物而充当感性直观中杂多的统一，知性借助于这种统一而把杂多结合成一个对象的概念。这个先验的客体根本不能和感性的材料分割开来，因为那样一来就没有任何它借以被思考的东西留下来了。所以它并不是任何自在的认识对象本身，而只是诸现象在一般对象这个概念之下的表象，而一般对象通过诸现象的杂多是可以得到规定的”③。作为表象的对象，先验客体的必然统一性来源于由统觉所综合起来的杂多表象，是基于感性杂多之上的统一性，它规定了表象进行统一的规则，而表象的现实统一体现了这种规则，因此，二者相互成就。先验客体的确先天地决定了事物的呈现方

---

① 康德：《纯粹理性批判》，邓晓芒译，第 260 页（A296B352）。

② 邓晓芒：《康德的“先验”与“超验”之辨》，《同济大学学报》（社会科学版）2005 年第 10 期。

③ 康德：《纯粹理性批判》，邓晓芒译，第 229 页（A250－251）。

式，因为这规则并不是从经验中可以归纳出来的，相反它是经验成立的前提。而物自体则完全是自在的，一方面作为在人之外的事物本身，无论人存在与否、无论其存在是否有意义，它都自在地存在；另一方面作为本体而言，它更是无须经验性的添加。因此，虽然康德认为是物自体影响了感性能力从而产生了表象，但是由于物自体不仅如同先验客体一样不可知，而且完全不可能被预知，它并不是表象的对象，而只是完全与经验表象无关的自在之物，它是超验的，无须被经验所庸扰。

联系上文可以对这一区别给出另一种说明，即它们也是认识论和存在论上的差异。由于先验客体与表象只是知识批判意义上的区别，那么，它的意义便主要集中于其功能性之上，即先验对象的设定是为了某种知识论的作用：作为表象的统一性及其规则，并给予表象的综合以客观性，所以并非完全自在地存在；而物自体则是存在论意义上的客观存在，它确实地存在于我们的主观之外并无可置疑。所以，先验客体是认识论上的超越，是当我在进行反思时才有效并意识到的，而物自体是存在论上的超越，无论在什么情况下它都超越地存在。因此，在这一角度上，先验客体也必然只能在先验意义上存在，因为它即便有一定的超越层面，但仍要解释知识可能性，因而与表象的区别也并非实在的，而是说当我们要解释知识的可能性问题时，我们必须要设立这一概念以对问题作出解释；而物自体从其一切方面来看都只能是与任何经验性无关的超验存在。二者在超越的程度上有所区别。由此可以看出，这里的知识论和存在论的区别与先验和超验的区别之含义是一致的。

然而，这二者虽然有所区别，但其联系性仍不可忽略，上一段话已经表现出了它们的联系。是物自体刺激感官产生了表象，但表象的对象是先验客体，那么，这两者之间是什么关系呢？物自体虽然不可认识，但是可以思维，由于“知性限定了感性，并不因此就扩展了它自己的领域，而由于它警告感性不要妄想指向自在之物本身，而只能指向现象，所以它思维一个自在的对象本身，但却只是作为这现象的原因（因而本身不是现象）的先验客体”[1]，因此，人们是通过先验客体来思考物自体的。先验客体一方面具有超越于经验的属性，所以它是一个完全不可知的 X，这与物自体一致；但另一方面，由于我们甚至

① 康德：《纯粹理性批判》，邓晓芒译，第 254 页（A288B344）。

“完全不知道它可以在我们里面还是我们外面找到”①，而且它又与经验表象不可分离，所以包含经验内容的可能性。因此，正是先验客体将表象与物自体关联了起来，当然这种关联程度很弱，只是表明二者并非决然割裂。表象的统一性由先验主体完成，所依据的乃是先验客体的统一规则，而此统一又是通过借先验客体思维自在之物而得出的。先验客体不能代表物体就是以这样的方式实存，而只能代表表象以这样的方式被统一，而实存的方式只能由物自体表示。因此，二者的联系又进一步表明了二者的区分。再进一步，先验客体“是在一切经验之前先天地被给予了的”②，它没有直观因而没有任何规定，所以对有待规定而言它是无规定的，而当先验客体的统一性经由具体的表象统一为经验对象时，它就实现成为一个客观的统一性。正如我们可以思考一个三角形是因为我们“根据一条任何时候都能据以描绘出这样一种直观的规则而意识到了三条直线的组合”③，但当我们现实地经验、思考一个三角形时，那种直观的规则也就实现成为这三条线的组合普遍必然的统一性。而物自体之所以无规定是因为完全不可规定，它超验地居于一切与经验有关的东西之外。

总而言之，先验对象和物自体都有超越的一面，但是前者的超越是为了给经验以客观性，因而必须从功能意义上理解，而后者则是本性如此。但是，先验对象是我们得以思考物自体的唯一方式，它在一定条件下可以被设想为与物自体相同一，而先验对象的统一性也因此必然与物自体相一致。同时，先验客体还是对物自体的暗示，即在我们内在的客观性之外，还存在着与我们的存在完全无关的超验的物自体，并且对我们的认识起着限制的作用，我们的认识有它不能达到的对象，先验客体是如此，物自体更是如此。而物自体是绝对不同于认识对象的，所以人的规定可以规范认识对象，但不能规定自在的物自体。

三　先验客体与先验主体的关联

第一部分提到，先验客体的第二重意义是作为统一性的规则；但是，先验自我在进行综合统一时，范畴也起到了规则的作用，那么，作为规则的先验客

① 康德：《纯粹理性批判》，邓晓芒译，第 255 页（A288B344）。
② 康德：《纯粹理性批判》，邓晓芒译，第 407 页（A494B523）。
③ 康德：《纯粹理性批判》，邓晓芒译，第 118～119 页（A105）。

体和知性纯概念之间是什么关系呢？先验客体由于不可知且无规定所以等于X，因而是有待实现有待规定与具体化的，所以它作为规则也是某种有待实现的规则，当未被实现时，它代表的就是一种潜在的规则，即要求表象被综合起来从而拥有其统一性，虽然程度很弱，但与它自身的含义相一致。这时的规则并没有具体的内容，正如先验客体本身不与任何直观相关一样，它只是一种形式的统一性，因而其规则也只是形式的规则，只要求统一的形式并以之作为规则；但当它在一定程度上实现时，就成为那种经验对象客观的统一性本身，而这就是范畴的经验运用所统一的结果，此时，虽然范畴才是这种统一的具体规则，但一方面它也的确符合了先验客体规定的统一性，另一方面范畴的统一规则实际上是先验客体代表的规则的经验化实现，先验客体本身是无法认识的，其规则便是那种对统一的要求，而范畴蕴含的规则则是对它的合理具体化。因此，先验客体在这一意义上，可以看作是范畴的形式，它是作为统一的规则的规则，但也是对统一性自身的复归。

然而，对统一性进行要求的并非只有先验客体，运用范畴进行统一的先验的自我意识也是统一性的代表，而且它自身就是数目上的一。这种数目的同一，一方面“先天地成为了一切概念的基础”①，即作为一切表象可以被综合为现象必须加到其中的统一性，从而意识到这一刻的表象和前一刻的表象是必然统一的，是由同一个主体直观到的：“‘我思’必须能够伴随着我的一切表象……所以，直观的一切杂多，在它们被发现于其中的那同一个主体里，与‘我思’有一种必然的关系。……我把它称之为纯粹统觉，……或者也称之为本源的统觉，因为它就是那个自我意识，这个自我意识由于产生出‘我思’表象，而这表象必然能够伴随所有其他的表象、并且在一切意识中都是同一个表象，……我也把这种统一叫作自我意识的先验的统一，以表明从中产生出先天知识来的可能性”②。“我思”即先验主体是一切表象得以被认识与思考的前提，而之所以如此是因为只有这样，一切表象才会全都是我的表象，才可以被我作为主体加以认识和理解，否则，对于他者的表象我永远无法理解；另一方面，这种自我意识先验的同一还是所有经验的自我意识的基础，可以说，是一

---

① 康德：《纯粹理性批判》，邓晓芒译，第120页（A107）。
② 康德：《纯粹理性批判》，邓晓芒译，第89页（B132）。

切经验自我的数目上的同一。“直观中被给予的杂多的统觉，它的无一例外的同一性包含诸表象的一个综合、且只有通过对这一综合的意识才有可能。因为伴随着各种不同表象的经验性的意识本身是分散的，与主体的同一性没有关系。因此，这种关系通过我用意识来伴随一切表象还不会发生，而只是通过我把一个表象加到另一个表象上，并意识到它们的综合才会发生。所以只有通过我能够把被给予表象的杂多联结在一个意识中，我才有可能设想在这些表象本身中的意识的同一性”①。正如休谟所言，经验性的自我意识是断裂的流动的杂多，相互之间并没有可以将它们联系在一起的基础，我们只能感到无数不同的感觉，但是不能从这些感觉中反推出我的持存，因为持存的自我必须是某种不同于感觉的东西，然而我们能经验到的只有感觉。所以康德认为，必须有一种先验上的存在将一切表象统一到一起，而这就是“我思”、先验主体、自我意识的先验统觉。而且由于它是先验的，故而并不是某人的“我思”，而是所有人都具有的思维形式，并且保证所有思维者都如此思维。所以，先验主体的统一性首先体现为对自己的统一，然后才是对表象的综合。一切表象只有是我的表象才能有效，因为只有首先将它们在同一的我之中被综合起来，继而我们才能分析每个表象都是被统觉所统一起来的。换言之，只有先被统一的功能统一起来，统一性本身才会体现出来成为可以分析的。但是，统一的功能本身就是一种先天的统一性才可能具有的能力。因此，也许我可以认为，先验客体的统一性其实是先验主体的一种对象化，先验主体最明显的意义是作为人们综合诸杂多表象的统一功能，但是它首先是数目上的一才能拥有此功能；而先验客体本身就是知识论上的存在，它代表了诸杂多表象中存在的统一本身，而且不包含任何直观与内容，只关涉“只要一和对象发生关系就必然会在知识的某一个杂多中找到的统一性”②，但对于先验客体是什么这个问题则完全不可以提出。而这种统一性由于是表象中的必然统一性，所以并不来源于不可以直观的物自体，只能来源于先验主体的先验统一性，这是它作为先验主体必须拥有的属性。先验主体本身是一切经验主体中都必然拥有的同一性的一种体现，而我们的认识对象之所以可以成为一切思维者的对象，也正是因为其中包含有先

① 康德：《纯粹理性批判》，邓晓芒译，第 90 页（B133）。
② 康德：《纯粹理性批判》，邓晓芒译，第 121 页（A109）。

验客体所关涉到的客观的普遍必然的统一性。由于人们认识的只是我们的直观能力表象出的结果，因此，对象中包含的统一性以经验它们的主体的统一性为基础。而先验的客观性正是意味着普遍的绝对的适用性而已，因此，既然一切主体都只能如此表象客体，那么这一统一性也就是客观的。但是，我们仍然不能忽略，这种客观性并不是人们主观的结果，而是先验主体的先天规定，这是任何人不能改变的。所以，正是人之所以为人的规定也同样规定了人的对象之所以为对象，先验客体的统一性也便是由先验主体的统一性所赋予，而当它作为区别于先验主体的统一性而存在时，其实只是主体的一种让渡，所为仍是认识论上的功能与作用。

可以看出，先验客体就像在物自体与表象之间起着微小的关联作用一样，在这里仍然以同样的程度关联先验主体与范畴，它作为先验主体统一性的外化而成为范畴的某种形式规则，即要求范畴以其经验运用将表象杂多综合统一起来。在先验主体—先验客体—范畴的序列中，它虽然看起来有些多余，但实际上它一方面充当着将主观性外化为客观性的作用，虽然这是先验主体的本有之意，但先验客体将之明确地表达出来，也可以算作是对先验主体的一种阐发；另一方面，先验客体又是等于 X 的某物，它虽然可以在某种程度上实现为经验对象的客观统一性，但是这之中包含着经验的主体性成分，所以虽可以看作是其实现，但已经和它本身有所区别了。简而言之，先验客体作为先验主体的对象化，使得先验主体的统一性更明显地体现出客观性一面，从而解释了范畴运用的合理性。

结　语

总而言之，本文试图回应先验客体存在的意义问题。等于 X 的先验客体一方面，由于行文的原因与意义的相似，很容易被视为本体或物自体；而另一方面也容易被当作没有任何内容的多余的概念，很多人认为正是这种原因致使在第二版中先验客体只有极少处提及。那么，先验客体不可直观没有内容，但又不是物自体那样的超验存在，为何不是空洞的呢？正如 Charles M. Sherover 在《康德的先验客体和海德格尔的无》这篇论文中所论述的，德文中的 Nichts 在语义上并不能完全等同于英文中的 absolutely nothing，而是指“这种存在的性质对我们的经验没有意义”①，因此先验客体虽然和经验性事物不可分开，但并不可以经验的方式直观，所以并不是没有意义的空洞概念。再者，为什么要提出先验客体概念呢？因为范畴是具体如何统一表象杂多的规则，如因果性等；可是它为什么可以如此去统一表象？康德用先验主体的概念与功能解释。然而如果只有先验主体来保证范畴应用的必然性，那么这和贝克莱主义又有什么区别？尽管从具体分析来看，康德的先验主体并不是某个人的主体，而是一切思维者都具有的作为数目上的一的“我思”，它自身的先验性本是可以保证它独立于经验并作为一切经验得以可能的基础。但是为了给“我思”的综合统一能力、给先验自我本身以某种外在的客观性保障，所以康德将先验主体客体化，从而给出一个作为综合统一性本身的先验客体：它一方面作为表象的对象而具有一定的客观性，另一方面作为一切经验对象中必然具有的统一因而保证了综合它们的先验主体和范畴的普遍必然。因此，先验客体的一个重要作用便是给予综合统一以客观性。另外，由于上文提及，先验客体是唯一我们可以借之思考物自体的东西，所以先验客体还是表象与物自体得以在一定程度上关联的保证。先验客体一方面暗示着物自体的实存，但另一方面又由先验主体所规定，因而在二者之间建立起一条联系。

---

① Charles M. Sherover, “Kant's Transcendental Object and Heidegger's Nichts,” *Journal of The History of Philosophy*, Volume 7, Number 4, Octorber 1969, pp. 413 – 422.

黑格尔哲学研究

“知性反思”与“先验直观”*

——试论黑格尔思辨理性观念的发生

万明雪　谢永康**

内容提要　黑格尔思辨理性观念的发生至少要追溯到《费希特与谢林哲学体系的差别》一文。在其中黑格尔自觉地对其所处的时代文化做出诊断，指出了内在于其中的分裂，以及这一分裂所引起的“哲学的需要”。黑格尔发现，为了满足这一需要，同时代哲学或是立足于“知性反思”，或是立足于与“知性反思”完全对立的“理智直观”，意图克服文化中的各种分裂，实现哲学本身的要求。但无论是康德、费希特还是雅可比的努力，均宣告失败，实质上仍旧是知性哲学。因此黑格尔提出了旨在获得“绝对同一性”的、统一“知性反思”与“理智直观”的思辨哲学计划。

关键词　哲学的需要　知性反思　理智直观　先验直观　思辨

黑格尔的思辨哲学作为德国古典哲学的完成，甚至作为整个近代思想的完

---

* 本文系为四川大学“德国古典哲学论坛 · Ⅱ：黑格尔的《逻辑学》”学术会议（2016 年 4 月）提交的论文，论文宣读后，当场由西南政法大学朱学平作了点评。

** 万明雪（1994～），2012 年至 2016 年为南开大学哲学院本科生，2016 年 9 月起为香港中文大学哲学专业研究型硕士生，研究方向为德国古典哲学；谢永康（1978～），哲学博士，现为南开大学哲学院副教授、博士生导师，研究重点为马克思主义哲学和德国近现代哲学，重点为社会批判理论和德国古典哲学。

成，其丰富内涵和深刻洞见始终吸引着后人不断尝试以各种方式去接近它。自 19 世纪中期开始，以《逻辑学》和《哲学百科全书》为代表的黑格尔成熟体系始终被“正统”的黑格尔研究者认作通向其思想核心的“正途”，例如 D. 亨利希（Dieter Henrich）就着眼于对“心灵的最终分析”①，以《逻辑学》为优先解释对象；而马克思早在 1844 年就主张，要理解黑格尔的体系，必须从《精神现象学》这个“黑格尔哲学的真正诞生地和秘密开始”②。随着黑格尔早年文献的整理出版，这种“发生的视角”在 20 世纪黑格尔研究中逐渐占据着重要地位。笔者认为，若就黑格尔的思辨理性观念而言，这个“诞生地和秘密”则应该追溯到黑格尔更早的文本中，尤其是《费希特与谢林哲学体系的差别》（1801 年，以下简称《差别》）和《信仰与知识》（1802 年）。

黑格尔这两篇早期论文，不仅对同时期哲学体系进行了系统的批判，而且提出了作为哲学本身的思辨哲学计划。黑格尔成熟体系中的诸多核心观念在此都已经得到表达了。如库诺·费舍尔所说，《差别》“这本小册子已经为黑格尔未来学说的鉴定者积存了黑格尔思想的那种需要发展和可以发展的萌芽”③。后来的研究者，如克罗纳（Richard Krone）、杜辛（Klaus Düsing）等，也对这两篇早期文献倍加重视，认为其中包含着整个黑格尔哲学最初纲领，所以 20 世纪 60 年代以来，德国哲学界对这两个文本做出了一系列的深入分析和探讨④；20 世纪 80 年代，贺麟、宋祖良等中国学者亦开始关注黑格尔早期思想，但遗憾的是，时至今日，这个环节的研究还停滞在“开始”的状态，只有少量的一般性概述⑤。

虽然黑格尔这两份早期文献对于其成熟体系的意义已经得到普遍肯定，但笔者发现，对黑格尔以及同时代的哲学体系之间的“差别”的分析和揭示，

---

① 〔德〕迪特·亨利希：《在康德与黑格尔之间——德国观念论讲座》，乐小军译，商务印书馆，2013，第 480 页。

② 〔德〕马克思：《黑格尔辩证法和哲学一般的批判》，贺麟译，人民出版社，1955，第 10 页。

③ 〔德〕库诺·菲舍尔：《青年黑格尔的哲学思想》，张世英译，吉林人民出版社，1983，第 89 页。

④ 参见克罗纳《从康德到黑格尔》，载张世英主编《新黑格尔主义论著选集》上卷，商务印书馆，1997；Klaus Duesing, “Spekulation und Reflexion: Zur Zusammenarbeit und Hegels in Jena,” *Hegel-Studien*, Band 5, 1969, S. 95 - 128.

⑤ 参见宋祖良《青年黑格尔的哲学思想》，湖南教育出版社，1989。

仍主导着这一领域研究的兴趣[①]，而致力于从这种"差别"引出黑格尔思辨哲学纲领，并表明这个纲领与传统思想的连续性的努力则并不多。事实上，这些早期文本为我们理解成熟的黑格尔提供了诸多便利，它一方面使黑格尔的思辨逻辑不至于悬空于哲学史，另一方面则给出了这个逻辑最简单的结构。所以本文将联系成熟的黑格尔以及哲学史，集中阐释这部著作中提出的思辨哲学计划，而不是费希特与谢林哲学的差别。通过考察这个思辨哲学计划中核心的，却互相对立的两个要素，即"知性反思"与"先验直观"[②]，我们将会更加清晰地看到思辨哲学的内在脉络，以及与之前的哲学传统间的连续性。[③]

一 时代诊断与"哲学的需要"

如黑格尔所说："哲学与它的时代是不可分的"[④]，它就是"被把握在思想中的时代"[⑤]。如果哲学不关心时代的需要，它所追问的问题与我们切身的问题漠不相关，那么它便只是私人性的思维游戏。所以自古以来，伟大的哲学体系莫不蕴含着时代精神，甚至就是从自觉地对它所处的时代的诊断开始的。所以我们不难理解，在黑格尔哲学体系的"导论"《精神现象学》中，首先包含着对时代的理解和对时代问题的诊断。我们如果不知道黑格尔的时代诊断是什么，那也就不可能理解黑格尔哲学所面对的真实问题，也无法理解这个体系的实质。然而我们发现，黑格尔在《精神现象学》中对时代问题的诸多看法，早已存在于《差别》和《信仰与知识》之中，因此可以说，黑格尔体系的"导论"，也就是其准备性工作应该追溯到更早的时期。

---

① 例如，杜辛（Klaus Düsing）借助于《差别》考察的是黑格尔与谢林哲学如何相互影响的问题；霍斯特曼（Rolf-Peter Horstmann）则主要关注黑格尔在《差别》中与康德的争辩；刘哲则是较为细致地分析了黑格尔的"思辨"与费希特的"实践自我意识"之间的关系。

② "先验直观"是黑格尔在《差别》中，为了与费希特、谢林的"理智直观"保持一定距离而提出的一个概念，但是就黑格尔自身来看，它就是"理智直观"，我们下文会表明这一点。

③ 由于成熟时期的黑格尔拒绝"理智直观"这一概念，因此一般我们会关注和强调黑格尔的"思辨"与知性、逻各斯传统的关系，却很少强调"思辨"与直观传统之间的关系。而后者将是本文的一个重点。

④ 〔德〕黑格尔：《哲学史讲演录》第一卷，贺麟、王太庆等译，商务印书馆，1959，第61页。

⑤ 〔德〕黑格尔：《法哲学原理》，范扬、张企泰译，商务印书馆，1961，第12页。

在《精神现象学》中，我们可以看到，黑格尔将他所处的时代诊断为一种双重对立。首先，这时代是“一个新时期的降生和过渡的时代。人的精神已经跟他旧日的生活与观念世界决裂，正使旧日的一切葬入于过去而着手进行他的自我改造……只有通过个别的征象才预示着旧世界行将倒塌。现存世界里充满了那种粗率和无聊，以及对某种未知的东西的那种模模糊糊若有所感，都在预示着有什么别的东西正在到来”①。也就是说，这时代作为一个过渡时代，一方面告别旧日的一切，要摆脱旧世界，体现出它的进步性；另一方面，尽管要求一个新世界，但对这个新世界只不过是“模模糊糊若有所感”。如果人们盼望的新世界是“一棵身干粗壮枝叶茂密的橡树”②，那在这个时代人们所见到的“不是橡树而是一粒橡实”③，它不是完全的现实。换言之，这个时代就是“旧世界行将倒塌”但尚未完全倒塌，新世界即将来临但尚未来临的时代。它处于新旧世界的对立中。

新旧世界的对立，具体体现为新生的科学与旧有的意识形态之间的对立：“科学既然现在才刚刚开始，在内容上还不详尽，在形式上也不完全，所以免不了因此而受谴责。但是如果这种谴责进而涉及到科学的本质，那就很不公平了，这就犹如不愿意承认科学有继续展开的必要之不合理是一样的。这两面（谴责科学不完全与反对科学继续发展）的对立，显然是科学文化上当前所殚精竭虑而还没取得应有的理解的最主要的关键所在。一方面的人在夸耀其材料的丰富和可理解性，另一方面的人则至少是在鄙视这一切，而吹嘘直接的合理性和神圣性。”④ 也就是说，这个时代对新时代文化有两种对立的态度：一者就材料方面“谴责科学不完全”，一者通过宣布直接性知识的实现而“反对科学继续发展”。虽然黑格尔在此没有明确提及任何哲学流派和哲学家，但是我们不难看出前者乃是科学中的经验主义倾向，而后者则应该是费希特、雅可比和谢林等唯心主义的倾向，被黑格尔表述为一种“单调的形式主义”⑤。

对于黑格尔来说，时代的处境与科学（哲学）的处境内在相关：尽管这

---

① 〔德〕黑格尔：《精神现象学》上卷，贺麟、王玖兴译，商务印书馆，1979，第 7 页。
② 〔德〕黑格尔：《精神现象学》上卷，贺麟、王玖兴译，第 7 页。
③ 〔德〕黑格尔：《精神现象学》上卷，贺麟、王玖兴译，第 7 页。
④ 〔德〕黑格尔：《精神现象学》上卷，贺麟、王玖兴译，第 8 页。
⑤ 〔德〕黑格尔：《精神现象学》上卷，贺麟、王玖兴译，第 9 页。

个时代内在地要求新世界和科学文化，然而它却保留着旧世界的形态，还试图以旧世界的方法去满足它自身的新要求，实际上是阻碍了新世界的诞生和新文化的进一步发展。在这里，黑格尔对新旧世界的精神形态的表述还是隐晦而间接的。而这里的结论必须要追溯到其早期文本之中，在那里黑格尔与同时代的哲学家进行直接的争辩，对时代文化的观点也有更为清晰明确、更易理解的表达。

在1802年的《信仰与知识》中，黑格尔认为这个时代的文化"将哲学和实证宗教之间的理性与信仰的旧的对立做了提升，使得信仰与知识之间的这种对抗获得了一种全新的意义，并且现在被转移到哲学自身内部来"①。也就是说，一方面，哲学拒绝旧有的与信仰的外在对立，拒绝成为信仰的婢女，（理性）哲学要求它的绝对自主，要求达成与信仰的统一；另一方面，理性遭受了"那野蛮民族的征服者面对有教养的被征服者时常常遭受的命运，野蛮人作为统治者可能表面上占据优势，但他们精神上屈服于那有教养的被征服者"②。哲学（野蛮民族的征服者）只取得了表面上的胜利，内在仍屈服于信仰（有教养的被征服者），知识无法把握其所渴望把握的绝对者上帝，理性所要求的那种统一性远远没有实现。具体而言，因为"理性，以这种方式仅仅是知性……如其在康德、雅可比与费希特哲学中发生的那样，哲学再次使它自己成为信仰的婢女"③。在黑格尔看来，这三种哲学持有的理性不过是有限的知性，都把高于自身的"绝对"抛向了认知的彼岸，与它自己毫无关系。这就使得理性的统一性要求不仅还不是现实的，更是不可能实现的。

在此黑格尔没有如《精神现象学》那样宣布一个新时代的诞生，而是对整个近代精神做总体判断。然而我们也不难发现，这个时代诊断的结构与《精神现象学》是同构的，即绝对者与有限的哲学形态之间有矛盾，而这本质上就是哲学与自己的本性相对立。而且，在这里，黑格尔明确地把这个处于双

---

① G. W. F. Hegel, *Faith and Knowledge*, trans. by Walter Cerf and H. S. Harris, New York: State University of New York Press, 1977, p. 55.

② G. W. F. Hegel, *Faith and Knowledge*, trans. by Walter Cerf and H. S. Harris, New York: State University of New York Press, 1977, p. 55.

③ G. W. F. Hegel, *Faith and Knowledge*, trans. by Walter Cerf and H. S. Harris, New York: State University of New York Press, 1977, p. 56.

重对立之中的时代诊断为知性时代，认为时代的文化是知性的文化，并对这种文化的哲学表现，即康德、费希特和雅可比哲学进行了系统的批判。然而，这种批判却一定程度上掩盖了黑格尔对新时代和新哲学的设想。而这二者的简明的统一实际上已经在 1801 年的《差别》论文中给出了。

黑格尔在《差别》中将时代的二重性集中表述为同时代哲学的二重性，或者说哲学的“精神”与“字面”的矛盾——这里主要指的就是当时最具代表性的康德和费希特哲学。黑格尔说，“康德哲学曾经需要使他的精神跟字面区分开来，并且将纯粹思辨的原则从其余的属于寻找理由的反思的东西或能被利用于寻找理由的反思的东西中提取出来。”① 具体而言，康德哲学中一方面存在着“精神”与“字面”的矛盾、“纯粹思辨的原则”与“寻找理由的反思的东西”之间的矛盾；另一方面，那“纯粹思辨的原则”是从“寻找理由的反思的东西”中提取出来的，说明康德哲学中本来就有那“纯粹思辨的原则”。“在那个知性形式的演绎之中，思辨的原则，主体与客体的同一，得到了最确定的表达。”② 但是，“当康德把作为理性的这个同一本身，使之成为哲学反思的对象，同一在自身那里消失了。”③ 换言之，康德哲学精神或是思辨的原则仅仅得到了知性反思式的处理，这阻碍着他的哲学精神的实现。

而费希特则一方面成功地提取出了康德哲学精神，并坚持为他自己的哲学体系精神。他注意到了康德哲学中“主 - 客体同一性”被有限的知性反思所破坏，就主张绝对的“理智直观”即“自我 = 自我”作为哲学的原则；另一方面，“理性和纯粹意识被设置为一，在一个有限的形态中被理解的理性提高为原则。”④ 也就是说，尽管费希特有把握绝对、主张理智直观的要求，但是理智直观（理性）却被设置为“纯粹同一性”（与纯粹意识同一），“这样的同一性或统一，其中对立被抽掉了”⑤。作为体系基础的理智直观位于反思体系的彼岸，使得“原则本身，先验的直观，由此得到与从原则演绎出的多样

① 〔德〕黑格尔：《费希特与谢林哲学体系的差别》，宋祖良、程志民译，杨一之校，商务印书馆，1994，第 1 页。
② 〔德〕黑格尔：《费希特与谢林哲学体系的差别》，宋祖良、程志民译，杨一之校，第 2 页。
③ 〔德〕黑格尔：《费希特与谢林哲学体系的差别》，宋祖良、程志民译，杨一之校，第 2 页。
④ 〔德〕黑格尔：《费希特与谢林哲学体系的差别》，宋祖良、程志民译，杨一之校，第 3 页。
⑤ 〔德〕黑格尔：《费希特与谢林哲学体系的差别》，宋祖良、程志民译，杨一之校，第 23 页。

性相对立的歪斜的地位"。而这又恰恰是与他的哲学精神相悖的，绝对理智直观（理性）被贬低为有限的知性形态。

基于此，黑格尔将其所处的时代诊断为"分裂"（Entzweiungen）的时代。一方面，哲学内在地要求着统一性，但是知性反思只会造成分裂。所以这种要求无法实现。另一方面，"知性在绝对的设置之中模仿理性"，试图建立统一性与绝对，但只是虚假的、抽象的同一性，对立与分裂被抽离出去了。它无法认识到"必然的分裂是生命的一个因素，生命永远对立地构成自身"①，它越是试图排除分裂，他就越是陷入最高分裂和绝对分裂之中。只有理性能"把已分离的东西联系起来，把绝对的分裂降为由最初的同一性所制约的相对的分裂"②。理性这种自我再生产、重建统一性总体的需要就是哲学的需要，也就是思辨的需要。正是这个"哲学的需要"，与《精神现象学中》中新世界的"诞生"遥相呼应。我们知道，黑格尔始终将自己的哲学定性为思辨的体系，而从发生的角度看，这个体系根本上乃是出于分裂的时代的"需要"。

二　知性反思与分裂

显然，理解分裂是理解黑格尔思辨哲学在逻辑上的第一步。在黑格尔那里，时代的分裂被集中表达为知性哲学或者反思哲学的分裂。那么，知性反思为何会造成分裂呢？黑格尔似乎将其作为一个批判性的事实在主张，或者说，黑格尔是借助于在他看来最为典型的知性哲学，即康德哲学及其追随者的哲学揭示出分裂这一文化事实的。在此我们也只能跟随黑格尔，在康德等人所遭受到的批判（这里主要考虑的是雅可比与黑格尔本人的批判）中阐明知性反思与分裂文化之间的内在关联。在这一过程中，我们将特别关注雅可比的康德批评对黑格尔发生的影响。

1. 知性体系的内在分裂

首先，让我们着眼于康德哲学中的"知性"概念和体系。在康德那里，

---

① 〔德〕黑格尔：《费希特与谢林哲学体系的差别》，宋祖良、程志民译，杨一之校，第10页。

② 〔德〕黑格尔：《费希特与谢林哲学体系的差别》，宋祖良、程志民译，杨一之校，第10页。

纯粹理性对自身进行先验的反思，把自身区分为三种认识能力：感性、知性与理性。感性直观与知性范畴分别作为知识内容的来源和形式的来源，二者处于一种既应当相互联系却又不能相互还原，因而也颇有张力的关系之中。而理性所关涉的只是知性，与感性直观无关。因此，康德哲学有个最为基本的对立，就是感性与知性的对立，或者说是直观与概念的对立。他还进一步强调："一种客观的感知就是知识（cognitio）。知识要么是直观，要么是概念（intuitus vel conceptus）。前者直接地与对象相关，是个别的，后者间接地凭借多个事物能够共有的一个特征与对象相关。"[①] 由此可见，直观与概念的根本对立表现在：（1）概念的本性是普遍性（Allgemeinheit），直观的本性是个别性（Einzelnheit）。知性概念不能够是对个别客体的表象。（2）概念是以间接的方式与客体相关的，直观则是直接的。正因为知性概念是以间接的方式与客体相关的，它就是借助于中介的，康德称其为"推论性的"（diskursiv）。

雅可比首先对康德哲学的这种"二元论"（Dualismus）做了批评，他认为，如果感性与知性是相互对立的两种能力、直观与概念是完全异质的两种表象，那二者就是完全漠不相关的，不可能结合或综合在一起。康德为了保证经验知识的可能性，对这个对立做了两个方面的处理：（1）继续二分。首先是在感性直观中划分出"纯粹直观形式"与"直观的质料"，也就是时空与感觉。雅可比就继续追问："时空，是如何能够既是纯粹的又是感觉的，既是直观的又是直观的对象的？"[②] 其次是在知性概念中划分出"纯粹概念"与"经验性概念"。然而康德对后者从未展开细致的分析。（2）提出"先验统觉"作为统一的原理。但在雅可比看来，这根本就不算是个解决办法，因为康德无法解释这种综合能力。即便在康德自己看来也是如此，"先验统觉"仅仅是认识论上的使经验得以可能的主观的根据、条件，而不是感性与知性两种能力的来源[③]。因

① 〔德〕康德：《纯粹理性批判》第 2 版，B377，载李秋零主编《康德著作全集》第 3 卷，中国人民大学出版社，2004，第 244 页。

② George di Giovanni, *The Main Philosophical Writings and the Novel Allwill*, McGill-Queen's University Press, 1994, p. 156.

③ 康德将感性与知性称为"人类知识的两个主干"，进而小心翼翼地表明"它们也许出自一个共同的、但不为我们所知的根源"。康德这个洞见为德国观念论提供了努力的方向，但他本人却拒绝了它。对于黑格尔来说，感性与知性只不过是意识的不同阶段，而不是独立的两种能力。参见康德《纯粹理性批判》B3。

此，在雅可比看来，“康德已经假设了先天综合判断，并且将其还原为抽象的成分，从这些抽象的成分中先天综合判断无法得到重建。”[①] 这抽象的成分，即感性与知性，二者间的对立无法被统一起来，康德哲学充满了自相矛盾。

黑格尔对雅可比的批判十分赞赏，也意识到康德哲学作为知性哲学难以克服“二元论”。因为感性与知性的二分其实是知性内在的二分，“二分法”（dichotomies）是知性的本性。根据康德，知性是判断（Urteil）的能力，并且它所做出的一切判断都需要一种反思（Reflexion）。然而，反思一定会涉及两者之间的关系[②]，这一关系在康德哲学中被澄清为“主－客”关系，知性也就无法摆脱主客框架。因此，“一分为二”、进行分离是知性反思的本性。分裂（dichotomy）就是“一分为二”。

2. 知性与“理性”的外在分裂

其次，让我们着眼于康德哲学中的“理性”概念和康德哲学体系之外的“绝对者”。根据康德，“物自身”真实地刺激着我们的感官，造成了客观的实在性，然而却无法被知性所认识；同样无法被认知的是一些无条件的理念，它们是出自理性的思辨的本性的，因而似乎具有“先验的（主观的）实在性”[③]。但是由于在经验中永远不可能出现一个与其相符的对象，若要对它们有所认知就必然会陷入幻相。我们只能认识现象，而无法认识“是其自身所是”的“物自身”和超验的无条件的“理念”。批判的理性必须严格地将知识限定在经验的界限内。

但是，雅可比指出，康德之所以能够断言“物自身”存在，是由于错把知性范畴“因果关系”应用在感性论上，这是康德哲学的自相矛盾。更进一步说，他认为这是康德哲学“理性功能的故障”[④]。因为理性是提供原理的能力，所以只有理性能把知性概念用在感性上，进而推论出知性不可认识的“物自身”。也就是说，有可能是理性自己将绝对者设置为界限，以使知性的

---

① George di Giovanni, *The Main Philosophical Writings and the Novel Allwill*, McGill-Queen's University Press, 1994, p. 157.

② 参见 Michael Inwood, *A Hegel Dictionary*, Oxford: Wiley-Blackwell, 1992, p. 248。

③ 〔德〕康德：《纯粹理性批判》第 2 版，B397，载李秋零主编《康德著作全集》第 3 卷，第 256 页。

④ George di Giovanni, *The Main Philosophical Writings and the Novel Allwill*, McGill-Queen's University Press, 1994, p. 154.

经验知识体系得以可能。如果是这样的话，那这种服从于知性的、进行推理的理性并不是真正的理性，因为它“永远只能说明有限事物的条件、自然的法则、机械的因果关系。我们理解一件事情，即在于把它的最近原因推究出来”①，然后这个最近原因又有它的最近原因，如此无穷地推论下去，并不会形成一个统一的体系。即便形成一个所谓的推论的体系，也无法推论出最终的、最深远的原因。正如康德虽然出于理性的本性推理出无条件的“理念”，但他也无法推理出“无条件者”的存在，那理念只具有主观的观念性。

因此，雅可比认为“理性”被康德哲学贬低为“知性”了。这个看法，黑格尔是同意的。黑格尔认为：“如果把知性当作理性来对待，那就会与此相反，把理性当作知性来对待”②。就是我们之前提及的，知性模仿理性、试图建立同一性和绝对者，但是知性的同一性是抽象的同一性，它基于矛盾律，因而害怕矛盾。康德就是如此，他已经表达出了“二律背反”（Antinomien），却为了保证知性的正确认识，只把它们视作要竭力避免的幻相。这样也就放弃了对绝对者的认识，使得“绝对站在一边而认识站在另一边”③，康德看到了知性范畴的有限性，却不认为其缺乏真理，也没有扬弃知性自身而进入理性之中。相反，雅可比正确地指出了知性范畴的“真理匮乏”，因为正如康德自己所主张的那样，概念是推论性的，它必须借助于他者和中介，是受到限制的，无法直接把握事物自身。

既然康德哲学所主张的理性只是知性，那什么是真正的理性呢？通过考察，我们已经知道，知性反思必然会主客二分并把绝对者推向彼岸。那么与其相对的理性就要真实地把握事物自身与绝对者，也就是一种超越知性二分的同一性和超越性。

在雅可比看来，理性就只能是直接的“信仰”，这直接的“信仰”排斥间接的知性反思。因此，我们对绝对者的观念有一种直接的合理性，它拒绝被认知和证明。更进一步的，那种试图认知真理、解释真理的、作为科学体系的哲学是不可能的，“我们的科学，纯粹的科学本身，是人类精神为了消磨时间而编造出来的游戏，编造这个游戏，组织起来的仅仅是非知识，它对真的东西的

---

① 转引自黑格尔《哲学史讲演录》第四卷，贺麟、王太庆译，商务印书馆，2009，第 540 页。
② 〔德〕黑格尔：《费希特与谢林哲学体系的差别》，宋祖良、程志民译，杨一之校，第 2 页。
③ 〔德〕黑格尔：《精神现象学》上卷，贺麟、王玖兴译，第 52～53 页。

知识并无丝毫的接近"[①]。对此，黑格尔的看法是："按雅可比的说法：体系是'一种被组织起来的无知'，只不过它必须被补充：无知，即个别知识，通过组织起来，就变成了知识。"[②]

尽管黑格尔认同雅可比主张的那种直接的合理性，或者说直接的同一性，但是他反对雅可比把"直接性与间接性"根本对立起来，以及绝对者不可认知、只可信仰的观点，因为这恰恰是知性反思的。真正的理性就是思辨，就是"绝对同一性"，即"同一性与非同一性间的同一性"[③]。按照这个主张，思辨哲学就是能够认知绝对和获得真理的、具有内在统一性的科学体系。他在《精神现象学》中仍然坚持同一个主张，即哲学就是真理，"真理之为科学的体系"[④]。可见，《差别》的思辨哲学规划多么重要，黑格尔哲学最为核心的洞见在此都已有所表达。

三 从"先验统觉"到"先验直观"

虽然我们已经知道了黑格尔主张的思辨理性是与否定的、造成分裂的知性相对立的。但是思辨理性的概念并不是一开始就得到充分阐明的。所以在《差别》中，我们可以清楚地看到，黑格尔思辨哲学除了知性反思以外，还依赖于另外一个理论要素，即"理智直观"（intellektuelle Anschauung）。理智直观在当时是费希特和谢林哲学的核心概念，而在黑格尔的《差别》中短暂引入之后，在其成熟时期的著作中几乎无踪迹可循。如果我们只关注黑格尔成熟的哲学体系，那是很容易忽略"理智直观"对黑格尔思辨哲学所起的作用的，甚至会误以为黑格尔完全反对理智直观[⑤]。在此我们还很难解释黑格

① 转引自 Manfred Baum，*Die Entstehung der Hegelschen Dialektik.* Bonn 1986. 2. Auflage Bonn 1989，S. 84。

② 〔德〕黑格尔：《费希特与谢林哲学体系的差别》，宋祖良、程志民译，杨一之校，第 76 页。

③ 〔德〕黑格尔：《费希特与谢林哲学体系的差别》，宋祖良、程志民译，杨一之校，第 68 页。

④ 〔德〕黑格尔：《精神现象学》上卷，贺麟、王玖兴译，第 1 页。

⑤ 关于黑格尔理性哲学与理智直观之间的关系，一直都有争论。我国学者邓晓芒与倪梁康就曾针对这个问题展开争论。参见邓晓芒《康德的"智性直观"探微》，《文史哲》2006 年第 1 期；倪梁康：《康德"智性直观"概念的基本含义》，《哲学研究》2001 年第 10 期。

尔引入的“理智直观”要素到底给他的思辨哲学带来了什么，但可以确定的是，如果没有这个要素，那思辨哲学的计划与哲学史的连续性必然有缺失的一环。事实上，我们如果从宽泛的意义上考察“思辨”这个概念的来源，那么就不难发现其直觉的（intuitive）的特性，而这一要素正内在于“理论”和哲学本身的最高要求之中，理智直观本身也是这种要求的一种表达。

1. “思辨”与“理智直观”

思辨（Spekulation）一词来自于拉丁语“speculatio”（仔细观察，沉思），这个词又起源于“specere”（去看）①。因此，颇为明显的是，思辨与视觉、直观具有起源上的相关性。而在古希腊哲学中，观看正是理论用以把握事物本质的能力，例如柏拉图的“相”（ειδοc），也就是“理念”，它的本意就是“看”。当然哲学不是肉眼感官上的观看，而是理智的观看，形而上的观看。之后，波爱修（Boethius）就用“speculatio”指古希腊的“theoria”（沉思）概念，② 就是这种理智观看的理论，而非那种出自于感官经验的理论，才是哲学。再之后，库萨的尼古拉就用“理智直观”概念来指这种非经验的、能够对事物本质和全体有所把握的能力。在这个意义上说，“思辨”就是“理智直观”，就是哲学。

“理智直观”在近代唯理论哲学中获得了核心地位。例如斯宾诺莎的“直观知识”（scientia intuitiva），“这种知识是由神的某一属性的形式本质的正确观念出发，进而达到对事物本质的正确认识”③。他以欧几里得几何学和数学为这类知识的代表。但是，在康德看来，几何学和数学只是感性科学，唯理论的“理智直观”是完全独断的。因为理智直观“凭借它的表象，对象本身同时就被给予或者被产生”④。对它来说，思维即存在，可能性即现实性，它只可能是“神的知性”。但我们没有理智直观的能力，也不可能有理智直观的知识。此外，我们之前提及的，雅可比针对康德推论性的知性所提出的直接性的

---

① 参见 Michael Inwood, *A Hegel Dictionary*, Oxford: Wiley-Blackwell, 1992, p. 271。

② 参见 Michael Inwood, *A Hegel Dictionary*, Oxford: Wiley-Blackwell, 1992, p. 271。

③〔荷〕斯宾诺莎:《伦理学 知性改进论》，贺麟译，上海人民出版社，2009，第 68 页。

④〔德〕康德:《纯粹理性批判》第 2 版，B145，载李秋零主编《康德著作全集》第 3 卷，第 110 页。

“信仰”实际上就是“理智直观”。不同的是，对于康德来说，理智直观完全不是我们能够拥有的能力；对于雅可比来说，它是我们信仰上帝的能力，只是不可被反思、被证明。

无论是康德的“直观的知性”还是雅可比直接的“信仰”，“理智直观”都是与哲学体系本身完全无关的。然而，德国观念论思想家们对哲学本身的理解却是：“哲学是对绝对的理智直观”①。也就是说，费希特、谢林与黑格尔一直在尝试着以某种方式将“哲学体系”与“理智直观”统一起来，也就是将“知性反思”与“理智直观”统一起来。并且，他们的尝试都是基于康德哲学的。因为在他们看来，“康德哲学的核心目的是一个提出‘统一性哲学’的目的”②，他们必须为了这目的而改进康德哲学。

2. 从“先验统觉”（Apperzeption）到“理智直观”

在对康德哲学的改进中，雅可比给出了德国观念论哲学家们可以尝试的重要构想，即“自由的斯宾诺莎主义”（a Spinozism of Freedom）。雅可比认为康德关于“先验统觉”的阐述更适合于解释斯宾诺莎的神圣“实体”，③ 这段阐述就是：“如果没有先行于直观的一切材料的那种意识统一性，在我们里面就不可能产生任何知识，不可能产生知识彼此的联结和统一；关于对象的一切表现都惟有与那种意识统一性相关才是可能的。这种纯粹的、源始的、不变的意识，我要把它称为先验的统觉。”④ 在雅可比看来，康德的这段阐述似乎在表明：“先验统觉”作为源始的存在与思维的同一性，是一切反思思维和知识存在的基础。这种阐述更适用于描述斯宾诺莎的“实体”概念，即一个内在于一切有限者中的无条件者。⑤ 如果是这样的话，康德哲学就能够同斯宾诺莎哲学一样，成为一个前后一贯的、统一的哲学体系，“二元论”就能得到克服。

---

① 〔德〕海德格尔：《谢林论人类自由的本质》，薛华译，中国法制出版社，2009，第66页。

② Rolf-Peter Horstmann, Den Verstand zur Vernunft bringen? Hegels Auseinandersetzung mit Kant in der Differenz-Schrift. -In: W. Welsch, K. Vieweg (Hrsg.), *Das Interesse des Denkens. Hegel aus heutiger Sicht.* München. S. 4.

③ Manfred Baum, *Die Entstehung der Hegelschen Dialektik.* Bonn 1986. 2. Auflage Bonn 1989, S. 80.

④ 〔德〕康德：《纯粹理性批判》第一版，A107，载李秋零主编《康德著作全集》第四卷，第75页。

⑤ 参见〔德〕迪特·亨利希《在康德与黑格尔之间——德国观念论讲座》，乐小军译，商务印书馆，2013。

但雅可比实际上只想借助于这个设想来表明康德理性主义哲学的不可能性。因为最为一贯的体系哲学即斯宾诺莎哲学是决定论的，而不是自由的。在他看来，“自由的斯宾诺莎主义”是自相矛盾的。

然而，费希特接受了雅可比这个构想。他着眼于获得知识学的最高的绝对第一原理，并且这个原理要作为一个理性的体系的基础与根据。那么显而易见，最有可能作为康德哲学体系基础和根据的就是康德的“先验统觉”。

对于康德来说，纯粹的统觉就是“那个通过产生出必然能够伴随所有其他表象并在一切意识中都是同一个东西的‘我思’表象而不能再被别的表象伴随的自我意识”①。关于这句话主要有三个问题：（1）“纯粹的统觉”与“我思”是何关系？（2）“必然能够伴随”又是一种什么关系？（3）“不能再被别的表象伴随”更多地意味着什么？

第一，可以确定的是，“我思”是自我意识表象，它具有同一性。按这句话的表述，是“先验统觉”产生“我思”的，综合一切表象于同一的“我思”② 中。先验统觉是“先天地先行于我的一切确定的思维”的“自发性（Spontaneität）的一个行动”③。实际上，康德强调这种“自发性”，无非是为了与接受性（Rezeptivität）的感性相对，表明其就是知性。康德并没有对这种“自发性”做出更多的解释。第二，我们无法理解康德所说的“伴随”是一种什么关系，但对于费希特来说，这意味着只有“先验统觉”是一切表象、知识的基础，“我思”才能必然地伴随一切表象。第三，费希特指责康德虽然提出了“先验统觉”，但却没有对它追问更多。这个能够综合一切表象的“先验统觉”是如何可能的？康德对此并没有做出回答。然而，与雅可比对“先验统觉”的理解恰好相反，康德似乎已经暗示了自我意识的空虚性④：由于“我思”这个表象无

---

① 〔德〕康德：《纯粹理性批判》第 2 版，B132，载李秋零主编《康德著作全集》第三卷，第 103 页。

② 我们往往不对“先验统觉”与“我思”作出区分，按照康德的某些表述，“先验统觉”就是“我思”。但是，在笔者看来，“先验统觉”与“我思”的关系极为类似于《纯粹理性批判》中“进行批判的理性”与“被批判的理性”之间的关系。在这里，我们只想强调先验统觉作为一个自发性的行动区别于“我思”。

③ 〔德〕康德：《纯粹理性批判》第 2 版，B132，载李秋零主编《康德著作全集》第三卷，第 103 页。

④ 〔德〕迪特・亨利希：《在康德与黑格尔之间——德国观念论讲座》，乐小军译，第 120、121 页。

法"再被别的表象伴随"，因而，一方面，我们无法纯粹地思考"我思"，一旦我们思考"我思"，我们不能从"我思"中思考分析出什么，也就是说，没有哪个"我思"的特殊的思想能够定义"我思"；另一方面，"我思"是与反思相关的，若是没有某个特殊的思想归属于我，也就不可能有"我思"，因此，"我思"又没有独立性。正是由于先验自我意识这种独特的特性，它不能作为我们思考的对象、追问的目标。无论如何追问"我思"，这种思考本身同时就伴随着"我思"。自我意识是封闭的、空虚的，只能将其作为一切经验意识得以可能的条件。康德自己也将"先验统觉"这个知识的"至高点"比喻为不稳定的"针尖"①。

但费希特认为康德过于"谦逊"了，这样的先验哲学必定会遭受雅可比或是怀疑论者的批评。我们必须追问"思考的我"或是"统觉的主体"如何能够"我思"的。费希特看到，既然任何一种对"我思"的追问都必然伴随着"我思"，这就意味着"我思"原初地只需依赖于它自身，而不需要他者。我们不能用理解物体的方式来理解意识，仿佛"我思"作为一种表象能力就不能具有独立性似的。意识就是自指称的（self-reference）②，与自我意识是不可分离的，我们也就不必对自我意识再反思，免于陷入反思的循环之中。这就得到了费希特的绝对无条件的原理："自我 = 自我"。对此，更为细致的表达是："自我自己就直截了当地设定它自己的存在（或，它自己的是）"③。他把意识的这种自发性，即"直截了当地设定自身"称为理智直观。

在黑格尔看来，费希特哲学思辨之处就在于他坚持对"绝对"进行哲学性的理解，试图把"理智直观"纳入哲学体系之中。"纯粹思维本身，即主体与客体的同一，在自我 = 自我的形式下，就是费希特体系的原则。如果人们只是直接坚持这个基础，如同在康德哲学中坚持先验原则（它构成范畴演绎的基础），那么，人们就有了大胆说出来的真正的思辨原则"④。

但是，在《差别》中，黑格尔就已经揭示出费希特哲学的根本问题，即"作为体系基础的最高原理'理智直观'"与"'反思概念'的体系"之间的对立没有得到客观的统一，他的哲学注定失败。这种失败体现在，（1）针对三条

① 〔德〕迪特·亨利希：《在康德与黑格尔之间——德国观念论讲座》，乐小军译，第111页。
② 〔德〕迪特·亨利希：《在康德与黑格尔之间——德国观念论讲座》，乐小军译，第111页。
③ 〔德〕费希特：《全部知识学的基础》，王玖兴译，商务印书馆，1986，第14页。
④ 〔德〕黑格尔：《费希特与谢林哲学体系的差别》，宋祖良、程志民译，杨一之校，第2页。

基本原理：尽管费希特试图以“绝对自我”作为体系的基础，但是却以三个命题进行表达，那这三个原理之间就是彼此限制的，无法成为真正的“绝对无条件”的基础。“自我 = 自我既然在几个原理之间作为一个原理被提出来，那么这个原理便没有其他意义，只有纯粹自我意识的意义，这纯粹自我意识与经验的意识相对立。这意义与哲学的反思相对立”①。（2）针对原理展开的体系：费希特哲学“体系的结尾变得不忠实于它的开端，结果不忠实于它的原则”②。也就是说，基本原理“自我 = 自我”经过体系被转为“自我应该等于自我”，那么这个体系最初所要求的思辨的同一性就没有被体系给实现，而只是主观的“应该”同一。

之所以如此，就在于“理智直观”只被费希特理解为一个体系的基本命题、一个作为“所有知识的根据”的绝对第一原理。“体系的整个进一步的阐述属于彻底的反思，对此思辨没有份”③。所以黑格尔认为，“理智直观”绝不仅是基本命题，一个基本命题不过是知性反思抽象的结果，更是一个“活的整体”，就是思辨的哲学体系。

3. 从理智直观到美感直观

谢林在黑格尔的《差别》出版之前，并没有意识到自己的哲学体系与费希特哲学体系的根本区别。他的《先验唯心论体系》（1800 年）是以费希特哲学为出发点的，他认为费希特的“理智直观”提供了对绝对者有所哲学性的理解的可能性，还援引了费希特《知识学导论》来表明：“理智直观是一切先验思维的官能……没有理智直观，一切哲学也都会是绝对不可理解的”④。他认为自己哲学的目的就在于对费希特哲学做出扩展⑤，使其成为“全部知识的体系”⑥。在这一扩展中，谢林把康德和费希特拒绝的、“彻底的独断主义”的斯宾诺莎哲学本身作为一门科学的自然哲学融入理性的体系中。

---

① 〔德〕黑格尔：《费希特与谢林哲学体系的差别》，宋祖良、程志民译，杨一之校，第 38 页。

② 〔德〕黑格尔：《费希特与谢林哲学体系的差别》，宋祖良、程志民译，杨一之校，第 51 页。

③ 〔德〕黑格尔：《费希特与谢林哲学体系的差别》，宋祖良、程志民译，杨一之校，第 48 页。

④ 〔德〕谢林：《先验唯心论体系》，梁志学、石泉译，商务印书馆，1976，第 38 页。

⑤ “扩展”与黑格尔常使用的“扬弃”明显不同。对费希特哲学的“扩展”更多地意味着，将费希特哲学中已有的合理的东西应用到其他费希特并未涉及的领域。

⑥ 〔德〕谢林：《先验唯心论体系》，梁志学、石泉译，第 2 页。

但在黑格尔看来，谢林哲学体系优于费希特哲学之处在于：第一，斯宾诺莎的“实体”被理解为理智的，“实体”所创造的自然不只是物质的，而同样是认知的，“客观的主体－客体的科学被叫作自然哲学”①。自然在谢林哲学体系中就可以避免在费希特哲学体系中所遭受的“虐待”②。因此，谢林给出了费希特哲学缺失的“客观的‘主－客’同一性”。第二，先验哲学与自然哲学是永远对立的两门科学，都不能扬弃对方使自己成为唯一的科学；但两门科学认识同一个绝对物，具有“内在同一性”，客观的总体与主观的总体是同一个总体，“一切都只存在于一个总体之中”③。因此，谢林哲学就是“绝对同一性”（思辨）哲学，与费希特哲学有着根本的不同。

但是，谢林对于第二点并无自觉，否则他就不会将自己的哲学视作是对费希特哲学的扩展并对二者之间的根本区别毫无意识了。在《差别》出版之前，他对费希特的反驳完全是自然哲学式的（也就仅仅立足于第一点）。虽然谢林的确在《差别》之前提出了“思辨”④的概念，也同黑格尔一样，将思辨与反思对立起来，“思辨”能够认识绝对与全体，“反思”则会造成分裂和对立。但是，谢林认为仅凭“理智直观”就能认识绝对者，无须借助于反思。因此，在先验哲学中，谢林主张一个“模糊的天才概念”⑤即“美感直观”。它是客观的理智直观，“不仅哲学的最初本原和哲学由之开始的最初直观，而且连哲学推演出来而作为自身的依据的全部机制，也都是通过美感创造才变为客观的”⑥。如杜辛所指出的，“谢林在这里并没有追问，在绝对者被思考并且被构造为一个知识的体系的时候，反思在思辨的立足点上是否也拥有一种虽然是低级的，但却是必要的责任。”⑦

---

① 〔德〕黑格尔：《费希特与谢林哲学体系的差别》，宋祖良、程志民译，杨一之校，第72页。

② 〔德〕黑格尔：《费希特与谢林哲学体系的差别》，宋祖良、程志民译，杨一之校，第4页。

③ 〔德〕黑格尔：《费希特与谢林哲学体系的差别》，宋祖良、程志民译，杨一之校，第76页。

④ Klaus Düsing, “Spekulation und Reflexion. Zur Zusammenarbeit und Hegels in Jena,” *Hegel-Studien*, Band 5, 1969, S. 112.

⑤ 〔德〕谢林：《先验唯心论体系》，梁志学、石泉译，第298页。

⑥ 〔德〕谢林：《先验唯心论体系》，梁志学、石泉译，第308页。

⑦ Klaus Düsing, “Spekulation und Reflexion. Zur Zusammenarbeit und Hegels in Jena,” *Hegel-Studien*, Band 5, 1969, S. 116.

相反，黑格尔则注意到“反思作为哲学探讨的工具”①，“思辨的知识必须作为反思与直观的同一性来理解。”② 那么黑格尔是如何将对立的反思与思辨统一起来的呢？

四　黑格尔在《差别》中的“先验直观”

在《差别》中，黑格尔的“先验直观”（transcendental intuition）概念就意味着：“反思”与“理智直观”对于“思辨”都是必不可少的。如果是这样的话，与思辨哲学相对的知性哲学就不是指所有借助于反思、知性推论的哲学③，而是指那种只有限地立足于“反思”与“理智直观”中的一者、排斥另一者，或者没有把二者统一起来的哲学。“反思体系现在成为一种对哲学的所有有限方法的反驳，而不只是一种对有限范畴或者推理原则的反驳。”④

黑格尔首先提及了一种“经验的直观”（empirical intuition），在其中主体与客体是分离的，是“经验的、被给予的、无意识的”⑤，可以说就是康德的“感性直观”。先验直观则是对主客对立的统一的直接意识，如果只看黑格尔对“先验直观”的这个规定，似乎与费希特、谢林的“理智直观”并无不同。但是，“先验的知识联合反思与直观两者，它同时是概念与存在。这样一来，直观变成了先验的，在经验的直观中分离的主体与客体的同一性进入了意识”⑥，也就是说，黑格尔并不像谢林那样认为，直接存在着一种与

---

① 〔德〕黑格尔：《费希特与谢林哲学体系的差别》，宋祖良、程志民译，杨一之校，第 13 页。

② 〔德〕黑格尔：《费希特与谢林哲学体系的差别》，宋祖良、程志民译，杨一之校，第 27 页。

③ 由此可见，黑格尔并非完全否定、抛弃了健康的人类知性，只不过在《差别》中主要将其作为批判对象。他在《精神现象学》中就明确指出：“知性是一切势力中最惊人和最伟大的，或者甚至可以说是绝对的势力”以及“通过知性以求达取理性知识乃是向科学的意识的正当要求；因为知性一般说来即是思维，即是纯粹的自我，而知性的东西则是已知的东西和科学与非科学的意识共有的东西，非科学的人通过它就能直接进入科学”。参见黑格尔《精神现象学》上卷，贺麟、王玖兴译，第 21、第 8 页。

④ 〔德〕迪特·亨利希：《在康德与黑格尔之间——德国观念论讲座》，乐小军译，第 479 页。

⑤ 〔德〕黑格尔：《费希特与谢林哲学体系的差别》，宋祖良、程志民译，杨一之校，第 26 页。

⑥ 〔德〕黑格尔：《费希特与谢林哲学体系的差别》，宋祖良、程志民译，杨一之校，第 26 页。

认知漠不相关、统一的创造性的活动能力，也就是与反思无关的理智直观。而是，"经验的直观变成了先验的"才能作为主客体同一性进入意识。因此，笔者赞同西普（Ludwig Siep）教授的看法，即，在《差别》中，已有了《精神现象学》要求完成的主张：要把"经验的直观"引向"先验"形式[①]。但关于具体如何完成这个主张的问题，我们尚无法断定两部著作是一致的。

在《差别》中，黑格尔明确表明："与理念对立的直观是被限制的定在，就因为它排除了理念。直观虽然是由理性规定之物，但不是作为被限制之物，而是为了使反思工作的片面性变得完备"[②]。也就是说，经验的直观必须与反思结合成为"先验直观"，是为了使反思成为思辨。既然直观与概念、理念相对立，那么"先验直观"作为与反思结合在一起的直观，是否能成功地使概念与存在获得统一？

当黑格尔着重指出脱离统一的对立时，"反思"与"知性"可以一起使用。但是，"反思作为理性，与绝对物有关系，它只有通过这种关系才是理性"[③]，表明了"反思"可以将知性提升为理性，它不同于知性。"反思"涉及两者间的关系，既然是"两者"，说明有分离；但既然是两者间的关系，也说明有关联。不过这种关联仍是一种外在的关联，因为两者仍为两者，"反思首先超出孤立的规定性，把它关联起来，使其与别的规定性处于关系之中，但仍然保持那个规定性的孤立有效性"[④]，因此即便是"作为理性的反思"仍然不是思辨，而只是"外在的超出有限"[⑤]。那也就意味着，即便经验的直观与概念在反思中结合，仍然是一种外在的结合，二者实际上仍为二者，概念与存在并不能统一。如果是这样的话，"先验直观"这个概念就是有问题的。黑格尔实际上是为了思辨而直接主张了与反思相结合的、能够同时是"概念与存

---

① Ludwig Siep, *Hegel's Phenomenology of Spirit*, trans. by Daniel Smyth, New York: Cambridge University Press, 2014, pp. 26 - 27.

② 〔德〕黑格尔：《费希特与谢林哲学体系的差别》，宋祖良、程志民译，杨一之校，第28页。

③ 〔德〕黑格尔：《费希特与谢林哲学体系的差别》，宋祖良、程志民译，杨一之校，第13页。

④ 〔德〕黑格尔：《小逻辑》，贺麟译，商务印书馆，1980，第177页。

⑤ 〔德〕黑格尔：《小逻辑》，贺麟译，第177页。

在”的先验直观。那除了反对谢林哲学以外，从黑格尔自己的哲学计划来看，他为什么要主张这个概念呢？还甚至认为“无先验的直观便不能作哲学探讨，用极严肃的态度指出这一点，带有极深刻的意义”①？

黑格尔在《差别》中频繁提及“二律背反”（Antinomien），并一直认为其是“康德哲学中重要的一面，即指出只要通过范畴去规定无限者，这个规定就会陷入矛盾”②。但正因如此，“知性规定的孤立有效性”就在“二律背反”中被否定掉了，有限反思规定的效用就被消除了。这实际上就是“否定的辩证法”，与上文中提及的“外在的超出有限”的“作为理性的反思”不同，它是一种“内在的超越”③。但是，既然有限反思规定的效用都被消除了、被否定了，那么还有什么呢？还有什么肯定的呢？

对此，黑格尔表明：二律背反“是知识的否定的方面，由理性支配的形式的东西自己毁灭了自己。知识除了这否定的方面，还有肯定的方面，即直观”④。也就是说，“先验直观”作为肯定的方面出现可以避免“二律背反”虚无化。因此，霍斯特曼（Rolf-Peter Horstmann）就认为，“黑格尔对他的二律背反的建构进行了某种补充，以防止这个建构走向空无……在这个意义上，先验直观是其计划的必要的要素，即将知性提升到它自身之上，或者在实在性的知识作为活的总体性的情况下，理性地运用知性。”⑤ 这就意味着，知性反思通过二律背反“毁灭了自己”⑥ 与被扬弃为思辨理性之间还有断裂，“健康人类知性不理解思辨的所作所为”⑦。如果我们结合着黑格尔的成熟体系来看，我们就会理解杜辛教授对此的判断：“那时对于他来说，根据终极规定的矛

① 〔德〕黑格尔：《费希特与谢林哲学体系的差别》，宋祖良、程志民译，杨一之校，第 27 页。

② 〔德〕黑格尔《哲学史讲演录》第四卷，贺麟、王太庆译，第 306 页。

③ 〔德〕黑格尔：《小逻辑》，贺麟译，第 177 页。

④ 〔德〕黑格尔：《费希特与谢林哲学体系的差别》，宋祖良、程志民译，杨一之校，第 26 页。

⑤ Rolf -Peter Horstmann，Den Verstand zur Vernunft bringen? Hegels Auseinandersetzung mit Kant in der Differenz-Schrift. -In：W. Welsch，K. Vieweg（Hrsg.）：*Das Interesse des Denkens. Hegel aus heutiger Sicht*. München. S. 14.

⑥ 〔德〕黑格尔：《费希特与谢林哲学体系的差别》，宋祖良、程志民译，杨一之校，第 14 页。

⑦ 〔德〕黑格尔：《费希特与谢林哲学体系的差别》，宋祖良、程志民译，杨一之校，第 14 页。

盾，还得不出通过否定之否定所达到的作为肯定结论的更高的统一，而是借助于终极规定的矛盾直接进行假定。然而，这种更高的统一只能借助于另外的认识能力即理智的直观才能实现。”① 在这里，我们已经可以看到“辩证法”（Dialectic）的初始形态了。但我们也已经证明了，“先验直观”直接作为知识的肯定方面是不合理的。

在黑格尔体系成熟时期，他对于这个困难的解决办法是：“否定的东西也同样是肯定的；或说，自相矛盾的东西并不消解为零，消解为抽象的无，而是基本上仅仅消解为它的特殊内容的否定；或说，这样一个否定并非全盘否定，而是自行消解的被规定的事情的否定，因而是规定了的否定”②。因为是一种“规定了的否定”，也就有了内容，就是肯定的。这就是“否定之否定”即“肯定”的辩证法，也就不需要“先验直观”直接作为思辨的肯定的方面出现了。但是黑格尔并没有放弃作为全体的“理智直观”，也就是“思辨”。可以看出，“先验直观”概念的不合理之处显然推动了思辨哲学纲领走向思辨哲学体系，以及辩证法走向成熟。

附录 对《“知性反思”与“先验直观”》之书面评论*

朱学平**

内容提要 本文主要从主题和内容两方面进行评论。就主题而言，评论人认为谢文选择黑格尔耶拿前期的《差别》和《信仰与知识》两个文本，考察黑格尔思辨哲学观念的发生，可以较为全面地把握黑格尔此时的思辨哲学同康德、费希特以及谢林哲学体系的关

① 〔德〕克劳斯·杜辛：《黑格尔与哲学史——古代、近代的本体论与辩证法》，王树人译，社会科学文献出版社，1992，第79页。

② 〔德〕黑格尔：《逻辑学》上卷，杨一之译，商务印书馆，1976，第36页。

* 本文为对万雪明、谢永康的会议论文《“知性反思”与“先验直观”——试论黑格尔思辨理性观念的发生》的当场点评。

** 朱学平（1971～），湖南桃源人，哲学博士，西南政法大学行政法学院副教授，主要从事西方法哲学、政治哲学以及法理学的教研工作。

系，然而同时也相对忽视了从黑格尔思辨哲学的前后演变出发，动态地理解黑格尔思辨观念的生成。在内容方面，评论人在揭示原文各部分要点的基础上，逐一提出了自己的看法和评论。

关键词 评论 知性反思 先验直观 思辨理性

本文拟从论文主题和内容两个方面做出评论。

1. 论文主题

谢永康教授、万明雪同学合写的《“知性反思”与“先验直观”——试论黑格尔思辨理性观念的发生》一文，选取黑格尔以他自己之名于 1801 年公开发表的第一部著作《费希特和谢林哲学体系的差别》（下面简称《差别》）以及 1802 年发表的《信仰与知识》一文（主要是《差别》一书），试图从发生学的角度探讨黑格尔思辨理性观念的起源，或者说，黑格尔最早的“思辨哲学纲领”。论文的副标题表明了论文的这一意图。而论文的主标题《“知性反思”与“先验直观”》则反映了此文想要探讨黑格尔的最早思辨体系同康德、费希特的主体哲学以及谢林的同一哲学之间的内在渊源关系。简言之，该文就是以《差别》为根据，从哲学史的角度探讨黑格尔思辨哲学观念如何在康德、费希特、谢林哲学的基础上进一步发展起来的问题。

在评论人看来，选取黑格尔耶拿前期的《差别》和《信仰与知识》这两个文本，考察黑格尔的思辨哲学观念的发生，有其合理性，但也有一定欠缺。以评论人的有限理解而论，黑格尔思辨哲学的形成大致有三个重要发展阶段，伯尔尼晚期至法兰克福时期（1795 ~ 1800）为第一阶段，耶拿前期（1801 ~ 1803）为第二阶段，耶拿后期（1803 ~ 1806）为第三阶段。第一个时期为奠定黑格尔思辨哲学基础的时期；到耶拿前期的《差别》等文本中，前一时期的思考以纯粹哲学的方式表达出来；到耶拿后期，黑格尔在主体哲学原则的基础上对前期的思辨哲学观念进行了全新的改造，其思辨哲学逐渐臻于成熟。

评论人认为，在这种理解下，从《差别》等耶拿前期的文本出发，探讨黑格尔思辨哲学观念的发生，主要存在两个问题：第一，忽视了《差别》等文本中的思辨哲学观念同黑格尔之前的相关文本（如《信仰与存在》《基督教的精神及其命运》《1800年体系》等等）之间的内在关联性，从而不能完全看清黑格尔思辨哲学的现实意义及其与之前哲学体系间的关系。第二，尽管黑格尔在《差别》中对其思辨哲学体系进行了勾勒，并且取得了一定的成功，然而总体而言，黑格尔在《差别》中所做的思辨哲学体系建构是失败的。换言之，《差别》中的思辨体系尚未真正成熟，因而也就还不能像后来一样以成熟的方式处理其哲学与康德、费希特和谢林哲学体系之间的关系。具体言之，《差别》的不成熟性表现在：（1）黑格尔对以康德、费希特为代表的近代主体哲学的基本看法还没有真正成熟。尽管在《差别》中，黑格尔承认了知性反思的一席之地（从而区分于谢林），然而主体哲学的地位还未能如后来那样得到充分的承认。换言之，尽管黑格尔试图在《差别》中用主体哲学、“知性反思”去对抗谢林的“先验直观”，但实际上，“主体”的原则并未真正凸显出来，像在成熟的黑格尔哲学体系中那样成为与“实体”原则并驾齐驱的两大支柱之一。由此，（2）黑格尔在《差别》中想要实现的主体和客体的真正统一，实际上还没有真正达到。换言之，黑格尔此时还主要沉浸在古典精神之中，没有完全从古典世界走出来，因而还不能对时代问题给出他自己的成熟回答。（3）正因为如此，尽管黑格尔想在《差别》中对谢林提出批判（并且实际上也提出了批判），然而并不能真正超出谢林同一哲学的视域。事实上，黑格尔在耶拿前期的体系建构基本上处于谢林体系的阴影之下，也表明了这一点。由此，黑格尔也就同样无法以其成熟的方式处理他与谢林哲学体系的关系。

鉴于此，评论人以为，如果能够将黑格尔思辨哲学的发生进一步推进到《差别》之前的法兰克福时期，并在此基础上对《差别》中的思辨哲学观念进行考察，则对《差别》中的思辨哲学的观念会有更好的理解。当然，另一方面，也要注意的是，《差别》只是黑格尔构建其思辨哲学体系的一个初步的、并不成功的尝试，我们尽管可以从中看到它与康德、费希特和谢林哲学体系之间的关系，也可以发现黑格尔后来成熟思辨体系的萌芽，但并不能由此达到对黑格尔成熟体系及其与之前的哲学体系之间内在关系的真正理解，同时也无法获得黑格尔对时代的需要所给出的成熟解答。

当然，不可否认的是，它可以帮助我们更好地理解黑格尔思辨体系的形成，以及他在这一时期对康德、费希特、谢林等人哲学的处理。这种处理不仅出现在《差别》和《信仰与知识》中，也出现在比如说《论自然法的科学处理方式》以及《伦理体系》这样的在一定程度上奠定了黑格尔成熟时期法哲学的基础的重要法哲学文本当中。

2. 内容

原文内容由以下四部分构成：一、时代诊断与“哲学的需要”；二、知性反思与分裂；三、从“先验统觉”到“先验直观”；四、黑格尔在《差别》中的“先验直观”。下面评论人依照原文的次序，对每一部分的内容提出自己的看法，以供批判和交流。

第一部分，作者从文化（尤其是纯哲学）的角度出发，阐述黑格尔的问题意识，及其对当时最重要的康德、费希特哲学体系的诊断，提出“哲学的需要”问题。

评论人认为，作者从“时代诊断和‘哲学的需要’”切入对黑格尔思辨哲学体系的探讨，选点准确、到位，击中黑格尔思辨哲学体系的实质，即它并不是抽象的理论玄思，而是与时代问题内在相关，直白地说，黑格尔哲学就是要回答、解决时代面临的问题。因此，其哲学与时代也就完全纠结在一起，难解难分。就此而言，脱离了黑格尔对时代问题的诊断和回答，而谈论黑格尔的思辨哲学体系，实际上可能很难抓住它的本质。

关键是黑格尔本人如何理解他自己的时代的问题？哲学或文化与时代问题的解答到底有何关系？这是值得深入探究的问题。作者从文化（或哲学）的角度出发进行理解，从而将时代问题归结为文化或者哲学的问题。这从《差别》的文本来看，确实如此，黑格尔在这一文本中完全在纯粹哲学的层面进行讨论。然而，黑格尔是在进行长期的实践问题（宗教、政治、法律、经济等问题）的研究之后，才进到纯粹哲学的领域。就此而言，其思辨哲学实际上具有强烈的现实政治意义（实际上，比如说，Siep 即在其所著的《精神现象学的道路》一书中明确指出黑格尔在《差别》一开始提出的哲学任务兼具“哲学和政治因素”①）。就其对时代问题的理解而言，评论人以为，不仅是他在《信仰与知识》中对信仰与理性关系的理论批判，更重要的是对现实中教会和政治国家的关系的正确处理，才是黑格尔所面临的真正的时代问题：黑格

① 见 Ludweg Siep，*Der Weg der “Phänomenologie des Geistes”*：*Ein einführender Kommentar zu Hegels “Differenzschrift” und “Phänomenologie des Geistes”*，Suhrkamp，2000，p. 33。

尔所言的知性哲学的“分裂”背后，真正的分裂是欧洲中世纪教会与国家的分裂，反思哲学不过是这种分裂在哲学上的反映而已。消除这种分离、用尘俗的政治国家代替基督教会在世间的统治，构成黑格尔哲学的根本任务。不由此出发，就很难理解黑格尔批判康德、费希特和谢林等人的哲学的意旨，难以领会为何黑格尔宣称他们的哲学没有实现主体和客体的真正统一。

第二部分，论文在阐述康德哲学体系的基础上，借助雅可比的影响，来阐明黑格尔对康德主客分离的批判。评论人认为，这是本文的一大亮点，提出了雅可比在从康德、费希特哲学到谢林和黑格尔自己的哲学体系的发展过程中的作用问题。这是我国以前的德国哲学研究中很少提及的。另一方面，据评论人了解，雅可比对黑格尔的影响，可能从图宾格时期即已开始，并在黑格尔在伯尔尼晚期和法兰克福时期构思其最早的思辨哲学观念时也可能发生过影响。对此可以参看 Hans-Jürgen Gawoll, *Glauben und Positiviät. Hegels frühes Verhältnis zu Jacobi*。①

第三部分，“从‘先验统觉’到‘先验直观’”，涉及德国观念论发展中的最核心也是最困难的问题。本部分梳理了从康德的“先验统觉”到费希特的“理智直观”、再到谢林的“审美直观”的演变过程，并且分析了黑格尔对费希特和谢林各自体系的批判。评论人以为，这一部分对从康德到谢林哲学的基本原则的发展的简要论述是到位的。就黑格尔在《差别》中对费希特的批判而言，作者的论述是忠实的，但没有涉及费希特和黑格尔哲学立场的根本差异。

在对谢林哲学进行分析时，尽管也引用了谢林的相关著作，但主要是从黑格尔的角度出发，而非从谢林哲学本身出发进行论述。谢林为何强调“审美直观”，而忽视“知性反思”？其中的问题意识和哲学考量到底是什么，本文没有做出进一步的探讨。最后，论文引述杜辛的说法，说谢林主张的“绝对同一性”，实际上只是“纯粹无差别的同一性”，而非黑格尔所言的“同一性和非同一性的同一性”。这实际上就是黑格尔在《差别》中对谢林哲学的批判。在《差别》中，黑格尔一方面说谢林实现了主体和客体的同一，另一方

---

① 载于 Martin Bonndeli, *Hegels Denkenwicklung in der Berner und Frankfurter Zeit*, München, 1999, pp. 87 - 104。

面又说他的同一性只是无差别的同一性；同时，他既在费希特、谢林的“理智直观”的基础上提出“先验直观”，以反对康德、费希特之“知性反思”，但同时又用前者之知性反思来反对后者的“理智直观”。可以认为，《差别》中黑格尔与谢林的关系实际上是最耐人寻味的，也是值得并且需要进一步深入探讨的。另外，评论人还想顺便提一下，黑格尔与谢林的哲学体系之间的关系，实际上也关系到后来马克思与黑格尔哲学之间的关系。德国学者 Manfred Frank 的《谢林对黑格尔的批判与马克思辩证法的诸开端》① 即谈到了晚期谢林对黑格尔的批判及其对青年黑格尔派和马克思哲学产生的影响。如果能把黑格尔对谢林的批判结合起来，那么对从古典哲学到马克思之间的哲学发展就会有更深的理解。

第四部分，“黑格尔在《差别》中的‘先验直观’”，涉及黑格尔哲学最终如何超出康德、费希特的反思哲学和谢林的同一哲学，以达到其所言的主体和客体的真正同一，这正是黑格尔思辨哲学的最重要也是最具有原创性的地方。论文试图指出，《差别》中所言的“先验直观”不足以达到黑格尔所言的主体和客体的完全统一的思辨要求，这是黑格尔后来抛弃《差别》中的“先验直观”的根本原因。

依评论人的理解，作者似乎是想要从黑格尔的“先验直观”的概念的缺陷出发，去理解黑格尔本人为何要抛弃“先验直观”，而走向成熟时期的思辨哲学的原因。在评论人看来，这里可能存在两点误解。第一，对黑格尔原文的误解。作者在论文中指出，

> 即便是“作为理性的反思”仍然不是思辨，而只是“外在的超出有限”。那也就意味着，即便经验的直观与概念在反思中结合，仍然是一种外在的结合，二者实际上仍为二者，概念与存在并不能统一。如果是这样的话，“先验直观”这个概念就是有问题的。

以评论人的理解，作者这里可能混淆了“作为理性的反思”（它是经验的

---

① Manfred Frank, *Der unendliche Mangel an Sein: Schellings Hegelkritik und die Anfänge der Marxschen Dialektik*, München, 1992.

直观和概念在反思中的结合）与黑格尔所言的“先验直观”（经验直观和概念在直观中的结合），对黑格尔来说，前者是否定的理性，而后者则是肯定的理性，就是黑格尔晚期所言的“否定之否定”之前身；前者达到的是康德所言的“理性的理想”，即黑格尔所言的“坏无限”，后者则是黑格尔后来所言的“真无限”。在评论人看来，杜辛所言的意思只是黑格尔此时还没有明确达到通过“否定之否定”而获致作为思辨统一的绝对肯定的观点，亦即黑格尔此时采取了“先验直观”这一途径以获得思辨统一的绝对肯定。就此而言，并不涉及“先验直观”本身作为知识的肯定方面的不合理性问题。

实际上，黑格尔后来之所以抛弃“先验直观”，而走向成熟时期的思辨理性，根本原因在于这两个内在相关的因素，即前面提到过的：（1）对康德、费希特意识哲学的重新肯定，以及由此（2）对近代主体原则的肯定。这种肯定导致了（1）黑格尔政治哲学上完全走出古典政治哲学，并在现代主体原则与实体原则统一的基础上提出其对时代问题的成熟解答，（2）对意识哲学的重新接纳，也使黑格尔抛弃直观概念，重新接纳康德、费希特哲学中的理性概念，并加以改造，使之成为黑格尔意义上的思辨理性。

结束语

诚如作者所言，目前，青年黑格尔的思想在国内研究极不充分，亟待深入。评论人非常高兴地看到本文作者能够在国外学者近来研究的基础上，对“黑格尔思辨哲学的发生”这一极为艰深的课题做出相当深入、富有意义的研究，同时也希望更多的学者（尤其是青年学者）能够步入青年黑格尔以及德国古典哲学思想发展的研究的行列。评论人希望，能够通过直接的对话与交流，共同促进这一事业的发展和进步。

维特根斯坦及相关哲学问题研究

论前期维特根斯坦的逻辑图像论*

徐　弢**

内容提要　本文主要试图分析和阐明前期维特根斯坦逻辑图像论的主要内容，尤其着重剖析和阐明了图像的本质和表现关系，指出图像是实在的模型背后所隐含的语义内涵，并且分别辨析了图像的摹绘关系、摹绘形式和逻辑形式等图像论的核心概念之间的关系和差异，揭示了图像如何具有意义的逻辑依据。

关键词　图像　模型　表现　摹绘形式　逻辑形式

前期维特根斯坦对于图像的逻辑分析构成了他的图像理论的核心。要想理解其意义的图像论的主要内容，我们必须弄清楚他是如何分析图像的本质和结构的。图像本质上是什么？图像具有哪些结构？图像是如何进行表现的？什么是图像的摹绘关系、摹绘形式和逻辑形式？如何理解它们之间的关系？图像如何具有意义？本文试图通过围绕以上这些问题进行分析和解答，系统地阐明维特根斯坦图像论的基本观点和主要内容，从而为我们准确而全面地把握其意义的图像论提供必要前提。

---

* 本文系 2013 年度教育部人文社会科学研究青年基金项目“自我的理解和阐明：前期维特根斯坦意义理论研究”（项目编号 13YJC720041）的阶段性研究成果。

** 徐弢（1983 ~ ），安徽潜山人，湖北大学哲学学院副教授，湖北省道德与文明中心研究员，中华文化发展湖北省协同创新中心副研究员，研究方向为分析哲学、中西文化比较。

一 图像的本质与表现关系

要想理解维特根斯坦的图像论的主要内容，我们必须首先熟悉他对于图像的本质和表现关系的论述的基本观点。前期维特根斯坦主要是在《1914～1916年笔记》以及在《逻辑哲学论》的 2.1～2.2 码段中对于图像的本质进行论述的。维特根斯坦在《逻辑哲学论》中的 2.1，2.11 以及 2.12 码段分别这样写道：

2.1 我们给自己制作事实的图像（Wir machen uns Bilder der Tatsachen）。

2.11 图像表现逻辑空间中的事况，即事态的存在与非存在（Das Bild stellt die Sachlage im logischen Raume，das Bestehen und Nichtbestehen von Sachverhalten vor）。

2.12 图像是实在的一个模型（Das Bild ist ein Modell der Wirklichkeit）。①

在前期维特根斯坦这里，我们可以给自己制作事实的图像。这句话到底指什么呢？这实际上就是指，一个事态是可思的或可以想象的（Ein Sachverhalt ist denkbar（vorstellbar））。② 维特根斯坦认为，图像本质上是实在的一个模型（Modell），能表现逻辑空间中的事况。那么，为什么维特根斯坦认为图像是实在的一个模型呢？他是如何获得这一思想的？维特根斯坦看到了图像和实在之间存在着共同的特征。事实或实在可以被模型化，因而，图像这一观念就是依据实在的模型而产生的。这一观点的提出主要是受到一些启发而获得的。根据一些学者的考证，维特根斯坦在参加第一次世界大战期间，他在一份杂志上偶然阅读到一篇巴黎法院关于一场车祸的报告，在法院的报告中，人们用车祸的缩微模型来模拟整个车祸事件的经过。③ 维特根斯坦在其早期笔记中也提到过这一事件。他说“在命题中我们实验性地把一个世界组合起来。（就如同巴黎

---

① Ludwig Wittgenstein，*Tractatus Logico-Philosophicus* [German English parallel edition]，Translated by C. K. Ogden，Barnes & Noble Books，New York，1922，p. 14. 注：因《逻辑哲学论》一书有自己的编码系统，所以以下凡引用该书时，不一一注明具体页码，只标明编码。

② Ludwig Wittgenstein，*Note Books 1914 – 1916* [German English parallel edition]，edited by C. H. von Wright and G. E. M Anscombe，English Translation by G. E. M. Anscombe，Basil Blackwell，Oxford，First edition，1961，p. 24.

③ Ray Monk，*How to Read Wittgenstein*，Granta Books，London，2005，p. 41.

法院用模型等等表示一次车祸那样。)"①

在这里，我们有必要先了解一下语词翻译方面存在的困难。"图像"一词是对德文词"das Bild"的中文翻译，英文一般翻译为"picture"，德文"das Bild"的含义十分丰富，语义分类达到10种之多，该词不仅表示图片、图画、肖像、画像、照片、形象、形态、样子，而且还有模型、概念、印象、比喻和象征等意思。② 而中文"图像"与英文"picture"（图片、绘画、照片等）实际上都没有能恰当而充分地表达出德文词"das Bild"的内涵。因为德文"das Bild"所表达的含义明显比"图像"要广泛，因为"图像"或"picture"主要应用于视觉的表征领域，而"das Bild"则应用于更加普遍的组合和结构而形成的抽象概念，这也就意味着，"das Bild"本质上应用于"模型"，"模型"具有按事物比例和结构制成的物品之意，而"picture"或"图像"则不是。③ 同时，在中文中，"图像"一词并不包含"模型"之意，主要是指画成、摄制、印制或映现的形象，这是两个不同的语词④，所以，我们用"图像"来翻译"das Bild"，其实也是一种无奈之举，因为我们很难找到比这个更加合适的语词来翻译之。

因而，前期维特根斯坦这里所讲的"图像"（das Bild）决不指称任何通常意义上的图片或图画⑤，更多是从抽象的模型角度来加以理解和诠释的，这也正是维特根斯坦强调"图像是实在的模型"这句话的真正内涵。联邦德国学者施太格谬勒（Wolfgang Stegmüller）曾经对此持有类似的观点，他曾这样评论维特根斯坦的"das Bild"（图像）概念，他说"图像这一用语很可能引起对《逻辑哲学论》的最严重的误解。我们由此当然立刻就想到我们在日常生活中称作图像的东西：某种与（现实的或想象中的）原型或多或少相似的东西，因而也就是'自然主义'意义上的图像。另外，读哲学著作的人遇到

---

① Ludwig Wittgenstein, *Note Books 1914 - 1916* [German English parallel edition], edited by C. H. von Wright and G. E. M Anscombe, English Translation by G. E. M. Anscombe, Basil Blackwell, Oxford, First edition, 1961, p. 7.

② 《德汉词典》编写组编《德汉词典》，上海译文出版社，1982，第200页。

③ Michael Morris, *Routledge Philosophy Guidebook to Wittgenstein and the Tractatus-Logico-Philosophicus*, Routledge, London and New York, 2008, p. 119.

④ 因为在中文"图像"一词的解释的条目中找不到"模型"的语义释义。参见商务印书馆辞书研究中心编《古今汉语词典》，商务印书馆，2000，第1447～1448页。

⑤ Luis Coras, Dissertation, *Worte am Werk: Wittgenstein über Sprache und Welt*, Karlsruhe Universität Verlag, Karlsruhe, 2008, S1.

这个词就一定会想起各种形式的所谓‘素朴实在论’和‘批判的实在论’。这些实在论阐发一种认识的反映论，按照这种反映论，我们的思想如果是正确的，就与现实完全地或部分地符合。但是我们必须摆脱所有这些观念。首先，维特根斯坦所想的完全不是自然主义的图像，他所想的是一种抽象的复合关系，这种关系与数学家称作描画（Abbildung）的东西更为符合。原型和图像必须属于同一范畴。其次，维特根斯坦称作‘图像’的东西决不可能是事物（Ding），它本身是属于事实（Tatsache）的范畴。”① 由此可见，前期维特根斯坦所谈的“图像”不能理解为日常经验中的自然的图片或图画，而应该从抽象的复合模型或原型的角度来加以阐释更为准确。实际上，在我们中文语境中，“模型”一词本身也就包含了数学抽象模型的意思。②

我们认为，前期维特根斯坦所讲的“图像”不仅是事实，而且是事实或实在的模型。我们不应该将他所讲的“图像”理解成一种关于某个具体事物的图片或景象，这种理解是非常经验化和狭隘的理解。维特根斯坦所谈的“图像”（das Bild）和“对象”之间存在着根本不同。正如有学者指出，“一个图像绝不是对象（Gegenstand）（或者更确切地说，对象不是图像。）维特根斯坦引入图像的概念明显是在不同于传统的日常的意义上加以使用的：图像的事物（我的墙上一幅威尼斯风光的水彩画）绝不是《逻辑哲学论》意义中的图像，而首先是关于这个图像事物的解释使得它成为实在的模型（在这个例子中，比如关于威尼斯风光的水彩画的解释使得它成为威尼斯城市的模型）。”③ 这也就

---

① 〔德〕施太格谬勒：《当代哲学主流》（上卷），王炳文等译，商务印书馆，1986，第 531～532 页。

② 根据《辞海》中对于“模型”一词的解释，该词至少具有三种意思：其一指根据实物、设计图或设想、按比例、生态或其他特征制成的同实物相似的物体，供展览、观赏、绘画、试验或观测等用；其二是指铸造用的模具；其三是指当一个数学结构作为某个形式语言（包括常符号，函数符号，谓词符号的符号集合）的解释时，称为模型，任何数学结构都由一个非空集合组成，这个集合就称之为这个集合的论域。形式语言中每一类符号都分别被确定地解释为论域中的元素，数学结构中具体的函数或关系，数学中的各种结构，例如欧氏几何、群、布尔代数等都可作为模型。如果一个数学结构使得形式理论（形式系统中的一组公理或公式）中的每个公式在这个结构内都解释为真，那么这个数学结构就称为这个理论的一个模型。一个理论的模型不一定是唯一的。参见《辞海》编委编《辞海》（缩印本），上海辞书出版社，1979，第 1319～1320 页。

③ Chiristian Mann, *Wovon man schweigen muß: Wittgenstein über die Grundlagen von Logik und Mathematik*, Wien, Turia und kant, 1994, S. 66.

是说，我们可以通过一种对于通常的图像化事物的解释，使得该图像化的事物成为实在的模型。我们在此需要注意的就是维特根斯坦正是由于认为图像本质上是实在的模型，所以我们可以给出对于图像化的事物的一种实在模型论的解释。

通过前面的分析，我们可以得知，维特根斯坦认为图像本质上是实在的模型，而不是简单的图像化的事物。那么，我们到底应该如何从模型角度来进一步阐明图像的本质呢？我们还是以车祸为例来进一步阐明维特根斯坦关于图像论思想的要点。我们假设这场车祸的主要内容是指“这辆吉普车撞到了这棵松树上”。我们可以设想关于这场车祸，我们有至少三种描述方式：

A：模型（三维立体的）：这辆吉普车、这棵小树以及小路等等；

B：素描（二维平面的）：画一幅描述当时车祸场景的素描画；

C：命题（通过语句）：“这辆吉普车撞到了这棵松树上”。

毫无疑问，以上三种方式均可以描述以上这场车祸的发生。以上三种描述方法，尽管不同，但是它们都表达相同的语义内容，具有相同的意义。一般说来，以上三种不同的描述车祸的方法各有所长，各有所短。其一，比如三维立体模型的方法，当然从描述的形象角度来说非常逼真，惟妙惟肖，可以很好地重现当时车祸场景的具体情形，可以通过具体安排车和树的位置来对车祸的现场进行近乎逼真的还原，但是其缺点也很明显，就是它需要三维立体模型的帮助才能实现其目的，比较复杂；其二，从素描的角度来说，虽然可以通过在纸上描画当时发生车祸的具体的图形来摹绘整个车祸的经历，但是从逼真角度来说，它不如三维立体的模型，但是仍然比抽象的语言表达更为形象和生动，但是缺陷也很明显，明显地受到具体图画的限制，所以素描的方法是介于模型的方法和命题的方法之间；其三，命题或语句所表达的内容较前两种最为抽象，也最不生动和逼真，但是依然能承担起表达相同语义内容的任务，语句或命题表达的优点就是非常简练，不需要三维立体模型或二维纸上的素描就可以通过一句话来表达其意义。这也就是说，我们的语言具有比其他两种描述方法更为独特的先天优势，那就是非常简练，同时兼有二维图画的特征。

那么，以上三种描述事件的方法虽然在具体角度方面存在差异，但是都能起到表达相同意义的作用，这到底是为什么呢？这就涉及对于图像本质的理解。那么，图像作为实在的模型到底是如何可能的？作为实在模型的图像到底是如何摹绘实在和表现实在呢？“图像对实在一旦具有什么关系，它就具有这种关系。问题在于：它要怎样去表现实在。同一图像按其如何表现实在而与实在相符合或不相符合。”① 维特根斯坦认为，图像本质上也是事实，而非事物，图像可以表现不存在的关系。维特根斯坦用象形文字为例，来说明图像本质上可以表现不存在的关系。他在笔记中说，“试想象一种象形文字（hieroglyphishce Schriften)，其中每个词都表现着它的意谓！试想象事态的真实图像可以是相符的和不相符的（stimmen und nicht stimmen）。”② 维特根斯坦认为，在象形文字中，文字就是以二维图像的方式来加以表现的。但是这种二维图像的表示方法可以正确地表现事态的真实图像，也可以不正确地表现事态的真实图像，如果正确地表现了就是说该二维图像和事态的真实图像之间相符，反之则是不相符的。

维特根斯坦曾经这样举例来说明以上这种情况。他举两个人 A 和 B 比剑的示意图为例：“”。如果右面一人代表 A，左面一人代表 B，那么这整个图像可以说表达了“A 和 B 在比剑”。以上这个示意图“”可以理解为一种二维的象形文字。按照维特根斯坦的说法，由此，图像文字的命题可以是真的和假的。它独立于其真假而具有一种意义。一切主要的东西都必可据此得以证明。他认为，我们可以说，我们虽无把握用纸上图像来表现一切事态，但是我们确信可以用二维文字的事态把一切逻辑特性摹绘出来。③ 如果 A 和 B 确实在比剑的话，那么，以上的示意图的图像所表示的“A 和 B 在比剑”这个语句就是真的；但是，如果 A 和 B 不是在比剑，而是在比拳的话，那么“A 和 B 在比剑”这个语句就是假的，但是即便如此，无论这个语句是真的还是假的，该图像“”都具有一种独立的意义，这主要是由于它表现的是逻辑空间中的一种可能的事态。因此，维特根斯坦指出，我们可以用二维的

① Ludwig Wittgenstein, *Note Books 1914 – 1916* [German English parallel edition], edited by C. H. von Wright and G. E. M Anscombe, English Translation by G. E. M. Anscombe, Basil Blackwell, Oxford, First edition, 1961, p. 23.

② Ludwig Wittgenstein, *Note Books 1914 – 1916* [German English parallel edition], edited by C. H. von Wright and G. E. M Anscombe, English Translation by G. E. M. Anscombe, Basil Blackwell, Oxford, First edition, 1961, p. 7.

③ Ludwig Wittgenstein, *Note Books 1914 – 1916* [German English parallel edition], edited by C. H. von Wright and G. E. M Anscombe, English Translation by G. E. M. Anscombe, Basil Blackwell, Oxford, First edition, 1961, p. 7.

文字（图像的一种）来表现逻辑空间中的一切事态，将一切逻辑特性都摹绘出来，从而“我们可以说，在上图中右面一人表示某种东西，左面一人表示某种东西，但是即使情形并非如此（aber selbst dies nicht der Fall wäre），它们彼此的位置或姿势（Stellung）也可以表现某种东西（即一种关系）。一个图像可以表现并不存在的关系!!! 这是如何可能的呢？再说一遍，看来一切关系似乎必须是逻辑的关系，以便使其存在被指号（Zeichens）的存在所保证（verbürgt）”①。我们需要注意的是，维特根斯坦在这里强调的是图像的两个要素的位置或姿势可以表现某种东西，这里所表现的东西当然就是指图像的意义。图像的意义独立于图像文字的命题的真和假。即使它所表现的东西并不存在，即图像文字的命题所表现的东西是假的，这个图像依然能表现其相应的意义，因为这个图像中的两个要素的位置或姿势可以表现一个并不真实存在的关系，而这种并不真实存在的关系实际上是通过图像中两个要素位置之间的不同（指号的不同）来刻画不同的逻辑关系所保证的。

我们在这里可以看到，一个图像之所以是一个图像就在于这个图像是一个有意义的图像，它的意义性就体现在它可以表现一个并不存在的关系，这种表现并不存在的关系正是通过图像逻辑地摹绘事态来完成的。所以，维特根斯坦认为，从根本上来说，图像是一个能表征特定可能事态的指号的安排。图像本质上是复合的。② 这里的复合的意思就是说，图像本质上就是一个能够通过其自身的内在结构和指号的安排来表达特定可能事态的东西。所以，维特根斯坦在《逻辑哲学论》的 2.202 中说“图像表现逻辑空间中一个可能的事况”。“图像所表现的东西就是图像的意义。”（TLP2.221）

二 图像结构、摹绘形式和表现形式

在前期维特根斯坦看来，图像本质上是实在的模型，是复合的，而不是简

---

① Ludwig Wittgenstein, *Note Books 1914 - 1916* [German English parallel edition], edited by C. H. von Wright and G. E. M Anscombe, English Translation by G. E. M. Anscombe, Basil Blackwell, Oxford, First edition, 1961, p. 8.

② Chon Tejedor, *Starting with Wittgenstein*, London and New York, Continuum International Publishing Group, 2011, p. 53.

单的，这里所谓的复合的意思就是强调图像具有内在的结构，图像是一个能表征特定可能事态的指号的安排。那么，什么是图像的结构呢？维特根斯坦是如何阐明图像的结构的呢？维特根斯坦认为，图像中具有不同的成分或要素，这些不同的成分或要素（Elemente）和对象之间存在着对应（entsprechen）关系。（TLP2.13）在图像中图像的成分代表（vertreten）对象（TLP2.131）。维特根斯坦认为，图像中诸成分与对象之间存在着这种对应的关系，就是代表和被代表之间的关系。

对此，学者弗雷德兰德（E. Friedlander）曾经指出，这里的“代表”（vertreten）的词义不能混同于“意谓”（bedeuten/meaning）[1]。维特根斯坦用的是德文“vertreten”一词（一般英译为“standing for or being representative”），意谓“代理、代替、接替、代表”之意[2]。我们认为，学者弗雷德兰德（E. Friedlander）的提醒还是很有意义的。因为维特根斯坦用“代表”（vertreten）一词来标示图像中的成分和对象之间的关系，实际上表明了他对于图像和实在之间关系的一种独特的理解。在这种独特的理解中，图像就是这样与实在联系起来的；它伸展（reicht）到实在。（TLP2.1511）图像犹如一把用以衡量实在的尺子（Maßstab），只有分度线的终点才接触到所要衡量的对象。（TLP2.1512，2.1521）不仅如此，他认为，图像和实在之间的这种相互对置的关系就是摹绘关系（Die abbildende Beziehung）。他认为摹绘关系是由图像的成分和事物的相互对置的关系构成的（TLP2.1514）。这种相互对置的关系仿佛是图像成分的触角（Fühler），图像以此来接触（beruhrt）实在。（TLP2.1515）我们需要注意的是，维特根斯坦在这里用了“尺子比喻”和“触角比喻”来说明图像和实在之间的关系。

那么，我们应该如何正确理解这里的“尺子比喻”和“触角比喻”的语义内涵呢？我们认为，这里的“尺子比喻”和“触角比喻”的主要目的都是说明图像和实在之间的关系，即两者可以严丝合缝地重合。因为，图像本质上也是属于实在的模型，是事实。图像就像一把衡量实在的尺子或触角，它是伸

---

① E. Friedlander, *Signs of Sense: Reading Wittgenstein's Tractatus*, Cambridge: Harvard University Press, 2001, p. 51.

② 参见叶本度主编《朗氏德汉双解大词典》，外语教学与研究出版社与德国 Langenscheidt 出版公司联合出版，2000，第 1882 页。

展（reicht）到或接触到实在，这里的“伸展”或“接触”实际上就是强调图像作为这把衡量实在的尺子和实在之间先天就存在着内在的相关性，实在扩展到哪里，图像也可以伸展到哪里，不能说有些实在可以通过图像加以衡量，而另一些实在则不能通过图像加以衡量，只要有实在存在的地方，就有衡量实在并与实在相应的图像存在。一切的实在都可以图像化加以理解，而一切产生的图像本质上也是实在的一部分。所以，我们认为，这里所谓的“伸展”的内涵就是强调图像和实在之间实际上是重合的，这里的“重合”一定不能从外部加以理解，而应该从内部结构方面加以理解，不是说先有实在，然后才有图像，而是说图像本质上也是一种实在，因为维特根斯坦经常强调的是“图像是一事实”（Das Bild ist eine Tatsache）（TLP2. 141）。

另外，我们需要注意的就是“尺子比喻”本身中“尺子”的隐藏的内涵。我们知道，我们一般用一把刻度尺来衡量一个外在物体的长宽高等等，我们是如何做到这一点的呢？很简单，我们首先选择一把合适的刻度尺（无论是米尺还是其他的什么尺子），然后将刻度尺的起点对准将被衡量的对象，比如为了测量这个桌子的长宽高，我们将刻度尺和桌子重合在一起，然后来看看被衡量的桌子的长宽高面的终点最终落在刻度尺的哪个终点线上，找出这一终点线的位置，我们通过一定的数学加减运算，就可以得知这个被衡量的对象比如桌子的相应长宽高了。需要指出的是，在我们运用刻度尺衡量或测量这个对象比如这个桌子时，我们并不需要追问这个尺子到底是如何规定这个长度就是一厘米或一分米或一米的，因为这些国际标准量的规定是约定好了的，我们只需要拿着这个刻度尺来实际衡量一个对象即可。如同我们用一把尺子衡量一个外在对象时，根本不需要追问这个尺子本身的度量是如何确定的一样，也即不需要追问为什么这么长就是一米，这里的追问在实际测量的过程中是无意义的；同理，我们在用图像衡量实在的过程中，我们也不应该追问这个图像中的内在的诸成分或要素如何代表一个外在的对象，这里的追问同样是没有意义和不得要领的。

所以，在前期维特根斯坦这里，图像的成分代表对象，而不是意谓对象，因为如果涉及“意谓”的话，就会涉及其内在的进一步的根据，但是在图像的尺子比喻中，这里是不存在“进一步的根据”的。这种区分的理由就在于这里根本涉及不到意谓问题的说明，因为意谓问题实际上只是涉及简单对象和简单指号（名称）之间，在图像的成分这个层面上只是涉及代表和被代表的关系，因为在维特根斯坦看来，图像本质上不是对象，维特根斯坦因而在此根本不关心意谓的说明，他的图像论的说明也不包含意谓的说明，在“代表”（vertreten）的关系中，要素的选择具有任意性，它可以代表一个对象，这是一个事实，其他的并不重要。所以，弗雷德兰德（E. Friedlander）认为，维特根斯坦这里用“代表”的关系，而不是“意谓”关系至少意谓着：我们不应该追问这样的关系是如何建立起来的或者什么样的要素意谓对象，而是考虑到代表那些对象的要素，我们如何使用这样的代表物去做出事实的图像。（正如在政治的代表的情况中，重要的不是选出具体哪个代表，而是要求被选择的代表如何能代表他们的选民）①。

我们认为，弗雷德兰德的这种说明还是有启发意义的。因为，在前期维特根斯坦那里，图像中的成分或要素代表对象是任意的，哪个要素或成分来代表哪个对象是偶然的，追问这其中的根据或缘由是没有意义的，重要的是我们知道如何应用这种代表关系来做出关于实在的图像，意即我们要明白图像的结构是如何可能的：图像中的诸成分或要素如何与对象之间存在一定的联系。比如，如果我们用指号“aRb”这一图像来表示“这本书（a）比另一本书（b）要厚”，那么这里，“aRb”这一图像内部的诸要素比如“a”“R”“b”就存在一定的关系，需要注意的是，我们分别选择字母指号“a”“R”和“b”来代表（vertreten）“这本书”，“比……要厚”和“另一本书”实际上是任意的，我们本来也可以选择其他的字母，比如用“x”“Y”“z”来表示，但是我们实际上却没有这样做，因此，这里选择哪个字母指号来形成一个图像实际上是偶然的，并不涉及语义上的意谓关系，但是一旦我们选定了相应的字母指号，就会必然产生一定的图像，那么这个图像内部的结构就规定好了，这样的图像即指号“aRb”必然能表示“这本书（a）比另一本书（b）要厚”。因此，在图像的成分和对象相互对应和代表的层面上，还没有涉及名称和对象之间的意谓问题，所以，这里不能理解为意谓和被意谓的关系，而只是代表和被代表的关系。

---

① E. Friedlander, *Signs of Sense: Reading Wittgenstein's Tractatus*, Cambridge: Harvard University Press, 2001, pp. 50–51.

前期维特根斯坦认为，图像之所以可以成为一个图像的根本原因在于：图像中的诸成分或要素以一定的方式相互联系（TLP2. 14）。图像本质上是一事实（TLP2. 141）。图像以一定的方式互相联系，这表明事物也是这样互相联系的。图像成分的这种联系称作图像的结构（Struktur），这种结构的可能性称为图像的摹绘形式（Form der Abbildung）（TLP2. 15）。维特根斯坦以上所说告诉我们，图像的结构实际上就是指图像中的诸成分或要素以一定的方式相互联系，这种互相联系的关系实际上也表现了事物之间的关联。

这里实际上涉及两个层面的要点：其一，图像中的诸成分或要素之间存在着一定的关系，而这种图像要素之间的关系就是图像的结构；其二，图像中的诸成分或要素之间的这种内在的结构实际上也体现在事物之间也存在着这样的联系。比如，如果我们用“aRb”这个图像来表示“某某事物之间具有一定的关系”，那么这个图像“aRb”的结构就是“a 和 b 之间存在关系 R”，与此同时，这个图像的结构“a 和 b 之间存在关系 R”实际上体现的就是“某某事物之间具有一定的关系”这样的实在。

那么，什么是“摹绘形式”（Form der Abbildung）呢？它和图像的结构之间到底具有什么样的关系呢？按照维特根斯坦的看法，形式是结构的可能性，正是“摹绘形式”使得图像的结构成为可能。这实际上是说，只有摹绘形式才使得图像具有意义，所以形式根本上处理的是意义可能性的问题。维特根斯坦说，“摹绘形式”（Form der Abbildung）是事物如图像的成分那样互相联系的可能性（TLP2. 151）。维特根斯坦说“图像为了能以其自己的方式正确地或错误地摹绘实在而必须与实在共同具有的东西就是摹绘形式”（Was das Bild mit der Wirklichkeit gemein haben muss，um sie auf seine Art und weise—richtig oder falsch—abbilden zu Können，ist seine Form der Abbildung）（TLP2. 17）。维特根斯坦认为，事实成为一个图像的理由就在于它必须与被摹绘者有共同的东西，这个共同的东西就是摹绘形式，图像正是由于必与被摹绘者共有相同的摹绘形式，图像才能成为被摹绘的实在的图像（TLP2. 161）。借此，图像能摹绘其形式为图像具有的一切实在（TLP2. 171）。空间图像能够摹绘一切空间的东西，颜色图像能摹绘一切颜色的东西。但是，图像不能摹绘它的摹绘形式，而是显示它（es weist sie auf）（TLP2. 172）。

维特根斯坦认为，图像具有摹绘实在的功能，可以和实在形成摹绘关系，但是前提是图像必须和实在共有相同的摹绘形式。所以，我们要理解维特根斯坦所讲的图像的结构，离不开图像的摹绘形式以及图像内部的诸要素之间的特定安排。为此，有学者指出，"图像与其所摹绘的东西不被看作事物，而是看作一种结构化的整体。结构有两个方面：（1）形式；（2）体现这种形式的要素"①。这也就是说，维特根斯坦根本上是从图像和被图像所摹绘的东西的对置关系角度来谈论图像的摹绘形式和结构的。再联系前面所谈到的摹绘关系，那么，这里的摹绘形式和摹绘关系之间的关系应该如何理解？科拉斯（Luis Coras）认为，维特根斯坦这里所谓的"摹绘形式"主要就是指图像和实在之间共同具有的东西，以便能形成相应的摹绘关系（Die abbildende Beziehung）。②格雷林（A. C. Grayling）对此也持有类似的看法，他说，"摹绘形式，被理解为图像和被摹绘的对象之间的结构同一性的可能性，使得摹绘关系成为可能。"③ 维特根斯坦认为，摹绘关系（Die abbildende Beziehung）是由图像的成分和事物的相互对置（Zuordnungen）的关系构成的（TLP2. 1514），这种相互对置的关系仿佛是图像成分的触角（Fühler），图像即以此接触（beruhrt）实在（TLP2. 1515）。摹绘关系涉及的是图像和实在之间的对置关系，而摹绘形式则更为根本，涉及事物如图像的成分那样互相联系的可能性。摹绘形式是图像和实在共同具有的形式，这种形式使得事实成为图像，没有摹绘形式，事实就不可能成为图像，图像也就失去了其摹绘作用。摹绘关系本质上是属于图像的，但是摹绘形式则是图像和实在共同具有的东西，这种共同的具有是先天的，不是后天的。摹绘形式使得图像真正成为实在的图像。所以，从根本上说，正是由于图像和实在之间共有的摹绘形式的存在，使得实在和图像相互对置的摹绘关系得以形成。

在前期维特根斯坦那里，形式和结构之间的区别是非常重要的。摹绘形式是使得图像结构成为可能的东西，概括地说，形式管的是意义如何可能的问题，而结构则管图像的真和假的问题。因为图像的结构和实在的结构之间的对

---

① Martin Stokhof, *World and Life as One: Ethics and Ontology in Wittgenstein's Early Thought*, Stanford University Press, Stanford, California, 2002, p. 53.

② Luis Coras, Dissertation, *Worte am Werk: Wittgenstein über Sprache und Welt*, Karlsruhe Universität Verlag, Karlsruhe, 2008, S. 5.

③ A. C. Grayling, *Wittgenstein*, Aus dem Englischen von Reiner Ansén, Herder Verlag, Freiburg im Breisgau, 1999, S. 59.

置关系问题实际上涉及的不是意义是如何可能的问题，而是真和假的问题。维特根斯坦用“表现形式”（Form der Darstellung /representational form）这个概念来进一步阐明图像和外在实在之间的真假关系问题。维特根斯坦认为，图像从外部（ausserhalb）表现（darstellt）其对象［图像的着眼点（Standpunkt）就是图像的表现形式］，因此图像正确地或错误地表现其对象（TLP2.173）。图像不可能置身于其表现形式之外（TLP2.174）。在此，我们需要注意维特根斯坦强调的是图像从“外部”表现其对象。如果我们说，前面维特根斯坦谈论图像中诸成分或要素的安排以及摹绘形式是从内在的结构角度来谈论图像的话，那么，维特根斯坦在这里指出图像和外在对象之间的表现关系是外在的，我们可以用图像来表现一个对象，在表现（Darstellung）的层面上，图像有可能正确地表现了对象，也可能错误地表现了对象。换句话说，只有在表现的层面上，我们才可以谈论正确与否。

比如，我们用字母指号“aRb”的图像来正确地表现“张三爱上李四”，但是，我们如果用字母指号“abcdR”的图像就不能正确地表现“张三爱上李四”。这里，我们用字母指号“aRb”或“abcdR”之间存在着表现形式的不同。表现形式可以采用字母指号，也可以采用中文语句，这可以根据具体的情况而定。再比如，假设“昨天武汉并没有下雨”是一个事实的话，那么，我们说“昨天武汉下雨了”这句话的二维文字图像就错误地表现了“昨天武汉并没有下雨”这一事实。所以，图像的表现形式完全是一种经验的后天的东西，视做出图像的人们的实际需要而定。不同的图像的表现形式可以表现不同的事实，也可以表现相同的事实。这些都是偶然的，不是先天的。但是，我们一旦设定或采取了那种表现形式，那么我们看待图像的着眼点就确定了，那么图像和对象之间表现的正确与否的关系也就确定了。

所以，表现形式从根本上讲是我们看待图像表现对象关系的视角，因而不可能离开表现形式来思考图像。图像表现的形式实际上反映的是图像与实在之间的一致或不一致的关系。所以，我们也可以说“一个图像的表现形式并不与实在共同具有”[①]。这也是表现形式和摹绘形式之间的区别所在。摹绘形式

① Henry Levoy Finch, *Wittegnstein-The Early Philosophy*: *An Exposition of the* “*Tractatus*”, Humanities Press, Atlantic Highlands, New Jersey, 1982, p. 56.

是使得图像成为一个实在的东西，使得图像的结构成为可能的东西，是与实在共同具有的东西，是内在的先天的；而图像的表现形式是外的，是不能和实在共同具有的，正是由于它不能和实在共同具有，所以它才可能正确地或错误地表现实在对象。

三　图像的摹绘形式和逻辑形式

前期维特根斯坦在谈论图像和实在的关系时，不仅引入了“摹绘形式”（Form der Abbildung）这一重要概念，而且还引入了另外一个重要概念“逻辑形式”（die logische Form）。那么，什么是逻辑形式呢？摹绘形式和逻辑形式之间到底是什么关系呢？两者的异同点又是什么？为什么维特根斯坦认为摹绘形式可以成为逻辑形式呢？我们认为，思考和回答以上这些问题，对于我们正确地理解前期维特根斯坦的图像论有十分重要的意义。关于“逻辑形式”，维特根斯坦这样写道，“不论什么形式的图像，为了毕竟能够（正确地或错误地）摹绘实在而必须与实在共同具有的东西就是逻辑形式（die logische Form），即实在的形式（die Form der Wirklichkeit）。”（TLP2.18）在这里，维特根斯坦明确地指出，逻辑形式是指任何形式的图像（无论是空间的图像、颜色的图像还是其他的什么形式的图像）必须与实在共同具有的东西，这个逻辑形式实际上就是实在的形式①。

无论是空间图像、时间图像，还是颜色图像，它们之所以能够摹绘具体的实在，最根本的根据就在于它们和实在共有相同的逻辑形式。比如我们用一些三维的立体模型来表示相应的实在，比如我们用一些表示建筑的三维立体模型来摹绘相应的一些建筑的内在结构和设计。我们可以在建造和设计一栋建筑之前，事先制造关于这栋建筑的相关立体模型；还比如我们也可以用空间的图像来表现一切空间中的位置不同。比如我们可以用一幅关于某个城市的地图来表

① “逻辑形式”和“实在形式”在前期维特根斯坦这里基本上是同义词，可以相互替换的。但是为了方便起见，维特根斯坦还是比较喜欢用“逻辑形式”这一表述。因为“逻辑形式”这一概念更能体现他从逻辑角度思考的视角和内涵。傅戈林（Robert J. Fogelin）认为，“维特根斯坦将逻辑形式等同于实在形式，实际上就等于主张：只要图像的形式能成为实在的一部分，它就有表现实在的能力”。参见 Robert J. Fogelin, *Wittgenstein*, Second edition, Routledge, London and New York, 2002, p. 23。

现这个城市的主要空间结构和安排。不仅如此，我们还可以用空间的图像表现时间的存在，比如我们可以用一些音乐唱片来表现相应的乐曲，这里的音乐唱片实际上就是相应的声音的图像，音乐本质上是通过时间的流逝来加以展现的，音乐的声音图像根本上也就是时间的图像，但是音乐的唱片可以是立体的；关于颜色图像，比如我们在作一幅绘画时，我们通过在画板上添加不同的颜色来描绘不同的对象景象，如此等等。

再通过前面所讲的车祸的例子进一步加以阐明这个问题。以上三种描述的媒介尽管不同，但是它们都表达相同的语义内容，具有相同的意义，因为它们都表示这场车祸这件事情的发生经过。以上三种媒介之所以能表达一定的意义，其根本原因在于它们都与实在具有相同的摹绘形式。正如有学者的评论指出的："不同媒介中表现相同事况的模型具有不同的'表现形式'，但是具有相同的逻辑形式，即一种最低限度的摹绘形式"①。虽然以上不同的模型具有不同的表现形式，但是它们的摹绘形式或逻辑形式都是一样的，都是这些模型或图像与实在共有的。

那么，摹绘形式和逻辑形式之间的区别到底怎样呢？学者芬奇（Henry L. Finch）认为，"逻辑形式或实在形式是指实在的存在或不存在。……一种摹绘形式就是那种使得一个特定的摹绘方式成为可能的东西。比如，一个空间图像的摹绘形式是使得不同的空间表现成为可能的东西。而逻辑形式则是使得无论什么方式的摹绘都成为可能的东西，且是摹绘的结构的本质，而这个结构则内在于所有特定的空间的、时间的等等形式之中。如果我们不能区分逻辑形式和摹绘形式的话，摹绘形式就是逻辑形式，我们就有了维特根斯坦所谓的一个逻辑的图像。"② 芬奇的这一观点表明，逻辑形式和摹绘形式虽然之间存在差别，但是可以相互重合，它们互相重合时，逻辑形式同于摹绘形式。因为维特根斯坦说，"如果摹绘形式就是逻辑形式，那么图像就称为逻辑图像。"（TLP2.181）那么，问题来了，在什么时候我们能区分逻辑形式和摹绘形式，在什么时候我们不能区分摹绘形式和逻辑形式呢?

我们需要注意维特根斯坦在这里的措辞，他是说如果摹绘形式就是逻辑形

① Hans-Johann Glock（Editor），*A Wittgenstein Dictionary*，Oxford，Blackwell，1996，p. 300.

② Henry Levoy Finch，*Wittegnstein-The Early Philosophy*：*An Exposition of the "Tractatus"*，Humanities Press，Atlantic Highlands，New Jersey，1982，p. 57.

式，言下之意是说，摹绘形式可以不和逻辑形式相等同，那么，在什么情况下，摹绘形式不是逻辑形式呢？维特根斯坦认为，每一个图像也就是一个逻辑图像（das logisches Bild）。［反之，例如，并非每个图像都是空间图像（das Räumliches Bild）］（TLP2. 182）。这也就是说，“逻辑图像”这一概念明显比“空间图像”这一概念更抽象、更广泛。那么，这里维特根斯坦提到空间图像和逻辑图像之间的区别，可以帮助我们理解逻辑形式和摹绘形式之间的不同。根据维特根斯坦，空间图像以及颜色图像等等之所以能成为相应的图像，它们之所以能够摹绘实在，主要在于它们与实在共有相同的摹绘形式，而逻辑图像之所以成为逻辑图像就在于它与实在共有相同的逻辑形式。我们认为，这里所谓的“每一个图像”其实是指“每一个空间图像”，意思就是说，每一个空间图像当然都是逻辑图像，这实际上告诉我们，逻辑图像比空间图像更加根本，是在更加抽象和普遍化的层次上谈论逻辑图像，后面括号里的“并非每个图像都是空间图像”中的“每个图像”其实是指“每个逻辑图像”，这也就是说，不是所有的逻辑图像都是空间图像，比如有些时间图像、颜色图像等等属于逻辑图像，但不是空间图像。由此，我们可以说，摹绘形式主要是相对于空间图像、时间图像以及颜色图像等等具体的经验图像而言的，而逻辑形式主要是对于空间图像、时间图像以及颜色图像的更加一般的逻辑概括和抽象，在谈论逻辑形式的时候，我们不能再谈论具体的经验的空间图像、时间图像以及颜色图像，维特根斯坦统统将之称为逻辑图像。我们可以在下面列出一个表格来区别摹绘形式和逻辑形式之间的不同。

表 1　摹绘形式和逻辑形式之间比较

<table>
<tr><th>摹绘形式(Form der Abbildung)</th><th>逻辑形式(die logische Form)</th></tr>
<tr><td>空间图像</td><td rowspan="3">逻辑图像</td></tr>
<tr><td>时间图像</td></tr>
<tr><td>颜色图像</td></tr>
<tr><td>经验的视角</td><td>逻辑的视角</td></tr>
</table>

在前期维特根斯坦那里，他之所以区别摹绘形式和逻辑形式主要在于两者相对应的视角不一样。他所谈论的空间图像、时间图像以及颜色图像等等都属于经验的视角范围，主要用摹绘形式来说明这些经验的图像的本质属性，而逻

辑形式和逻辑图像则属于纯粹的逻辑视角来谈论的范围，这种逻辑的视角剔除了前面的经验的成分，只是从逻辑的角度来对图像的逻辑本质进行分析。所以，严格来说，逻辑形式以及逻辑图像的说法是对于摹绘形式以及具体的经验图像（空间图像、时间图像以及颜色图像）的逻辑抽象，“逻辑形式比摹绘形式要更加普遍和更加根本（allgemeiner und grundlegender）”①，但是，两者在本质上并无不同，只是所谈论的视角有别而已。正因为如此，他才会说摹绘形式可以成为逻辑形式。

前期维特根斯坦谈论摹绘形式和逻辑形式实际上涉及了他所谈论的视角的转换，即从一般的经验的视角转向抽象的逻辑视角，这种视角转换的意义到底在哪里呢？对此，我们认为，维特根斯坦这里的视角转换实际上体现了他试图从具体的经验世界中抽象地探寻意义可能性的努力。因为，在他谈论图像的逻辑形式的时候，他并不指涉具体哪类经验图像的摹绘形式，而是谈论一般的逻辑图像的意义特征。逻辑形式是一切图像之所以成为图像的根据，也是使得图像能具有意义的最终根据。同时，逻辑形式还是一个图像在逻辑上完成彻底分析（相应地命题最终被分析为由名称所构成的基本命题）的能力。逻辑形式为图像成为有意义的图像提供了根本的保障。“没有逻辑形式，图像就不可能成为一个有确定意义的图像”②。正是由于逻辑形式，图像中的诸成分之间的关系就可以通过一定的逻辑分析而变成确定的，而这种逻辑分析的确定性是通过成为一个有意义的图像而体现出来的。没有逻辑形式，逻辑图像就根本不能成为真正意义上的能够摹绘实在的图像，也就是说，如果一个逻辑图像不能具有与实在共同具有的逻辑形式，那么它就不能摹绘实在，成为有意义的图像。图像要成为图像，成为事实，就必须与实在共有相同的逻辑形式。因为所有具有逻辑形式的图像都可以代表特定的可能的事态。

维特根斯坦认为，所有具有逻辑形式的图像，即逻辑图像能够摹绘世界。（TLP2.19）图像表现逻辑空间中的一个可能的事况。（TLP2.202）图像所表现的东西就是图像的意义（TLP2.221）。那么，为什么逻辑图像能摹绘整个世界

---

① Luis Coras, Dissertation, *Worte am Werk: Wittgenstein über Sprache und Welt*, Karlsruhe Universität Verlag, Karlsruhe, 2008, S6.

② Chon Tejedor, *Starting with Wittgenstein*, Continuum International Publishing Group, London and New York, 2011, p.56.

呢？维特根斯坦认为，这主要是由于图像的摹绘形式和事态的逻辑形式可以重合所致。因为，“一个图像能够摹绘事态，每个图像中的诸成分必定代表事态中所出现的每个对象；因此也就随之出现了这种情况，即：事态的形式（根据这一可能的事态空间，该形式为选择的事态图像确定它的要素空间）就与摹绘的形式相互重合（zusammenfällt）：二者都是从相同的实体目录中产生出来，即它们处于相同的可能事态的空间之中。（TLP2. 2）既然作为摹绘形式的图像具有逻辑形式即实在的形式，那么，这个图像也就处于所有可能事态的空间之中，图像以这种或其他的方式必定代表所有的对象（世界实体的总体）：图像能够摹绘（abbilden）世界。”① 换句话说，图像在摹绘事态的同时，事态的逻辑形式和图像的摹绘形式就开始重合一致，因为事态的逻辑形式确定的是事态中对象的可能组合的空间，而图像的摹绘形式确定的是图像中诸成分之间的特定联系的可能空间，这两个可能空间实际上是同一的，因为它们都是从世界的实体总体（所有对象）中产生出来的。所以，所有的逻辑图像当然能摹绘所有的对象总体，而所有的对象总体就是世界，因而逻辑图像能够摹绘世界。

关于前期维特根斯坦逻辑图像论中的摹绘形式和逻辑形式之间的关联和区别，我们认为，大致可以总结如下。

第一，摹绘形式和逻辑形式之间存在显著的区别。摹绘形式主要是指图像结构的可能性，即是使得图像中诸成分以一定的方式相互联系的结构成为可能的东西。摹绘形式是图像和实在之间共有的东西，以便图像能正确地或错误地摹绘实在，摹绘形式主要是从经验的视角来谈论的。而逻辑形式则是指无论什么形式的图像，为了能正确地或错误地摹绘实在而必须与实在共有的东西，逻辑形式主要是以纯粹逻辑的视角来谈论的，逻辑形式比摹绘形式更具有逻辑抽象性和普遍性，因为它剔除了摹绘形式的经验的色彩和成分。逻辑形式是前期维特根斯坦意义图像论的核心概念，也是其逻辑语义分析的最高点。逻辑形式是先天的，是使一个图像逻辑地成为有意义的图像而必须实在具有的东西。

第二，摹绘形式和逻辑形式之间也存在共同点。因为前期维特根斯坦认

① Chiristian Mann, *Wovon man schweigen muß: Wittgenstein über die Grundlagen von Logik und Mathematik*, Wien, Turia und Kant, 1994, S69.

为，摹绘形式可以在一定的条件之下成为逻辑形式，言下之意就是说，摹绘形式可以和逻辑形式相互重合。这里的条件就是指摹绘的不是具体的经验的图像，而是逻辑的图像，不是具体的空间的、时间的或颜色的图像，而是纯粹的逻辑的图像。逻辑形式在这种条件下，可以被看成是摹绘形式的最小限度，是一切摹绘形式的根本所在。"图像可以或多或少地抽象，或多或少地与它所摹绘的东西相类似；它们的摹绘的形式也可以或多或少地丰富。但是这里存在一个最小的限度，这个限度是实在和图像必定共有的，如果该图像能够甚至错误地摹绘的话：这种最小限度，维特根斯坦称之为逻辑形式。……每个图像必定与它所摹绘的东西共同具有逻辑形式，逻辑形式是每一图像的摹绘形式的一部分。"① 肯尼（Anthony Kenny）在这里强调逻辑形式是摹绘形式的最小限度，实际上与我们前面的理解也是一致的。维特根斯坦说，"图像与被摹绘者具有共同的逻辑的摹绘的形式"（TLP2.2）。在这里，维特根斯坦已经明确地将逻辑形式和摹绘形式重合在一起加以谈论，因为我们是从逻辑纯粹的角度来理解逻辑形式，摹绘形式比逻辑形式更加具有经验和后天的色彩，根据不同的图像，摹绘形式可以多种多样，但是逻辑形式却是不同形式的图像之所以能摹绘实在而必须与实在共同具有的，它是摹绘形式的摹绘形式，是摹绘过程得以可能的最终基础和逻辑前提。逻辑地说，如果一个图像成为一个逻辑图像，逻辑分析要彻底，一个图像之所以具有意义的最终依据就在于它与被摹绘者共有相同的逻辑形式，这里的逻辑形式同时也就是摹绘形式。所以，逻辑形式是摹绘形式的纯粹形式。

第三，逻辑形式和摹绘形式都是图像和实在共同具有的东西，图像并不能摹绘它们，而只能显示它们（das Bild weist sie auf）。维特根斯坦说，"但是图像不能摹绘它的摹绘形式，而是显示它。"（TLP2.172）这也就是说，图像可以摹绘处于它之外的实在，但是它不能摹绘它与实在共有的摹绘形式或逻辑形式。因为图像表现事态或者摹绘实在都是强调图像的外向性，而非内向性。图像的本质就决定了它只能从外部表现其对象（图像的着眼点就是图像的表现形式）［Das Bild stellt sein Objekt von ausserhalb dar（sein Standpunkt ist seine

---

① Anthony Kenny, *Wittgenstein*, Revised Edition, Oxford, Blackwell Publishing Ltd., 2006, p.47.

Form der Darstellung)，darum stellt das Bild sein Objekt richtig oder falsch dar.］(TLP2. 173)[①]。“图像和表现方式是完全在被表现的东西之外的！”[②] 按照维特根斯坦的逻辑思路，因为摹绘形式或逻辑都是使得图像得以可能的前提，所以它们不能摹绘或表现自身，而只能显示之。因为这里的道理比较简单，论证也很明显，如果一个图像要想摹绘或表现它和实在共有的逻辑形式或摹绘形式的话，那么它就需要一种不带有摹绘形式或逻辑形式的另外图像来实现这点，但是任何一个图像要成为有意义的图像，都必然与实在共有相同的摹绘形式或逻辑形式，所以这样的另外的图像实际上是不存在的，否则的话就会犯第三者无限后退的错误。所以，图像只能摹绘外在的实在或对象，而不能摹绘它与实在共有的摹绘形式和逻辑形式。莫里斯（Michael Morris）认为《逻辑哲学论》中的 2. 172 这一关于图像不能摹绘其逻辑形式而只会显示的码段“将会证明对于《逻辑哲学论》的整体无疑具有根本重要的意义：这一论断暗含着《逻辑哲学论》因其自身的术语来说也是无意义的”[③]。因为前期维特根斯坦关于言说和显示之间的区分理论主要就是根据他的图像论而建立起来的，图像只能表现外在的对象，但是不能表现它与实在共有的逻辑形式或摹绘形式，而只能显示它，这一逻辑限制成为后来语言能够言说一些东西但是不能言说一些东西之间区分的来源。

---

① 需要注意的是，维特根斯坦在这里也用了“Objekt”（对象）一词，这里的“对象”一词的含义明显不同于构成事实根本组成部分的对象，他在那种意义上所使用的是“Gegenstand”，但是这里用的是“Objekt”。表现或表征的对象（Objekt）在这里就是指所摹绘的东西，根据维特根斯坦的理解，也即指实在中的某一情形。

② Ludwig Wittgenstein，*Note Books 1914 - 1916*［German English parallel edition］，edited by C. H. von Wright and G. E. M Anscombe，English Translation by G. E. M. Anscombe，Basil Blackwell，Oxford，First edition，1961，p. 21.

③ Michael Morris，*Routledge Philosophy Guidebook to Wittgenstein and the Tractatus*，London and New York，Routledge，2008，p. 132.

维特根斯坦的“现象学语言”概念

李家丽*

内容提要　有关维特根斯坦哲学的研究一直以来主要集中在他的前期与后期思想上。但他的哲学在前后转型时，中间曾经历了一个思想剧烈变化的过程。1929 年，维特根斯坦返回剑桥，并提出与他前期哲学思想不同的新的思想——现象学思想。维特根斯坦将我们感觉的当下经验视作“现象”，用来描述这种现象的就是他提出的“现象学语言”。现象学语言作为描述现象的工具以及现象显示的场域，在对现象的描述中尤为重要，所以阐释现象学语言的过程就是展开维特根斯坦对现象思考的过程。维特根斯坦将我们对一个实体的描述划分为两种描述方法，一种是将它当作物理对象用物理学语言描述；另一种是根据我们感觉的直接经验得来的现象和现象背后的逻辑形式要用现象学语言才能描述。维特根斯坦对于现象学语言描述现象选取的一个典型例子就是他多次提到的“颜色不相容”现象。颜色不相容就是说“同一个地方不能同时存在两种颜色”。颜色不相容的可能性不是事实的可能性而是逻辑上的可能性，因为颜色不相容是由于颜色系统自身的逻辑形式决定的，表达它的命题，也受到命题内在句法的规定。所

* 李家丽（1990～），甘肃兰州人，华中科技大学马克思主义学院博士后，研究方向为现代西方哲学。

以现象学语言是一种先验性的研究。但是现象作为“似是而非的当下”与在时间中的现象学语言是矛盾的，并且现象学语言由于自身描述的是个体的感觉经验，它与私人语言一样，一旦存在就会造成语言表述与交流功能的丧失，所以它们不可能存在于共同体中。由于外在与内在的原因，现象学语言在 1929 年底被维特根斯坦放弃了，同时维特根斯坦将目光聚集在了日常语言上，渐渐展开了他的后期哲学。

关键词 维特根斯坦　现象学　现象学语言　日常语言

路德维希·维特根斯坦（1889～1951）出身于维也纳最著名、最富有的家族之一——维特根斯坦家族。不仅因为其思想的原创性，前后期哲学思想的巨大差异性，而且因为他前后期哲学观点影响了两个不同的哲学流派，所以维特根斯坦被视为 20 世纪最伟大的哲学家之一，他的哲学思想受到国内外学者们的广泛关注与研究。我们的研究长期受到“两个维特根斯坦”的思维影响，所以我们研究的成果大多是关于前期《逻辑哲学论》中如图像论、可说与不可说等论题以及后期《哲学研究》中以语言游戏和家族相似等论题的研究。相对来说，关于维特根斯坦哲学转型期的思想研究得比较少，成果零散。这种研究现状造成的结果就是：维特根斯坦前期与后期哲学研究停留在分离的状态下。随着维特根斯坦转型期的文本的出版，越来越多的学者关注到了它，而本文探讨维特根斯坦的“现象学语言”概念，正是想对转型期维特根斯坦的部分思想（在同时期内，维特根斯坦关注的并不只是现象学问题，还有对数学哲学的思考）做出分析。

在维特根斯坦重返哲学思考的时候，他提出了十分奇怪又有深刻意义的现象学思想，这很值得关注。维特根斯坦的现象学的主要任务是对直接经验现象的描述而不是说明，同时现象学“它处理的是描述而不是描述的东西”①，而对此专门提出的现象学语言就是对维特根斯坦所谓的“现象”进行描述的工具，也是展示他的“现象”本质的逻辑复多性的场域，所以维特根斯坦现象

① 斯皮格伯格：《维特根斯坦的现象学之谜》，李云飞译，载威瑟斯布恩等著《多维视界中的维特根斯坦》，张志林、程志敏选编，郝亿春、李云飞等译，华东师范大学出版社，2005，第 109～130 页。

学中一个核心的问题就是现象学语言①。本文要做的就是澄清维特根斯坦的现象学语言的概念，通过对现象学语言的探析，展示出维特根斯坦哲学从前期向后期的转型思路。

根据维特根斯坦的著作、手稿和他的学生记录的笔记都可看出，维特根斯坦在转型期间思想变化十分迅速，因此使用“现象学”和“现象学语言”的术语的阶段仅在1929~1933年。之所以把这个阶段界定在1929~1933年，是因为1929年，维特根斯坦重返剑桥，重新开始了他的哲学研究工作，一直到1933年维特根斯坦在给学生们口述他的思想时，形成的《蓝皮书》《褐皮书》中，已经有了后期哲学的观点雏形；同时也由于1929年他提出现象学思想和现象学语言，但是到1933年的《大打字稿》就已经批判现象学，提出“现象学即语法”（phenomenology is grammar）的观点②。至于后期他用“语法”代替了“现象”，从而展开他的日常语言理论，这不在本文的讨论范围之中，需要另作研究。

本文的目的显而易见，就是要通过对现象学语言的一层一层剥落，从而揭示现象学语言自身的失效以及日常语言的突出，清理出维特根斯坦前后期哲学发

① 维特根斯坦在相关文献中将与现象学语言（phenomenological language）相对的语言称为物理语言（physical language）或日常语言（ordinary language），其中“日常语言”使用得要比“物理语言”频繁得多。“物理语言”见《哲学评论》第68节：语言本身属于第二个系统。当我描述一种语言时，我主要描述的是一些物理的东西。但是一种物理语言如何能够描述现象呢？和第236节：物理学语言与现象学语言之间相互混淆的最明显的例子之一，就是马赫画的他的视野的草图，在这张画中视野边缘的形状的所谓模糊性是通过画画的（完全不同意义的）模糊性表现出来的。徐英瑾在《维特根斯坦哲学转型期中的“现象学”之谜》中对日常语言和物理语言做了说明：物理语言经常是在日常语言的意义上被使用的。所以他决定在书中统一翻译为“物理语言”即主要关涉到日常物理对象如桌子、椅子的语言。我在此根据维特根斯坦自己在文本中的使用习惯，会较多使用“日常语言”。但是日常语言中，我们知道不仅包括了对事物的描述，还有对心理的、感觉的描述。现在维特根斯坦把心理的感觉的与物理事物区分出来，将它们称作现象，使用现象学语言描述，所以在本文中使用的“日常语言”仅仅是指我们对物理实在描述的那部分语言，其实在这个意义上使用“物理语言”更恰当，但是为了与维特根斯坦的文本保持一致性，所以还是保留用“日常语言”。本文中日常语言也就是物理语言，在行文中为了适应不同的语境，会使用二者中相对合适的一个。维特根斯坦还使用过“日常—物理语言”这一术语，也可以看出他要表达的意思。

② 关于维特根斯坦哲学转型期的时间节点，国内分析哲学专家江怡将维特根斯坦1929年返回剑桥一直到1936年开始写作《哲学研究》中间的七年看作是维氏转型期。参见江怡《哲学就是对语言的误用——试论中期维特根斯坦对哲学的消解》，《自然辩证法通讯》1999年第5期，第14~20页。

展的一条思路。如何消除我们对语言的误用，对世界进行准确的描述，消除形而上学的谜团，这是维特根斯坦一生都在思考的问题。维特根斯坦一生都有一种悲观的宿命情结，所以他不断反思自己、批判自己的思想。而在思想巨变的那几年，正是因为他意识到在《逻辑哲学论》中所谓的已经解决了全部哲学问题的伟大事业是错误的，所以他才开始一种新的思想，他称之为“现象学”的思想。现象学语言只是存在了很短的一个阶段，就被他自己否定了，但是却在否定中重新重视日常语言，回到了丰富的生活形式中，从而开启了后期维特根斯坦哲学。

一　维特根斯坦哲学中“现象学”术语的使用背景

早在 1968 年，斯皮格伯格就关注到了维特根斯坦的现象学思想，后来在他修订《现象学运动》时也将维特根斯坦现象学思想补充到其中。他的论文《维特根斯坦的现象学之谜（1929～？）》[①] 中首次提出了关于维特根斯坦的现象学的六个问题，但是由于当时没有足够的资料研究，导致他没有解决这些谜团。其中，我认为最基础、最关键的问题就是“维特根斯坦在什么意义上使用‘现象学’术语?”，只有对维特根斯坦使用的“现象学”术语做出一个界定，才能对维特根斯坦的现象学做出正确理解。

当我们谈论现象学时，会不可避免地遭遇到欧陆传统现象学，特别是胡塞尔的现象学。我们最重要的问题就是维特根斯坦的“现象学”术语是否取自于胡塞尔的思想：要么是直接地从胡塞尔的著作中吸取；要么是间接地通过二手的资料或讨论得到的。根据现在维特根斯坦的著作、手稿，或者二手的报告以及他朋友和学生的课堂记录来看，维特根斯坦明确地阅读过的是放在他床头的威廉·詹姆斯写的《论宗教经验的种种》，而非任何胡塞尔的著作。尽管我们没有任何直接的证据证明维特根斯坦曾经读到过胡塞尔的著作，但有一些逸

① H. Spiegelberg, The Puzzle of Ludwig Wittgenstein's “Phänomenologie” (1929 -?), *American Philosophical Quarterly*, Vol. 5, No. 4, 1968, pp. 244 -256. 该论文已有中文翻译。翻译参看斯皮格伯格《维特根斯坦的现象学之谜》，李云飞译，载《多维视界中的维特根斯坦》，第 109～130 页。该文中提出的六个问题如下：1. 维特根斯坦的现象学究竟是什么意思？2. 他提出现象学的具体时间是什么？为什么会提出它？与同时期的现象学运动有什么关系？3. 维特根斯坦什么时候放弃了现象学？4. 现象学在维特根斯坦哲学发展中起什么作用？5. 维特根斯坦的现象学有什么价值？6. 维特根斯坦的现象学对其他现象学家的意义是什么？

事表现了某些程度的可能性。维特根斯坦第一次提及“现象学”术语是1929～1930年间他在与维也纳小组接触的过程中。1929年12月25日，维特根斯坦与维也纳小组成员进行讨论的内容，有一节被命名为“物理学和现象学”，其中专门对物理学与现象学做出了区分，就像在《哲学评论》中，维特根斯坦说明他的工作——关于现象的逻辑研究目的是找到限制可能性的结构——而物理学——则只是对建立规则有兴趣。所以说“现象学”关注的是可能性；物理学关注的是“规律”也即必然性。在这次讨论的最后，他们还谈论了“反胡塞尔”，石里克向维特根斯坦提问：“我们应该如何回应一个哲学家，他把现象学的陈述认为是先验综合判断?”① 虽然维特根斯坦的回答更多的是一种批评的意义，但也正如斯皮格伯格指出的，我们不能明确地看出维特根斯坦是否拒绝胡塞尔的这种观点。

另一个事件看起来似乎能够佐证维特根斯坦了解过胡塞尔的工作。这是在1939年中，一次维特根斯坦与J. N. Findlay② 见面时，Findlay在与维特根斯坦的谈话中提到他正在翻译胡塞尔的《逻辑研究》，维特根斯坦“表现出了些许惊讶，惊讶他（Findlay）竟然还对这么陈旧的主题感兴趣”③。当然这作为决定性的证据是远远不够的，但这件逸事展示着维特根斯坦对胡塞尔现象学思想的一手把握的可能性。

海德格尔（1889～1976）也是我们不应该回避的另一个关键性人物。维特根斯坦提到海德格尔的工作至少有两处：第一处来自于他和魏斯曼、石里克的一场讨论，在讨论中维特根斯坦似乎有一次主动地对《存在与时间》以及其中的“畏”这个概念的评论：1929年12月30日，星期一（在石里克家）题为《论海德格尔》，维特根斯坦说，“我或许能想象，海德格尔用‘存在’和‘畏’指的是什么东西。人有一种碰撞语言界限的本能……对语言界限的这种碰撞就是伦理学，我认为重要的是，人们终止了关于伦理学的所有空谈。在伦理学里，人们总是试图有所言说，而所说的东西却不涉及事情的本质，而

---

① 涂纪亮主编《维特根斯坦全集》第2卷，《维特根斯坦与维也纳小组》，河北教育出版社，2003，第35页。

② J. N. Findlay（J. N. 芬德莱）是胡塞尔《逻辑研究》的英译者。1970年，胡塞尔的核心著作《逻辑研究》才通过芬德莱的翻译走进英语世界。

③ 斯皮格伯格：《维特根斯坦的现象学之谜》，李云飞译，载《多维视野中的维特根斯坦》，第109～130页。

且永远不可能涉及事情的本质。”[①] 维特根斯坦还继续讨论了他的“好奇”（wonder）与“伦理的”概念与海德格尔与克尔凯郭尔之间的联系。维特根斯坦早期哲学中关于世界和伦理的神秘经验与海德格尔的工作至少有部分的亲缘性。维特根斯坦与海德格尔的另一次思想的相遇，是在他对语言使用和活动规则的说明中。维特根斯坦指出，哲学家们在错误的（对语言的误用）路上毫无希望地迷失了，对语言的误用会产生危险的思想后果。海德格尔在 1929 年发表的《形而上学是什么》[②] 对形而上学性质的澄清中与维特根斯坦将形而上学的部分看作是人生价值与意义的存在的思想有一致性。所以从这两个事件来看，海德格尔确实是最有可能影响维特根斯坦的人。

然而，这里的目的不是单纯要去建立各种观点间的联系，而是要探究维特根斯坦使用“现象学”术语的来源。更加准确地说，是这样的问题：维特根斯坦在最初使用这个术语并且提出一套相关的现象学语言时是不是直接地受到了其他现象学家的影响？我们将此区别铭记在心的时候，就会意识到前面维特根斯坦与海德格尔两次的交叉中，维特根斯坦最初受到海德格尔的影响的可能性就减少了。因此，寻找维特根斯坦现象学根源的所有可能性都应该在别处。如上所分析，我们看到维特根斯坦使用现象学语言应该有其他可能的缘起，与胡塞尔和海德格尔几乎没有实际的联系，尽管在“现象学”这个术语上看起来有着明显的关系。我们知道还有很多哲学家在之前或之后使用“现象学”这个术语，如黑格尔、歌德、马赫等。

最后还有一种推测，有部分学者主张“现象学”术语是维也纳文化中的一部分[③]。1929 年底，维特根斯坦在与维也纳小组成员接触的时候，成员之间交流的“现象学”术语被维特根斯坦听到了。尽管当时的维也纳小组成员中多数人是批判胡塞尔的思想的，比如石里克、魏斯曼、卡尔纳普。

---

① 涂纪亮主编《维特根斯坦全集》第 2 卷，《维特根斯坦与维也纳小组》，第 36 页。

② 孙周兴、王庆节主编《海德格尔文集 · 路标》，孙周兴译，商务印书馆，2014，第 120 ~ 143 页。本书中指出“形而上学既不是学院哲学的一门专业，也不是任意的异想天开的一个领域。形而上学是此在的一种基本发生，形而上学就是此在本身”。

③ 持这种观点的学者有：

1. Spiegelberg.（1968）The Puzzle of Ludwig Wittgenstein's “Phänomenologie”（1929 – ?）.

2. Soto，Carlos H.（1980）*Wittgenstein's Phenomenology：1929 – 1930.*

3. James，M. Thompson.（2008）*Wittgenstein on Phenomenology and Experience：an investigation of Wittgenstein's “Middle Period”.*

如果我们假设维特根斯坦突然使用“现象学”术语与维也纳小组成员有关，那么其中最有可能影响到他的人就是卡尔纳普（Rudolf Carnap）。在卡尔纳普的著作《世界的逻辑结构》中，卡尔纳普建构的现象学反思的思想明确是受到胡塞尔的影响[①]，这种影响最应该归因于在他写书稿时至少在地理位置上与胡塞尔很接近。卡尔纳普在1922～1925年在Buchenbach（布亨巴哈）住着，他经常去参加胡塞尔在弗莱堡开设的研讨班。同时在卡尔纳普的思想中我们也看到有提到物理主义语言和现象主义语言。但是我们依旧有很好的理由去质疑卡尔纳普是维特根斯坦突然使用“现象学”术语的来源这个观点：首先，卡尔纳普与胡塞尔对于“现象学”的阐释是不同的，而且与维特根斯坦的现象学也不相同。其次，卡尔纳普是在1928年出版了《世界的逻辑构造》，这个时间与维特根斯坦提出现象学的思想（1929年）十分接近，但是因为卡尔纳普自己承认在这段时间中，他和维特根斯坦的关系十分紧张，所以卡尔纳普对维特根斯坦的影响的可能性变得很小了。

也许，就是在维特根斯坦返回剑桥之后，为了标识他当时的现象—逻辑的研究与他前期的工作的不同，他就直接使用了这个在维也纳文化圈里的术语，在他的思维中这个术语并没有其他混杂的来源。就如斯皮格伯格所说的：“我最有把握假设的情形是，在维特根斯坦离开维也纳时，那些传言中关于现象学的某些谈话的文字飘进了他的思想，并且在他要向新的听众展示其思想时偶然使用了它，可能更准确地说是使用了这个新标签。”[②]

其实关于维特根斯坦使用“现象学”术语的来源问题可能是永远没有一个确定性的答案的。他的著作或者笔记没有任何记载，说明为什么他会使用“现象学”术语，我们只能是尽力地推测分析，进行冒险的说明。“‘影响’是一件非常复杂的事情，它以接受者一方的接受为前提：就维特根斯坦而言，它几乎从来就不止是一种外部刺激加其自身思想释放的过程。”[③] 从维特根斯坦的哲学历程中我们看到他是一个极富创造性的哲学家，从不喜欢重复研究，他

---

① 〔德〕鲁道夫·卡尔纳普：《世界的逻辑构造》，陈启伟译，上海译文出版社，2008。在本书中，卡尔纳普提到了胡塞尔的《逻辑研究》和《观念Ⅰ》并且对它们进行批判思考。

② 斯皮格伯格：《维特根斯坦的现象学之谜》，李云飞译，载《多维视界中的维特根斯坦》，第122页。

③ 斯皮格伯格：《维特根斯坦的现象学之谜》，李云飞译，载《多维视界中的维特根斯坦》，第122页。

经常批判自己的观点，就像在《哲学研究》中他对自己早期的《逻辑哲学论》中观点的态度。① 最后，我要表明的态度是，虽然他是在一个更加开放和不确定的背景中获得“现象学”术语的，就像本文前面分析的那样，我们不能错误地总结或者简单地暗示对维特根斯坦来说“现象学”没有特殊的意义。相反，他对他所谓的“现象学”工作持有的是一种中立的、尊重的态度，既没有像维也纳小组成员说的那样对“现象学”有一种敌视或轻蔑的态度，也没有像摩尔所复述的在维特根斯坦的讲座中对现象学术语的激烈批评的态度。

综上所述，维特根斯坦在重返剑桥后，关注到“现象”本身，并提出对现象的描述所用的语言“现象学语言”，还把自己的工作称为“现象学”。对于促使他开展这项新工作的原因，我们分析了与之相关的可能性背景，但是“影响”是很难界定的。所以一种比较合适的方法，是将维特根斯坦的这个现象学阶段放在维特根斯坦哲学的整体中去解读，而不是把它单独拿出来与欧陆现象学去对比，我们更侧重于从维特根斯坦的现象学阶段的分析中揭示出维特根斯坦从前期哲学到后期哲学转型的一个过程。

还有一个问题是：维特根斯坦转型期间（1929～1933 年）文本中提出的“现象学”是否可界定为传统现象学？

按照赫伯特·斯皮格伯格在《现象学运动》中根据胡塞尔等人提出的现象学宣言，总结出所有的现象学家都有一个信念，那就是“返回到直接直观这个最初来源，回到由直接直观得来的对本质结构的洞察”②。并且他将现象学划分为四种：第一种是最广泛的现象学，包括所有坚持现象学思想的人共同认可的概念；第二种是坚持现象学家们的“共同的信念”的现象学；第三种是严格的现象学不仅包括对直观的和本质的追求，还关注事物的显现；第四种是最严格的现象学，主要指胡塞尔为主要代表的，关注意识并使用现象学还原方法的现象学。③

在对现象学做了范围的界定后，斯皮格伯格在 1980 年的第三版中，做了

① 维特根斯坦：《哲学研究》，韩林合译，商务印书馆，2013，第 4～5 页。序言中写道：“因为自从我 16 年前再次开始从事哲学研究以来，我就不得不认识到我在那第一本著作中所写下的东西中存在着一些严重的错误。”

② 〔美〕斯皮格伯格：《现象学运动》，王炳文、张金言译，商务印书馆，2011，第 38 页。

③ 〔美〕斯皮格伯格：《现象学运动》，王炳文、张金言译，第 39 页。

一个比较重要的修订，按照他自己的话来说就是：“最重要的改变是关于我以前提到维特根斯坦对于现象学的关系的地方，当时我认为，维特根斯坦对于现象学即使不是敌对的，也是不关心的。从那以后，我从他在《逻辑哲学论》和《蓝色笔记本》（蓝皮书）之间的一些著作中看到他的一些偶然的陈述，这些陈述表明他对某种现象学是很感兴趣的……但是现在从他的《哲学评论》时期的著作中有更为明显的证据引起我的注意……无论如何，在广义的现象学和维特根斯坦的分析之间，即使是在术语方面的巧合，也绝不是一种相似关系。”① 斯皮格伯格在这里已经认识到维特根斯坦使用“现象学”绝非一时兴起，而是在他的整个转型期中是十分重要的；并且它与广义的现象学也并非仅仅是术语上相同的联系。“在维特根斯坦哲学中，‘现象学’一词特别出现在他的《哲学评论》和《大打字稿》（1933）时期，并且重新出现于他最后的《关于颜色的见解》（1950～1951）一书中。但是在他的哲学研究中，这个词所代表的意思与胡塞尔的现象学和其他现象学家的现象学并没有什么明显的关系。它主要是一种描述性的工作，在这种描述方面，它不同于物理学和心理学，而与语言的语法相似。”② 关于斯皮格伯格的这个观点，我大体上同意，维特根斯坦虽然与胡塞尔等人没有交集，可他的现象学特别是现象学语言对现象描述的过程，我认为在本质上也是一种直接的直观过程，也是还原性质的，这与广义现象学的标准是符合的，也就是符合于：一、返回直接性；二、追求本质的特性的这两个标准。

维特根斯坦转型期中的现象学思想第一次被提出来是在1929年发表的英文论文《略论逻辑形式》，其中他这样讲，“我们只有通过审视所要描述的现象从而力图了解其逻辑复多性，这样才能用一个明确的符号系统替换不精确的符号系统。这就是说，我们只有通过可称之为对现象本身的逻辑研究，即在某种意义上是后天的研究，而非根据对先验可能性的推测，才能达到正确的分析。”③ 维特根斯坦首先提出我们要面对的是现象本身，从对现象本身的描述去发现现象的逻辑复多性，而这个任务是日常语言无法达到的。在维特根斯坦的现象学中，现象学语言就是对直接经验的描述；而现象学语言要描述

---

① 〔美〕斯皮格伯格：《现象学运动》，王炳文、张金言译，第27页。

② 〔美〕斯皮格伯格：《现象学运动》，王炳文、张金言译，第53～54页。

③ 涂纪亮主编《维特根斯坦全集》第1卷，《逻辑哲学论以及其他》，第266页。

与展现的正是现象本身的逻辑结构的本质，当然在以胡塞尔为代表的严格意义上，现象学主要关心的并不是语言，而是前谓词经验。综上，我认为，维特根斯坦的“现象学”是属于最广泛的现象学，因为虽然符合现象学的标准，但是与胡塞尔等人无交集，也并不属于现象学运动之列。如果更加准确地限定的话，可以将其表达为约翰·L. 奥斯汀所谓的“语言现象学”① （Linguistic Phenomenology），这种现象学将语言当作事实本身，描述语言使用的过程与意义。

通过上面的说明，我们可以在一定程度上将维特根斯坦的现象学思想称为“现象学”的，当然不是在“严格意义上的现象学”上，就如斯皮格伯格所说的是与胡塞尔现象学有一种“不易觉察的亲缘关系”②。维特根斯坦的现象学关注的是我们的直接经验，欧陆现象学研究的首要特点也是“以现象学的态度来面对我们直接感知到的生活世界”③。并且在对待自然科学方法的观点上，维特根斯坦与胡塞尔十分相似：“哲学家们经常看重自然科学的方法，并且不可抗拒地试图按照自然科学的方式提出问题和解决问题。”④ 哲学家用自然科学的方法来研究哲学，这是要警惕的，这是传统哲学中形而上学问题的根本原因，正如胡塞尔在《现象学的观念》中的观点：“自然思维的工作已结出了无限丰硕的成果，日新月异的科学是一个发现连着一个发现向前迈进，它根本就不会想到提出关于认识可能性的问题”⑤。正是由于自然科学取得了非常大的成果，所以科学技术思维占领了人类思维的主导地位，作为哲学研究者我们必须反对用自然科学的思维与方法来进行哲学研究，哲学研究应该用哲学思维，那就是要“回到事实本身”。这是进行哲学研究的前提，也是哲学与自然科学研究之间最基本的差别。

---

① 李金辉：《“面向语言本身”：从语用学哲学到语言现象学》，《哲学研究》2010 年第 8 期，第 90 ~95 页。

② 斯皮格伯格：《维特根斯坦的现象学之谜》，李云飞译，载《多维视野中的维特根斯坦》，第 110 页。

③ 张廷国：《现象学是什么不是什么》，《江海学刊》2009 年第 5 期，第 5 ~9 页。在该论文中，学者张廷国对现象学从正负两方面来说明现象学问题，指出现象学是对生活体验的研究，是对现象的诠释，但是它并不是一种实证科学的研究，而是本质的研究，对人的生存给予意义和价值。

④ 涂纪亮主编《维特根斯坦全集》第 6 卷，《蓝皮书和一种哲学考察（褐皮书）》，第 25 页。

⑤ 〔德〕胡塞尔：《现象学的观念》，倪梁康译，人民出版社，2007，第 18 页。

维特根斯坦不仅与胡塞尔的现象学，而且与海德格尔的现象学都有着部分的“亲缘关系”，说明维特根斯坦与欧陆现象学两大分支都有着内在本质的相似性；也说明分析哲学、现象学和存在主义三大哲学趋势是相互交织的，而非绝对独立地发展。维特根斯坦和胡塞尔都关注到了“现象”，而且对它的研究都冠之以“现象学”，毫无疑问，胡塞尔开创出的现象学是欧陆现象学的主体，影响甚大；而维特根斯坦在转型期有短暂的“现象学阶段”，说明维特根斯坦与欧陆现象学有着交叉与“偶遇”，即使交相辉映的过程一闪而过，维特根斯坦便走向了与胡塞尔不同的道路，这条道路更倾向于海德格尔的现象学。海德格尔与萨特离开胡塞尔思想走向了存在主义，但是现象学对他们的影响还是深刻的，在他们的哲学中，“‘先验自我’的自为存在这一存在含义才被进一步挖掘，并建立起一门新型的形而上学本体论……不是从世界的存在中推出人的存在，而是由人的最直接、最贴切和切身的存在（体验）中推出万物的存在（意义）。”① 这些天才式人物的洞见总是有着惊人的相似和一致的倾向。本文的态度是把思想澄清、显示出来，并不去刻意做哲学家之间的对比，究竟谁的思想影响了谁的思想，并不重要，因为现象学的口号是“回到事实本身”。但是这个“事实本身”在不同哲学家那里有不同的认识与界定，这才是造成了虽然都称之为“现象学”但是其内部思想却各不相同的事实。重要的是我们能从中得到什么，究其根本，哲学是一种活动，是思维的活动，是语言使用的活动，是展示生存的活动。维特根斯坦的哲学就是最生动的写照。

二　维特根斯坦的“现象学语言”概念

我们分析了维特根斯坦返回剑桥后突然使用“现象学”术语的各种可能性的原因，从分析中可以看到维特根斯坦使用的“现象学”术语与欧陆现象学家胡塞尔和海德格尔的思想或多或少有着关联，因此就术语本身来讲它们是一样的，但是他们各自赋予现象学和现象不同的内涵与内容，从而也有着本质的区别。那么，在维特根斯坦自己的哲学系统中，他的“现象学”以及独特的“现象学语言”到底是指什么？

---

① 邓晓芒：《胡塞尔现象学导引》，《中州学刊》1996 年第 6 期，第 65 ~ 70 页。

1. 维特根斯坦对“现象”的关注

维特根斯坦提出“现象学”思想的时间要追溯到 1929 年他返回剑桥大学最初的几个月里。他在 1929 年发表的唯一成果就是《略论逻辑形式》（Some Remarks on Logical Form），并在之后三年里完成了：《维特根斯坦与维也纳小组》（1929. 12 ~ 1932. 7）、《哲学评论》（1929. 2 ~ 1930. 4）和《大打字稿》（1933）。因为维特根斯坦思想的快速变化，导致要理解他这个时期的思想十分困难。有人说要对维特根斯坦的思想进行总结性介绍是十分危险的，但同样要对维特根斯坦的思想做解释性的说明也是十分危险的，特别是他转型期的思想。我们只能在不断地努力尝试中，渐渐拨开维特根斯坦的现象学迷雾，使之相对清晰起来，维特根斯坦也说过，“哲学程序的实质是：它是从混乱开始的；我们不在乎对事情的不明，只要这个不明逐渐得到澄清”①。

对于现象学与现象学语言的源起，我将从时间起点与逻辑开端两个方面进行分析。对于维特根斯坦的现象学的开始时间，国内外研究者主要有两种观点：第一种观点（Merrill、Jaakko Hintikka）认为维特根斯坦的现象学开始的文本是《逻辑哲学论》，时间是 1929 年之前；第二种观点（Ray Monk、R. 艾姬蒂、徐英瑾）认为维特根斯坦的现象学开始的文本是论文《略论逻辑形式》，时间是 1929 年，并反对在《逻辑哲学论》中已经有现象学的观点。“现象学问题只有通过一些专门建构出来的原则——他本人称之为‘现象学’，才能得到解决。我们认为，这个短暂的‘现象学’阶段可能开始于 1929 年的上半年，也就是在他结束了 10 年左右的学术沉默、返回剑桥、重开哲学活动之际。”② 徐英瑾也同意“维氏只是在 1929 年初才比较明确地持有过有关于‘现象学’的想法——而正面反映该想法的文献则主要有他在 1929 年年中发表的、用英文写就的短文《略论逻辑形式》”③。本文将通过接下来的逻辑开端的分析，表明本文同意后一种观点，即维特根斯坦的现象学始于 1929 年的《略论逻辑形式》。

---

① 维特根斯坦：《维特根斯坦剑桥讲演录》，周晓亮、江怡译，浙江大学出版社，2010. 47。

② 〔意〕R. 艾姬蒂：《维特根斯坦对于经验的现象学再现》，徐英瑾译，《世界哲学》2004 年第 1 期，第 48 ~ 56 页。

③ 徐英瑾：《维特根斯坦哲学转型期中的“现象学”之谜》，复旦大学出版社，2005，第 67 页。

要追溯维特根斯坦“现象学”及其现象学语言的逻辑开端，我们不可避免地要联系到他在1929年之前的思想，因为每一种思想的生发，都与前后期的思想有着紧密的联系，不论这种联系是继承还是批判，一种整体性的原则，是我们在研究时应该时刻遵守的。

维特根斯坦在1929年之前公开发表的著作只有《逻辑哲学论》（1921），所以《逻辑哲学论》中的思想一定与他的现象学有某种关系。维特根斯坦和罗素之间相互有影响，即使维特根斯坦不怎么喜欢承认这种影响。徐英瑾指出，从《逻辑哲学论》到《略论逻辑形式》这个过程中，维特根斯坦与罗素的逻辑原子主义紧密交织在一起。① 我们在维特根斯坦的观点中能找到这种影响的直接表现：“我跟从伯兰特·罗素的意见，将表现这种终极关联的命题称为原子命题（atomic propositions）。因此它们是每个命题的内核，它们包含着质料，而命题之其余部分则是对于它们的发展。”② 罗素在1918年提出“逻辑原子主义”在很大程度上其实可以被视为是1929年维特根斯坦的“现象学”思想的一种预示。罗素的“原子命题”被看作与《逻辑哲学论》中的“基本命题”相一致，基本命题的本质是“基本命题是彼此独立的”（2.061）并且“存在着的基本命题的总和是世界”（2.04）。基本命题与原子命题作为最基础、最简单的命题，与之相对的就是我们的日常语言的复杂性，也就是说，我们日常语言中所说的事实，从基本命题再进一步分析的话就会成为一个假象。

罗素为了对日常语言的假象做出解决，他将专名进一步划分为：“普通专名”和“逻辑专名”。普通专名就是如“苏格拉底”“中国”这样的特定名称的词，逻辑专名就是“这”“那”，这是对普通专名进行逻辑分析后剩下的东西。而维特根斯坦对于日常语言的不满早在《逻辑哲学论》中就表现出来了，逻辑原子就是他的“对象”，这种对象是“稳定的东西、持续存在的东西”（2.027），它是“世界的实体”（2.021）。但是由于“语言给思想穿上了衣服……从这件衣服的外表形式人们不能推断出它所遮盖的思想的形式”，“对于我们人类来说，欲从它直接获知语言的逻辑是不可能的”（4.002）。这里的

---

① 徐英瑾：《维特根斯坦面向“现象学”的哲学转型》，载《哲学门》（总第十一辑），北京大学出版社，2005，第117~146页。

② 转引自徐英瑾《维特根斯坦面向“现象学”的哲学转型》，载《哲学门》（总第十一辑），第135页。

“语言”就是“日常语言”，因为日常语言中的大量约定使得表达复杂化，导致无法直观到逻辑形式。

维特根斯坦在《逻辑哲学论》中已对日常语言有拒斥，而且表达出基本命题是对事态的描述这一根本的、基础的观点，这与他 1929 年重返剑桥提出的现象学语言的观点有很多相似点。但是几经挫折才在 1921 年出版了《逻辑哲学论》后，一直到 1929 年发表论文《略论逻辑形式》，这期间他都没有著作发表。所以就不难理解，为什么《略论逻辑形式》里面既有《逻辑哲学论》的逻辑语言的影子，也有新思想的提出。但在《略论逻辑形式》中，我们只能找到“现象”术语，还找不到“现象学语言”术语，因为他此时还是用前期逻辑语言和基本命题来描述他的新思想。到了 1929 年底，“现象学”和“现象学语言”这两个术语出现在了维特根斯坦与维也纳小组的讨论中。

我们要对维特根斯坦的《略论逻辑形式》重视起来，在这篇论文中，维特根斯坦对自己因为我们的普通语言（日常语言）对逻辑形式的掩盖，使我们没有办法对现象做出正确的逻辑描述的现象，做出了新的思考。他意识到在《逻辑哲学论》研究所使用的先验①（a priori）的方法已经不能继续对他的意义与语言进行更加丰富的发展了。为了把握一种新的、更加完整的后验（a posteriori）领域的概念，维特根斯坦指出，“我们只有通过审视所要描述的现象从而力图了解其逻辑复多性，这样才能用一个明确的符号系统替换不精确的符号系统。这就是说，我们只有通过可称之为对现象本身的逻辑研究，即在某种意义上是后验的研究，而非根据对先验可能性的推测，才能达到正确的分析。”② 维特根斯坦在这段话中提到“现象”，并且强调一个值得重视的地方：我们对现象的研究是“后验的”，那就意味着我们的研究以经验为基础，而非先验存在的，更重要的是这种后验的研究要为命题提供一个准确的逻辑形式。

---

① 关于 a priori 和 a posteriori 的翻译，一般国内学者翻译成“先天的”和“后天的”。但是“先天的”会让人误以为有一种生物学上的意义，本文中将涉及的“a priori”翻译成“先验的”是想表达：现象学语言它使用的前提不是经验的、来自生活风俗的，而是有一套自身具有的内在的句法关系规定着它的使用。所以，本文中引用涉及的“先天的”都翻译为“先验的”。

② 涂纪亮主编《维特根斯坦全集》第 1 卷，《逻辑哲学论以及其他》，第 268 页。

维特根斯坦把对现象本身的逻辑分析命名为“现象学”①。提倡用一种后验的方法对现象本身进行逻辑研究，这是因为从这里开始，在我们的世界（有条件的、非先验的）中，逻辑形式的分析给我们提供的不仅是纯粹的形式，也有可能性的事态的质料性内容。

我们在《略论逻辑形式》中找到了维特根斯坦有关“现象”的提出和对“现象”的关注，从时间看，1929 年，他最早意识到“现象”问题，而唯一发表的论文《略论逻辑形式》则总结了 1929 年前几个月他的思考。在之后的三年里，维特根斯坦对现象学思想做了比较多的思考，相关内容在《维特根斯坦与维也纳小组》《哲学评论》以及《大打字稿》中出现。

2. 维特根斯坦对“现象”本身的逻辑分析

维特根斯坦在参军、当老师的普通生活过程中发现《逻辑哲学论》中描述的方法只能描述我们经验的有限制的部分内容，他在 1929 年开始追求一种方法去补充这种不完整性。维特根斯坦相信对我们直接经验的现象学式的分析就是要找的答案。在最早提到现象学的文本中，维特根斯坦明确指出，“物理学与现象学的区别就在于，物理学要确认规律，而现象学仅仅确认可能性。因此，现象学就像是对物理学理论赖以为基础的事实进行描述的语法。”② 维特根斯坦将物理学和现象学区分出来，把现象学刻画成物理学的理论的基础，现象的世界不能根本上还原为物理世界。这是对罗素提出的哪一种表述更加恰当地描述世界的直接经验这个问题的回答，罗素提倡物理学方法是最好的描述我们经验的方法，但维特根斯坦不同意这个观点，他显然认为现象学语言最适合描述直接经验。

维特根斯坦发现物理学和现象学之间重要的一个区别就是它们各自的目标不同。物理学根本上是发生的事实及其规律的研究，例如建立实际的条件为了对未来事件做出正确的预言。但是现象学不是朝向事实的，相反，根据维特根斯坦的观点，现象学朝向意义。现象学在一定意义上是物理学的基础，展示出的是事实可能性的结构。它不关心自己是否——像在《逻辑哲学论》中使用

① James M. Thompson, *Wittgenstein on Phenomenology and Experience: An Investigation of Wittgenstein's "Middle Period"*, the Wittgenstein Archives at the University of Bergen, 2008, p. 79.

② 涂纪亮主编《维特根斯坦全集》第 3 卷，《哲学评论》，第 37 ~ 38 页。

语言那样——判断一个具体的、特殊的基本命题的真假，而是关心这个基本命题的可能性。与他早期的哲学不同，维特根斯坦强调我们需要看到“现象自身”，而不是简单地从没有批判性的逻辑假设中推断出它（现象）的结构。现象学的主体就是经验的结构——更准确地说，是直接经验的可能性的结构——物理学不能被视为现象学；对于物理学来说，至少在维特根斯坦那里，它所解决的是陈述的真实发生，而不是陈述背后的基础结构。

维特根斯坦区分了现象学和物理学的不同领域后，指出现象学应该由一种新的符号系统（语言）来描述，这种区别于旧的、日常语言的符号系统就是——现象学语言——它是我们“对于直接的感知的描述”①，因为维特根斯坦的现象学的特征就是描述性，正如前文引文提到的，是关注描述而非关注描述的对象，所以在维特根斯坦那里，物理学语言只能描述物理事实，现象学语言才能完整展示描述本身。

3. 现象学语言的描述功能

我们的语言有很多种使用，并且有很多不同的方法把逻辑形式显现在我们的语言使用规则中，正是因为语言的这种复多性，“我们不可能从这些规范的使用中推论出所描述现象的真实的逻辑形式。”② 我们对现象所做出的描述是模糊不清的，比如“这篇文章是枯燥的”，“天气是晴朗的”这样的表述，它们只是具有命题表面上相同的主谓形式，本质上它们之间没有共同之处。所以日常语言的主谓逻辑形式并不是一种逻辑形式，它不能够描述我们现象的逻辑复多性；我们必须用“现象学语言”来描述“现象”，“我们所能做的和必须做的，是把我们语言中本质的东西同非本质的东西区别开来。”③

维特根斯坦通过对现象的界定区分了两种实在：物理实在和现象。物理实在就是现实的存在的事实；现象则是“直接经验的对象即颜色和声音等感觉特性”④。我们可以看出实在不只是物理实在的范围，语言描述的对象扩大到

① L. Wittgenstein, *The Big Typescript TS 213*, 330. 本论文中相关的《大打字稿》的内容都参考过徐英瑾在其著作《维特根斯坦哲学转型期中的“现象学”之谜》附录一中部分《大打字稿》的翻译。

② 涂纪亮主编《维特根斯坦全集》第 1 卷，《逻辑哲学论以及其他》，第 269 页。

③ 涂纪亮主编《维特根斯坦全集》第 3 卷，《哲学评论》，第 37 页。

④ 〔日〕饭田隆：《维特根斯坦哲学——语言的界限》，包羽译，河北教育出版社，2001，第 41 页。

了我们的感觉特性。我们就以生活中常见的一张桌子来说明物理实在与现象的区别，我们分为两种实在并不是说有两个对象，而是说我们对一个对象的两种不同的认识方式。当我们用物理或化学的方法来检测桌子的材料时，我们说这张桌子是用木头做的或者用塑料和铝合金的合成材料做的，这时我们所研究的就是物理实在；当我们说这张桌子是红色的，是坚硬的，通过我们的感官来直接获得的信息，是我们从直接经验得来的，那对我们来讲就是现象了。

维特根斯坦以前所坚持的基础命题对应事实的简单对应关系已经被打破了，这种描述关系被扩大到感觉领域中，简单的基础命题无法描述感觉的东西。既然维特根斯坦区分了两种实在，那么就对应了两种描述实在的语言“日常语言”（物理语言）和“现象学语言”，在层次上将它们又区分为“初级语言”和“次级语言”。“以前我相信，存在着一种我们经常说的日常语言，并且还存在着一种初始语言，它表达我们确切知道的东西，即现象。我还谈到过一级系统和二级系统。”① 维特根斯坦所思考的现象学语言的思路是这样的：我们用语言描述并且只能描述的那种真实的实在是“现象”而非物理对象或物理事实。两种事实的区分，对应着两种描述的语言即“现象学语言”和“物理语言”；只有现象学语言才能描述现象的逻辑复多性；为什么只有现象学语言才能描述现象呢？因为物理语言对现象的描述是间接性的，从对象到语言中间被大量的约定所束缚。② 这里维特根斯坦曾举了一个例子：假如有两个平面，平面Ⅰ与平面Ⅱ，平面Ⅰ上有正方形、椭圆形等图形，把这些图形描绘在平面Ⅱ上有两种方法可以完成：“首先，我们可以规定一条投影规则，例如正射投影法或其他任何投影法，然后根据这个规则把所有的图形从平面Ⅰ上投影到平面Ⅱ上。其次，我们也可以这样去做：我们规定一条规则，使平面Ⅰ上的每个椭圆形在平面Ⅱ上都显现为圆形，而每个长方形都显现为正方形。”③ 这样的话，我们根据用第二种方法投影且显示在平面Ⅱ上的图形无法推断出精确的平面Ⅰ上原来的图形，只能得到一个模糊的见解。这种情形与我们的语言和现象的经验之间的关系十分类似：“如果把实在的事实比作平面Ⅰ的

① 〔奥〕维特根斯坦：《维特根斯坦与维也纳学派》，徐为民、孙善春译，商务印书馆，2015，第17页。

② 参见徐英瑾《维特根斯坦哲学转型期中的“现象学”之谜》第三章。

③ 涂纪亮主编《维特根斯坦全集》第1卷，《逻辑哲学论以及其他》，第268页。

椭圆形和长方形，那么主谓式和关系式就相当于平面Ⅱ上的圆形和正方形。这些形式是我们的特定语言的规范，我们以极多不同的方法将极多不同的逻辑形式都投射到这些语言规范中。也正是由于这个原因，我们不可能从这些规范的使用推论出所描述现象的真实的逻辑形式，除非作一些极模糊不清的推论。”① 这个投射比喻说明了维特根斯坦在心中的信念——日常语言掩盖了潜在的逻辑形式。

关于现象和物理事实的区别，维特根斯坦做了一个形象比喻：“电影放映隐喻”。“如果把直接经验的事实同银幕上的图像进行比较，把物理事实同电影胶片中的图像进行比较，那么电影胶片就有一个当前的图像以及若干过去的和将来的图像；而在银幕上却只有当前。”② 维特根斯坦这里将直接经验——现象比作电影银幕上放映出现的图像，把物理事实比作电影胶片上的图像。显然，我们作为电影观众，只能看到当下被投影在银幕上的图像，它不是未来也不是过去，银幕上的图像只能有且也只有当下；相反，在电影胶片上因为是一整个电影的图像，所以除了当下显示在银幕上的图像还有过去已经放过的图像以及将来要显示的图像。现象是当下的，直接经验的；物理实在需要知道操作原理，是没有办法直接经验到的。这样，维特根斯坦的现象学事业就是去描述那些在屏幕上展现的东西，但没有提到电影胶卷的内容。维特根斯坦其实早在《逻辑哲学论》中就已经指出了我们的日常语言的缺陷，因为“在日常语言中，同一语词以不同方式进行指称，因而术语不同的符号，或者两个以上以不同的方式进行指称的语词在命题中表面上却以相同的方式被使用，这些情况极为常见……于是很容易发生最根本的混淆（全部哲学充满这种混淆）”③。所以日常语言的使用中，语词陷入了泥潭，我们需要清除这种混淆。回到这个电影的比喻中来，我们需要的是一种可以言说视觉空间的现象的语言。现象学语言将视觉空间从其他在它上面的东西隔离开了。所以，如果他可以使用一种现象学语言描述现象自身，而不去尝试着去解释它们或使它们根植于我们的物理世界的知识中，那么，我们就相信现象学语言能在最后给出基本命题的逻辑。

---

① 涂纪亮主编《维特根斯坦全集》第 1 卷，《逻辑哲学论以及其他》，第 269 页。
② 涂纪亮主编《维特根斯坦全集》第 3 卷，《哲学评论》，第 51 页。
③ 涂纪亮主编《维特根斯坦全集》第 1 卷，《逻辑哲学论以及其他》，第 200 页。

Soulez Antonia 在 1989 年发表的 Wittgenstein and phenomenology or: two languages for one Wittgenstein 论文中，说维特根斯坦使用的现象学是先验可能性语法，在《哲学评论》中的目的是把现象学从早期的以原子论为基础的“初级语言”中解放出来，他指出从《逻辑哲学论》到《哲学语法》是一种现象学的发展。[①] 在维特根斯坦哲学中展现出我们关于语言和事实的关系描述可以有两种方式：一种是《逻辑哲学论》中用图像论来刻画世界，这种描述是教条式的方式，它处于相对静止状态，不会轻易发生变化，语言的每一部分对应着世界的每一部分；另一种是非教条式的方式，即后期日常语言哲学中我们将语言的使用和具体情境结合起来加以动态描述的方法。这两种可选择的方法共存于一个而非两个维特根斯坦那里。一个维特根斯坦的两种语言，这是对“两个维特根斯坦”研究范式的批判，为我们了解一个连续的全面的维特根斯坦提供了思路。

几个月后，一种更加“适合的符号系统”观念提出来了，维特根斯坦把它称为一种具有“初级的”或“现象学的”结构的语言——现象学语言（phenomenological language）。现象学语言与我们的日常语言（ordinary language）或“次级语言”不同，现象学语言对于它展示的结构来说是透明的、清晰的，因此它“直接地将当下经验的结构展示出来”[②]。这种语言将被现象自身限定和形成，目标是排除暧昧和不确定的描述，是“对于直接的感知的描述，而且无涉于一切假设的补充”[③]。维特根斯坦提到的次级语言也就是我们的语言；这种普通语言，与我们的日常生活作用交织在一起，随着我们的变化而随时延伸。维特根斯坦对这两种语言作区分时，指出语言具有的“初级的”和“次级的”特征是由于描述现象的陈述方法不同。初级语言将直接标示出直接经验的结构，我们的次级语言或日常语言却由于在时间中，陷入持续增加的复杂性中，以至于将世界的结构对我们隐藏（hidden）起来。

---

① Soulez Antonia, “Wittgenstein and Phenomenology or: Two Languages for One Wittgenstein,” *Grazer Philosophische Studien*, Vol. 33, No. 1, 1989, pp. 157–183.

② James M. Thompson, *Wittgenstein on Phenomenology and Experience: An Investigation of Wittgenstein's “Middle Period”*, the Wittgenstein Archives at the University of Bergen, 2008, p. 83.

③ L. Wittgenstein, “Phenomenological Language: The Description of Immediate Sense Perception without Any Hypothetical Addition.” *The Big Typescript TS 213*. 2005, p. 349.

通过转型期的文献来看，维特根斯坦清晰地认识到次级语言不能和原初的现象相分离；如果这两者之间没有联系，那么这现象领域内的陈述将不可能。但是，作为一种描述模型，我们的日常语言缺乏准确的对它所要描述的结构的表达，就像在《略论逻辑形式》中做出的两个平面的比喻一样。我们的日常语言在一段时间之中，它的投射是引发歧义和模糊不清的。因此，描述的形式的优势源于一种直接经验的研究，这将会使这种“投影过程”得到一个完全的理解。

特别是在维特根斯坦早期的现象学反思中，维特根斯坦注释说，在某种程度上，我们的日常语言也是现象学的，只是在他建议采用的描述的方法上是不同的；日常语言的关系更加复杂，所以对于维特根斯坦提出的任务来说是不太适合的。所以，两种描述的方法事实上与我们直接的经验都是相关的，维特根斯坦主张现象学语言的结构更能充分地描述它想要描述对象的真实的逻辑结构。追求逻辑结构，这种信念还是延续着他前期哲学中所谓的世界与语言具有相同的逻辑图像，以及这种逻辑图像是唯一的思想。

三　“颜色不相容”问题的现象学语言分析

维特根斯坦对直接经验描述所选取的一个范例就是视觉空间中的颜色现象，他的著作中多次提到“颜色不相容”问题[①]。那么分析“颜色不相容”现象之前，对颜色所处的空间做出区分也是有必要的。

维特根斯坦在对直接经验的“现象”和物理实在的区分中看到物理空间和视觉空间之间也是不同的，物理空间和无中介的经验之间是不可通约的。物理空间在维特根斯坦著作中与欧几里得空间是一致的，“有一个客观的空间，而客观空间只不过是一个以视觉空间为基础的结构。在客观的物理空间的第二性的语言中，视觉空间是主观的，或者说，语言中直接与视觉空间相对应的东西是主观的。”[②] 视觉空间与物理空间的不同，例如，我们透过窗户看窗外的高山，在我们的视觉空间中，高山要比窗户小，但是在物理空间中，客观的空

① 主要是在《维特根斯坦与维也纳小组》和《哲学评论》中提到颜色不相容问题。
② 涂纪亮主编《维特根斯坦全集》第 3 卷，《哲学评论》，第 85 页。

间中，高山却比我们的窗户要大很多。不管我们如何改变我们自己的观察角度，客观的物理的空间的对象是不会产生变化的，只有我们的视觉空间中对象有大小的变化。甚至我们经常会问“当我们转过身时，之前我面前的东西是否还存在?”一个恰当的回答，当然是除非我们毁坏了或者搬走了面前的东西，否则它就是存在的，这是以物理空间为标准的回答；在视觉空间中，我们一转身，我们的视觉就会发生变化，所以之前在我眼前的东西现在成了我身后的东西，在我的视觉空间内它不存在了。我们接下来所探讨的颜色问题则是属于视觉空间内的例子。

我们注意到，维特根斯坦似乎很喜欢研究颜色，他对颜色的研究几乎贯穿了他的后半生，在他最后几年，他对颜色的思考形成了《关于颜色的评论》一书。当他对物理实在与现象做了区分，又对物理空间与视觉空间做了区分后，就把他研究的现象锁定在视觉空间中，因为我们视觉中对于颜色有敏锐的捕捉。维特根斯坦选择了现象学语言描述现象的一个经典案例——颜色不相容现象。颜色问题之所以重要，这也跟维特根斯坦对现象的界定有关，现象就是“颜色、声音等感觉特性”。

1. 现象学语言对“颜色不相容”现象的分析

日本学者饭田隆对维特根斯坦所谓的“现象”做了一个比较明确的定义：“直接经验的对象即颜色和声音等感觉特性。”① 这可以看出维特根斯坦的现象学主要关注点就是感官问题。维特根斯坦用现象学语言描述现象的一个典型案例就是对“一个点不可能同时既是红的又是蓝的”现象的分析。

维特根斯坦曾经在《逻辑哲学论》中指出：“在视野上有两种颜色同时处于一个地点，这是不可能的而且是逻辑上的不可能，因为颜色的逻辑结构排除了这种可能性。”② 这种现象并不是说我们还没有见到过这样一个点，而是说我们不可能见到这样一个点。命题“一个点不可能同时既是红色又是蓝色”，如果用维特根斯坦前期坚持的基本命题相互独立的思想是无法进行解释的，“我为逻辑常项的运用设定了句法规则，例如‘p. q’，并且认为那些规则与命题的内在结构无关。关于我的这种观念，其错误之处在于：我相信逻辑常项的

① 〔日〕饭田隆：《维特根斯坦——语言的界限》，包羽译，第 141 页。

② 涂纪亮主编《维特根斯坦全集》第 1 卷，《逻辑哲学论以及其他》，第 260 页。

句法可以在不注意命题之间的内在联系的情况下被设定，但实际情形并不是这样。例如，我不能说红色和蓝色同时在一个点上。”① 因为如果两个基础命题独立，不会相互影响的话，那么“此时这个点是红色的”和“此时这个点是蓝色的”两者都能成立，根据逻辑真值表，如果 p 真且 q 真，那么 p 和 q 合取式为真。但是我们看到，一旦把两个基本命题综合成一个复合命题，那就会成为“一个点同时既是红的又是蓝的”，所以描述视野中某一点颜色的命题不可能是基本命题。因为根据维特根斯坦的观点：基本命题的标志是它不可能与其他基本命题相矛盾（《逻辑哲学论》4. 211）；同时在《逻辑哲学论》中表明：“基本命题不能从另一个基本命题推演出来”（《逻辑哲学论》5. 134）。

所以维特根斯坦在 1929 年的《略论逻辑形式》中放弃了对基本命题相互独立原则的坚持，这使现象学语言分析成为可能。② 命题“在这个时刻，点是红色的”与命题“在同一时刻，点是蓝色的”必然是不相容的。这两个命题的关系是不相容而非矛盾的，用逻辑语言来表示就是它们是“p 与 q”的关系，而非“p 与非 p”的关系。根据我们的逻辑真值表来看的话，当 p 与 q 彼此为真的时候，它们的合取式应该也为真，但是在颜色这个问题上，它们的合取式却结果为假，所以形式逻辑无法解决这个问题，维特根斯坦要“重新去寻找一种适合描述‘现象’的语言形式”。在现象学语言中，“他充分地意识到了像‘这是红的’与‘这是蓝的’这样的命题之间的关系是一种‘内在’的涵义关系。”③ 瑞·蒙克也认为维特根斯坦放弃了“原子命题是独立的”这一主张；所以当一个命题是真的那么就能推导出与之相反的命题是假的，因此“‘这既是红的也是蓝的’就被‘剔除了’”④；同时瑞·蒙克也把这种新的命题间的关系视为一种“内在联系”，这是一种更加复杂的句法。⑤

根据这种内在关系的句法，不仅红色和蓝色同时在同一个地方是不可能的，而且不同程度的红色之间都不能彼此包容。“一种蓝和红的混合色或蓝和

---

① 〔奥〕维特根斯坦：《维特根斯坦与维也纳学派》，徐为民、孙善春译，第 52 页。

② 〔日〕饭田隆：《维特根斯坦——语言的界限》，包羽译，河北教育出版社，2001. 142。

③ 徐英瑾：《维特根斯坦面向“现象学”的哲学转型》，《哲学门》（总第十一辑），第 141 ~ 142 页。

④ 〔英〕瑞·蒙克：《维特根斯坦传——天才之为责任》，王宇光译，浙江大学出版社，2015，第 276 页。

⑤ 〔英〕瑞·蒙克：《维特根斯坦传——天才之为责任》，王宇光译，第 288 页。

红的中间色是通过与红和蓝的结构的内在联系得到的，这种内在联系是原本的，也就是说，它并不在于‘a是红蓝色’这个句子是‘a是红色’和‘a是蓝色’的逻辑结果。”① 所以这种对颜色不相容的现象的分析，最终导向的是一种内在关系的句法分析。我们的句法分析“不允许有‘a是绿的a又是红的’这样的构成，但是对于a是绿的来说，a是红的这个句子可以说并不是另一个句子，而是一个句子的另一种形式”②。这里的“另一种形式”就是它自身的否定性形式。句法决定了是这个就不是别的，是那个就不是这个。总之，任何描述我们直接经验的命题与其他同一类的命题相互排斥，也就是说，描述直接经验的命题不能够构成那些相互独立的基本命题的集合。总结一下，颜色不相容现象的原因就是“当我们使一个命题系统面对实在时，意味着在每一种情况下，只有一个事态能存在，而不是多个”③。事态是很多可能性，只有一个事态存在，就是说实现出来的只有一种可能性，这种实现出来的事态就是事实。所以基本命题都是在命题系统中才能有意义，也就是说命题系统又规定了基本命题的有意义的表达。

2. 现象学语言是先验的还是后验的？

维特根斯坦在阐述他的现象学语言的过程中，存在着一个矛盾，那就是在《略论逻辑形式》中提到的：“我们只有通过可称之为对现象本身的逻辑研究，即在某种意义上是后验的研究，而非根据对先验可能性的推测，才能达到正确的分析”④，很明显他把现象学语言对现象的描述视为只有一种后验的分析才有可能；但是在《哲学评论》中，维特根斯坦因为看到了现象学语言背后的句法关系，又把现象学语言视作先验的研究。同时对于现象的描述，虽然现象本身是我们个体的直接经验，是经验性的后验的，但是我们使用现象学语言描述它时，最终涉及的本质是语言内在的句法关系。句法关系决定了表达的有效性。对于内在句法关系决定了现象学语言的表达，我们要问，现象学语言究竟是先验（a priori）的还是后验（a posteriori）的？我们看到维特根斯坦在这整个现象学的思考中，他注重的是现象背后的逻辑复多性，就是现象的本质，“质料本质的先验

① 涂纪亮主编《维特根斯坦全集》第3卷，《哲学评论》，第11页。
② 涂纪亮主编《维特根斯坦全集》第3卷，《哲学评论》，第12页。
③ 维特根斯坦：《维特根斯坦与维也纳学派》，徐为民、孙善春译，第39页。
④ 涂纪亮主编《维特根斯坦全集》第1卷，《逻辑哲学论以及其他》，第268页。

性规律本身就规定了当下的这个颜色现象的在场方式。”① 现象的先验性规律规定了我们表达的语言的内在句法，所以说现象是多个殊相，但是现象学语言由于受到现象本质的先验性的约束具有内在关系的本质，所以现象学语言是先验的。

瑞·蒙克在《维特根斯坦传》中举了一个例子来说明现象学语言的先验性。“这儿有一个圆。它长三厘米，宽两厘米。”圆的性质规定了它的长与宽只能是相等的，所以我们用语词“圆”就排除了一个长大于宽的圆存在的可能性。几何的句法先验地规定了这样一个圆的不可能存在，就如同颜色的句法排除了存在同时有两种不同颜色的点的可能性。

这种先验性的、必然性的性质，有时候会让人误以为是物理学上的规律，但是维特根斯坦在《维特根斯坦与维也纳小组》中明确区分了物理学与现象学的不同：“物理学要确定的是规律性，而不涉及可能的东西。因此物理学并不描述现象学事态的结构。现象学总是涉及可能性，也涉及意义，而不涉及真假。”② 这就是说物理学求真，现象学求意义，因此现象学在本性上是规范性的，“现象学只指涉所有‘可能具有意义的’即‘可以被设想的’东西”③。物理学的规律适用于客观事物、物理实体的存在过程。现象学所涉及的是可能性，这种可能性是逻辑上的可能性，不管它在现实中如何，在逻辑上有可能性与不可能性，而逻辑上的可能性决定了现实的可能性，这也就是现象学是物理学的基础的原因。

2014 年瑞·蒙克发表论文指出，维特根斯坦在他的课堂上讲命题“一个点不可能在同一时间既是红的又是绿的”，它们不基于观察而来，同样地它们也不是“不容忽视的”逻辑命题。因此它们似乎占据了可观察的（科学）与逻辑之间的地盘，正如他后面将提出来的“要相信现象”④。并且他认为维特

---

① 徐英瑾：《维特根斯坦面向“现象学”的哲学转型》，载《哲学门》（总第十一辑），第 144 页。

② 涂纪亮主编《维特根斯坦全集》第 2 卷，《维特根斯坦与维也纳小组》，第 31 页。

③ 〔意〕R. 艾姬蒂：《维特根斯坦对于经验的现象学再现》，徐英瑾译，《世界哲学》2004 年第 1 期，第 48 ~ 56 页。

④ Ray Monk, “The Temptations of Phenomenology: Wittgenstein, the Synthetic a Priori and the ‘Analytic a Posteriori’,” *International Journal of Philosophical Studies*, Vol. 22, No. 3, 2014, pp. 312 – 340.

根斯坦的现象不是先验综合，而是“后验分析”（analytic a posteriori）。[①]这个陈述“这个点同时既是红的又是蓝的”必然是假的，但它不是矛盾的，就像《逻辑哲学论》中理解的矛盾那样，根据真值表，我们将“这个点这时是红色的”设为命题p，将“这个点这时是绿色的”设为命题q，那么“这个点这时不是红色的”就是命题“非p”，所以我们看到命题“一个点不可能在同一时间既是红的又是绿的”它是“p和q”的形式，而不是“p和非p”的形式，后者才是矛盾关系。所以维特根斯坦不得不放弃前期坚持的所有逻辑的不可能性是形式如“p和非q”的矛盾式，并且接受在《逻辑哲学论》中他曾经特别反对的东西：认为一个基本命题的真或假也许，在逻辑上暗示着另一种的真或假（比如事实上的真假）。例如，从“这是红的”是真的，我们可以推出“这是蓝的”是假的；从“这是6英寸长”是真的，我们可以推出“这是7英寸长”是假的；等等。同样在对颜色、长度、时间的陈述中，我们（正如他在与维也纳小组的谈话中说的）不依赖一个单独的命题来反对现实，我们要依赖一个命题系统（包括肯定命题及与之相对应的否定命题）反对现实：通过这个命题系统可以从一种事物的状态存在中推断出不存在描述这个事物的其他所有状态。

根据《维特根斯坦与维也纳小组》中的内容，“现在假设一个状态，‘一个对象不可能同时是红的和绿的’是一个综合判断，并且‘不可能’这个词意味着逻辑上的不可能。由于一个否定性命题必然会有一个否定它的命题，因此必然存在一个命题‘一个对象可以既是红的又是绿的’，这个命题必然也是综合的。作为一个综合命题它是有意义的，这意味着这种事物的状态可以被实现。如果‘不可能’意味着逻辑上的不可能，我们因此可以得出结论，不可能是可能的。”[②] 在此维特根斯坦表示的他对于综合判断的观点类似于逻辑实证主义的证实原则的观点：凡是“综合判断”都是有意义的，而有意义意味着是可以被证实的。

---

① Ray Monk, “The Temptations of Phenomenology: Wittgenstein, the Synthetic a Priori and the ‘Analytic a Posteriori’,” *International Journal of Philosophical Studies*, Vol. 22, No. 3, 2014, pp. 312 – 340. “I argue, lasted no more than a few months, from February to October 1929, during which he conceived of phenomenology as something that sought to establish what one might call ‘analytic a posteriori’ truths through something like the Husserlian method of ‘bracketing’.”

② 涂纪亮主编《维特根斯坦全集》第2卷，《维特根斯坦与维也纳小组》，第35页。

关于综合判断与分析判断在分析哲学中的区分，逻辑实证主义者艾耶尔（Ayer）曾经做出过一个比较经典的划分："当一个命题的校准仅依据于它所包含的符号定义，我们称之为分析命题，当一个命题的校准决定于经验事实，我们称之为综合命题。"① 因为维特根斯坦是与维也纳学派同时期的，并且维也纳学派（逻辑实证主义）的很多观点都受到维特根斯坦的影响，从他们将维特根斯坦的《逻辑哲学论》视为最重要的著作这一事实就能看出他们对维特根斯坦的重视。所以我们可以确定维特根斯坦这里提到的综合判断和艾耶尔说的综合判断是相近的，逻辑实证主义对二者的区分是根据命题是否与经验有关为标准的，而不是康德式的分析判断与综合判断。康德在《纯粹理性批判》中对分析命题与综合命题的区分是根据主词与谓词的关系来区分二者的："要么是谓词 B 属于主词 A，是（隐蔽地）包含在 A 这个概念中的东西；要么是 B 完全外在于概念 A，虽然它与概念 A 有连结。"② 康德将第一种判断视作分析的判断，第二种为综合的判断。前者是不增加知识的，后者可以扩展我们的认识。

而"有意义的"意味着是对世界的言说的合理性，因此我们便可以设想出判断本身的反面判断的存在。所以，"我胃疼"和"我胃不疼"两个命题都是综合判断，也都是可以实现出来的，这两个相互反对的命题各自成真都是可以设想的。我们还是接着对"一个点不可能同时既是红的又是蓝的"这个命题分析，假设它是先验综合判断，那么不可能就是逻辑上的不可能，即不可能是它的真的先天有效性——但另一方面，同一命题的综合性却又保证了它的相反命题的可设想性，即一个点可以同时既是红的又是蓝的。这样先验性和综合性就矛盾了。所以颜色命题不是先验综合判断。我们只能承认，存在着一种既不是纯粹综合的判断，也不是纯粹分析的判断的第三种可能性，而这种判断的先验有效性是由它内在的句法保证的。根据以上的资料，我现在的想法是，现象是经验的，直接的；但是描述现象的现象学语言却是先验的，因为现象学语言后面隐藏着表达的句法，而句法则是先验的，规定了我们说什么是有意义的，什么是无意义的。

---

① A. J・艾耶尔：《语言、逻辑和真理》，尹大贻译，上海译文出版社，2006，第 54 页。
② 〔德〕康德：《纯粹理性批判》，邓晓芒译，杨祖陶校，第 8 页。

四　维特根斯坦对现象学语言的放弃

在1933年的《哲学评论》中维特根斯坦表明了他对现象学语言的态度：“现在，现象学语言或我所称谓的原初语言，在我看来并不是目的，我不再认为它们是必要的。”① 其实由于《哲学评论》的写作时间是1929年2月至1930年4月，而提出现象学思想与现象学语言是在1929年大约下半年，这样看来维特根斯坦的思想变化确实很快，其实早在1929年底，维特根斯坦与维也纳小组讨论时，就已经提出放弃现象学语言了，其中内容与《哲学评论》中很相像：

> 早先我曾确信，存在一种会话用语（我们日常就是用这种会话用语谈论一切）以及一种原初语言，它表达着我们现实知道的东西，所以，它是现象……我认为，我们无须去寻找一种新的语言或者去构造一种符号系统，会话系统就是语言，前提是我们使它摆脱不清晰状态。②

维特根斯坦在这时期的著作中不止两次提到不再坚持一种现象学语言，而主张重新回归到日常语言。

1. 现象与现象学语言之间的沟壑

至于维特根斯坦不再使用“现象学语言”的原因，斯皮格伯格的回答是维特根斯坦为了“避免技术术语”。那为什么维特根斯坦在1929～1933年中，没有想避免技术术语，斯皮格伯格并不是十分清楚。Gier回答这个问题时，说维特根斯坦停止使用“现象”这个术语时他的思想从一种现象学发展到了另一种；也就是说，他离开了一种胡塞尔式的本质探索，并朝向一种与海德格尔、梅洛－庞蒂的存在主义有着更多共同点的哲学世界观前进。

维特根斯坦自己意识到了现象学语言的缺陷，“现象中被我们唤为时间的东西，并不处在历史的时间之中，它并非这种时间之一段，与此同时，我们在

---

① 涂纪亮主编《维特根斯坦全集》第3卷，《哲学评论》，第37页。
② 涂纪亮主编《维特根斯坦全集》第2卷，《维特根斯坦与维也纳小组》，第14～15页。

语言这个字眼下所理解的东西，却在同质的历史时间中流逝”[①]。我们的任何语言（包括现象学语言）的使用都只能存在于物理时 - 空之中，但是现象却并不在时间序列之中有所停留，这样它就不可能去直接地描述那非时间的现象了。“也许全部的困难就在于把物理时间的时间概念转用于直接体验的进程中……现象（似是而非的当前）包括时间，但并不在时间之中。而语言的进行是有时间性的。”[②] 这种“‘现象学语言 - 物理学语言’区分的彻底化，最后导致的乃是一种全新意义上的‘现象 - 语言’区分——在这种新区分中，‘现象’与‘现象学语言’之间的直接对应关系被无情地斥责为一个幻相，而现象自身的‘不可说性’却被凸显出来”[③]。

维特根斯坦在剑桥的演讲中直接表达了他的一种观点：“我们生活的世界是感觉材料的世界；但是我们谈论的世界是物理对象的世界。”[④] 我们生活的世界与我们言说的世界是两种意义上的世界，所以我们能谈论的唯一世界是物理世界。感觉世界和物理世界的不同与之前提到的视觉空间和物理空间的不同以及视觉识别的对象和公共存在的识别对象的区别是一个系列的。

尽管当我们试着表达现象时我们用语言直观地把握，但这将造成一个绝对的错误，只能导致哲学上的困惑。语言术语和与它们相对应的逻辑结构在我们使用日常语言时总是在空间和时间中。我们对世界的无中介的经验（直接的经验），本质上有着完全不同的特征；我们发现在活生生的世界中直接经验看起来是没有“延伸的”，因为它们的当下性。对于维特根斯坦而言，语言和现象两者它们存在的维度不同：语言在物理的世界中展开，现象则是一种非时间性的当下。

维特根斯坦说，“我们发现自己并用我们的语言去言说，这不是在投影的图片的领域内而是在电影的范围内。”[⑤] 如果我们排除任何假设的条件去真实地描绘直接经验，根据维特根斯坦的观点，那么我们必须描述在屏幕上的东

---

① L. Wittgenstein, *The Big Typescript TS 213*, 2005, p. 351. “What we might call phenomenal time (the specious present) doesn't occur in historical time (past, present and future). It is not a stretch of time, whereas the process of ‘language’ runs its course in homogeneous historical time.”

② 涂纪亮主编《维特根斯坦全集》第 3 卷，《哲学评论》，第 10 页。

③ 徐英瑾：《维特根斯坦哲学转型期中的“现象学”之谜》，第 271 页。

④ 〔英〕维特根斯坦：《维特根斯坦剑桥演讲录（1930 ~ 1935）》，周晓亮、江怡译，第 81 页。

⑤ 涂纪亮主编《维特根斯坦全集》第 3 卷，《哲学评论》，第 70 页。

西，除此之外没有任何东西。所以问题现在变成了：在时间中展开的语言如何去描述一个非时间性的领域？维特根斯坦的答案是：不可能，因为“世界与语言的比较出现在时间的瞬间，这不同于最初说出这个陈述的时间瞬间，因为中间的计算必然会占用某些（物理）时间。它们并不是出现在一个具体的当下中”①。物理时间的概念是内在地与一个无间断的连续的属性相关联的，而也正是因为这个，物理学语言才能预测未来并解释过去。现象具有时间形式，但却不在时间中占有位置。

这个比喻的目的是展示出在时间与空间中延伸的我们的生活世界和更根本性的现象的领域之间的基本的不同。通过指出这种分离的结果是两种语言的不可通约性，直接比较只能在命题与物理对象之间进行。维特根斯坦觉得他把对“初级语言”的需要合理化了，初级语言可以直接地与现象自身的特征相符合。使用我们的次级语言将导致有不相容的结构投射到一个它们不使用的领域中，只能导致我们走向错误的道路和死胡同。如果是这样的话，那我们的语言能进行讨论的就只能是物理的世界了。

不到几个月，维特根斯坦就宣称现象学语言的目标是无法实现的。“现在，现象学语言或我所称谓的‘原初语言’，在我看来并不是目的，我不再认为它们是必要的。”② 维特根斯坦为什么会突然改变观点呢？正如第一句明确指出的它是一种维特根斯坦不再希望继续的“初级语言”。然而，这种改变需要更加纯粹的思维的改变。这种描述我们直接经验的形式不只是有问题的，而是根本不可能实现的。这种最初的被提议的描述形式的不可能性，我们也可以在电影类比中发现。

如果这两个领域——电影屏幕和电影胶卷——是根本上不同于彼此的，那么是什么阻碍我们去言说直接感觉的不可描述性？对电影和投影的分析，维特根斯坦不再像以前那样认为这种彻底的分离是必需的。相反，代替的符号系统的目的要依赖于这两个范围的分离。直接经验的描述永远不能真正地被称为问题。“直接经验如何被描述？”的问题变成了“这个领域都是可被描述的吗？”对这个问题的考虑，维特根斯坦的回答是直接经验不能被描述，至少不是他所

---

① J. 欣提卡：《维特根斯坦论存在与时间》，江怡译，《世界哲学》2015 年第 6 期，第 5 ~ 14 页。

② 涂纪亮主编《维特根斯坦全集》第 3 卷，《哲学评论》，第 37 页。

期望的程度上的描述。

构造一种现象学语言是在藐视我们直接经验的美梦，对我们复杂经验的细节描述，已经牺牲在了它自己无批判地追求清楚性的过程中了。一个非常困难的，但是可以克服的，在生活世界和经验世界之中的裂缝已经变成了一个无法逾越的深渊；我们之前的引用也同样恰当，“可以说，我们的语言不是在投影图像的领域中，而是在电影胶片的领域中。当我要把音乐加到银幕过程中去的时候，就必须把随音乐而出的东西在胶片的领域中也演绎一遍。”① 正如我们看到的那样，对这部分的说明已经展示出维特根斯坦在现象学上初步的尝试和最后的抛弃的态度。

而真正的现象学语言和日常语言之间的区别，只有使用。如果撇开使用来谈，那么所有语言都是相同的——“所有这些语言只是表达着一种唯一的、不可比较的东西，除此之外不可能表达其他东西。”② 到了这里，维特根斯坦思想已经有了后期哲学的影子，日常语言的使用就是语言意义的呈现，同时语言游戏的过程也要遵循规则，而这规则就是现象学语言中内在的句法结构。可以说维特根斯坦的现象学已经渐变出了后期哲学的雏形，只是维特根斯坦看到要用现象学语言去描述整个世界太困难了，而世界就是我们的世界，就是我们生活于其中，与他人交流共存的世界。世界的本质在维特根斯坦的认识中就是语言的本质，但这个语言只能是我们的日常语言才有效。

在这个时期中现象不可说性的观点，与维特根斯坦前期的观点一致，“凡是可说的东西，都可以明白地说，凡是不可说的东西，则必须对之沉默。”③ 同时这些不可说的东西，“它们显示自己，它们是神秘的东西”④。维特根斯坦的现象学思想最终表现出来的正是维特根斯坦对自然科学世界之外的东西去言说的尝试，因为他认为我们可以讲清楚的是科学世界，物理实体就是科学世界中的部分。对于那些不可言说的部分，维特根斯坦虽然之前保留的意见是要对此保持沉默，但在他重返剑桥后，还是尝试着去言说不可说的领域，这就是我们前面看到的对现象关注描述的过程。不可说的东西也进入了维特根斯坦后期

① 涂纪亮主编《维特根斯坦全集》第 3 卷，《哲学评论》，第 84 页。
② 涂纪亮主编《维特根斯坦全集》第 3 卷，《哲学评论》，第 10 页。
③ 涂纪亮主编《维特根斯坦全集》第 1 卷，《逻辑哲学论以及其他》，第 187 页。
④ 涂纪亮主编《维特根斯坦全集》第 1 卷，《逻辑哲学论以及其他》，第 263 页。

哲学，在语言的使用中显现着那些不能进一步分析描述的东西，而且维特根斯坦表示，那些没有说出来的部分比如伦理、美学、神学和形而上学的部分更重要。

同样在海德格尔哲学中也有类似的思想，那就是“无”和“有”，“‘无’既不自行显现，也不依傍着它仿佛附着于其上的那个存在者出现。‘无’是使存在者作为存在者对人的此在启示出来所以可能的力量。”① 此在的生存状态是“畏”和“操心”，“畏使我们忘言。因为当存在者整体隐去之时正是‘无’涌来之时，面对此‘无’，任何‘有’之说都归于沉寂。”② 海德格尔对待“无”和“有”的态度，和维特根斯坦一样，他们都更加重视“无”和“不可说的”，正是它们在我们言说时显示出来，构成了人生的意义所在。从这个角度来看，维特根斯坦的现象学思想确实如 Gier 认为的那样，走向的是一条更加倾向海德格尔思想的道路，而非胡塞尔式的道路。

对于维特根斯坦而言，他认为存在着可说与不可说两部分，我们以逻辑的和主谓形式的描述会超出语言的界限使陈述变得无意义。但是人们是主体性的存在，我们都有冲撞语言界限的冲动，这种冲撞语言界限之举的意识显示出有关于人类的某种关键性的东西。语言界限在维特根斯坦与海德格尔哲学中不是一种消极的意义，相反，它具有一种积极的意义——显示人的存在的意义和价值。

2. 现象学语言和私人语言的困境

维特根斯坦之所以放弃现象学语言，除了是因为现象学语言与所描述的对象之间时间性的矛盾——现象的不可说性的原因之外，还有一个更加重要的原因则来自现象学语言自身。现象学语言在本质上其实就是一种私人语言。维特根斯坦对私人语言论证的批判最初是在《哲学研究》第 243 节中：

> 但是，这样一种语言也是可以设想的吗：一个人可以用它为了自己的使用而写出或者说出他的内在的体验——他的感觉、情绪等等？——难道我们不能用我们的通常的语言做到这点吗？——但是，我并不是这样意指

① 海德格尔：《海德格尔选集》，孙周兴选编，上海三联书店，1996，第 146 页。

② 海德格尔：《海德格尔选集》，孙周兴选编，第 143 页。

> 它的。这个语言的语词应当指涉只有说话者才能知道的东西；指涉他的直接的、私人的感觉。因此，另一个人不能理解这个语言。①

这种描述个人的私有感觉，并且只能由他自己理解的语言就是私人语言。维特根斯坦对待私人语言的态度是否认存在私人语言。他认为这种只能为自己所理解的语言是一种无意义的胡说。

维特根斯坦对私人语言论证反对的一个例子是通过与一个私人语言者的对话而展现的。在《哲学研究》第 258 节中，私人语言者使用 E 来标注自己的感觉，E 所代表的意义正是 E 的实指定义，但是当私人语言者再次使用 E 时，他应该会想着“现在所产生的感觉与我对 E 给出实指定义时所产生的感觉相同”的情况下使用 E 的，但是 E 所实指的感觉已经过去了，我们无法将其与现在的感觉进行比较。只有记忆，但是我们又不能保证记忆的可靠性，所以过去感觉的记忆无法为 E 的再次使用提供可靠的标准。那么 E 如何才能有意义，不仅是对使用者也对他人？答案就是：“它必须与一种公共标准相关联，而这种标准不仅可供符号 E 的使用者，而且还可供他人加以观察。”② 如果用《哲学研究》中的原文表达，那就是第 580 节的内容：“一个‘内在的过程’需要外在的标准。”③ 也就是说，我们的感觉是私有的，这毋庸置疑，但是我们描述感觉的语言以及对感觉所表现出来的行为则是公共的。

从一开始维特根斯坦给现象学语言设定的任务就是描述感官的直接经验，这与私人语言的功能是一样的。私人语言批判就是现象学语言批判的深入与扩大，而它们两者共同的对立面就是日常语言。维特根斯坦在转型期对现象学语言的放弃，很大程度上可能就是因为他看到了现象学语言的这种私人性，私人性导致的结果就是人与人之间无法进行有效沟通，而这是在我们的生活中无法接受与证实的。因为我们总会说“我腿疼”“我觉得真好吃”等这样一些表达自己私人感觉的话语，如果不能与他人进行沟通，那么这些话就是无效的，也没有意义。但是在我们的生活中，我们却总是能够明白这些句子表达的意思。

---

① 〔奥〕维特根斯坦：《哲学研究》，韩林合译，第 155 页。

② 〔日〕饭田隆：《维特根斯坦哲学——语言的界限》，包羽译，第 223 页。

③ 〔奥〕维特根斯坦：《哲学研究》，韩林合译，第 254 页。

当然这里有一个边界模糊的共同体的前提，“仅就单独的个体而言，他对某个语词的使用是否是正确的使用、是否合适于该词的词意，并不为任何事实所决定。只有将这个个体置于与之持有相同语言的共同体之中……因此，这种使用与语言共同体中其他人的应用一致与否，决定着这一使用是否正确。”① 就是说，只有生活在一个共同体中的成员，才能理解成员之间的语言，从一开始表达的语言就是公共性的，因为语言是在共同体的历史中沉淀下来的，不是属于个体的，所以不存在私人语言的问题。

通过对外在原因分析现象的不可描述性与内在现象学语言自身的困境的分析，我们看到现象学语言消解是必然性的结果，而不是维特根斯坦主观放弃的结果。那么现象学语言在消解后，维特根斯坦认为我们对内在经验的描述不是一种私人语言可以做到的，相反日常语言足够我们表达了。但是肯定有人会反驳：既然任何语言都有时间性，那么日常语言也有时间性，它怎么去描述似是而非的当下的经验——现象呢？这个问题要解释起来十分困难，但是我们应该明白的是维特根斯坦哲学一直抱有的目标，不是描述事物本身而是描述语言或方法。直接经验为什么不能被现象学语言去描述，是因为现象学语言描述的过程中，会导致描述失效，而语言作为维特根斯坦哲学中的重要部分，不仅在前期是能够表现世界逻辑结构的逻辑图像，而且也是形成人的生活形式的关键。所以说，“即使他用不同的术语表达自己的观点，几乎全部我们语言的语义学都依赖于其根据公共识别模式的运用。这是维特根斯坦关于物理主义语言首要性说法的真实动机。”② 我们要描述的直接经验是不是时间性的其实并不重要，重要的是对个体直接经验的描述与表达要让他人理解与知道，这样才是有意义的表达。

3. 现象学语言之后

对于维特根斯坦放弃现象学的时间，第一种观点认为在1929年底，维特根斯坦就彻底放弃了现象学（Ray Monk，Hintikka）；另一些学者（Spielberg，Gier，Antonia，James M. Thompson 等）认为，维特根斯坦虽然很快放弃了“现象学”这个术语，但是在他的哲学中还存在着“现象”的思想，对现象的

---

① 〔日〕饭田隆：《维特根斯坦哲学——语言的界限》，包羽译，第228页。

② J. 欣提卡：《维特根斯坦论存在与时间》，江怡译，《世界哲学》2015年第6期，第5~14页。

关注，而且后期哲学中用“语法”来代替“现象”，正如罗撒丽娅·艾姬蒂认为的：“维特根斯坦以后非但并未丧失他对于直接经验的现象所抱有的兴趣，这种兴趣本身反而成为了贯穿维氏哲学著述活动始终的一个恒久主题，甚至还在他对于心理学的哲学所作的最后反思中占据了统治地位。”① 因为在《关于颜色的评论》中维特根斯坦明确说：“尽管并不存在现象学，但是现象学的问题总还是有的。”②

维特根斯坦虽然指出了现象的不可说性，最终导致现象学语言的消解，但是他对现象本身的兴趣却没有放弃，甚至可以说在他之后的哲学思考中，现象一直贯穿始终。虽然比较少用到“现象”术语，但是根据他的“现象学即语法”的观点，后期哲学中“语法”代替现象出现在了他的哲学思考中。所以我们说现象学语言没有了，但现象自身还存在，“现象学没有了，但现象的问题还存在着”。现象学语言因为描述的对象不可言说性导致了目标失败，至于后期哲学中维特根斯坦如何展开他的“现象即语法”的观点，需要专门的论文去说明，暂时不属于本文的内容。

现象学语言之后，我想要表达的是类似于“物理学之后”（metaphysics）的意思，我们将形而上学称作——物理学之后，并不是说形而上学是物理学，更准确地来讲是自然科学之后才发展起来的，相反，meta 有“元”和“后”两种翻译，“元”就是指起源，基石的东西，逻辑在先。所以物理学之后的意思是物理学的原因、基石。我在此也是基于这样的一个意义，现象学语言之后，我们要追求的是最根本的语言，那就是——日常语言。人类在原始社会的时候，并不存在具有逻辑符号形式的语言，甚至没有完整的语句，但是部落成员还能交流，并且他们使用的简单的语词或发的声音在他们自己看来是十分清晰的，完全可理解的，并不具有模糊性。所以我们从历史的角度，从人自身的经验来看，没有什么语言比我们日常生活中使用的语言更清晰了。虽然日常语言中的语词的意义在不同环境中有变化、有不同，但正是这种具体情境中日常语言的随之变化，才是日常语言精确性的体现，“一种

① 〔意〕R. 艾姬蒂：《维特根斯坦对于经验的现象学再现》，徐英瑾译，《世界哲学》2004 年第 1 期，第 48 ~ 56 页。

② 涂纪亮主编《维特根斯坦全集》第 11 卷，《关于颜色的评论》，第 290 页。

表达只有在生活之流中才有意义”①。所以现象学语言之后就是日常语言。那么维特根斯坦进入后期日常语言哲学的研究也就是水到渠成的工作了。当然这时的日常语言已经不再等于物理语言，而是具有了比物理语言更加丰富的内涵。

结　论

本文的目的是对维特根斯坦的现象学语言做出前世今生的解剖。根据前文的分析，最后我得出维特根斯坦的现象学语言的开始时间是 1929 年，文本是《略论逻辑形式》；维特根斯坦的现象学语言的提出必然是在现象学的基础上提出的，但是维特根斯坦的现象学与欧陆现象学家的现象学并无直接的联系，虽然并不排除有一个复杂因素的影响，至少在“现象学”这个术语上是相同的。

维特根斯坦的现象学关注的是我们的直接经验，而非物理实在，所以他提出要用现象学语言才能描述现象。现象与物理实在的区分，很重要的一方面是视觉空间与物理空间的区分，而视觉空间中的范例就是颜色不相容现象。但是随着分析，维特根斯坦很快意识到语言都是有时间性的而当下的现象却是非时间性的，这样问题成为“时间性的语言如何去描述非时间性的现象?”维特根斯坦承认这是不可能的，所以他几个月之后就明确宣布放弃现象学语言了。所以本文的结论就是维特根斯坦放弃了现象学语言，但未放弃现象。现象的不可说性本质上和他在《逻辑哲学论》中所划分的神秘领域连接起来，维特根斯坦的态度是：对于不可说的东西我们只有保持沉默。如果一定要说，那也会在最后发现说的都是无意义的。现象学语言的提出虽然最终证明它自己是无意义的，但是它所引起的影响却意义深远。

上文说现象学语言提出后引起的影响意义深远，是因为现象学语言的提出改变了维特根斯坦哲学描述世界的语言方式：维特根斯坦的“现象学”语言——描述世界的语言的转型。我们知道在《逻辑哲学论》中维特根斯坦根据语言与世界的一一对应关系来描述世界，语词构成基础命题，基础命题构成命题，命题构成语言，事实构成基本事件，事件构成世界。所以世界与语言的

① 〔美〕诺尔曼·马尔康姆：《回忆维特根斯坦》，李步楼、贺绍甲译，商务印书馆，2012，第 75 页。

每一个阶段都是一一对应的，这样世界都可以被语言完全描述，但这里的世界是物理世界，《逻辑哲学论》中认为除了这些可说的以外，还有很多不可说的，包括逻辑形式、神圣领域、伦理学、美学，但不是说这些形而上学的对象没有意义，相反维特根斯坦认为这些形而上学的对象保证了人们的价值和意义，是不可缺少的部分。我们的语言具有天生的冲动，就是要去冲撞世界的界限，这是对哲学天生的向往。

维特根斯坦前后期代表性的哲学观点的产生，根据记载都是因为在生活中看到一件事而引发的。根据冯·赖特在《回忆维特根斯坦》中的记载，前期图像论的思想来源就是维特根斯坦参军期间，有一天他在战壕里看报纸，报纸上报道法庭在审理一起车祸时用模拟的汽车来模拟了当时的车祸现象，维特根斯坦正是受到这种模拟的启发，认为世界的一切，我们都可以用语言“模拟”出来。[①]而他后期的语言游戏理论的提出根据马尔康姆的记载是因为，有一次维特根斯坦路过操场时，看到一场足球赛[②]，球赛进行中有一系列的规则，而这些规则是大家都共同承认的，所以维特根斯坦意识到我们对语言的使用正如生活中进行的游戏一样，人们有多少种生活形式，就意味着有多少种语言游戏。

我们看到维特根斯坦的哲学思想与生活经验密切相关，那么我们有理由推测他提出现象学思想也是与生活经验紧密相关的。根据维特根斯坦在 1914 ~ 1929 年的经历来看，维特根斯坦参加过战争、在偏远农村做过小学教师、当建筑师给他的姐姐建造过房屋等，这些经历极大地丰富了他的生活经验，他的世界不再只是具有浓厚的音乐氛围的维也纳富裕的生活，也不只是剑桥与罗素的理论探讨；正是这些丰富的经历，让他意识到很多时候我们的世界并不是简单的物理世界，并不是只有真实的物理实在才存在，我们的感官会对物理世界的存在有一种反应，物理实在的存在与我们感官得到的存在不同，感觉的直接经验要比物理实在更加丰富与难以描述。“仅从他后期所持的‘日常语言立场’来看，我们也有理由猜测，他对小学生的教学以及和普通人的来往，对他的哲学态度发生了影响。”[③] 当他的世界范围扩大后，他以前坚持的《逻辑

---

① 〔美〕诺尔曼·马尔康姆：《回忆维特根斯坦》，李步楼、贺绍甲译，第 11 页。

② 〔美〕诺尔曼·马尔康姆：《回忆维特根斯坦》，李步楼、贺绍甲译，第 75 页。

③ 陈嘉映：《维特根斯坦早期思想及其转变》，网址：http：//www. ideobook. com/238/early - wittgenstein/。

哲学论》中的基础命题已经不能完全描述世界了，所以维特根斯坦提出了现象学语言来描述这个感觉领域的现象。但是当维特根斯坦在将物理世界与现象绝对区分开来时，马上意识到“我们虽然生活在直接经验的现象中，但我们表述的却都是物理世界”。而且空间与时间的特性导致现象无法描述，维特根斯坦承认我们不需要现象学语言了。

于是有一个问题，就是抛弃现象学语言后，我们如何从基本命题得出日常语言命题？我们在生活中使用的语言目的是描述我们活动世界的事情的过程，它并不承担描述现象的逻辑形式的责任。但是由于日常语言是通过言说对象，给对象添加属性和特征或者对象之间的联系等来描述世界的事情的经过的，所以说基本命题是日常语言命题的基础，日常语言命题通过把基础命题用不同关系连接起来，从而描述出生活世界。[①] 日常语言在本质上也是一种符号系统，它包含了物理语言与现象学语言两部分，物理语言侧重的是对自然实在的描述，现象学语言侧重的是对主体的感觉、心理活动的描述，所以说日常语言对于我们的生活已经足够了，我们不需要再创造出一种理想语言来表达。这也是维特根斯坦为什么在后期没有研究物理语言而只研究日常语言的可能的原因。

综上分析，我们看到维特根斯坦一生的哲学研究也就是语言的研究，因为他从一开始就将哲学问题看作是我们对语言的误用，他要做的就是对误用进行澄清，并且寻找出语言真正的意义。而他一生所有哲学研究也是他最初观念的实践与证明。从早期 1929 年之前是用逻辑原子命题对物理世界的描述，1929 ~ 1933 年用现象学语言描述感觉经验世界，到 1933 ~ 1951 年用日常语言游戏理论来解释生活形式的丰富性。这是一个大概的划分，因为我们其实看到在这三个阶段中三种语言的区分并不是绝对的界限，而是在不断的比较中、发展中才找到了最适合描述世界的语言。

所以人们将 1929 ~ 1933 年称为维特根斯坦的转型期。我们应该明白的是：不是因为他处在转型期而提出现象学思想和现象学语言，而是因为他提出了现象学语言改变了我们描述世界的方法，所以描述世界方法的改变才使得我们称这种改变思想的时期为转型期。我们现在把维特根斯坦哲学分为前期与后期的

---

① 涂纪亮主编《维特根斯坦全集》第 2 卷，《维特根斯坦与维也纳小组》，第 210 页。

哲学的原因就是哲学研究的对象不同，在中间如何过渡到日常语言，就是通过对现象学语言的研究。现象学语言虽然只持续了很短的时间就被维特根斯坦否定了，它的目标的失败正是日常语言任务的开始，所以说维特根斯坦在前后期中还有一个转型期存在，那就是现象学语言阶段。也可以说是现象学语言的提出形成了维特根斯坦的转型期。这个转型期将维特根斯坦的哲学思想的连续性展现出来了，前后期的维特根斯坦思想不再是“两个维特根斯坦”，而是一个维特根斯坦的“两种语言”。

最后，我认为冯·赖特教授的一段话充分总结了维特根斯坦与现象学之间的奇遇关系，值得我们关注，本文也就以此结束：

> 维特根斯坦在其生命的垂暮之年对一个总是极大地吸引着他的复杂问题亦即颜色概念做了大量的研究。那时他正在阅读歌德的《颜色学说》，而我们则根据他自己的问题和观点对它进行讨论。那时他经常说，他正从事的研究与某些哲学家称之为“现象学”的东西属于同一类型。但他自己并不想以那个名称称呼它——而我想我可能知道其部分原因。我相信，他的态度与他欲在其哲学探究中突出语言的地位有关。因此，顺便说一句，维特根斯坦使用“语法”（或“逻辑语法”）这个术语将会引起现象学家们极大的兴趣。①

① 转引自 H. Spiegelberg, “The Puzzle of Ludwig Wittgenstein's ‘Phänomenologie’ (1929 –?),” *American Philosophical Quarterly*, Vol. 5, No. 4, 1968, pp. 244 – 256. 译文参见斯皮格伯格《维特根斯坦的现象学之谜》，李云飞译，载《多维视野中的维特根斯坦》，第 109 ~ 130 页。

论石里克证实原则的有效性

王　振*

内容提要　逻辑经验主义运动可谓20世纪初期西方哲学发展的一个重要部分，我们可以把它的核心观点看作一种“知识论”的观点：什么样的知识是有效的？逻辑经验主义者把对这个问题的回答建立在一种“意义理论”的基础之上：一种有效的知识就是那些有意义的命题组成的知识体系。那么，有意义的命题的标准是什么呢？他们的回答就是本文所要探讨的话题：意义证实原则。本文认为，从石里克对证实原则的阐述出发来分析，一个非常流行的对“证实原则”的反驳并没有人们原来想象的那么有力，因为该反驳在论证形式上是有问题的。

关键词　石里克　意义　证实原则

广义的逻辑经验主义运动包括20世纪初期维也纳学派的逻辑实证主义及其后来在美国的传播和演变，虽然今天人们已经不再提及“逻辑实证主义”或者“逻辑经验主义”，但不得不说的是，这个哲学的小传统已经深深地影响了我们今天谈论哲学、处理哲学问题的方式和方法，特别是在分析哲学的语境

---

* 王振（1986～），湖北武汉人，哲学博士，湖北大学哲学学院讲师，主要研究方向为语言哲学、哲学逻辑。

中，它已经被消化吸收从而转变成了另外一些存在方式。常常有一种观点认为，整个逻辑经验主义已经变得过时，那只不过是一个早就被抛弃了的事物，特别是在逻辑经验主义的核心“实证主义”那里，人们普遍地持有这样一种看法：它被反驳了！但事情果真如此吗？实证主义真的被驳倒了吗？一般来说，实证主义的核心在于一种对知识本身的看法，而这种对知识的看法又以一种“对知识的表达方式”的看法为基础：人们用来陈述知识的语言表达式的“意义”是什么？因此一种意义理论成为实证主义的内核，众所周知，实证主义的意义理论也就是我们熟悉的“意义证实原则”。① 那么通常认为实证主义被驳倒了的看法即来自于这样一种观点：实证主义的意义理论即意义的证实原则被驳倒了。并且一种公认的对证实原则的反驳是：“证实原则不能应用于其自身”，也就是说证实原则本身如果应用于其自身的话，最终会导致某种荒谬的结论。② 但是本文认为，这个反驳是一个误解，至少对于石里克的证实原则来说是一个误解，因此该反驳并不构成对证实原则的真正责难，所以它也就没有真正驳倒实证主义的意义理论。我将说明，这个反驳并没有对石里克所论述的证实原则构成真正的威胁。

一　意义即证实

石里克在“Meaning and Verification”（以下缩写为 M&V）这篇著名的论文中详细地阐明了一种基于经验证实的对意义的特定看法（注意：是一种对意义持有的特定看法），这里我不再使用“意义理论”这个表达，因为按照石里克，一个明显的事实就在于他认为证实原则并不是一种新的理论，一个对有无意义进行定义的命题，一种能够对表达式的意义进行判决的理论，指出这一点对于准确理解石里克的证实原则非常关键。M&V 一文由五个部分组成，其中前三个部分对什么是“意义的证实”进行了正面论述，其中包括对“证实”概念细致的澄清及其对其他哲学家如 C. I. 刘易斯提出质疑的初步回应，第四

---

① Tyler Burge，“Philosophy of Language and Mind：1950 - 1990，” *The Philosophical Review*，Vol. 101，No. 1，January 1992，pp. 3 - 4.

② Tyler Burge，“Philosophy of Language and Mind：1950 - 1990，” *The Philosophical Review*，Vol. 101，No. 1，January 1992，p. 5.

部分和第五部分则应用证实原则集中讨论了几个对证实原则造成困难（按照其他哲学家的看法，这些困难都是证实原则本身无法克服的）的问题：月球背面问题、死后生存问题、自我中心问题。通过论证，石里克认为这三个问题均不构成对证实原则的根本威胁，之所以会产生上述难题恰恰在于人们对证实原则进行了错误的理解。就本文的目的来说，证实原则到底是一个怎么样的原则，证实到底说了些什么是我们所关注的重点，因此下面的论述将围绕证实原则展开。

在 M&V 一文第一部分的第 9 段，石里克明确地对证实原则进行了表述：

> （VP） Stating the meaning of a sentence amounts to stating the rules according to which the sentence is to be used, and this is the same as stating the way in which it can be verified（or falsified）. The meaning of a proposition is the method of its verification. ①

这也就是说，陈述一个句子的意义就相当于陈述这个句子之被使用的规则，同时也相当于陈述这个句子之被证实（或被否证）的方式。几个关键的地方值得仔细分析："句子之被使用的规则"是什么意思？"句子之被证实的方式"又是什么意思？为什么句子的意义就同时相当于这两者？

让我们首先来分析一下石里克是怎么论述使用句子的规则的，在 M&V 的第一部分石里克多次提到了规则概念，其中第 4、第 5、第 6、第 7 段等五个段落最为集中和明确，当然了，仔细分析石里克在这几处的讨论，我们发现从语言表达上来讲他对规则的讨论并不一致，在表述规则概念时他或者使用逻辑规则，或者使用语言规则，或者也使用逻辑语法，甚至有时也在维特根斯坦的意义上使用语法规则这一表达。这一点很容易让人产生混淆，但表面的不一致并没有掩盖石里克的真实想法，它们并没有威胁到石里克的真正意思，不一致仅仅是表达上的。第 4 段首次提出了"逻辑规则"的概念，按照石里克的理解，逻辑规则就是那种使得我们能够从一个句子中得到一个命题的规则，也就是

① Moritz Schlick, "Meaning and Verification," *The Philosophical Review*, Vol. 45, No. 4, July 1936, p. 341.

说，它们告诉我们一种事实状况，在此状况下我们使用一个句子（…indicating the logical rules which will make a proposition out of the sentence，i. e.，will tell us exactly in what circumstances the sentence is to be used.），这样我们也就理解了这个句子的意思。紧接着在文章的第 6 段，石里克举了一个具体的句子为例来说明上述讨论的含义。“带我到一个比英格兰的天空蓝三倍的国家去”（Take me to a country where the sky is three times as blue as in England!）。这个句子是什么意思呢？按照石里克的分析，要想理解这个句子的意思，我们首先必须阐明“蓝三倍”这个表达的使用规则，只有当我们一致地规定了“蓝三倍”该如何使用，比如我们可以规定：蓝三倍就是指天空中的某种物理条件之间的对比；如此才能理解上述例句的意思，即我们能够明白这个句子指示了一种状况或者场景，在此场景下句子有意义地表达了一个事实。有两点值得注意：其一，对于语词表达式来说，规则的作用就在于告诉人们这个表达该如何使用；其二，对于整个句子来说，规则的作用同样在于告诉人们句子在什么样的场景下陈述了一种事实（给出了一个命题），也就是说，告诉人们句子是怎么使用的。通过以上的论述，我们可以发现意义是如何同规则联系起来的，对于石里克来说，句子的意义就是支配句子如何被使用的一套规则（无论我们称其为逻辑规则、语言规则、逻辑语法还是语法规则），对于任意一个语言表达式，只有明确知道了这些词或句子是在怎样一套规则下被使用、操作的，我们才能理解它们的意义，才能用它们进行有意义的表达。笔者现将上述要点表述为“意义证实原则的逻辑要求”：

> （VPL）对于任意一个语言表达式、词或者句子来说，通过给出这些表达式在语言实践中所遵循的规则，我们能理解它们是如何被使用的，那么这也就意味着我们理解这些表达式的意义之所在；意义就在于语言表达式之被使用的规则。

对于这个逻辑要求常常有一种误解认为：句子的意义就等于逻辑规则，要获得一个句子的意义，就在于我们能够得到关于这个句子的逻辑规则。之所以造成这种误解，根本的原因是我们没有真正理解石里克所给出的逻辑要求，这种对意义的逻辑要求并不是说，获得意义就等于是获得关于语言的一套抽象规则，对于上述逻辑要求来说，仅仅有了一套抽象规则我们仍然不能获得意义，因为意义的获得还必须通过规则来理解语言被使用的方式。对于这种误解，我们可以表示为：

（VPL′）句子的意义就等于那些句子所包含的逻辑规则。

对于（VPL′）来说，它是一种对意义的逻辑要求的过于简单化的理解，于是由这种简单化相应地带来了另一种误解，这种误解认为既然语言的逻辑规则最终都是任意（并且石里克本人也强调了这种任意）地给出的，那么句子的意义最终也不过是任意地给定出来的。同上面的误解一样，这个误解的根源也在于对规则的孤立和抽象看法，此两者都忽视了这里的规则是决定语言实践的使用规则，它们绝不是什么主观任意性的产物，尽管其具有一定的任意性，但这种任意性是有范围和限度的，这种范围和限度恰恰在于把规则和语言使用结合起来考虑。以上面的例句来说，对于“蓝三倍”这个表达式，尽管我们可以随意给予它一种规则（也就是所谓的逻辑规则），比如规定：“蓝三倍”是指天空的晴朗程度、天空的明亮程度、天空的清新程度等等，在此情况下我们就能够理解这个表达式该如何使用，也就可以把握它的意义。这里我们发现正因为考虑到表达式的使用，规则的给出才不是完全任意性的，规则必定是在一定的范围内给出的，比如我们就不能规定：蓝三倍是指云量的多少、风力的大小、空气的湿度等等，在此情况下我们就完全不能理解该表达式的使用，因而它也就恰恰没有意义。通过上文的分析我试图说明为什么（VPL′）的理解是错误的，如果我们不能把握这种对意义证实原则的误解的根源，那么也就不能正确地理解（VPL）。

另一个拒斥（VPL′）的根本原因在于，它似乎是一个对意义证实原则进行定义式说明的企图，如果持有这种对意义的定义式看法，那么它就将对证实原则的经典反驳论证敞开。本文极力反对这种对意义的定义式看法，因为只有这种看法才会导致对证实原则的反驳，但这种看法恰恰是建立在误解的基础之上，在本文的第三部分我会详细论证这一点。

接下来我们转入对证实的分析，在 M&V 第一部分的第 10、第 11、第 12 段等几个段落中石里克对证实概念给出了很详细的说明，并且正如石里克所表明的，证实概念是和规则概念密切相关的：

> The "grammatical" rules will partly consist of ordinary definitions, i. e. , explanations of words by means of other words, partly of what are called "ostensive" definitions, i. e. , explanations by means of a procedure which puts the words to actual use. … and that the only explanation which can work without any previous knowledge is the ostensive definition. We conclude that there is no way of understanding any meaning without ultimate reference to ostensive definitions, … It is this situation and nothing else that we describe when we affirm that the meaning of a proposition can be given only by giving the rules of its verification in experience. (The addition, "in experience", is really superfluous, as no other kind of verification has been defined.)①

尽管在这里我用很大的篇幅把几处原文杂糅在一起显得冗长而生硬，但我想这里引用的段落在意思上是连贯的，它们很好地反映了石里克对证实概念的理解。首先，“语法”规则（也就是规定语言如何被使用的规则）由两部分组成：一个部分来自于“日常”的定义，这种定义常常是通过语词说明来对另外的语词用法做出规定，另一部分来自于“实指”的定义，这种定义往往是通过对语词实际使用的说明来对语词的用法做出规定。所谓实指，也就是说语词的使用是在同外部世界的实际关联中发生的，而且按照石里克的解释，即使是前一部分的日常定义最终也依赖于实指定义。因为任何一种日常定义都依赖于某种在前的语词解释，而解释必须在某处终止，这个终止的地方就是实指定义。最后，既然语法规则的说明最终依赖于实指定义，也就是说，我们对语词使用的说明最终是同语词在外部世界的使用联系起来的，那么语词的意义同样也就最终和外部经验联系起来了。所谓证实，无非就是说我们通过经验来确定语言的使用，这同时也就和逻辑规则联系起来了：逻辑规则说明了语言如何被使用，而使用最终必然是在具体的语言实践即在语言和经验之间的连接中得到

---

① Moritz Schlick, "Meaning and Verification," *The Philosophical Review*, Vol. 45, No. 4, July 1936, pp. 341 - 342.

确证的。这里规则几乎和经验说的是同一个意思，语言的意义既在于规则也在于经验。还是以前面的例句来说明：虽然通过逻辑规则的说明，我们能够知道"蓝三倍"会被如何使用（比如说用它来指示天空的晴朗程度），但很明显，它的这种使用最终不过是展示了一种现实的情景（天空是否确实如它所描述的那般晴朗），只有通过同现实的经验对照，我们才能理解它的意义。在这里石里克的论述有一个不太明显的过渡：语言的逻辑规则确定它们应该被如何使用，而使用这个概念就已经表明它表示一种现实的活动，那么语言的被使用无非是语言对经验世界有所描述，因此由逻辑规则规定的使用其实就是指语言的使用能最终同经验联系而得到确证。这就是石里克所谓的证实概念的确切含义，笔者现将上述观点总结为"意义证实原则的经验要求"：

> （VPE）对于任意一个语言表达式、词或者句子来说，通过给出这些表达式在语言实践中和经验世界的具体联系，我们能确证它们是如何被使用的，那么这也就意味着我们理解这些表达式的意义之所在；意义就在于语言表达式之被经验所确证。

也许对于逻辑实证主义的意义说明误解最多的就是这个经验要求，从 M&V 本身就可以看出它在当时就引起了诸多误解，当然石里克本人也在 M&V 的第二部分和第三部分明确地把它们展示了出来。这里我想通过（VPE）的说明来阐明那些误解的根源，试把（VPE）和以下的论述做一比较：

> （VPE′）句子的意义就等于句子被证实的方法。

这个（VPE′）就是所有对经验要求有所误解的根源所在，同（VPL′）的误解一样，（VPE′）同样也是过于简单化的理解的产物，这种简单化的理解容易导致两个结论。其一，句子的意义似乎是某种现成的摆在眼前的东西，而要得到这个现成的意义，我们就必须去寻找证实它的方法，一旦我们找到了这种方法我们就获得了那个句子的现成意义。关于这一点，石里克本人也在 M&V 第三部分的第 4 段中予以了详细评论。很明显，这个结论和我们对经验要求的分析是不相容的，这是一种对待经验要求的抽象态度，它认为句子的意义就是某种抽象实体式的存在物，句子的证实同样也是某种孤立地存在于句子之外的对应物，而一旦我们找到了这个对应物，也就得到了句子的意义。我们所说的经验要求更像是一种对确定意义的实际过程的描述，意义和证实都是不抽象和孤立的。其二，既然句子的意义就等于句子被证实的方法，而按照通常的理解，证实的方法无非是在实际的经验中被给予的，那么这就很容易引导我们认为证实等同于当时当下的某种经验，只有确定了这种此时此地的经验，我们才能获得句子的意义。对这一点的阐释和批评是石里克 M&V 一文着力最多的，为了消除这种误解，他在文章的第二部分和第三部分中引入了“可证实性”的概念，并且他把这种可证实性解释成“逻辑上”的可证实性。也就是说，尽管意义的经验要求告诉我们意义最终是通过经验得到确证的，但这种确证却绝不意味着要求当时当下的经验来确证，因为也许对于一个句子的经验确证来说，目前还不能确定地给予某种经验的现实条件，但这并不排除以后可以，所以说，经验的确证即可证实性仅仅要求是逻辑上的可证实性就够了。这些论证的具体过程显然不是本文关注的重点所在，在石里克的文本 M&V 中有详细的说明，①本文的目的是要达到对（VPE）的正确理解。

同对（VPL′）的分析一样，我们之所以拒斥（VPE′）也源于它是对（VPE）的定义式阐明，而本文反对任何此类形式的定义阐明。通过以上内容的分析我想本文已经清楚地展示了在石里克的意义上，证实原则到底意味着什么，很明显这个原则有两个层次，但这两个层次又是统一的。对于证实原则来说，逻辑要求和经验要求是一枚硬币的两面，现将其完整地陈述如下：

$$(\mathrm{VP}) = 【(\mathrm{VPL}) \longleftrightarrow (\mathrm{VPE})】$$

在对证实原则的整个分析中，我们都力求站在石里克的立场准确地阐述意义证实原则到底意味着什么，而反对任何形式的片面化解读。本文尝试清理出石里克在 M&V 一文中所给出的证实原则，通过这种清理，本文认为：意义证实原则同任何形式的把意义等同于抽象规则或者孤立经验的定义式企图都是不

① Moritz Schlick, “Meaning and Verification,” *The Philosophical Review*, Vol. 45, No. 4, July 1936, pp. 343 – 353.

相容的。只有上述这种错误的理解才会导致对证实原则的反驳，因而此类反驳并不成立。

二　证实原则被反驳了吗?

在本文的这一部分中，我们转向后实证主义对实证主义的某些反驳。其中最经典的反驳源于罗素的某些思想，这里我将不再详细分析罗素以及其他人的具体反驳，而将注意力集中到所有这些反驳的一个核心观点上面。现在就让我们来看一看这个对意义证实原则的经典反驳：

> There was a difficulty with self-application. It is hard to cite a method of verification that is associated with the principle itself, and in the absence of such a method, the principle is "cognitively meaningless" by its own account. ①

非常明显，该反驳表达了这样一个意思：证实原则的困难源于其“自我运用”的困难，因为我们找不到一种证实方法来证实这个原则本身，那么按照该原则自身的标准来说，如果没有这种证实，它就是“认知无意义的”。这里有两个问题值得我们注意：其一，证实原则能否用于自身；其二，即使证实原则能够应用于自身，为什么说找不到证实方法来证实该原则本身。

如果证实原则是可以自我运用的，那么这意味着要对意义证实原则（VP）进行某种修正，并且此修正必须预设这样一种对（VP）的理解：（VP）本身就是一个定义，一个表明意义标准的句子，既然如此我们就可以理所当然地将其本身规定的标准运用于证实原则本身。很明显，这是本文在上一部分的论述中反复强调的必须摒弃的观点。请考虑如下对（VP）的修正：

（VP′）对于任意一个句子 S，S 是有意义的，当且仅当 S 被证实。（P）

---

① Tyler Burge, "Philosophy of Language and Mind: 1950 - 1990," *The Philosophical Review*, Vol. 101, No. 1, January 1992, p. 5.

此时证实原则被转化成了上面这样一个命题 P，并且很明显 P 定义了一种意义标准，获得意义就等于要找到证实的方法。既然 P 定义上述那样一种检验句子意义的标准，那么我们就可以合理地期待把此标准应用于 P（很明显 P 也是一个有效的句子）本身。于是我们询问：P 是否有意义呢？如果 P 要获得意义，那么按照 P 本身的标准，我们必须要找到一种方法去证实 P。也就是说：

（P）有意义，当且仅当（P）被证实，也就是说，“对于任意一个句子 S，S 是有意义的，当且仅当 S 被证实”有意义，当且仅当“对于任意一个句子 S，S 是有意义的，当且仅当 S 被证实”被证实。

（Q）

于是很清楚，我们看到 Q 明确地展示了对证实原则进行反驳论证的核心要点之所在：既然 P 要有意义，那么必须证实 P，而现在无法证实 P，于是 P 就是没有意义的。这个论证看似很有力度，就连很多逻辑实证主义者例如卡尔纳普也认可了该反驳而提出对证实原则的改进：他把（VP）解释成分析真，以避免其无法证实的命运。但这里的问题不在于（VP）是否是分析真，而在于我们是否能够合理地对（VP）提出证实的要求。Q 作为反驳论证的前提明显预设了这样一种要求，但此要求是正当的吗？试考虑如下的命题：

（Q）有意义，当且仅当（Q）被证实。也就是说“‘对于任意一个句子 S，S 是有意义的，当且仅当 S 被证实’有意义，当且仅当‘对于任意一个句子 S，S 是有意义的，当且仅当 S 被证实’被证实”有意义，当且仅当，“‘对于任意一个句子 S，S 是有意义的，当且仅当 S 被证实’有意义，当且仅当‘对于任意一个句子 S，S 是有意义的，当且仅当 S 被证实’被证实”被证实。

（R）

非常清楚，如果对命题 P 预设命题 Q 的要求，那么我们同样可以对命题 R 也预设同样的要求，因为我们可以合理地询问：命题 R 能否证实？如不能，那么它便是没有意义的，并且一旦 R 没有意义，那用 Q 这个前提来反驳 P 就是不能成立的。这里更重要的地方在于，通过上文的分析，我们已经看到按照 Q 的要求对 P 提出证实会导致像 R 那样的后果，而 R 同样面临着证实的要求，因此接下去又会要求对 R 的证实的证实，这是一个无限后退的论证。所以对 P 的证实要求（作为对 P 的反驳论证）明显不合理，因为如果可以对 P 提出证实要求，那么同样可以对 P 的证实要求提出证实，这样证实永远没有终点，因此 Q 的反驳论证不是一个有效的反驳论证。关于这个反驳论证，还可以从另一个方面提出相应的质疑，试考虑如下命题：

q：q 不能证实。 (T)

那么 T 命题有意义吗？如果按照 Q 的证实要求来说，T 有意义当且仅当 T 被证实。现在假定 T 有意义即命题 q 有意义，那么此时，当且仅当 T 被证实即 q 被证实。而一旦 q 被证实，那么也就意味着 q 的内容"q 不能证实"被证实了，于是我们得出结论说：命题 q 有意义，当且仅当 q 不能证实。现在同样假定命题 T 没有意义即命题 q 无意义，那么此时，当且仅当 T 不能证实即 q 不能证实。而一旦 q 不能证实，那么也就是说 q 的内容"q 不能证实"反而确实被证实了。于是我们同样得出结论说：命题 q 没有意义，当且仅当 q 能被证实。这里明显出现了一个悖论，为什么会出现这种悖论呢？这个悖论是同某一类型悖论相关的，试同如下的悖论比较：

p：p 是假的。 (T′)

请问 T′命题是真还是假？如果 T′是真的，即 p 是真的，那么 p 是假的；如果 T′是假的，即 p 是假的，那么 p 是真的。比较（T）和（T′）两悖论，我们可以发现问题出在语言表达上面：当我们不论用 q 还是 p 表达一个命题，这个命题内容中再次出现 q 或者 p 这种表达时，我们不能合理地要求把用于对命题内容中的 q 或者 p 进行说明的谓叙同样应用于命题表达 q 或者 p 本身。也就是说，我们必须把语言表达本身和用语言表达所说的区别开来，这也就是元语言和对象语言区分的思想根源所在。因此我们说，正是因为（T）和（T′）忽视了元语言和对象语言之间的区分，所以才导致了令人无法接受的悖论。因而这里再次表明，用 Q 的标准对 P 提出证实要求是不合理的，这种不合理的要求恰恰是由于对元语言和对象语言的混淆而产生的。这也就意味着，以 Q 为前提对证实原则进行反驳的论证并不是一个有效的论证。

通过以上的分析，笔者认为本文已经明确地阐明了对证实原则的反驳是基于一种混淆才产生的，一种基于对元语言和对象语言的混淆。那为什么会对证实原则产生如此严重的混淆呢，结合本文第一部分的分析，我认为产生这种混淆的根本原因是，对证实原则本身的误解。正是对证实原则的误解产生了基于混淆之上的对证实原则的反驳。正如本文上一部分所分析的，对证实原则的误解是这样一种误解：抽象地看待证实原则，这种抽象的态度把证实原则当作一种确定意义的定义标准。但（VPL）和（VPE）却告诉我们，作为证实原则（VP）的两项约束条件，它们是二合一的，并且更为重要的是，它们只是描述了（VP）必须满足的条件（也就是说它们是从元语言的角度给出条件的）；它们不是对有无意义给定一种定义标准，对意义进行一种谓叙。这里不存在对（VP）进行自我检测的问题，因为从（VPL）和（VPE）给定的条件出发，以元语言的立场来看待（VP），很明显（VP）是有意义的，它的意义恰恰在于我们首先能理解证实原则的内容在表达怎样一个事实（要获得句子的意义，就在于这个句子能被证实），我们能为这个事实设想一种证实的可能性［对于所有的句子来说，只要有可能在所有确证句子意义的过程中，我们都是按照（VP）的约束条件来进行的］。此时我们反复强调的一点就是，在理解（VP）时不能持有一种抽象的立场，按照石里克的论述，它仅仅只是给出了一些确证意义的约束条件，只要我们在确证意义的过程中始终遵循这些条件，那么（VP）就是成立的。

从上述观点出发，即使我们承认对（VP）的反驳是有效的，我们甚至也可以发现该反驳本身就有对证实原则的预设：当要求确定（VP）的意义时，我们要求对它给予证实。这本身不啻是对证实原则的内涵最好的说明。

结　论

本文的结论非常明确：通常认为维也纳学派之后的逻辑实证主义因其自身

的矛盾而瓦解了，证实原则是一个早已过时的陈词滥调，但通过本文第二部分的分析，笔者已表明这种见解不过是建立在简单化理解之上的草率结论，至少对于石里克来说是如此。通常也认为证实原则早就被彻底驳倒了，但通过本文第二部分的分析，笔者同样表明这种观点是不能成立的，证实原则并不如人们想象的那般简单和脆弱，至少对于石里克的证实原则来说是如此。

当然这并不意味着证实原则是毫无问题的，它仍然包含其他诸多的理论困境，同样面临着诸多其他类型的反驳；但很明显，这些内容并不是本文关注的焦点之所在。就本文的目标来说，我想上述论证已经达到了目的。

域外稿件

叙事的伦理与政治：海德格尔 + 福柯*

莱斯利·保罗·蒂勒 文/罗　久 译**

内容提要　海德格尔和福柯时常被责难为伦理－政治的终结者，认为他们不愿意或无能于为合理的道德或政治判断提供基础。对海德格尔的责难一般都针对他思想的高度抽象的哲学化形式，他存在论的至高无上的优越地位以及他对"常人"的蔑视，因为这三者破坏了道德原则和政治责任。而谱系学的研究则使福柯相信规训的母体无处不在，所以并不存在最终的自由。静止的、规训化的力量网络是不可逃离的，一种"怀疑式的诠释学"取消了任何获得崇高的伦理与政治地基的希望。本文试图表明海德格尔和福柯确实为我们审慎的行为和思想，为我们的实践智慧提供了资源。通过规定一种引人注目的关于教养之培育的叙事，他们都含蓄地突出了道德与政治判断的重要性。

关键词　海德格尔　福柯　叙事　伦理　政治

---

* 本文译自 Leslie Paul Thiele，"The Ethics and Politics of Narrative：Heidegger + Foucault，" in *Foucault and Heidegger*：*Critical Encounters*，ed. Alan Milchman and Alan Rosenberg（Minneapolis：University of Minnesota Press 2003），pp. 206－234. 作者 Leslie Paul Thiele 系美国佛罗里达大学（University of Florida）政治理论教授，主要致力于当代政治哲学、环境伦理学和社会运动方面的研究。本文为教育部人文社会科学研究基金（2015 年度）青年项目"承认的政治与法的形而上学：黑格尔早期法哲学思想研究（1788～1807）"（项目编号：15YJC720017）阶段性成果。

** 罗久（1985～），江西南昌人，哲学博士，南昌大学人文学院哲学系讲师，南昌大学赣江青年学者，主要从事德国哲学和中国古代哲学方面的研究。

除开某些显著的差异，马丁·海德格尔和米歇尔·福柯都呈递给了我们近代晚期社会中哲学与政治之危险的完整画面。在福柯的眼中，边沁的圆形监狱就是那个恶魔最为显明的面孔，而在海德格尔那里则是技术的姿态和“世界图像”的霸权规则。这两个恶魔都威胁着我们，它们以规训的效率为口号并极权主义式地表现和调控我们的思想。这种效率——它的主要目标是加速资源的开发，其中最重要的就是“人力资源”的开发——是以牺牲哲学的狂喜经验、文化的多元性和政治的自发性为代价的。

海德格尔主义的恶魔和福柯主义的恶魔都运用着某种相对匿名的力量。在此主要关涉的不是一种一手专政的暴君统治，而是一种更为阴险的但同样暴虐的在主体化和客体化方面实施的掌控。海德格尔所惋惜的世界图像的时代完全相似于福柯所谴责的全景敞视的时代——在这个时代中，人类被主体化和客体化到了某种全然不为人所知的地步。当代的主体化是人道主义的产物，它将世界确认为归顺的人类主体的产物。哲学与文化的拟人论开出了某种势不可当的世俗——人类只是整体的零件，这个整体既抛出了我们又规定了我们。当代的客体化是人道主义沉迷于技术宰制的产物。在沉迷于技术的规训社会中，技术之实现有赖于它的人类中介。我们每个人都成为自己的和每个人的狱卒——或者说得更准确点，每个人都将自己与他人作为人力资源进行管理。他们都是用以提高生产和消费的外展的和内聚的经营场所。世界及其人类居民变成了一种标准化的储备。经由我们自身的主体化与客体化，我们就开始了最大效率地对人力资源和自然资源的利用与耗尽。

海德格尔专注于存在论的探讨，希望从中能挖掘出某种可以勾画美好新世界的表现方式。他将形而上学标识为一种将人类与世界分离开来的表象思想，它主体化了人类，客体化了世界。福柯则供给了我们规训的谱系学，指望着能基于它为我们描述出美好新世界。他关注的中心则是维持自我与社会监视（surveillance）的思想和产生内在化的规训权力的行为与机构。

海德格尔与福柯两人因为表象思想和规训实践而对任何最终的解放感到绝望。他们从哲学与政治上预见了世界图像和它的规训的话语及机构的可质疑性，并赞扬那种质疑它们的斗争。在悲剧的伤感中，他们都欢庆由这种斗争所争得的短暂自由。在海德格尔的心目中，这种短暂的自由主要是在释然或泰然任之（Gelassenheit）中被呈示的；而对于福柯，它则是在艺术的自我创造中呈示。海德格尔主义的自由和福柯主义的自由便一夜之间如雨后春笋般绽现于近代晚期社会，它们拒绝认同并且创造性地反抗形而上学思想、全景敞视的观看、规训的力量和技术控制这些现代性的特质。

对于海德格尔与福柯在说明现代性危险方面和他们各自思想之长处方面的互补，我们不应感到惊奇。福柯受益并且沉迷于海德格尔是有文献记载的。①但我在此处的目的既不是专注于这些互补的景象，也不是描画出他们作品之间存留着的哲学的和政治的显著差异。毋宁说，我只试图对这个最初看来注定将要失败的努力提出某些要求。

除开他们原创上的和思维上的卓越才华，海德格尔和福柯时常被责难为伦理－政治的终结者。他们时常被批判为不愿意或无能于为合理的道德或政治判断提供基础。特别是海德格尔对尼采主义的拥抱，它被频繁地拿来作为他对伦理－政治领域基本没有任何贡献的证明。对他的责难一般都针对他思想的高度抽象的哲学化形式，他存在论的至高无上的优越地位以及他对"常人"（das Man）的蔑视，因为这三者破坏了道德原则和政治责任。从其哲学的顶点看来，似乎海德格尔仍然对人类的遭遇、伦理的紧迫和政治的实际性毫无视见。他使自己迟钝于道德的敏感、同情和审慎，而正是这些东西能够劝阻他去认可并支持某种专断残暴的政权。批评家们都警告道，那些信奉他的哲学的人都会招致同样的危险。

以一种相近的方式他们认为，虽然在思想上有位移，福柯也为自己挖掘了一个同样深的道德与政治的坑井。谱系学的研究使福柯相信规训的母体无处不在，所以并不存在最终的自由。静止的、规训化的力量网络是不可逃离的，一种"怀疑式的诠释学"（hermeneutics of suspicion）取消了任何获得崇高的伦理与政治地基的希望。② 在此批评家们同样挑战地说道，福柯剥夺了我们所有的抵抗不合理力量的理性，剥夺了我们对合法的伦理－政治机构进行选择的希望。在福柯主义的世界中，全景敞视的力量雕铸了意欲、需求以及自我，于是

---

① Michel Foucault, "Final Interview," *Raritan* 5 (1985): 8－9.

② 参见莱斯利·保罗·蒂勒《读尼采和福柯：怀疑的释义学?》(Leslie Paul Thiele, "Reading Nietzsche and Foucault: A Hermenutics of Suspicion?")，载《美国政治科学评论》(*American Political Science Review* 85 [June 1991]: 5－84－91)。

批评家们担心，我们在这个世界中就没有理由去斗争同时也没有什么东西能争取。①

总之，海德格尔的批评者和福柯的批评者都认为这两位思想家损坏了引领近代晚期社会航行的伦理的和政治的实践智慧。不论他们的思想多么超群多么具有原创性，这两位 20 世纪最伟大的哲学家和最伟大的社会政治理论家，他们的伦理上的无根和政治上的无责任都是颇具争议的。他们说海德格尔的陈述与行为在为纳粹的独裁主义做担保和辩护，福柯则带有激进的无政府主义——比如，他与毛泽东主义者对大众司法的讨论展现了这点。而这就证明了两位思想家都不能给予我们进行合理的道德与政治判断的源泉。

在接下来的段落中，我将会根据海德格尔与福柯内在的怀疑论来重新审查这里的谴责。我在此所作的就是为我的中心争论建造一个舞台。我的论题是海德格尔和福柯确实为我们审慎的行为和思想，为我们的实践智慧（*phronesis*）——正如亚里士多德所描述的卓越的政治美德——提供了资源。然而，如果我们试图寻求某种自明的伦理或政治的第一原则并将审慎（prudence）建基于其上，那么它注定会失败。因为海德格尔和福柯都不愿意或都不能给予我们这种建基于自然的伦理 - 政治判断。两位思想家都不计划或不接受被规范所局限的道德的或政治的生活。海德格尔与福柯都不计划或不接受建基于道义论之系统化（deontological systematization）上的形而上学。不过，两位思想家在某种重要的意义上都是有道德的和有政治感的哲学家。通过规定一种引人注目的关于教养之培育的叙事，他们都含蓄地突出了道德与政治判断的重要性。成功地验证这个论题能够展开一种关于叙事之可容性的讨论，这里的叙事正是关于伦理 - 政治之判断的叙事；它还能审查海德格尔的存在论描述和福柯的谱系学报告在实践智慧上的潜能。

---

① 尤尔根·哈贝马斯：《历史的谱系学写作：福柯权力理论的某些难点》（Jürgen Habermas, "The Genealogical Writing of History: On Some Apotias in Foucault's Theory of Power"），载《加拿大社会和政治理论月刊》（*Canadian Jouranl of Political and Social Theory* 10 [1986]: 1 - 9, 7）。也可参见南希·弗雷泽《福柯论现代权力：经验洞察和规范混乱》（Nancy Fraser, "Foucualt on Modern Power: Empirical Insights and Normative Confusi-ons"），载《国际实践》（*Paxis Inernational* 1 [1981]: 272 - 87）。

政治哲学和怀疑性的探究

政治哲学研究我们自我理解的方式，这种方式影响或应该影响我们对共同体生活的参与；政治哲学也研究我们的共同体生活是如何塑造与规定我们的自我理解的。我们如何相互行事以及我们如何管理我们的世界一般都从我们对自身的认识开始。海德格尔与福柯都追问这个艰难的问题：在这个近代晚期社会中，我们是谁？要回答这个问题我们必须陈述两个区分但又要关注它们的联系：人类的本质本性——如果这种“东西”存在的话，它就是生产人性以及个体性的东西——和话语与机构的历史发展，后两者如何形成和转换我们的自我理解或自身认同。对人类本性存在的关注，哲学地讲，要求一种存在论的探索。关注（曾经）塑造自我理解与自身认同的话语和机构的历史发展，将经由一种谱系学的冒险被陈述。在这个意义上，海德格尔的存在论探索和福柯的谱系学研究都内在地是政治 - 哲学的。

在传统的理解中，政治哲学涉及一系列工作艰巨的问题（比如，什么是正义？什么是自由？什么是公平？）并且每个问题都带有一系列数不尽的衍生问题（比如，我们如何平衡对自由的追求与公平之间的关系？）。陈述这种两难问题的方式至少与其实体性的内容差不多，实际上都决定了探究（inquiry）必然是哲学的。哲学，在海德格尔的眼中，是一种对“如何”的追问，或差不多是对“什么”的追问。哲学是一次在未知海洋上的航行，探究驱动着船只漂流并行驶在海洋之上，但是它却永远无岸可靠。政治哲学的思想内在地是不安息的，并且在不安息中探究。根植于知觉、领悟和逻辑的对知识的体验与无条件的知识论怀疑——它由我们的有限性和对矛盾的察觉支撑——之间有着一种紧张的平衡，它生产着不安息。虽然尼采发现隐喻化装为真理，发出塞壬①的歌声永久地诱惑着哲学家，但是哲学家对欺骗忍受的经验让他避免了在海岸边就搁浅。我认为对哲学规划做出如此的理解，彻底地是海德格尔主义式的和福柯主义式的。

---

① 希腊神话中的女海妖，她们用美妙的歌声诱惑船只上的海员，从而使船只在岛屿周围触礁沉没。——译者注

海德格尔主义的和福柯主义的政治哲学天生就是一种怀疑论的事业。它从不意欲独断地对部分做出断言，因为它知道关注部分必定会忽视整体——确实地忽视是否有一个整体存在。同时，政治哲学又从根本上是不知足的。它并不安息于知识之缺乏状态上，或者毋宁说安息于求知之缺乏状态上。虽然政治哲学的追问从来没有产生过让人彻底满意的答案，但无法避免地“我们始终会经历某些答案”①。这些被经历的答案需要不断地被验证——无论这些验证是多么的暂时多么的无根，它们都是必要的。除非我们被我们个人的偏见或者社会层面上的身份结构所欺骗，我们是不能从政治-哲学的追寻中退出的。

海德格尔写道，哲学是某种怀疑主义，并且是在古希腊怀疑（*skepsis*）一词基础上的怀疑主义，它意味着探究。它是一种无限制的研究方式，对每种关于真理的主张都谨小慎微。不过，海德格尔坚持怀疑主义准确说来是不能否定所有知识和所有追求知识的努力的。那种单纯否定的怀疑主义并不是哲学的，而是某种背离于自身主张的“诡辩（sophistry）”。② 同样，福柯也避免假定能够使知识扎根生长的基础真理。“我尽可能地用史料写作，为先验性留出的空间越小越好。”他写道。同时，福柯也认可我们不能断定先验基础是不存在的。“我不能排除这种可能性，”他写道，“有一天我们可能会面对某种不可还原的残留物，它可能就是先验的。”③ 如同海德格尔，福柯也发现“你也不可

---

① 迈克尔·桑德尔（Michael Sandel）写道：“政治哲学似乎时常远离于这个世界。原则是一回事，政治是另一回事，最为典型的是理论与实践的鸿沟，即便我们用尽全力去‘实现’我们的理想它也可能失败。但是如果政治哲学在一方面是不可现实化的，那么另一方面它也是不可避免的。这是因为哲学从一开始就居留在世界之中；我们的实践与制度就是理论的体现。投身于政治实践总是已经处于了理论关联之中。我们并不确定政治哲学问题的最终答案是什么——正义、价值、好的生活的本性这些东西的答案——，我们唯一知道的就是我们一直都经历着某些答案。”米歇尔·桑德尔《程序共和与无碍的自我》（Michael Sandel，“The Pro-cedual Republic and the Unencumbered Self”），载《共同体主义和个人主义》（*Communitarianism and Individ-ualism*，ed. Shlomo Avineri and Avner de-Shalit［Oxford：Oxford University Press，1992］，p. 12）。

② 海德格尔：《通向语言之路》（Martin Heidegger，*On the Way to Language*，trans. Peter Hertz［New York：Harper and row，1971］，p. 72）；也可参见海德格尔《技术问题论文集》（Martin Haidegger，*The Question Concerning Techn-ology and Other Essays*，trans. Wiiliam Lovitt［New York：Harper and Row，1977］，180）；还有海德格尔《什么是思想》（Martin Haideggeŕ，*What Is Called Thinking*，trans. J. Glenn Gray［New York：Harper and Row，1968］，p. 4）。

③ Michel Foucault，*Foucault Live*：*Interviews*，*1966 - 84*，trans. John Johnston（New York：Semiotext（e），1989），p. 79.

能断言没有真理”①。

怀疑论者对知识追求的热情是从未降低过的，知识之追求在怀疑的目光下持续前行。对知识的追求也有其固有的局限——这也就是它的代价。查尔斯·斯科特（Charles Scott）在这点上如此描述福柯的成就：“与怀疑主义主张没有什么是真正可知的远远不同……谱系学体现了某种历史性的限制，它规定着我们对知识与信仰的接收力。事情被认知。但是它们却是以花费大量的社会的和文化的成本为代价而被认知的。”② 海德格尔与福柯都坚持，极端的怀疑论者认为知识不可能也没有价值去追寻，这是没有合法性基础的。这种类型的怀疑主义，海德格尔声称，仅仅是一种“不信（doubt）之沉迷”。③ 相反，政治哲学思想的怀疑之本性是植根于无尽探究的急迫性。海德格尔与福柯进行探究的关键之处在于他们并不是为了证明某种不信，而是为了在某种不信中来维持探究。同时，探究也对获取“知识”时所要付出的伦理 - 政治代价保持着敏感性。

从事于这种类型的政治哲学工作就好比行走在一条艰险的道路上。如果遭受到迷茫，就可能失去一种动态平衡。失去中立落入一边就会使人陷入冷漠、玩世不恭和非政治主义（apoliticism）。这是由怀疑的探究退化为极端的怀疑主义而导致的，沉迷于不信将否认知识（以及求知）的价值，破坏对共同体生活的参与——因为知识必定要求（基于暂定性地对知识的认可）相互交流。而落入另一边则会陷入独断的信仰或盲目的行动主义（activism）。于是，独裁

① 福柯，引自威廉·康诺利《解释的反讽》（William Connolly，“The Irony of Interpretation”），见于《反讽的政治》（*The Politics of Irony*，ed. Daniel W. Conway and John E. Seery，New York：St. Martin's Press，1992，p. 144）。

② 斯科特描述了尼采与福柯。查尔斯·E. 斯科特：《伦理问题：尼采、福柯、海德格尔》（Charles E. Scott，*The Question of Ethics*：*Nietzshce*，*Foucault*，*Heidegger*，Bloomington：Indiana University Press，p. 96）。

③ 海德格尔：《黑格尔的经验概念》（Maritin Heidegger，*Hegel's Concept of Experience*，San Francisco：Harper and Row，1970，pp. 65 - 66，73，110）。正如马萨·诺斯鲍姆（Martha Nussbaum）所证明的那样，古希腊的怀疑论者并不怀疑他们自己的教义的价值，或者说不动心（*ataraxia*）的价值，不受扰乱的自由的价值，它们都产生出快乐与幸福（eudaimonia）。在这些情况下就像在某种需要行动的处境中，在此怀疑论者会证明他的义务，他会说他是基于唯一的“自然倾向”来行事的。但是这些倾向不应该免于被审问，因为在某个重要的方面它们仍然是社会文化概念的。参见马萨·诺斯鲍姆《欲望的治疗：希腊风格伦理中的治疗与实践》（Martha C. Nussbaum，*The Therapy of Desire*：*Theory and Practice in Hellenistic Ethis*，Princeton：Princeton University Press，1994）。

主义的意识形态就会作为平稳的基础，或者某种反动的偶像破坏行动会造成不负责任的反抗。一边是冷漠、玩世不恭和非政治主义，另一边是独断的独裁主义和反动的偶像破坏行动，这两者都是失去平衡的危险结果。这些心智状态和行为之应对模式减轻了政治哲学探究中的迷茫感，但它付出的代价却是不被容许的。

有争论的是，福柯并没有太多地走在这条政治哲学的危险道路上，他横跨两边，有时让他的读者感到绝望与愤世嫉俗，有时又怂恿他们去不负责任地进行破坏阻扰（monkeywrenching）①，有时，福柯主义者会从普遍存在的正常规训力量中逃出，并破坏任何保护正常规范的场所。无望伴随着无知。犬儒主义（Cynicism）和虚无主义（nihilism）就成了仅有的两个可选项，因为他们弃绝了所有伦理的和政治的基础。因为拒绝去描画美好的未来图景，福柯就被认为是弱化了我们斗争的力量。还有些人关注福柯的"工具箱"的发展，那个工具箱中满装着用于摧毁现代权力的工具。危险当然存在于对福柯的工具箱的"过度使用"中，使用者可能成为无原则的行动者，最轻是卢德分子，② 最坏是恐怖主义。在两种情况下，福柯都没有提供一种包罗万象式的理论图像。确实，福柯处于他所引发的拒绝政治理论与理念的运动的最前端。"我认为，设想一种别的体系仍属于我们当下体系的延展活动，"福柯明确说道，"拒绝理论以及任何形式的普遍性话语。这种对于理论的要求仍然属于我们所拒绝的理论。"③ 人们可能会忧虑这是否意味着行动将代替思想。

如果说福柯是偶尔横跨于政治哲学困境的两边，那么海德格尔则是明显地在此跌落。1930 年，海德格尔把自己困入了独裁主义式的思想体系中，这种思想扎根于存在论之"民族史"与其历史的具体化。海德格尔历史性的形而上学让他相信一个新的哲学时代将要开始。这个时代之开启含蓄地呼唤着一位

---

① 在美国，"monkeywrenching" 形容的是罢工的工人将扳手扔进机器中使其损坏以罢工，并可防止那些不愿参加罢工的人代替他们的工作。——译者注

② 卢德分子：在 1811 年至 1816 年的骚乱中捣毁节省劳动力的纺织机器的英国工人，他们认为这些机器会减少就业。——译者注

③ Michel Foucault, *Language*, *Counter-Memory*, *Practice*, trans. by Donald Bouchard and Sherry Simon, Ithaca: Cornell University Press, 1977, pp. 230 - 231.

哲学领袖，他能结束两千年以来的存在之遗忘的历史。① 海德格尔在此就被诱惑着将自己认同为知识分子的弥赛亚，被诱惑着投身于独裁主义的社会政治运动之中，并且这两者都极为诱人地允诺着文明的复兴。海德格尔后来是否完全恢复了他的平衡，又是个争议颇多的问题。有人说海德格尔痴迷于民族命运、救世主和政治独裁，这就完全消除了他对政治之哲学化所赋予的特权。②

早在 1938 年以前，在《哲学献词》（*Beiträge zur Philosophie*）中，海德格尔承认存在论聚焦于此在（Dasein）就意味着“民族神话不能作为目标或计划”。他在此警告道，个人必须警惕这种危险，即“被他自己所吸引并且将仅仅属于他生存条件（Bedingungen）的东西偶像化为他的绝对（Unbedingten）”③。然而除开这个论调的转变，海德格尔却从来没有宣称过民族偶像是完全空虚的东西。他对一个整体民族之先验命运的赞美可以看作是最后的对形而上学思想的欢呼。这种欢呼的回声一直在海德格尔的作品中回荡。在一封写给雅斯贝尔斯（Karl Jaspers）的信中，海德格尔坚持他的大地与人民“蔑视死亡与眼泪，蔑视痛苦与恐惧，蔑视匮乏与苦难，蔑视混乱与流放，处于这种无家可归之状态并不是一无所有；在那里深藏的是神之降临，它从远处的到来能照亮我们的晦暗、驱散我们的虚无”④。甚至在二战过后，海德格尔也仍把自己描绘成现代的施洗者圣约翰⑤——为他所选中的人背叛、忽视并受

---

① 虽然海德格尔并没有进行自我批评或者做出某些让步，但他最终还是承认在西方思想于古希腊发端之时，并没有一个质朴的和清晰的关于存在的叙述。直到 1954 年，他才承认“真正值得我们去思的是固定在历史中的某种从来不会背离我们的东西吗——不，真正值得去思的东西是在其发端之时就背离了人的东西”（海德格尔《什么是思想》）。在他 1962 年的《时间与存在》中，海德格尔更为明确：不论是荷马或其他古希腊诗人，还是普通希腊人在说话时，他们不仅是在去蔽意义上用 aletheia 一词，也将它理解为表象的一致性，即作为正确（orthotes）。海德格尔因此承认他早期关于真理理解中有“本质性转变”的断言，即从解蔽到一致性的转变是“站不住脚的”。海德格尔：《时间与存在》（Martin Heidegger, *On Time and Being*, trans. by J. St-ambaugh [New York: Harper and Row, 1972], p. 70）。

② 列奥·施特劳斯写道，“在海德格尔的作品中没有政治哲学的空间，这就造成了争执的空间被神或者上帝所占据。”列奥·斯特劳斯：《研究柏拉图哲学》（Leo Strauss, *Studies in Platonic Philosophy* [Chicago: University of Chicago Press, 1983], pp. 30）。

③ Martin Heidegger, *Gesamtausgabe* [Frankfurt am Main: Vittorio Klostermann, 1976 – 89], pp. 65, 319, 398.

④ Hugo Ott, Martin Heidegger, *A Political Life*, trans. by Allan Blunden (New York: Basic Books, 1993), p. 24.

⑤ 施洗者圣约翰：犹太先知，《新约》中为耶稣施洗礼并排除障碍。应莎乐美的请求被希律·安提帕所杀。——译者注

到攻击，但坚持预言存在的再临。

对于这条海德格尔与福柯跌倒于其上的政治哲学之路，我不准备再跟随下去了。我要做的主要事情既不是埋葬也不是颂扬作为政治哲学家的福柯与海德格尔，甚至也不是在传记或者检验意义上来使他们的思想恢复“正常”。毋宁说，我想要有效地利用他们的思想。因而，即将到来的任务就不是为海德格尔和福柯的思想上的失误做辩护，为他们怀疑主义的诚实性做辩护。任务是从海德格尔与福柯作品的叙事中显示出仍然可用的规范资源。这些叙事允许怀疑的诚实性与合理的道德判断共存，甚至能使两者都得到很好的发展。当我们将它们结合在一起并且创造性地组合时，海德格尔与福柯就为审慎的伦理 - 政治生活提供了一个可行的（反）基础。

第一原则的贫困

人们可能会将海德格尔对形而上学的弃绝以及福柯对理论和所有普遍话语形式的拒绝，看作是他们的作品无能于培养合理的道德和政治判断的证据。确实，很少有支持人本主义理念的怀疑理论拥有简单的引导判断的伦理原则。植根于公理和基本原则的道德和政治理论——自由主义或其他——事实上可能更少地专注于道德与政治判断上的培养，而更多时候是做些激进的和混乱的陈述。亚里士多德指出，审慎或实践智慧是在经验中培养出来的，而不是产生于某种制度。这种经验可以是直接的，也可以是间接的。对于人类来说，间接经验的主要形式就是叙事（narrative）。故事（story）能让我们通过他人的经验来进行学习。“再笨的人都能从他的错误中学习，”一则古老的格言如此说道，“而聪明人则从别人的错误中学习。”叙事是仿制的经验。就我们在政治哲学中依赖于自明理论和预先叙事来说，对审慎的培养就是可被破坏的。

麦金泰尔（Alasdair MacIntyre）注意到，“我只有预先回答了这个问题，‘我所处身的故事或传说是什么样的故事或传说?’我才能回答这个问题，‘我将做什么?’……在其源初意义上，神话就在事物的心脏中。”① 反思的神话创作是典型的

① 麦金泰尔：《追寻美德：伦理理论研究》（Alasdair MacIntyre，*After Virtue*：*A Study in Moral Theory* [Notre Dame：University of Notre Dame Press，1981]，p. 201）。也可参见麦金泰尔《伦理学简史》（Alasdair MacIntyre，*A Short History of Ethics*，New York：Macmillan，1966，p. 187）。

道德困境的表现。我们通过思考我在故事——那种完全具体地深嵌在我们生活中的故事——中应扮演什么样的角色来决定我应该做什么。原则、命题和逻辑确实应该在政治哲学中有一席之地。然而，这些东西不应被用于争论，而这些争论工具的效力一般都依赖于某种叙事，它们依据这种叙事的要求来对之进行补充和支持。

在逻辑方式上，伦理的和政治的意向在此并没有变化，甚至也没有被重新调整。该意向经由故事的内在化得到了发展——即经由对故事对人物、主题和斗争的展示得到了发展。个体通过将自己置身于某种叙事之中来找到属于自己的伦理的和政治的港湾，这种叙事的情节与人物调整并固定了某种关系与行为的价值，但同时却贬损了其他的价值。自明的理论与第一原则是这种港湾的地基，它们并不是某种普遍的东西。在道德个体与政治团体的发展中，隐喻以及神话比公理以及原则性意见有着更为重要的作用。叙事提供伦理－政治生活的行走阶梯。

海德格尔认为，人类是由他们的“抛出”（thrownness）所规定的。这就是说，我们向来已经位于叙事之中，而且这些叙事在大体上已经规定了我们个体的和集体的自我和生命。然而，如果隐喻与神话存在于事物的心脏中，这并不是说它们是从天上传下来的故事并且写入了石头之中。隐喻与神话在改变。人类是能动的故事创作者，并且他在阐释中传递故事。我们从来就没有完全脱离过扮演（前）宣读者的角色，但是我们也向来拥有对于我们的叙事资源进行重塑的相对自由。我们能够改变我们的角色并且调整情节。我们是叙事的参与者，而叙事的发展与其产生的成果绝大部分都依赖于我们对其中的角色的适应与改变。

我认为，实践的、道德的判断并不是经由形而上学原则的发展与应用而源初地获得。这种判断的获得是通过我们长期浸润在规定我们生活的叙事之中，并且改变与调适自身而培养出来的。海德格尔与福柯都反对形而上学的伦理的和政治的港湾。他们弃绝由形而上学思想生产的自明的伦理和系统化的政治。海德格尔开启了一套极为宏大的存在论叙事来替代形而上学。福柯生产了多重的谱系学传说。并不是生产一套分析的陈述来规定权力与权利之间的关系，海德格尔与福柯提供了一套引人注目的叙事，它能教导我们的道德与政治判断，能使我们的后现代生活在审慎中前行。

海德格尔存在论的叙事潜能

海德格尔是个纳粹，并且是个不知悔改的纳粹。有些人说海德格尔的纳粹主义不能同他的哲学分离开，前者遵循后者。简言之，海德格尔的政治事件恰好告诉了我们整个故事。而且从二战结束以来，在海德格尔那里，这个立场就周期性地持续发声，每次它都会开出一条理论道路。① 肯定的是，除了作为某种错误学习的例子，对于我们在合理的道德与政治判断进行教育方面，海德格尔的生活故事并不是好的例子。不过，就海德格尔自己讲述的人类生命，讲述的在历史之中的人来说，它能做很多事情来培养道德与政治判断。我完全认为，海德格尔极富洞见的述评能够反对那种指责他忽视并省略作为人类潜能的实践智慧的说法。② 我的论点不是海德格尔的作品是在明确地颂扬审慎，而是他的哲学叙事在推进对审慎的培养。

海德格尔的作品乃是适时的沉思。③ 海德格尔的哲学总是以某种方式适时

① 埃米尔·凯特林将这场从 1946 年到 1980 年的争辩分成了七个“阶段”（冈瑟·内斯克、埃米尔·凯特林《马丁·海德格尔和国家社会主义：问题与答案》）（Guenther Neske and Emil Kettering, *Martin Heidegger and National Socialism*: *Questions and Answers*, trans. Lisa Harries, New York: Paragon House, 1990, pp. 127 – 132）。理查德·沃林（Richard Wolin）最近再次重申了这个主张，他坚持“海德格尔的纳粹经验从总体上来说处于他哲学计划的‘本质’关系中”，并且他“卷入了国家社会主义……这根植于他思想最内在的倾向”（理查德·沃林《存在的政治：马丁·海德格尔的政治思想》）（Richard Wolin, *The Politics of Being*: *The Political Thought of Martin Heidegger*, New York: Columbia University Press, 1990, pp. 8, 66）。

② 海德格尔关于现代技术的谈论集中于他对亚里士多德作为解蔽（aletheia）的真理概念的讨论中。在《尼各马可伦理学》中，亚里士多德述评了许多解蔽向人类呈递自身的方式。这里的讨论的关键是亚里士多德对待人类实践智慧或审慎能力的方式。对于他来说，审慎是理智德行，它属于实践（*praxis*），就像工艺（*techne*）是属于制造（*poiesis*）的理智德行。这种实践的才能被海德格尔忽视并遮蔽，他在详细阐述亚里士多德时，仿佛工艺和制造是唯一应该被关注的客体似的，而制造则是我们面对现代技术时唯一可求助的对象。理查德·伯恩斯坦（Richard Bernstein）相信海德格尔忽视实践智慧和实践是因为他没看到人类多元性这个事实，并且是实践智慧，而不是智慧（sophia）（理论智慧），考虑到了人类含混性和处境性的本性特征。参见理查德·伯恩斯坦《新兴星群：现代/后现代伦理 – 政治视域》（Richard Bernstein, *The New Constellation*: *The Et-hical-Political Horizons of Modernity/Postmodernity*, Cambridge: MIT Press, 1991）。

③ 这部分重新组合并且扩大了莱斯利·保罗·蒂勒文章中的材料。莱斯利·保罗·蒂勒《适时的沉思：马丁·海德格尔和后现代政治》（Leslie Paul Thiele, *Timely Meditations*: *Martin Heidegger and Postmodern Politics*, Princeton University Press, 1995）；莱斯利·保罗·蒂勒，《后现代和新颖的日常化：海德格尔论厌倦和技术》（Leslie Paul Thiele, “Postmodernity and the Routinization of Novelty: Heidegger on Boredom and Technology”），载《政治》（*Polity* 29 [Summer 1997]: 489 – 517）；莱斯利·保罗·蒂勒，《海德格尔，历史和释义学》（Leslie Paul Thiele, “Heidegger, History and Hermeneutics”），载《现代历史杂志》（*Journal of Modern History* 69, September 1997, 534 – 556）。

地凸显其叙事潜能。第一，时间本身就是海德格尔大量作品所关注的中心，包括《存在与时间》（*Being and Time*）以及他后期某些最主要的哲学文章。海德格尔写到，此在是在自身“那里”的存在。此在之“此”并不单单是一个空间性的定向，它还是个时间的定向。人类的“那里”并不仅仅是世界空间——它还是历史时间。作为历史性的存在者，人类在时间中生活。人类被海德格尔所谓的有限性规定，有限性说的既是他们历史性的偶然性又是他们的有死性。被理解为历史之自我意识和有时间性意义的历史性，是海德格尔作品的中心范畴。

第二，时间对于海德格尔是重要的，还不仅是因为人类在时间中生存于存在者中间。靠着哲学的潜能，人类仍然拥有机会和责任去揭开作为时间的存在。他们是存在之到时的牧羊人。一般说来，时间被构想为一种持续，它表现了存在者外观的变化。于是，人类在时间处境中思考、说话与行动。海德格尔在他思考那个古老的但却持续的哲学问题——“什么是存在者的存在?”——时，他将时间置入了更为基本的位置。存在者的存在不是一个“什么”（what）（但形而上学的描述会如此）。存在者的存在更是一种“如何”（how）。那么，存在者又是如何呢？他们被展露为一种高潮、一种在场之取得。存在者之存在是时间性。存在时机性地展露、呈现或者显现于无蔽中。

第三，海德格尔对时间的入迷也是海德格尔自己在世界历史中的遭遇。海德格尔写道：“它如何与存在一致的问题，结果就是它如何在历史中与我们的那里 - 存在一致的问题，是我们是坚定还是踌躇于历史中的问题。”① 我们对时间性的在 - 世界 - 之中 - 存在的敞开程度决定着我们是否真正地历史性地生活，也即是说，是否果断地生活在我们的历史中。海德格尔坚持，历史性地生活要求重新追问存在论问题，这成为我们优先且基本的责任。

第四，因为他关心存在之历史（*Seinsgeschichte*），所以时间成为海德格尔哲学的中心。这段历史可以看作存在之遗忘（*Seinsvergessenheit*）在时间中演化的历史。

第五，海德格尔的哲学是个适时的沉思，因为它继承了由尼采这位不合时

---

① Martin Heidegger, *An Introduction to Metaphysics*, trans. by Ralph Manheim (New Haven: Yale University Press, 1978), p. 202.

宜的思想家开创的批判——这种批判时至今日还在日渐增多。尼采的批判在他永恒轮回的思想中达到了高潮。在他扭转尼采思想被排挤的局面时，海德格尔注意到了意愿永恒轮回将产生某种复仇精神。在此，克服时间性境域和取消时间性的“它存在”是通过将某最高价值强加于它无尽的循环而实现的，这是最极端的怨恨产生的效果。但是这仍然不过是怨恨。海德格尔有力地批判了尼采的不合时宜。在此处和现在生活就是让存在存在。让存在存在就需要让时间存在。因为存在只是时机性的。完全地参与到时机性的对什么是（what is）的开揭中去，就允诺了最高的对生命与存在的称颂。尼采意愿永恒轮回的努力并不意味一种在时间中的人的生存，而是试图从概念上把握生命之时间性演化的努力。虽然人类是被抛的，但它并未因此将此演化置入运动之中也未克服它的偶然性。心理学地和哲学地（正如社会地和政治地）从人类有限的历史性境域中逃离，换句话说，就是放弃在时间中栖居的责任。由于信奉永恒轮回，尼采招致了这种放弃。

第六，海德格尔坚持与技术对抗，是因为他对技术时代的厌恶，在那里技术帝国打着提高效率的旗号发动了对时间的战争。技术的目的是以最少的资源消耗完成订下的目标——比如用能量、人造物品、知识、财富、权力或者快乐来生产。此中，时间本身是最首要的资源。现代技术通过加速穿越在原子的、全球的和宇宙的空间，通过加快我们日常的作息来袭击时间。这个对时间的胜利付出了如此的代价：人性主要地将时间作为它的障碍物与敌对方。时间成为需要被统治的反抗力量。海德格尔将人类勾画为栖居在时间之中的，勾画为展开地在 - 世界 - 之中 - 存在。人类的“让 - 在场，”海德格尔写道，“仅仅只是时间本身。”[①] 只要我们归属于时间的方式是将它作为将要被征服的力量或者作为将要去把握并对之进行操作的流逝的客观存在，那么我们就无法真正地栖居在时间之中。在促成一种反对于时间的归属定向过程中，技术破坏了我们发现且栖居于一种世界性的家园的努力。

最后，总的说来，海德格尔的哲学适时的沉思是因为海德格尔理解了所有真正的哲学都是适时的。海德格尔坚持认为，从事哲学就是思考历史性。思想

---

① Martin Heidegger, *History of the Concept of Time: Prolegomena*, trans. by Theodore Kisiel (Bloomington: Indiana University Press, 1985), pp. 213 – 214.

仍然确实无疑地扎根于历史的当下，扎根在那些故事之上——它们告诉我们，我们在哪里，我们又如何到达那里。海德格尔注意到，从事于哲学，我们的努力必须“马上镇定并且集中于当下”①。确实，海德格尔坚持任何试图企及一种非历史性的思想之努力都将是徒劳的，这就好比一个人试图跳出自身的影子。② 但这并不是说哲学不关注“永恒问题”。它仍然涉及不朽的存在问题。哲学思想向这个问题的靠近是通过叙述人类去往存在来实现的，该叙述向来都在历史的处境中。哲学将我们带向“历史性的逗留”，召唤出我们历史性的在世方式。③ 哲学地思考就是重新历史性地收拢自身，让人真正有历史地生活在那里。在这种意义上，海德格尔的哲学就试图使人类顺从于它的叙事本质。他对形而上学的批判就是对那种否定叙事的哲学的抵抗，那种哲学以非历史的、概念化的方式将存在与人类凝固并以此否定了叙事中的偶然性和时间性。

海德格尔的哲学叙事供给了我们一个多重汇聚的故事情节。为了列举他哲学中的叙事潜能，我将集中于一个次要情节——海德格尔对正在进行的人类的概念化的和技术化的全球统治的描绘。事实上，海德格尔的人类存在论故事描述的是一个配角奋争成为主角的历史传说。在海德格尔看来，人类最根本地是存在之见证者。人类唯一地被赋予了并且唯一地承担着存在之开揭。但是，开揭存在并不是控制存在。最为根本的是，吐露存在就是成为存在之神秘的看守人。于是，海德格尔讲述的故事就还是这样的，在这个故事中人类逐渐放弃了自己作为神秘之看守人的职责并转而对之进行控制。

海德格尔提示我们，从古希腊开始就展开了一种独特地对存在进行概念化控制的方式。从柏拉图的表象思想开始，他就将存在者的存在规划为了一种形式或者理念。就在此时，试图在思想中掌控存在的努力就成为对存在本身进行掌控的努力。接着就进入了现代技术时代。现在，表象的“世界图像”时代就是集置（Gestell）④ 的时代，世界被加上了批量化的框架，成为等待被高效

---

① Martin Heidegger, *The Metaphysical Foundations of Logic*, trans. by Michael Heim (Bloomingto: Indiana Universtiy Press, 1984), p. 9.

② Heidegger, *Way to Language*, 39; Heidegger, *Introduction to Metaphysics*, 199; Martin Heidgger, *Schelling's Treatise on the Essence of Human Freedom*, trans. by J. Stambaugh (Athens: Ohio University Press, 1985), p. 11.

③ Heidegger, *Question Concerning Technology*, pp. 180 – 181.

④ 又译“座架”。——译者注

消耗的标准储备。

在海德格尔故事的结局中，我们看到我们对存在进行概念化与技术化的结果是产生了某种健忘症。正如我们忘记了如何让存在存在，我们也忘记了如何让人类存在。我们工具化了我们自身；我们变成了我们自己和任何其他人的工具。在对掌控的追求中，我们忘记了我们作为看守人的身份与职责，而假定自己是个技术工人。

听完这个故事后，我们可能会期待海德格尔会拥护一种伦理观点，它会劝告我们重塑我们相互之间的道德责任，让我们成为存在的共同见证人。但这并没有发生。确实，海德格尔弃绝了伦理话语。他对作为部门的伦理学的态度是谨慎的，这是从他对最为自然的、表象的哲学思想的批判中得来的。传统伦理学所关心的是某种断定的原则，它试图在道德范畴内完成一种概念化的掌控。它遍布于所有的主体化和客体化。“虽然某物作为‘一种价值’被描述，”海德格尔写道，“但如此被估值的东西却失去了它本身的价值。这就是说，评估某物作为价值，这仅仅是说它作为人所估算的对象。但是在其存在中的存在者却并不被其作为客体的存在所耗尽……每种价值，甚至被肯定估价的价值，都是主体化了的。它并不让存在者：有存在。毋宁说，价值让存在者：有根据——仅仅作为它对之有所作为的客体。”①

海德格尔并不建议放弃道德的倾向而进入存在问题之中。但是对于安全和稳定的伦理规范进行存在论研究，这也是我们不应该逃避的。于此，海德格尔问道：“我们不应该捍卫和保护生存（伦理）的连带吗？尽管它联结人类的方式极其脆弱，只能用于当下现今。”“确实，”他回答道，并且继续说道，“但这需要将思想永久地从其思之任务中解放出来吗？思之任务仍然是首要的，就像存在之于存在者，前者是后者的保证以及真理。”② 道德不应该被放弃。然而，在我们描绘出我们与他者相处最佳的生存准则之前，我们必须首先认清且承担我们之所是，认清且承担我们是在-世界-之中-与-他人-共在，一如我们要承担我们是存在之神秘的见证人。出于这个理由，海德格尔相信，“仅仅作为教条和命令的伦理是无力的，除非人们首先达及了某种全然不同的与存

① Martin Heidegger, *Basic Writings* (New York: Harper and Row, 1977), p. 228.
② Martin Heidegger, *Basic Writings* (New York: Harper and Row, 1977), p. 232.

在的基本联系。”[①] 海德格尔建立这种基本联系就是为了建立某种属于他的伦理。追溯“伦理”（ethos）一词的词源，其展示就不仅仅是一种与惯例性的他人共在的方式，而且是一种独特的在世的方式，于是海德格尔认为他所从事的就是一种“原伦理学”（original ethics）。[②] 他的存在论叙事就可能作为伦理学而被构建——如果说伦理学陈述的不仅仅是人类集体的习俗，而且是陈述人之为人的基本特性的话。

海德格尔将政治理解为一种活动，它维护着人类的源初伦理实践的场所。他写道，城邦（Polis）既不能理解为城市（Stadt），也不能理解为国家（Staat），它最初也是最首要地是作为场所或处所（Statt）。城邦是“在存在者中间的人类的历史性的栖居场所”[③]。他声称，政治属于正在建基以及正在保持的公共地方或公共场所，这个领域由行动的驱动力量和言谈的保存力量建成。“唯有在作品之完成中解蔽才能发生，”海德格尔写道，“在诗中的词语作品，在神庙与雕塑中的石头作品，在思想中的词语作品，它们都根植且保藏在作为历史之处所的城邦作品中。”[④] 政治的领域维护着思想、言说和行动，这些不同样态的展开状态发生的空间在其中被创造、保护和维持。维护着这个公共空间的联邦（res Publica）从根本上说就不是基于原则而是基于审慎而完成的作品——以德行行为为条件，实践智慧组建了关于人类的知识。

海德格尔警告道，通过概念化的表象和技术的力量完成对个人生命和个人世界日渐增多的控制，就是将人类生命和世界转换成为人类意志的财产。最终，我们的生命与世界被工具的力量与活动所充斥并同时被耗干了意义。被耗干了意义是因为我们生命的故事成了有意义的而不是因为我们控制了它们的产出，是因为我们学会了在历史环境中自主地行动，我们能塑造这些环境但却最终不能创造它。

就大部分来说，意义的揭示（discover）是接受性的（回顾性的）活动，而不是前摄的活动。我们的生命所揭示出来的意义与它生产的意义至少是差不多的。依照这种思想，海德格尔就坚持我们不能把世界制造成我们的家园。确

---

① Heidegger, *What Is Called Thinking*? p. 89.

② Heidegger, *Basic Writings*, pp. 234 - 235.

③ Heidegger, *Gesamtausgabe*, 53: 100 - 1.

④ Heidegger, *Introduction to Metaphysics*, p. 191.

实，主体意志的力量会经常阻止我们在世界中找到家园。海德格尔于是就认为，如果我们在世界中揭示了家园，家园之到来并不是在我们对世界不断扩张的控制中到来的，而是在我们承认我们的有限性并限制我们的掌控时到来的。这就是海德格尔对看护（caretaking）的理解。

看护是一种主动的努力。在许多情况下，看护使存在者存在成为可能。在这篇文章的语境中，它是一种审慎的行为，被理解为个体对自身之有限性的明察。海德格尔就讲述了一个审慎之死亡的故事——随着它的死亡，人性变得傲慢，人类便开始了无节制地对所有事物的统治。现代哲学试图以一种整体化的风格进行哲学研究，审慎之死亡在此中就是显明的。海德格尔相应地就在此批评了形而上学。当然，在技术控制人类和自然，以最有效的方式从它们中逼索出资源的过程中，审慎之死亡也是显明的。

在谈论人类开采时，海德格尔显出了某种程度上的不足。然而，他概述出了在掌控自然过程中固有的危险。他坚持，"人不是源头的主宰者，人是存在之牧羊人"，而且他还写道，"终有一死者栖居在他们所保护的地球上。"① 他还推断这种人类身份所造成的实质性的结果："保护意味着让某存在者自由地进入到它自身的到场中。保护地球并不是开采它也不是消耗它。保护地球不是掌控地球也不是征服地球，它们只是通向毁灭的步伐。"② 要完成对地球的宰制，我们必须假定我们已经理解了它。而在海德格尔那里自然却是不可耗尽的神秘。海德格尔所钟爱的一段赫拉克利特的残篇就是"自然喜欢隐藏"。不管我们怎样揭示自然世界，都还仍有某物隐藏：相互依赖的关系是无法被揭示的；进化遗传是未被勘察的；生物的、美的和肉身的特性是无法触及的。相反，当自然被配上框架后，每件事物都被标准性地配备，成了千篇一律的东西。每件事物都可以从我们的计算和估价中获得，并立即成了"能被监视、控制、规定、联结并可解释的东西"③。海德格尔坚持，至今所有这些尝试都通过"计算的逼迫"而"渗透"入了地球，这些尝试都是破坏性的，并且讽嘲的是，它显示了我们无力去揭示自然之神秘："这种破坏在掌控和进步的外

---

① Heidegger, *Basic Writings*, p. 221.

② Martin Heidegger, *Poetry*, *Language and Thought*, trans. by Albert Hofsadter (New York: Harper and Row, 1971), p. 150.

③ Martin Heidegger, "Heidegger's Letter to the Boss'Daughter," *Telos* 77 (Fall 1988), p. 126.

表中宣告自身的到来，它以技术－科学对自然进行客观化并对自然进行掌控，可是这种掌控却仍然是种无力的意志。自然乃是不可通透的，每种展开（disclosure）都在其展开之时就关闭了自身，而唯有当我们察觉到这点并且保护着这种发生之时，地球方才公开地澄明自身。"① 只有当我们审慎地抑制我们的扩张并保护地球时，我们才能重获我们作为见证人和看守人的身份。海德格尔存在论叙事描绘了存在在历史中的跌落，概述了存在之缺席带来的哲学和政治的代价——正是它教导着我们如何审慎。

福柯谱系学的叙事潜能

福柯推行一种审美的生活。他用这种生活反对近代晚期历史选择的生活：在知识法则统治下的科学式的生活。审美的生活并不建基在公理与算法之上，它只能靠优秀的判断来维持。实际上，福柯的审美判断内在地就是道德的与政治的。谱系学研究能促进对它的培育，因为它研究我们对我们的规定：规定我们是什么和规定我们将成为什么。

在他的哲学生涯最后为《哲学词典》提供他自身的条目时，福柯概括他的"一般计划"是某种尝试。这种尝试是关于"方法与技术的，它运用于不同的制度背景中，个别地或者在一个团体中依照个体的行为行动，以此能够塑造、指导以及改善管理他们的方法，并结束他们毫无作为的生活，或者使个体服从一种总体策略……这种权力关系刻画了人们相互'管理'的方式……它大概在分析……一种单一模式的历史性经验，在这种经验中主体为了它自身和他人，通过某种特殊的'政体'（government）中介将主体客观化"②。虽然足够精确，但是从福柯对他自己的解释中，我们却没有发现众多读者在他的作品中找到的更原初的和更令人泄气的那些东西。福柯的美名（或者恶名）绝大程度上是来自于他关于管理的"方法与技术"之特殊本性的谈论，也就是说，关于近代晚期社会中权力之本性的谈论。权力创造了某种背景条件，在其下，世界得以被遭遇且被认知。权力运行的方法与技术是无处不在的，并且时常是

① Heidegger, *Poetry, Language and Thought*, p. 47.

② Michel Foucault, *Aesthetics, Method, and Epistemology*, Vol. 2, ed. James Faubion, trans. Robert Hurley et al. (New York: The New Press, 1998), p. 463.

匿名的。它能够生产自我与灵魂，而不仅仅是表象性的。对于福柯来说（同时也是对于尼采），个体是由权力塑造的。个体那可变的动力、未熟的本能和有待培养的才智就被塑造成了某种在社会政治上顺从和在经济上高产的东西。组建个体生命的权力网络在暗地里构成和改变了我们的同一性。尽管权力的策略创造并维持了一种统治下的不平等等级，福柯却并没有将我们描述为如同蜘蛛网上的苍蝇那样的受害者。我们是蜘蛛，而蜘蛛网则是合作建立的规训的家园。

福柯将现代社会描述为“恶魔般的”。[①] 现代社会是恶魔般的，这是因为组成该社会的个体是被规训了的，它们以一种确定的方式、在某种确定的界限中思考、感觉和行动。可是这个灵魂的工匠却不会被个体自身所注意到。主体被创造了出来并且屈从于某种特定的思想形式，而唯有在这种形式之下，生命才能是连续的与完整的，这是因为这些形式被内在化并且被接纳为同一性。当权力不可视见时，它是最有效率的；当它渗透而不是冲击某人时，是没有人能抵抗住它的。福柯揭开了这个多产的权力形式。他用了一种稀奇的技能使这种不可视见得以被看见。

可这同时也是他麻烦的来源之所在。同不可视见的怪物做斗争是件永不休止的任务。福柯经常将这个任务作为惩罚交付给我们，他只给了我们很少的提示指引我们去完成这个任务。批评家指责福柯剥夺了我们的斗争的理由（因为规范化的权力无论如何是不可逃避的），剥夺了我们为了斗争建立任何界限的理由（因为它完全是一场战争）。我们被鼓励抵抗，但却没有被给予任何抵抗的伦理。面对普遍存在的权力，抵抗成了我们生命的样态，我们接纳了我们与之争斗的权力所具有的相同的维度。于是，当伦理标准被怀疑且规范化的权力在运行另一种策略之时，我们就易于反抗争斗的规则。批评家指责，福柯出于他自己的原因鼓吹越界犯规。

福柯恰恰偶尔就会靠近于这个糟糕的位置。他承认“被遵守的道德理念的核心规则现在消失了，并且早已消失了”。但是福柯也补充了一个选择：“对于这个道德之缺席，我们要应答，或者说必须应答，通过一种对审美生存

---

① Michel Foucault, *Politics*, *Philosophy*, *Culture*: *Interview and Other Writings*, 1977 - 1984, ed. Lawrence Kritzman (New York: Routledge, 1988), p. 52.

的研究来应答。”[①] 我们被鼓励进行审美方向上的抵抗，从它最广泛的意义上来看，就是通过自我 - 创造进行抵抗。我们被劝告“以艺术品的方式来创造我们”[②]。自我 - 创造就成了唯一能有效地抵抗权力策略的形式，因为它在自身中就是生产而不仅仅是禁止。火必须同火斗争。但这并不是一种令人满意的回答，因为很多人担心福柯主义的美学只相当于一种自我 - 沉醉的相对主义，然而“自恋没有真理”[③]。问题是，是否福柯主义的个体——他们的兴趣在于将他们自身创造为艺术作品——能够展示一种自我 - 抵抗和（最小限度的）他者定向，它们能生产正义的、稳定的社会秩序。换句话说，就是要问，福柯主义的美学如何与审慎的政治调和起来？

尽管有关于道德之终结的声明，但福柯并不是说我们超越了善恶。这并不是一个关于消解伦理并从规范中逃离的问题，而是要彻底改造伦理。他写道：“我并不认为社会能在没有权力关系的情况下存在，如果这个权力意味着某种策略，个体能运用它指导和控制他人的行为。可问题并不是在乌托邦式的彻底透明的交流中分解它，而是要获得规范的规则和管理的技术，而且还要获得关于自我的道德、伦理（ethos）和实践，如此就能使我们在最低限度的支配统治中与权力进行游戏。”[④] 福柯试图重建伦理关系，如此人们就能够更少地被中心规范统治而更多地在审美方向中关心他们自身和他人。他认为，这个伦理的和美学的重建允诺了一种规训统治的缩减。

道德法规的问题来自于它们是被理性统治的。虽然理性主张客观性和中立性，但福柯发现它仍然服务于权力。确实，它们就是权力的主要武器。这是因为理性帮忙伪装权力，理性让权力更加不可视见。对于福柯来说，不可视见的权力是最为危险的一种权力。理性遮盖权力的能力从原则上就是使理性成为支配实行之有效中介的能力。福柯认为，支撑着权力的伦理法规和理性就是特洛

---

① Foucault, *Foucault Live*, p. 311.

② Michel Foucault, "On the Genealogy of Ethics: An Overview of Work in Progress," in *Michel Foucault: Beyond Structuralism and Hermeneutics*, ed. Hubert Dreyfus and Paul Rabinow, 2nd ed. (Chicago: University of Chicago Press, 1983), p. 237.

③ Ronald Beiner, *Philosophy in a Time of Lost Spirit: Essays on Contemporary Theory* (Toronoto: University of To-ronto Press, 1997), p. 78.

④ Michel Foucault, *Ethics*, Vol. 1, ed. James Faubion, trans. Robert Hurley et al. (New York: The New Press, 1998), p. 298.

伊木马，它暗中地取得进入我们灵魂的入口……最终它打开了灵魂的大门，进入了以欺骗行使统治的统治结构之中。福柯在此扮演了维吉尔的卡珊德拉[①]的角色。

就像尼采一样，福柯认定道德法规只是“偶像”。他们的手中都拿着锤子。道德法规唯理性的虚空必须被探试，这就属于谱系学的任务。福柯将他的工作视为，去探究“合理性的各种形式：它们有着不同的基础、不同的产物、不同的限制，在其中，各种合理观点相互引发、相互反对又相互吸引……理性所认识到的东西是它的必然性，或这样说，各种形式的合理观点提供的就是它们的必然性，它们都是有历史的；理性所产生的偶然性的网络就是可探索的”[②]。福柯给予的叙事是关于作为权力之面具的合理性是如何发展的叙事。揭示出合理性之凶兆的源头，揭示出合理性在发展中的偶然性，就能凸显它非自然的人工性。靠着展示出各种合理性的虚空，谱系学推动了对它们的抵抗。靠着讲述某个特殊的合理性的故事，福柯让我们对合理性宣告给我们的东西保持警惕，让我们理解在选择这种合理性时所付出的代价。因此，谱系学是审慎的教育。

我们必须清楚，谱系学并不是一种超越的叙事。历史在此并不是宏大叙事（grand narrative）所展示的目的论运动。福柯的谱系学故事是一个关于在独一、多变和偶然中的争斗的故事。然而，这些冲突被安排得条理分明，也就是说，它或多或少地被安排到了连续性、统治模式、主体化和支配管理之中。在此，有人就可能说福柯打破了理性的超越叙事而进入了微观叙事（micronarrative）中，即对数不尽的特殊的合理性进行叙述。这些微观叙事就阐明了服务于权力之集中的历史性的策略是如何披上了非历史之客观性的外衣的。

在这个意义上，福柯的叙述是当下的历史。这是因为，权力运行于灵魂之塑造中，而福柯的叙事又有效地提供了关于我们自身的历史。他放了一个镜子在我们面前。当然这面镜子并不照出“真正的”自我。完全相反的是，

---

① 维吉尔：罗马诗人；卡珊德拉：特洛伊国王普里阿摩斯的一个女儿，具有预知未来的禀赋。——译者注

② 福柯：《政治，哲学，文化》（Foucault, *Politics*, *Philosophy*, *Culture*, pp. 28 – 29, 37）。也可参见福柯《权力/知识：福柯访谈作品选》（Michel Foucault, *Power/Knowledge*: *Selected Interviews and Other Writings*, 1972 – 1977 [New York: Pantheon Books, 1980], p. 164）。

它揭示了很多虚假的自我，揭示了我们的面具。说得更精确些，它揭示了权力的面具，揭示了各种合理性下面的缝隙，我们都将它们认作构成我们真实自我的要素。“实践的批判就是让容易做到的姿势变得困难，”福柯解释道。[①] 福柯谱系学的叙事允许这种分裂。而叙事这样允许对于福柯和对于他的读者来说都是一样的。他写道：“我写作文本的方式，我经常将它们设想为一种直接性的经验，在这种经验中我将我‘从自己中撕裂’，以之阻止我成为相同的。”[②] 靠着不断的自我改变，规范化的权力面对的就是一个更难击中的目标。自我转换在这个语境下就是抵抗的另一个名称。福柯解释道：“现在的目标并不是揭示我们是什么，而是拒绝我们之所是。”[③] 这种拒绝内在于审美的自我创造中。

人将自身作为艺术作品创造，这就是一种在理智上批判和在身体上抵抗那种限定我们之所是和将是的行为。正是在这种创造性的抵抗中，自由被开揭了。福柯要求抵抗这个有着生产性力量的权力，它生产并操纵着我们的身份。他断言，在反对主体化技术的过程中，我们将发现自由。福柯坚持自由不是某种需要被保护的东西，不是像义赛亚·伯林（Isaiah Berlin）所说的消极自由下个体的权力与机会。自由是一种积极争取到的东西。福柯坚持：“自由是一种实践。”它必须被“训练”（exercise）[④]。因此，福柯就不愿论及需要被维护的“本质自由”，甚至也不愿谈及某种内在于社会与政治关系中的“激动”。[⑤] 自我不再（作为上帝或自然的赠予）被给予，因而自由只有通过对自我的“发明”才是可显示的。福柯争辩道，创造自我的自由只有在社会和政治的竞技场中才能产生，在那里，我们的身份在争斗中被扰乱。因此，他用谱系学动摇且与之争论的主体化的现代性模式的努力就力图给予“未被规定的自由之运作以新的动力，让它推进得越远越宽越好”[⑥]。

---

① Foucault, *Politics*, *Philosophy*, *Culture*, p. 155.

② 引自约翰·S. 蓝赛姆《福柯的规训：主体的政治》（John S. Ransom, *Foucault's Discipline: The Politics of Subjectivity*, Durham: Duke University Press, 1997, 55）。

③ Michel Foucault, "The Subject and Power," in Dreyfus and Rabinow, *Beyond Structuralism and Hermeneutics*, pp. 2 – 16.

④ Michel Foucuault, *The Foucault Reader*, ed. Paul Rabinow (New York: Pantheon, 1984), p. 245.

⑤ Foucault, "The Subject and Power," p. 222.

⑥ Foucault, *Politics*, *Philosophy*, *Culture*, p. 46.

福柯主义的自由承担了弃绝描述自我之终极目的（*telos*）的自我规定的责任。自由在某种变化着的自我构成中被发现，构成的变化方式诞生于权力与抵抗的激烈冲撞。最根本地，这种自由在自我创造的争斗中被实现。作为尼采悲剧学校的学生，福柯在一种看似徒劳且无穷无尽的尝试中创造一个自我，这个自我永远都会必然陷入权力的网络之中。因此，福柯就呼唤一种“过度且悲观的行动主义”①。他否认审美的自我在当代的权力关系网络中能够获得完全的统治地位。偶然性在每处都是明显的。通过引证尼采，福柯承认个体居留的地方“并不是单一的不朽的灵魂，而是多数的有死的灵魂”，并且那里“不可被综合的权力支配”②。但是，就像在尼采那里那样，悲剧英雄的努力仍然是有效的。福柯鼓励我们去超越“主体专制”的人道主义，超越“主体假冒的专制”，从而获取自由。在超越中，我们承担了居留地之缺席，我们在自身的努力之下规定——且一次又一次地重新规定——我们自身的身份，从而达到对自身真正的自治。③

肖恩·雷奇曼（John Rajchman）写道：“福柯的自由并不是解放，即一个有着目的的过程。它不是解放的自由，即每个个体的自制。自由是他怀疑主义的动力与原则；是无尽追问的构成经验。”④ 正如我们将要看到的那样，这个追问既是抵抗行为又是（自我）创造。它既谨慎于标准又渴望着德性。这种追问就是一种审慎，它从关于近代晚期的主体的自我生产之谱系学故事中习得。

福柯的解放追问几乎不是在争论中记述的，作为实践判断它是驯服的。然而，无松懈的警惕、策略意识、创造性的抵抗和谨慎这些理念都让福柯相当亲近于审慎。对于我们今天的问题，福柯说道：“不是所有事情都是坏的，而是所有事情都是危险的，危险的准确说来不是坏的。如果所有事情都是危险的，我们就经常有事去做……我认为我们每天做的伦理－政治选择就是去断定什么是最危险的。”⑤ 在我们的日常生活中，对伦理和政治的德性进行理解与对危

① Foucault, “On the Genealogy of Ethics,” p. 232.

② Foucault, *Politics*, *Philosophy*, *Culture*, p. 94.

③ Foucault, *Language*, *Counter-Memory*, *Practice*, pp. 221 – 222.

④ John Rajchman, *Michel Foucault*: *The Freedom of Philosophy* (New York: Columbia University Press, 1985), p. 7.

⑤ Foucault, “On the Genealogy of Ethics,” p. 232.

险的勇敢进行应对就是审慎的美德。

极为重要的是，福柯的叙事对审慎的培养并不仅仅靠揭示权力的危险形式和揭示它们的理性面具。他的各种叙事从它们自己中开启出争执。叙事呼求审慎的解释而不是自然地接受它。正如福柯跟随尼采所强调的："解释向来是不完整的……并没有绝对源初的解释，因为毕竟所有的事物都是已经被解释了的……如果你喜欢，可以说从来就没有过一个没有被解释的解释对象，如此解释对象差不多就是一种在解释中被阐明的暴力关系……它只能猛烈地占据已经在场的解释，用锤子将之推翻、颠覆并粉碎。"[①] 福柯主义的谱系学是帮助我们争得我们之所是和我们之将是的叙事。同时，它作为游击队中的游击队，它将自身贡献给了争执。它要求我们不认可任何东西，提示我们怀疑所有的客观现实的主张，包括谱系学可能提出的为自身辩护的主张。不过，令人嘲讽的是，对于在福柯谨慎的批判中所展示的审慎，福柯主义的叙事却可能将轻信这种东西添加到对它的培养中去。

一个折中的建议

福柯鼓动我们扰乱那个制约和束缚我们的权力母体。他的目的是大量增加与规训母体相争斗的游击队，从而使我们可以将自身创造为艺术作品。因此，福柯提倡一种审慎的政治，被规范机器所擒获的个体，他们在这种围困中进行的审美抵抗将规定这种政治。由于没有任何能够从这机器中逃离的希望，但为了鼓励不要屈服，个体在参与进解构的系统破坏活动的同时就行使着一种自我-发明。经由各种标准、规范和它们各自合理性之间的细小关系，审慎就主要地在仔细的目标选择中展示，在实践美德——它在个体"活动过度"的激动中陈列出来——中展示。

福柯主义式的个人作为英雄来追赶自由，虽然他在完成他创造性的自我掌控悲剧的任务时面对着普遍存在的权力网络。除开福柯对个体专制统治进行拒绝的目标外，他指定的艺术争斗也承担了显现高级的个人主义（如果并非自恋的）之奋争的任务。这种有意为之的自我向艺术作品的转变蕴藏了主体主

① Michel Foucault, "Nietzsche, Freud, Marx," *Critical Texts* 3 (1986): 3-5.

义的寓意。于是，有人可能在这里就用海德格尔来反对福柯。但海德格尔的存在论洞见可以安置入福柯的自我－发明的观念以及这种观念带来的主体自由中。海德格尔在守护的形式中呼唤自由，而不是在对世界、他者和自我的统治中。[①] 海德格尔可能会争论，福柯的审美生活的人仅仅只是内在化了生产与控制的技术命令。相反，海德格尔认为对自由的追求是揭示性的“让－存在”。

利用着“自我－发明”，在福柯的思想中，他更多地思考的是个体的战场而不是“牧人式权力”（pastoral power），这让他的思想体系能够抵挡共同体的纠缠。他对全景敞视的自我管理的关注引发了我们对社会政治的相互依赖性的谨慎。[②] 但是，它削弱了福柯主义的叙事作为审慎教育的可能。这是因为从古代以来，对审慎的理解就是熟练地游刃于我们社会政治的相互依赖关系之中。审慎是某种建筑技术，在某种程度上它保藏了海德格尔所谓的“共同世界”（with-world）。所以，审慎就远不是个体的自我－发明的形式。约瑟芬·邓恩（Joseph Dunne）在他对古希腊的反思中写道，审慎的（phronetic）个体“能从来不持有某种自己的理念，不像工匠持有他的产品的形式；说他有着任何确定的‘什么’作为他行为或生命的蓝图，还不如说他在他的行为中发现并成了他之所是的‘那个人’。这种行为的媒介并不是一个超越于他之上的专制统治者；毋宁说，这个媒介是由仍然作为中介的他人所组成的关系网络，审慎的个体注定要跳入这个相互依赖的关系网络中。”[③] 海德格尔对“共在”（being-with-others）的理解以及他对掌控意志的拒绝，为发展和训练审慎提供了一个合理的存在论基础。它也能为福柯文本中存在的对审美主体主义的依恋提供解毒剂。

同时，福柯集中于统治的批判给予了一个现实的道德方向，而这很大程度

① 参见莱斯利·保罗·蒂勒《海德格尔论自由：政治而非形而上学》（Leslie Paul Thiele, “Heidegger on Freedo-m: Political Not Metaphysical”），载《美国政治科学》（*American Political Science Review* 88 [June 1994]: 278－91）。

② 参见福柯《治理术》（Michel Foucault, “Governmentality”），载《意识形态和意识》（Ideology and Consciousness 6 [1979]: 5－21；福柯：《全体和个别：朝向“政治理性”批判》（Michel Foucault, “Omens et Singulatum: Towards a Critique of ‘Poltical Reason’”），载《泰勒讲座，关于人类价值部分》（*The Tanner Lectures on Human*, Vol. 2, ed. Sterling McMurrin, Salt Lake City: University of Utah Press, 1981）。

③ Joseph Dunne, *Back to the Rough Ground: “Phronesis” and “Techne” in Modern Philosophy and in Aristotle* (Notre Dame: University of Notre Dame Press, 1993), pp. 244, 263.

上在海德格尔文本中是没有的。除了海德格尔将他的存在论称为“原伦理学”，我们不能但是却叹息他缺少对缓和社会关系维度的关注。相反，福柯的微观叙事却比海德格尔的存在论故事能提供更好的培养好的判断的土壤。审慎或者实践智慧在传统中就被理解为经验的产物。历史学的敏感性能增强审慎的能力。当历史学不再为洞察人类的（变幻无常的）道路进行研究，而代之以对普遍命运进行描述时，它就不能服务于审慎之教育了。问题是在此海德格尔太过于接近于黑格尔式的游戏——虽然他否认它——，这个游戏以一种形而上学式的命运颁布式的描述对世界历史进行规定。这是一种腐蚀道德敏感性的综合性的和自我 - 封闭的历史观，利奥塔将之称为“后设叙事”（metanarrative）。

在关于尼采的文章中海德格尔主张，当从“关于存在历史之持续”方面来思考存在论遗忘，它就可能“比仅仅带有残忍意志的暴力的粗野事业更为危险”①。在残酷的纳粹战争的语境中，没有人能为海德格尔的那个生硬的“仅仅”做声辩。我们会怀疑存在论的优越地位——从此海德格尔能完全地俯瞰“存在之历史”——会使他对当前的缺乏与责任失明。就像俄狄浦斯，海德格尔的失明无关乎他伟大的洞察。与柏拉图相反，海德格尔坚持存在者并不超越于时间的理念，它世界性地获取其肉身化。柏拉图在形式中找到了形而上学的基础，而海德格尔则在民族（*Volk*）中找到。

在很多方面，海德格尔将他自己设定为日耳曼的摩西，带领着他的同胞从柏拉图式的法老王的奴役中逃离。他攀上西奈山直接地听取了存在之后，他将救赎的存在论戒律交付给了下面的遗忘存在的民族。在海德格尔的思想中历史性的民族命运是最首要的，他在这种命运之首要性下来关注世间的道德与政治的衰落。可以预见的是，民族中的人们却拒绝听从海德格尔。他们已经被一种极为懦弱的崇拜，即被对技术的极端崇拜所占有。有人会怀疑海德格尔最终接受了先知那必然被他族人所忽略的命运。但是，正如伽达默尔（Gadamer）所提示我们的那样，海德格尔的哲学生涯“担负着一个思想家的暴力，他由他自己的问题推动，他由一个在每个地方都能重新发现他的欲望所推动”②。这

① Martin Heidegger, *Nietzsche*, Vol. 4, Nihilism, trans. Frank Capuzzi and David Krell (New York: Harper and Row, 1982), p. 247.

② Hans-Georg Gadamer, *Heidegger's Ways*, trans. John Stanley (Albany: State University of New York Press, 1994), p. 165.

个不止息的重新发现给予了海德格尔的思想巨大的和谐性和说服力——但却付出了伦理和政治之敏感性的代价。

虽然海德格尔对纳粹的依附和他表面上对伦理影响的逃避，是与我将（海德格尔主义的）叙事作为审慎教育的案例相冲突的，但是正如汉斯·斯鲁格（Hans Sluga）所证明的那样，许多德国的义务论哲学家在抵御纳粹主义的吸引时，情况并不比海德格尔好到哪里去。① 1933 年初，德国大学的 180 名哲学家中只有 12 人加入了纳粹党，随后又有 30% 的哲学家就像海德格尔那样加入了纳粹党，其余的 40% 在之后的一年内加入。到了 1940 年，几乎有一半的德国哲学家成为纳粹党员。其中，许多与民族主义者结盟的哲学家是新康德主义者。

如果义务论理性主义的义务和以规范为基础的伦理并没有从法西斯主义中保护德国哲学家，我们就不应该假定海德格尔对人道主义观点和原则的拒绝能够解释他道德与政治上的不足。确实，我会争辩道，除开其危险性，较之义务论理性主义，海德格尔的叙事送给了我们一个更为肥沃的培养道德与政治判断的土壤。这是因为海德格尔主义的叙事就像许多故事那样，比起公理式的论述，它对阐释更为开放。依照福柯的劝告，我们可以“说明”海德格尔叙事的需求，并同时对他形而上学的民族返祖现象施以“暴力”。换句话说，海德格尔要求审慎的训练。海德格尔会进行合作。在他关于亚里士多德的文章中，他展开了一个关于审慎的专题，在此中他认为审慎就是释义学的德性自身。② 就像福柯的谱系学故事，海德格尔的存在论叙事也呼求一种审慎的阅读。

海登·怀特（Hayden White）写道：“在福柯的话语中没有中心。一切都是浅表的——这是有意为之的。甚至比尼采还彻底，福柯坚决反对去寻找源头和超越主体的冲动，不让任何特定的意义加到我们的生存上。福柯的话语是有意说得浅表。这是与这位思想家的主要目的相协调的，他试图消解表层与深层之间的区分，并告诉我们不管这个区分在哪里发生，它都只是组织性权力游戏

① Hans Sluga, *Heidegger's Crisis: Philosophy and Politics in Nazi Germany* (Cambridge: Harvard University Press, 1993).

② Gadamer, *Heidegger's Ways*, p. 141.

的显明，这个区分就是权力隐藏自身之运作的最有效的武器。”① 与之完全相反，海德格尔的写作时常就像是没有表层一样。所有东西都是深的。深邃的存在论力量的运作遍布了所有地方。海德格尔越挖越深，但是历史的细微之处和道德的现实环境却从他的指间滑过。

我认为我们能卓有成效地将福柯的浅表和海德格尔的深度合并起来，谱系学的洞察和存在论的智慧，审美的抵抗和揭示性的“让 - 存在”。混合海德格尔 + 福柯，我们就可能学着写作有着哲学支撑和历史性细节的叙事，它们在伦理学和政治学上颇有教益。这些叙事进而能够作为读者替代性的经验，作为能让审慎生长的肥沃土壤。

① Hayden White, *The Content of the Form: Narrative Discourse and Historical Representation* (Baltimore: The Johns Hopkins University Press, 1987), p. 105.

《将世界改造到可理解的程度》（1974）

〔德〕E. 布洛赫 文/金寿铁 译*

内容提要 恩斯特·布洛赫（Ernst Bloch，1885～1977），第二次世界大战后德国最重要的马克思主义哲学家和对马克思主义传统做出创新的人物。布洛赫的独特魅力在于，他既是一位马克思主义者，又是一位20世纪最重要的哲学家之一。布洛赫一生都在写作，晚年92岁高龄的他仍在坚持工作，直到1977年全集问世，它成就了他的一生，他的著作先后被译成包括斯拉夫文、波斯文、阿拉伯文、日文和韩文在内的多种文字。布洛赫于1977年8月4日逝世，这是他生前所接受的最后一次重要访谈，是对自身学术思想和政治活动的总结性回顾，内容涉及面很广，几乎涵盖他的所有学术活动和政治活动：20世纪20年代求学时期、30年代自由作家时期、40年代美国流亡时期、50年代莱比锡大学执教时期、60～70年代图宾根大学执教时期等等，堪称20世纪一部内容丰富的哲学史、思想史文献。

关键词 恩斯特·布洛赫　青年时代　流亡　莱比锡岁月　图宾根岁月

---

* 金寿铁（1955～），哲学博士，德国图宾根大学访问学者，吉林师范大学马克思主义学院教授，吉林省社会科学院哲学与文化研究所研究员；主要研究方向为德国哲学、国外马克思主义研究等。《将世界改造到可理解的程度》访谈于1974年5月，提问人为约瑟·马尔尚（José Marchand），原拟用于法国电视台“20世纪文献”系列广播节目，但一直没有被播出，后收入阿诺·闵斯特编《直路的白日梦：与恩斯特·布洛赫的六次谈话》，法兰克福/美因，1977，第20～100页。

1. 路德维希港 – 曼海姆；青年时代与初逢哲学

E. 布洛赫：我做一下自我介绍，我在朋友中间讲述来自我的生活和我的工作的一些事情。这里涉及的是同样的情形，不过并不包括那些微不足道的、纯粹私人的事情，它们与此毫不相干；我不想超出我的生活和我的工作这方面。

J. 马尔尚问（以下简称“问”）：布洛赫教授先生，在您的书《痕迹》的一节“精神，它的初步形成”中，您报告了您的童年和少年时代。请您告诉我们这个时代，您的家庭和学校。

E. 布洛赫答（以下简称“答”）：是的，我想在此开个小小的头。这一小节，即“精神，它的初步形成”试图唤醒年仅 3 岁童年的记忆，当然还涉及了家和学校的记忆。随着 17 岁撰写第一部哲学作品[①]等，我的童年也就结束了，整部文集的用意，即最后一句以这样的论断结束：“而且到此为止。”所以，现在我打破了这一诺言，这样，我也就可以继续做事了。

问：您出生在莱茵河畔的工业城市路德维希港，并且一直生活到中学毕业为止。这座城市靠近曼海姆城，正如您在您的文章《路德维希港与曼海姆》中所描述的一样，您的发展以双重方式受到了影响……

答：我出生在西南德意志巴伐利亚州的一座工业城市，这并非偶然，也并非没有后果。当我出生时，这座城市大约有 3 万居民，而这座城市本身的历史还不足 40 年。

一幅晚期资本主义丑陋的、赤裸裸的、冷酷的外貌，饥肠辘辘的、不修边幅的、被剥削的无产阶级的景象。在此，没有任何所谓精神生活。

在莱茵河的另一方坐落着古老的曼海姆库尔法耳次官邸，因其宏伟的剧院，曼海姆今天也闻名遐迩。

曼海姆与路德维希港两个城市之间最大的区别在于，前者拥有德国最大的剧院，而后者拥有德国最大的化学工厂，即 I. G. 染料共同体[②]。上述两个城

① 此处指作者的论文：《关于力及其本质》（1902）。——译者注

② 全称为“德国焦油染料工厂利益共同体”（Interessen-Gemeinshaft der deutschen Teerfarbenindustrie）。——译者注

市隔着莱茵河相互对视；逆莱茵河向南可以到达施佩耶尔，顺流向北则通往乌尔姆，而且这两座城市距离路德维希港均大约 15 公里。也就是说，这一地区曾经是中世纪辉煌历史和德意志民族神圣罗马帝国的中心。既然如此众多的大大小小的历史河流在这里汇合，它们势必会碰撞，促使各种思想产生，并且让一个孩子在很小年纪的时候就感受到思想的交融。

如我所言，一方面是饥肠辘辘、衣衫褴褛的无产阶级，他们为一日三餐疲于奔命；另一方面是一个依然完整无损的资产阶级，他们或多或少优雅地在剧院包厢里聊天。我在《路德维希港与曼海姆》一文中，已经描述了这一思想背景和历史背景。这种背景暗示当下资本主义境况的两种原型：一是遗产及其所包含的谎言，二是过剩（文化过剩和其他过剩）。路德维希港仿佛是显现在陆地上的一座滨海城市。路德维希港是我们的生活，即国际火车站的一种标志，是这种启程情调的标志，是这种“无家”（Unzuhause）的标志，是这种非现实之城的标志。

另外，我的文章突出了城市建筑风格，城市建造得格外古色古香，到处弥漫着一种倒退性的乡愁情绪，其实，还在规划城市时，这一点就已经作为对“美好往昔”的渴念加以具体化了，从这种渴念中，出现另一个范畴，即“家乡”（Heimat）。

一方面，国际火车站、无家可归、此在的火车站、欲望等停留在旅馆的前厅里，而一个放荡不羁的新的文艺人团体的可能性就在这座火车站里发生了。另一方面，在典范的“家乡”范畴的原型中，市侩习气、富裕的资产阶级同样是一个十分重要的或更为重要的因素。此外，《希望的原理》的最后一卷用“家乡”一词结束不是偶然的，通过这种提醒，我们最终能够探寻到只有在童年时代里才显现的某种东西，即任何人也未曾到达过的地方：家乡。

问：您是什么时候开始撰写哲学作品的？

答：很早。我的第一部作品是 11 岁写的，这是一部并非十分地道的哲学作品。这部作品的标题叫《论预防蒸汽锅爆炸》。我在圣诞节收到了一部蒸汽机，并对这部蒸汽机与厨房锅中的锅炉水碱的关系发生了兴趣。我研究了这样一个问题，人们怎样才能防止由锅炉水碱引起的蒸汽锅爆炸。这部作品还算不上是十分哲学的作品。但是，不久后，我 13 岁写了《无神论内径中的世界全体》，第一句写道：“物质是一切存在者的母亲。全凭物质产生了万物，没有任何超尘世的本质插手其中。”的确，我在某个地方拒绝了廉价的、庸俗的唯物主义；但是，这个问题使我感兴趣，并且我尽量获取了这个问题。

在我周围的人那里，我很少听到关于无神论的言论，以至于我完全错误地表达了这个词。我不是把标题说成《无神论内径中的世界全体》，而是说成《无神论内径中的世界全体》。[①] 而且，我不是说物质，而是说“物质”[②]。总之，我只是书写过这些词而没有听说过这些词。现在我描述从家庭到学校的过渡。

家母是一位很难相处的人，家父是巴伐利亚国王的铁路官员，文化有限，从 17 岁起，或者从 20 岁起，他就再也没有接触过书本；他偶尔也读报纸，但是不懂艺术，是一个地地道道的官吏……因此，按照他的方式，是一个标准的人。但是，他从未说过“唯物主义”、“物质”，甚至“无神论”这个希腊词。所以，我根本无法获悉这个词的含义。

学校是另一回事。学校是可怕的。而且，一年级到九年级上的是一所人文高级中学。我在五年级里，即在九年制的五年级里，曾经考试不及格，而在复活节成绩单上写着这样的评语：“该学生是留级生，他的成绩仍然很差，以至于他是否至少达到本年度年级目标还很成问题。”奇怪的是，我达到了这一目标；但是，在下个年级这一不幸还在继续，而下个年级复活节成绩单的评语同样是：“该学生表现出一种不适当的、非分的、自负的本性，这种本性与他的深邃的知识状况完全不一致。”

对此，即对学校的陈年老账，我还是想按照同时性回忆或几近同时性回忆告诉您。在我结束本年度，即九年制的六年级，也就是说，当我进入文理中学七年级时，我撰写了一部小作品：《力及其本质》。在这部作品中，我写道：“物质作为素质借助一种新的能量运动而在物理学之中得到完成。物质类似于俄狄浦斯神话中的底比斯司芬克斯，在此，当有人解答了她的谜底时，司芬克斯就坠入了深渊。但是，现在取而代之的是唯能说，亦即力。这种力之中的物自体是什么，它肯定不是物，那么，自我运动的东西是什么？”“把运动界定为力的原因，这种定义就像把人的定义当作自身影子的原因一样厚颜无耻、不

---

① 德文 Atheismus，-ei-是双元音。——译者注
② 德文 Materie，重音在最后音节。——译者注

屑一顾。”

现在，我进一步寻求运动与力之中的内容和物自体。首先，在叔本华那里，物自体寻求生命意志，然后，在尼采那里，物自体甚至寻求权力意志。于是，我获得了解答：力的本质乃是客观幻想、自由的和明朗的精神的创造和形态，至于感性生活与道德之间的区别不过是众所周知的谎言。然后，开始了“青春艺术风格”① 等。这就是这部作品的内容。

我把这部作品的手稿寄给了最伟大的德国哲学史家文德尔班，他告诉我：“如果您把这部小作品递交我，我们就得谈一下，而且，您需要做些补充，还要补入更多的哲学史，这样您在我这里才有可能被授予博士学位。”我有理由再一次回忆起那份复活节成绩单：“该学生表现出一种不适当的、非分的、自负的本性，这种本性与他的深邃的知识状况完全不一致。”

作为中学生，本人得了个十分公道的、狠狠的不及格，我发誓永远不忘学校带给我的耻辱；在我最美好的时光中，九年或十年被判处了徒刑。

我把这个故事讲给了黑森州文化部长，并说道：“今天看上去肯定有所不同。”这位权威却对我说道：“不。看上去没有什么两样，很少有例外。”

这曾经是师生等级森严的学校，一个人从中得出的结论是：“什么时候才能最终废除首席教师的权力，这个教师对一个青年人的生活可以拥有最高权力吗？”

获得这个所谓“初中毕业考试”之后，我要求父亲把我带出学校，把我安顿到一家铁路货栈当学徒。

这样，学校看上去亘古如斯，过去、现在和将来都不会发生什么事。此外，正如我听说，在法国觉察到情况也好不到哪里去，但愿我不必相信情况会更糟。

问：什么原因促使您的父母——他们对您的哲学兴趣怀有敌意——允许您学习哲学的？

答：那时我只能讲述一个诙谐的名人趣闻逸事，可是这故事恰恰把他们套住了。

当我参加中学毕业考试之后，我终于好不容易跟我的父母去瑞士旅行。我

---

① “青春艺术风格”（Jugendstil），1900 年前后流行于西方的一种艺术创作方法。——译者注

们傍晚到达，当我从我的旅馆房间看望时，在月光下，我发现一座带有一个小庙宇的墓地，上面静静地躺着一个小陵墓。实际上，从窗外什么也辨认不清。但是，当第二天早晨，天色晴朗，我走下去，就近观察这座小庙宇，确切地说是这座小陵墓时，我蓦地发现了镌刻在墙壁上的碑文："这里安息的是乔治·弗里德里希·威尔海姆·谢林。特为他树立此纪念碑，以表永远的感谢之情。忠实的朋友和学生：巴伐利亚国王马克西米利安二世。"

我把我的父亲，即巴伐利亚州官员领到那里，面对这行碑文，于是他认识到，一个人学习哲学，毕生都能受益，但是必须刻苦用功，需要比我在学校里所表现的勤奋得多。这样，他就莫名其妙地允许我学习哲学。不过有个条件，那就是，我还要听法律课程，以便能够成为律师。毕竟我达到了目的，不过，这对于我是一个谜。这方面多亏母亲，但是在此也许感谢场所。听起来一切都十分不足为信，但事情这样发生了。

问：您刚才提到谢林的名字。您的青年时代，最重要的读物是什么？您是何时开始从事政治的？

答：其实这是两个问题，但它们有关联。着手政治——本人从事政治——每晚当我看见那些饿得要死的无产者筋疲力尽，拖着腿穿过路德维希港时，我就开始从事政治活动了！我跟社会民主党的编辑取得了联系，后来他们给我寄来了社会民主党的全部党代表大会记录，其中包括倍倍尔①和罗莎·卢森堡②的演讲，按照这种方式，我到 14 岁或 15 岁就已经熟悉了这些记录和演讲，而这些记录和演讲也确实说出了我心里的话。

的确，我们都曾备受压制，我们都曾备受轻视和侮辱，包括我们中学生，我们青少年。

后来我写的第一篇文章是政治作品。一篇叫作《世界强盗政治与人的权利》，另一篇叫作——正如在我看来，带有一个相当尖锐的问题提法——《1871 年在凡尔赛举行的皇帝加冕仪式是实现了 1848 年的理想还是对它的一种报复？》。当然是报复！

---

① 倍倍尔（August Bebel，1840—1913），德国和国际工人运动活动家，德国社会民主党领袖和创始人。——译者注

② 罗莎·卢森堡（Losa Luxemburg，1871—1919），德国和波兰工人运动活动家，德国社会民主党领袖和创始人。——译者注

我站在社会民主党的路线上，直到这条路线终于渐渐消失在一般的资产阶级化的社会民主中。

我很早就开始阅读了与哲学有关的马克思恩格斯的著作，特别是恩格斯的《反杜林论》，他的著作容易理解。

因此，我重新回到古老的文化城市曼海姆，曼海姆城堡拥有一座源自选帝侯卡尔·泰奥多时代的令人惊异的图书馆。直到 1860 年这座选帝侯图书馆还得以持续维修，但是，这以后，资产阶级对这座宫殿图书馆就不再感兴趣了。那里，拥有从莱布尼茨到黑格尔的所有最伟大的哲学颜色曲线，而且收藏有全部黑格尔的学生们的著作。那里汇集了即使今天也令人感兴趣的一部宏伟的收藏品，而我就在那里开始了我的阅读，开始了一个时代的阅读，在这个时代，全部德国大学都在谈论黑格尔，而且谈论黑格尔是“一条死的、令人厌恶的狗”。

我坐在城堡图书馆，坐在一间了不起的图书馆藏书室，坐在阅览室，那上面是提埃波罗①的湿壁画，周围是最纯洁、最美丽、最丰满的洛可可式壁画。在那里，我致力于黑格尔，致力于黑格尔的学生所撰写的关于黑格尔的著作。因此，我提早结识了费希特、谢林和黑格尔。每逢我不理解的东西我就跳过去，或者想方设法试图去理解，大多数是误解、猜测，但是以某种有趣的方式加以误解。

这样，与哲学相伴随的是研究，而后我所撰写的作品不再是受唯物主义或无神论的制约，而是受到黑格尔，特别是受到谢林，尤其是受到谢林最后作品的制约。我阅读过他最后的作品，而且在这辽阔的世界上，谅必没有一个人熟悉他最后的作品。但是，在曼海姆却有他最后的作品，而我作为天真的小伙子获得了它：《神话与启示哲学》。这是四卷本讲座，源自谢林在柏林与黑格尔主义所进行的论战，我从头至尾贪婪地读了个遍。

但是，蕴藏在《关于力及其本质》中的泛神论却保持不变。不过，只有两个论点，即在全部哲学史上一再作祟的两个重要的论点：中心是什么？主体还是客体？简言之，心理学还是形而上学？或者宇宙学？我如何才能把“自我”与“非我”这一互不相容的问题聚集在一起？从事对“自我”的研究，

① 提埃波罗（Giovanni Ballista Tiepolo，1696—1770），意大利洛可可时代的画家，被称为“威尼斯画派最后一人”。——译者注

把我带入心理学中有关“时间护板”（Verplattung der Zeit）、“心灵－身体”等的讨论，而且我最感兴趣的人是当时在德国慕尼黑大学任教的泰奥多·利普斯。[①]

此外，间或英国贝克莱哲学占据了主要位置。他的“esse est percipi”（“存在即被感知”）对黑格尔主义产生了巨大的效应，直到马赫和今日实证主义的第一见证人都受到了这一命题的影响。

另外，难以忘怀的是形而上学和宇宙学。我不知道，人们是如何把两者聚集在一起的。世界是我的表象，世界作为意志和表象——在叔本华看来，这个命题是十分成功的，但在我看来是不成功的。这不合适，而且总是可悲地思念这个世界，思念谢林、黑格尔、莱布尼茨和埃德华·封·哈特曼[②]的世界，思念一个思辨的、伟大的德国哲学之最后迟到者的世界。此外，正如罗曼·罗兰[③]所言：“在这种思念的模糊的、浑浊的潮流中，欧洲酩酊大醉。”

所以，这是二者择一，在二者之间我没有发现任何解决办法。这样，我有半年在心理学与物理学之间来回摇摆。

对于心理学，我现在提到了在慕尼黑的泰奥多·利普斯，而当时我的思念面向了我们家乡的首府慕尼黑。事实上，直到20年代，当时德国莱茵地区居民不是思念柏林，而是思念慕尼黑。

整个巴伐利亚都思念慕尼黑，因为慕尼黑比任何城市都更有趣，恰恰在这座城市里艺术家发现了一种切合实际的青春风格。有一个法国人曾经这样描述说：“在欧洲只有两座城市：巴黎和慕尼黑。”当然不是柏林！20年代以前就是如此。

对慕尼黑的思念添加了某种别的情愫，由于此，我重新处于与《力及其本质》相关的形而上学的立场上。两三年后，我到年集去了，我特别喜欢年集（我对年集和马戏总是心醉神迷，在巴黎逗留期间，当我看见一次集市时，我也深为感动）。那里到处都有少男少女用绳子系着的气球。气球五颜六色，

---

① 泰奥多·利普斯（Theodor Lipps，1851—1914），19世纪末德国哲学家和心理学家，被誉为德国心理主义主要代表人物之一。——译者注

② 埃德华·封·哈特曼（Eduard von Hartmann，1842—1906），德国哲学家，他提倡叔本华意志主义，提倡“无意识哲学”。——译者注

③ 罗曼·罗兰（Romain Rolland，1866—1944），法国作家。——译者注

看情况而定，有绿的，红的，白的，黄的，里面是煤油灯，总是在高处移动；全部花了 20 芬尼。如果人们不抓住绳子，气球就很快升入高处，再也见不到了。20 芬尼丢失了，气球无影无踪了。首先气球借助巨大的力量上升，高速升入高处，然后它变得越发缓慢。12 岁，13 岁，14 岁少年——具体的年龄我不再记得了——对萌发状态的形而上学感到惊异，于是写了一篇论文：《关于万有引力的新假说》。这篇论文反对的是大名鼎鼎的牛顿。

牛顿认为，万物皆趋向地球中心。但是，气球并非且根本不是朝下下降，而是从地球中心向上运动，而且气球周围的空气密度越稠密，从而在二至三公里高处，由于使它趋向自身努力的强度，它也就越是以巨大的能量和力量向上飘荡，越是远离这个地球中心，亦即越是远离空气中的这个同一密度。然后，当气球周围的空气正像其内容本身一样稀薄时，它就静止不动了，也就是说，当外部空气与内部空气之间达到一种同质状态时，气球就静止不动了。

这是形而上学的宇宙学，一个男孩的傻里傻气的思想体系。这个小伙子热血沸腾，激情澎湃，他想要与他相等的空气的密度，他想要到慕尼黑去，他想要欣赏壮丽的画展，去欣赏伟大的音乐，去欣赏慕尼黑两座著名的绘画陈列馆。他想要结识漂亮的女大学生和女演员，他想要体验幻想中异想天开的生活。这是同样的密度，因而我拒绝了牛顿。

如果一个人可以这样说的话，在这种儿童般的假说中，重新蕴含了思念的形而上学，蕴含了对同质性环境的谋求。逃向慕尼黑的念头以及当时随同青春期业已缓慢苏醒的东西，对于我的梦中伯爵夫人伊妮扎（Iniza）的向往起了推波助澜的作用；与慕尼黑缔结一种同盟，但这种同盟又是酷似空气的东西，在这种空气中，气球得以终于到达了自身的终止点。亚里士多德曾经把这样的相遇称作“未完成的隐德莱希”。

那么，我是如何到达哲学的呢？也许对于这个问题的答复是不确定的。当我首次向美国的朋友讲述这一点时，这位朋友说道：“在前苏格拉底哲学中，有人甚至主张更愚蠢的东西。”一句绝妙的句子。

问：为什么您除了学习哲学，还学习音乐和物理学？还有，您在这个时代特别喜欢哪些作曲家？

答：我之所以学习物理学是因为我对万有引力和气球感兴趣，再说凡是干一番事业的小伙子差不多都对物理学感兴趣。在我们年级，直到六年级我对物理学还一窍不通。此外，对黑格尔一无所知。

但是，就音乐而言，我很早就有一种原初的兴趣；我学了钢琴，对此我感谢父母，他们让我上钢琴课，很长时间内，我最喜欢的音乐家是莫扎特。除了莫扎特，我几乎不认可任何其他音乐家，也许巴赫是例外。但是到 13 岁，我由于一种特殊的经历对瓦格纳①产生了一种深不可测的憎恨。就像今天在法国、英国和美国一样，当时，瓦格纳到处受到人们的器重。人们异口同声地谈论瓦格纳，把他与埃斯库洛斯、米开朗基罗相提并论。这种提法是十分流行的。但是，我不得不在宫廷的阿波奈门特广场——曼海姆国家剧院坐着消磨时光。在此上演了《众神的黄昏》，我不懂任何歌词，音乐就这样喧闹不停，这音乐令我反感。总之，这是十分可怕的。只是在最后，我才注意到，当舞台变红了时——当众神的黄昏时——舞台蓦地变红了。我相信，剧场在燃烧，当发现某处在燃烧时，所有年轻人都兴高采烈，他们纷纷飞奔而去，一睹为快，而我干坐冷板凳，纹丝不动，尽管剧场变得一片漆黑，铁幕已经降下。剧院的包厢侍者不得不把我赶了出来，而我这才发现这次火灾终止了。因此，这也是一次骗局。

从此开始——不仅仅是由于火灾，而且是由于喧闹——我对瓦格纳产生了这样一种反感：我根本不想在他那里听到什么，也不想在他那里理解什么。直至我跟父亲去观赏曼海姆一家教师歌唱协会的音乐会，情况也没有什么变化。在这出音乐会上，清一色来自南德意志的 103 个教师，个个挺着大肚子唱起了短小情歌、合唱曲、男中音和男高音等。那场面简直太可怕了！音乐会期间，勉强提供了一杯清爽的啤酒。但是，结束时，音乐会演奏了我并不了解的取自《飞翔的荷兰人》的水手合唱曲。这里，我尤其感兴趣的是，水手舞蹈的段落，在此九度来临，在最近的八度中走向 A 大调，这情景让我记起了我最喜欢的卡尔·麦，记起了英国海盗传奇故事。后来，在维也纳，我为一部受到勋伯格②启示的先锋派音乐作品写了一篇论文，论文题目叫《通过卡尔·麦营救瓦格纳》。因此，在一个时期，当瓦格纳受到人们的鄙视时，他却博得了我和

① 瓦格纳（Richard Wagner，1813—1883），德国作曲家、指挥、音乐理论家和散文家，尤其以其歌剧著名。——译者注

② 勋伯格（Arnold Schoenberg，1874—1951），奥地利 20 世纪音乐作曲家。——译者注

他人的重视。

但是，我的音乐并不怎么好；我对音乐的态度纯粹是接受的态度，我只能说，如果我不具有某种哲学天赋，我也许成了乐队指挥。我会演奏几乎所有总谱和钢琴精华，但是对我来说，从全面唤醒时期到沉默无语时期，在任何时候梦想成真的东西都并非仅仅是某种唯一的主题，并非仅仅是某种唯一的展开段，也并非仅仅是某种唯一的对位。

也许我会成为一个中等的管弦乐队指挥，但是正如我所言，由于某种哲学才能，也就不存在竞争对手了。

问：在您的早期青年时代，您跟哪一些重要人物保持书信往来？

答：是的，为了找出这些人的名字，我有必要搜索枯肠。慕尼黑的泰奥多·利普斯、威尔海姆·冯特，哲学家有威廉·文德尔班[①]、爱德华·封·哈特曼、恩斯特·马赫[②]以及所有其他哲学家，这些哲学家的名字透过路德维希港－曼海姆之墙深深地侵袭了我的心灵。

我是这样开始跟他们通信的，我跟他们提问，请求他们解释其作品中的个别句子——也许是不着边际的提问，或者博学的提问，因为比起利普斯，我确实更了解黑格尔。但是，那是为了收到回信，我不得不随信附上一枚邮票：我想这是彬彬有礼的。那时，一枚邮票要花 10 芬尼，但是大部分场合，我只是把写得密密麻麻的明信片寄过去，但是这种攀谈效果不佳，其反应大都冷淡。例如，有个叫泰奥巴尔德·齐格勒的人从斯特拉堡这样回答说："问题不可在明信片上发表。"我气坏了，分明是瞧不起人。而且，这封信谅必没有写上诸如我父母的地址，无怪，我从邮局领取了写有"留邮局待领"的信件。

除了一封恩斯特·马赫的信，我不再拥有这些信件。马赫的信内容有点广博：这封信我后来寄给了弗莱堡恩斯特·马赫博物馆。

我不敢前往海德堡拜访文德尔班；一旦败露，我就得被禁闭，就得留在学校受罚。

---

① 威廉·文德尔班（Windelband Wilhelm，1848—1915），德国哲学家，曾深受新康德主义的影响，像李凯尔特一样，文德尔班也把哲学理解为"一般价值的科学"，主要著作有《新哲学史》2 卷（1878—1880），《自然科学史》（1894），《哲学史》（1916）等。

② 恩斯特·马赫（Ernst Mach，1838—1916），德国物理学家和哲学家，他的工作对理论物理学产生了强烈影响。针对外部世界的客观条件，马赫特别强调人的感觉的作用，列宁在其《唯物主义和经验批判主义》中，曾与马赫的命题进行了论战。

所有真正的哲学家，我都是在曼海姆图书馆结识的。所有对我有所裨益的哲学家，至少在30年前就都已经死去，因而除了同利普斯以及后来同齐美尔的通信之外，书信往来毕竟不具有特别重要的意义。但是，我们还要谈到齐美尔。

问：是的，这马上引向下一个问题。1908年，在维尔茨堡，从屈尔佩教授那里获得了博士学位之后，您去了柏林，在那里，您跟格奥尔格·齐美尔过从甚密，而且在他那里参加了他的私人学术讨论会。齐美尔对您的思维产生过某种影响吗？

答：也许，与其说是对思维，毋宁说是对思维方式产生了某种影响。

这是哲学中的印象主义。但是，在我结识齐美尔之前，我就为齐美尔与柏格森之间所具有的一种密切关系所深深打动。这是另一种语言，即一种不同于教书匠本身所具有的语言，也不同于拙劣的模仿者所拥有的语言，而是试图制造一种语言，借助于此，终于重新接触微小现象中的巨大的世界秘密，这种语言尝试给我留下了深刻的印象。特别是，赖以从事哲学思维的语言的敏感性和温和性，还有广度，令人感兴趣的主题的广度——这个人以类似的风格写过关于伦勃朗和康德的作品——这一点很早就令我着迷。在学院教席上众多的半吊子或废物哲学家当中，我把齐美尔看作是伟大的例外。

因此，我第一次去拜访齐美尔。但是，这次拜访却很糟糕。

齐美尔有一个学术讨论会，我请求获准参加讨论会；当时我说了一句现在也记得的话，因为齐美尔间或使我想起来："现在我在维尔茨堡获得了博士学位，作为这方面的报酬，我挑选柏林和您本身，教授先生。"对此，齐美尔十分冷淡，傲慢地回答说："我的讨论会全被占满了，在我的房间，围着一张大桌子举行讨论，人数多达12人，这里我不能再接纳人了。我们继续谈论这个问题没有什么用处，博士先生。"

在这种情况下，齐美尔与我会面显得不太可能。我坐在那里，向他解释我当时的作品，即几乎是从虚无中盘旋在我头顶上的思想，关于尚未被意识到的知识，亦即对"尚未被意识到的东西"和"尚未形成的东西"的发现。我到22岁才拥有了第一次思想闪电，即我拥有了唯一的、首创的思想，当然一切都是别具一格的，既不依赖于马赫，也不依赖于黑格尔，犹如一根钟摆，我在两人之间，在心理学与形而上学之间苦命地来回摇摆。

这样，我就坐在我的椅子上开始谈论关于尚未被意识到的东西的理论，谈论这东西与不再被意识到的东西的区别，谈论这东西一方面如何不同于爱德华·封·哈特曼所探讨的东西，另一方面又如何不同于弗洛伊德所探讨的东西。在我看来，这东西主要涉及无意识，涉及为我们渐渐所领悟的东西，这东西显现在特殊历史时期，例如，在童年时期，在诸如文艺复兴一类的转折时期，在狂飙突进时期，在法国大革命时期，在早期浪漫主义时期和新的激情时期，例如从中称作天才的激情时期。

对此，齐美尔印象深刻。后来我们经常谈论这个话题。我继续讲述。现在轮到了我闻所未闻但又十分独特的东西，我把这东西讲给了齐美尔，当我继续说话时，他的眼睛里泛起一道光彩；当我说我只是在妇女那里了解到这件事时，最初他几乎听不进去或不屑一听。与妇女往来，最有趣的事情是，妇女喜欢专心聆听，因此他们主要关注的是男人说什么样的话，而不是男人具有什么样的外貌，即首先关注的不是我们男人具有什么观点，而是我们男人对于什么感到遗憾。

总之，在我看来，齐美尔聚精会神地听，为之激动乃至震惊，然后冷冷地说道："现在，看上去，正如您所言，您确实是一个具有特殊哲学兴趣的人。我考虑一下，也许从我的讨论会朋友中谢绝一个人。无论如何，把您的地址给我。"我把地址留给了他，便如释重负地离开了。

傍晚，7 点或 8 点半，我收到了一张齐美尔的管道风动传递信："情况表明，在我的讨论会中您可以找到座位，我恳求您出席下星期日下午的这个讨论会。"齐美尔终于开窍了。

这就是我跟齐美尔相识的开始。两周后——临近期末——我们一同去意大利旅行。在此，我不得不全面推销我的青年时代的哲学思想。我觉得我就像亚比该[①]一样，她曾经捆住了大卫王本身，以便她人老珠黄时能够享受爱。齐美尔是大卫王，我是亚比该。齐美尔完全占去了我的时间，而我十分乐意与他共度时光。

这样，我不仅参加了齐美尔的讨论会，也跟齐美尔结成了友谊，此外，在齐美尔那里，我还结识了格奥尔格·卢卡奇。对此，我们也许在以后会谈到。

---

① 亚比该（Abigail），拿巴之妻，参见旧约圣经《撒母耳记》上，25 章。——译者注

最终发生了一种疏远，因为持续不断的印象主义干扰我，即与持续不断的“活跃状态”（Angeregtsein）联系在一起的相对主义，它卷入一切之中，卷出一切之外。这同样扰乱我，这种言论没有任何主张，没有任何固定第三者的“什么”。在齐美尔那里，绝没有任何可供参考的教学用语，也没有任何可供支撑的创造性思想。一再出现新的印象。因此，这是一种贪得无厌的相对主义，对此一个人尽可赋予大量概念上的尊敬。尽管人们把这种相对主义称作一种原则上的相对主义，然而，这里根本就没有什么原则可言。

正如我所言，出现了一种哲学的疏远。这一结局源自齐美尔对第一次世界大战爆发所持的态度。他是柏格森的朋友，他是法兰西文化、法兰西葡萄酒和菜肴的爱好者和赞赏者，他遭遇过战争；他是具有“副教授”称号的编外讲师，他作为犹太人，在柏林从未获得过一个职位；他高朋满座，但他本人是个学究，在学界并未引起重视，在占据哲学教席的所有吹牛大王、无知者、半瓶醋和平庸之辈当中，他也没有引起官方的重视。但是，这个人自己却投降了，他曾对我说道：“一部后期历史将为德国确定两大不幸时代：其一是，三十年战争；其二是威廉二世”，对此我感到十分费解。

我给他写了一封信：“对于寻求什么，您从未给出一个明确的答复，从未。对于您来说，绝对曾是实现怀疑和隐匿，在您那里，为某种绝对而奋斗也是一种隐匿。您幸运！现在您终于发现了这个绝对。对您而言，现在这个形而上学的绝对就是德国的防御战壕！”

因此，出现了争吵。此后，我们在海德堡电车站台又见过一面。在海德堡大学，齐美尔举行了一次报告。我没有向他问候，但他向我问候，对此，我被感动了。我冷淡地做出答复，但我去听了他的报告。这个报告太可怕了。这是一篇独一无二的战前报告，泛德意志的乃至无节制的、不可思议的战前报告。这就是结局。而后，他当了斯特拉堡大学的教授。

我们还有我们共同的女朋友玛格丽特·封·本德曼，她的女性名字叫玛格丽特·苏斯曼，她对齐美尔参战也相当冷淡。

遗憾的是，由于齐美尔不可思议地沦为鼓吹战争的德意志民族爱国者，最终的结局竟是如此。而在海德堡，或者在上层的知识分子圈子里，人们很自然地抵制战争，并且始终把威廉二世看作是给德国和世界带来不幸的人。

问：在这个时期，您的思想集中在构思一种作为认识客体的、带有乌托邦趋势的认识论。这一认识论是否规定了您的全部未来哲学？

答：不。未来哲学是通过发现尚未被意识到的东西而规定的。就是说，通过其他的意义赋予和乌托邦原理的巨大扩展来规定的。说得精确些，那时的认识论还不是清醒的梦，而是白日梦。在弗洛伊德那里，尽管白日梦是某种完全不同的东西，拥有一切可能的特性，但是这种梦不过是夜梦的微不足道的最初阶段，夜梦完全不应归于白日梦。这个与尚未形成的东西（Noch-nicht-Gewordene）相关的尚未被意识到的东西（Noch-nicht-Bewusste）以及其中同样尝试某种尚未形成的东西的实验的世界（die Welt des Experiments），是我的哲学的根源。直到 22 岁，我才拥有了这一思想。

认识论是一项古老的、十分古老的事业。但是，认识论与心理主义有关联，与贝克莱和主观主义有关联，与康德的先验主观主义有关联。不过，现在还要附加上一点，我还受到托马斯·阿奎那和与康德相违的斯多亚派认识论的影响。1913 年，在加米施，我开始写作一部认识论著作，其中包含了我现在完成的这部书里的一些并非不重要的命题。而且我自身的哲学——如果我可以这样说的话——它蕴藏在尚未被意识到的东西的理论中，蕴藏在非“抽象的乌托邦”（abstrakte Utopie）的“具体的乌托邦”（konkrete Utopie）之中。我刚才提到的这本书的书名叫《世界的实验》①，副标题叫《范畴中枢》。

2. 表现主义，《乌托邦的精神》，瑞士流亡，十月革命与德国革命

问：1913 年您跟艾尔泽·封·施特里茨基，一个来自里加的雕塑家结了婚。您跟妻子一同生活在海德堡，直至 1914 年。从 1914 年至 1917 年生活在伊萨塔尔的格伦德瓦尔德。在那里，您的第一部著作《乌托邦的精神》问世。您能讲述一下这本书，特别是这本书的意味深长的部分“音乐哲学”吗？

答：我讲一下最长的这部分。是的，《乌托邦的精神》。我按照一部法国蓝本，亦即孟德斯鸠的 *L'Esprit des lois*（《法的精神》）拟定了书名。乌托邦的精神，不是法的精神。但是，“Esprit”也许最易于译成 Geist（精神）。

在法国“Esprit”，在德国“Geist”有时指称同一的意思或近似的意思。一个带有“意图”标题的小导言。这导言尤其对准战争，但有一个结尾，这

---

① 参见恩斯特·布洛赫《世界的实验：问题，查明的范畴，实践》，法兰克福，1975，《布洛赫全集》第 15 卷。

结尾追问德国人的这种盲目性、这种失灵从何而来，德国人甚至为犯罪欢呼喝彩。战争在波茨坦被促成，在那里除了制造战争还有什么可干？而且，比其他一切都更重要的是谎言，还有，这是从何而起的？因为我们不再拥有任何思想，因为我们早已不再是诗人和思想家的民族，因为任何东西原则上都不复存在；因为对人的肚子来说，享受是最重要的，其他一切只不过是保持这种享受而已。

我从“意图”中援引一段：“我们拥有渴望，还有一知半解的知识，但是我们缺乏行动，也缺乏一同说明这种行动的错误的勇气，我们没有广度，没有前途，没有目标，没有原则上的乌托邦概念。我们寻找这些东西，寻找权利，为的是恰当地生活，有组织地生活，紧随时代的步伐前进。我们建设充满幻想的构造之路，我们把生活建构在蓝天里，在那里，我们寻求真实的东西，在单纯的事实消逝的地方——新生活开始了［incipit vita nova］，这就是意图的结论，即与战争联系在一起的、特殊的意图的、乌托邦的和原理的概念的结论。”

然后是带有总体标题“自我相遇”的中间部分。而后是最后一章：“某种十分朴素的开始——一件旧罐子。我观察过这件旧罐子，我越是长久地注视这件旧罐子，我自己就会越是变成像旧罐子一样。我不会由于每一个小水坑而衰老，不会由于每一条母线而弯曲，但是，我也许会变成像旧罐子一样。于是，正像插在罐子里的，插在巴特曼罐子（源自 15～16 世纪莱茵地区）里的装饰品一样，装饰品首先产生自我相遇。在这件罐子中，首先油然产生的是自我相遇，即所谓位于商店里，位于陈列橱窗里，位于展览橱窗里。

然后是第二部分：“装饰品的生产”。这是一种表现主义哲学，在表现主义哲学中，绘画多于诗歌。而后是主要部分：“音乐哲学”。再后是自我相遇的结论部分：“不可构造的问题的形态”，这个形态面向附带艺术（Nebenbei），面向不显眼的东西。这个形态取材于一部格林童话里的题材，在这部童话中，老年人把一个年轻人派往一个巢穴里，这里给他放置好了大量财宝。那个年轻人入内便看见装满黄金和珠宝的箱子，他掏了满满一袋走了出来，尽管那个老年人曾对他说过：“不要忘记最好的东西。”然而，这个年轻人压根就没有留神一朵小小的蓝花——在他看来，这朵花恰恰是无关紧要的。但是，它也许是无价之宝。

对于我们挂在嘴边的现实问题而言，这是一个小小的讽喻，但这个问题乃是通过业已提供的答案或解答尝试根本不会奏效和解决的问题。

这样，一个人就想购买某物。他缺少某物，但他不知道缺少什么东西。他走进大商店。那里，现在走过来一个女售货员或一个男售货员，表示愿意向他提供一切可能的东西：裤子、领带、领带别针、白炽灯泡、书籍、自行车等等。最后他买了随便什么东西，却买了他根本就不想要的东西。这东西对他无非是售货员所建议的东西。他有过他的最初的问题，有过他的最初的惊异、儿童的惊异，有过成年人在最初瞬间里所经历过的那种惊异，看来，这些惊异同样地具有某种完全不显眼的内容；这方面，霍夫曼塔尔①曾经收集过一些实例。

在“自我相遇”的十分形而上学化的结论章节中，我试图探讨这一问题：不可构造的问题的形态。这个问题是不可纠正的，而且这个问题根本就没有答案，但是一切取决于用一个尚未得到的答案清楚地表述这个问题本身，因而我们也许不仅拥有一种逻辑，而且拥有一种难点，即一种一切其他现实问题最终都渊源于其中的问题本身的科学。这就是“自我相遇”的结论部分。

刚才我忘了说了，就是旧罐子与后来的段落“装饰品的生产”，即“音乐哲学”之间的关系，这个段落包含一种音乐历史、一种历史哲学和音乐理论，也就是说，和声说、对位、双形式赋格曲、奏鸣曲，还有交响曲等。借助一种奇特的和富于疑问的终曲，音乐家在这种终曲中得以考察音乐本源上冲向什么，得以查明对于本真的艺术，即对于 13～14 世纪才开始的作为多声部的音乐到底什么东西重要。在一切民族那里，都曾存在并存在音乐，但它是单声部的，因而其中缺少不同的类型，缺少对位、反向进行的声部，正如罗马教堂的齐唱圣歌就是如此，古老的哥列高里安齐唱圣歌也是单声部的。然后，出现了多声部。这门艺术不足 400 年或 500 年时间。这门艺术是所有艺术中最年轻的艺术。

那么，音乐中的表达意味着什么？这种表达想要说出我们所拥有的语言所不能说的什么，而且，雕塑艺术和抒情诗中的所有装饰何尝又不是如此呢？这只有借助音乐才能说出。正如我所提到的一样，音乐中的这种语言时刻是把音

---

① 霍夫曼塔尔（Hugo von Hofmannsthal，1874—1929），奥地利著名抒情诗人、小说家、散文家和剧作家。——译者注

乐作为由自身表达某种东西的一种“诗”（“poesis a se”），而这东西却是我们的语言绝对无法表达的东西，任何一个与音乐有关的人都以为理解这东西，然而其中没有一个人知道它究竟意味着什么。

这就是结论部分的主题，而且这种音乐语言还通过卓越的文本结构，例如歌曲、清唱剧和歌剧等而被遮蔽。如果音乐语言被删除，删除的当然不是巴赫，也不是贝多芬，但是我们突然听见——而且这东西必定会出现——这种形而上学的喉头，某种截然不同的、从未说过的东西，这是只有在音乐中才会得到表达的东西。

音乐语言的时刻来到了，这一时刻带给我们一种崭新的内容和一个惊人的全盛期，亦即自我相遇的匪夷所思的丰富内容。

正如我提到的一样，接踵而至的是“不可构造的问题的形态”，而后是带有总标题的最后部分：“卡尔·马克思，死亡和启示录”。在此，现在面向外部。标题叫《卡尔·马克思，死亡和启示录，或者世界之路的描写》（世界之路未准付印），这有别于自我相遇，世界之路的描写借助于“内面的外面的”（Innere auswendig）描写，而且就像外面的描写一样，内面的描写也可以成为世界之路的描写。因此，这种描写涉及主客关系。这个内面的描写成为外面的描写，这个外面的描写也会成为内面的描写。二者之间存在最强烈的反乌托邦：死亡现象。对于人类历史中的乌托邦的理想或可能性而言，在此出现了什么？这就是《希望的原理》中加以详细探讨的一切事物。

一个最糟糕的右翼社会民主主义者的时代到来了，在这个时代里，诺斯克[①]把革命火焰扑灭了，而在这个时代里，在艺术领域里开始了“新客观性”（Neue Sachlichkeit）。共鸣消失了。不言而喻，尽管带有若干光荣的例外，但是一个新的德意志的形而上学终止了。

《乌托邦的精神》出版过多次。其中有三个版本：第一版是1918年版，是于1915～1918年在伊萨塔尔的格伦德瓦尔德跟我的妻子一同撰写的，她也为本书做出了贡献。在最后一版，即在全集中，但很早在第二版中就写有如下完整的题词：“永远怀念艾尔泽·封·施特里茨基，逝世于1921年1月2日。”

① 诺斯克（Gustav Noske，1868—1946），德国社会民主党的右派人物，1919年由他征召的右派民族主义自由军团在多数社会民主党的支持下，对斯巴达克同盟起义和巴伐利亚苏维埃共和国进行了血腥镇压。由此他成了魏玛共和国（1919～1920年）第一任国防部部长。——译者注

“永远的”（Imm erwaehrend）同时也是《乌托邦的精神》一书的一个抢注行动，她不仅活在我的记忆里，也活在我们的记忆里。

问：1923 年您让出版商在柏林重新出版了经过修改的《乌托邦的精神》。究竟什么因素促使您修订本书？

答：某种心理学上的隐私。妻子之死阻碍了我去写新书。然而，这不可能是她的意愿！我不想写任何她不了解的东西，我只好修订这本书。因此，全部创造力便凝结在新版《乌托邦的精神》上。1923 年此书以新版问世，新版内容上没有任何变动，但是增添了新的素材，并且以另一种风格重新撰写。此外，还附加了关于当时的思想气氛、关于 1914 年世界大战和德国人的政治部分。我取出了许多逻辑章节，后来在一部自己的著作中加以发表，出版社同样是柏林保罗·卡西勒出版社，书名叫《穿越沙漠》。

这个第二版是《乌托邦的精神》的基础，本版收入于法兰克福苏尔卡姆普出版社出版的全集，文字略有修改，但叙述特别清晰。

后来出版了大量新书，其中有两卷本的基本著作和代表作《希望的原理》，此书当然是建立在《乌托邦的精神》基础之上的。

问：1917 年您成功地离开了战争中的德国，到达了瑞士。这方面，卡尔·雅斯贝尔斯帮助了您。您受海德堡社会政治档案馆的委托，去完成一次调查研究：《瑞士和平主义纲领与乌托邦》（1918 年该档案馆出版了这份研究）。除此之外，您在波恩的《自由报》和自由出版社里，在反对派中，一同从事了反对兴登堡和鲁登道夫战争的活动。在瑞士，您跟谁建立了联系？

答：这时，我跟到达那里的流亡者，还跟一些瑞士人建立了联系。这一时期在瑞士生活的流亡者都是著名人士：来自科尔马的雷纳·席克勒①、来自慕尼黑的安涅特·科尔贝②。此外，还有一些政治流亡者，如无政府主义者、巴枯宁③的追随者胡戈·巴尔④，他著有由波恩自由出版社出版的一部重要的

① 雷纳·席克勒（René Schickele，1883—1940），德国记者、诗人、小说家和戏剧家。——译者注

② 安涅特·科尔贝（Annette Kolb，1870—1967），德国女作家，主要作品有《莫扎特：他的生平》（1～4 卷，1937）、《巴伐利亚路德维希二世与理查德·瓦格纳》（1947）、《记住》（1960）等。——译者注

③ 巴枯宁（Mikhail Aleksandrovich Bakunin，1814—1876），俄国无政府主义者。——译者注

④ 胡戈·巴尔（Hugo Ball，1886—1927），德国作家和诗人，达达主义艺术流派的创始人之一。——译者注

书，书名叫《德国知识分子批判》。像我一样，胡戈·巴尔也是《自由报》的合作者，这是一份由一个从前的德国领事主持的报纸，而且，正如美国人所称一样，这份报纸转向了“Anti-Kaiser Germans”，亦即转向了反对德国的皇帝。

我是《自由报》和瑞士自由出版社的合作者，当然被诋毁为反对德国的皇帝，但是我转向了一个好的社会；我还认识了若干法国公使馆的人，并同他们进行了有趣的交谈。

此外，还有一个伯尔尼的巴伐利亚公使，他是一个杰出的人，对普鲁士反感，对威廉反感。这个人给我很大帮助，另外及时防止了我在瑞士作为流亡者进入一所拘留营。

此外，还有来自因特拉肯的诚实能干的、了不起的瑞士人，我跟他们结下了深厚的友谊，他们反对鲁登道夫，反对威廉无法无天、为所欲为。他们体现了优秀而古老的瑞士传统，这传统源出于施陶法赫尔（Schtauffacher）统治下的威廉·退尔[①]的本性。我跟他们相处得很好，他们使我免遭了灭顶之灾，他们慷慨地资助了我。虽然我的朋友当中，没有一个人认为他们会交出一枚瑞士硬币，但是他们做到了这一点，我永远不会忘记这件事。

问：1919 年您回到德国，尽管您在伯尔尼感到很舒适，在那里还有不少朋友。为什么？

答：出于一个简单的原因，因为 1918 年 11 月 8 日德意志共和国宣告成立。这一天，当我来到在费德拉尔的，确切地说在十字路口的我们的固定餐桌时，我看见了所有我的朋友，他们向我欢呼，紧紧拥抱我。

事情已经发展到这种地步，我的朋友们——包括名列前茅的因特拉肯市长——想要把我变成因特拉肯的名誉公民；这样，我或许在最短的时间内可以获得瑞士国民身份，作为一个名誉公民，是既不可以被驱逐，也不可以被遣送拘留营的。

我在说话中谈到：“现在没有这个必要了，有了一个德意志共和国。我在这里有什么用呢？”对此，德国的大敌手，我的朋友阿伦巴赫答道：“现在我

---

① 威廉·退尔（Willam Tell），瑞士争取独立时与奥地利作战之英雄，相传曾在奥地利总督命令下，以箭射落置于其子头上的苹果。——译者注

再也看不出，为什么我们应该在瑞士拥有一个自身的共和国，现在我们可以参加了。”同一个阿伦巴赫如是说，他从未乘车去过德国，他从未在德国学习过，相反，他仅仅在法国、英国和瑞士学习过。我说道：“好啊，我不是这种充满好奇意见的人，但是我根本不再需要瑞士国籍，这也许是一种叛变。当然，我现在回到德国去。”“你说得挺像一个保守的瑞士人。”他回答说。我回答道：“现在好了，目前两个共和国之间毫无二致，我希望，我们比瑞士共和国变得更好些。——但是，我不会交出康斯坦茨!”这座城市，即德国城市康斯坦茨就位于瑞士岸边，在瑞士人们称之为“阿尔高州康顿的开放性创伤”，因为德国城市位于瑞士土地上。不过，为此一座瑞士城市位于德国土地上，位于莱茵河的另一方。“因此，我不会交出康斯坦茨。”我回答说，这话引起哄堂大笑。

问：您能告诉我们当时您对俄国革命、对世界大战和马克思的态度吗？

答：现在，这一点可从我所做的一点自述中得出。当然，我为俄国革命欢欣鼓舞。关于对马克思的态度，应该说，在我那里作为一种古老的传统而存在，而这种传统由来已久，可以一直追溯到我的青年时代。而且，在瑞士，尤其在撰写《瑞士和平主义纲领和乌托邦》之际——在为由马克斯·韦伯出版的社会政治档案馆工作期间——我的关于马克思以及资产阶级民主的知识大大地深化了。关于列宁的评价——在波茨坦与巴黎、华盛顿或伦敦之间，确切地说，在“协约国”与德意志帝国和奥匈帝国之间并不存在任何区别——我的看法并不一致。因此，对于我来说，当时共产国际的齐美尔瓦尔德决议①是完全无法理解的。如果人们不谈 1525 年德国农民战争，即第一次德国革命，那么一个国家是否发生过四次资产阶级革命，例如法国，是否仅仅发生过一次流产的革命（1848），这一点恰恰成为一个区别。这是一个区别，即一个人是否会把胜利与“自由、平等、博爱”，因而与一种“公民”口号联系起来，或者一个人是否把胜利只会与“祝您获得胜利者的桂冠，祖国的君主，祝您皇帝”联系起来，例如在德国。两个国家不仅在经济基础方面，而且在上层建筑方面都指向一种决定性的区别。

① 齐美尔瓦尔德决议（Zimmerwalder Beschluss），1915 年在瑞士齐美尔瓦尔德召开了国际社会党人第一次代表大会，讨论对待第一次世界大战的态度，并组成了齐美尔瓦尔德左派集团。——译者注

因此，我同齐美尔瓦尔德－基恩塔勒的同志们分道扬镳了，但是这一不同的估价并没有起特别的作用。

这样，我就去了德国，首先去了柏林，在那里与 S. 菲舍尔取得了联系，他表示愿意跟我签一份出版合同，然而这份合同一无所获，因为发生了卡普－政变[①]，所以萨缪尔·菲舍尔这位一家世界大出版社的创建人和领导人突然害怕起来了，而且请求我收回合同。我马上看出，他根本不能为我和我所求的书做些什么。

不久后，在德国出现了“新客观性”思潮，发生了诺斯克运动，军国主义复活了，人们为鲁登道夫[②]而欢欣鼓舞，后来又为兴登堡[③]而欢欣鼓舞。这就是在柏林时期，在慕尼黑时期与一个同样面目全非的巴伐利亚人的相逢。

问：在您的慕尼黑时期，您写作您的第二本书《作为革命神学家的托马斯·闵采尔》，此书于 1921 年在慕尼黑出版，这本书与当时的政治事件有关吗？

答：没有。这本书与马克思主义和革命有关，也许我恰恰没有机会把诸多政治事件写进去，尽管这些政治事件无疑令人鼓舞。几乎所有关于托马斯·闵采尔的书籍都出现在伟大的政治事件时期。

第一部书出现在 18 世纪法国革命时期；第二部书出现在 7 月时期，确切地说 1848 年革命时期；第三部书——我的书——出现在 20 世纪初。弗里德里希·恩格斯在他的关于德国农民战争的作品中摘录了两部托马斯·闵采尔的书。这样，1921 年我的关于革命神学家托马斯·闵采尔的书出版了。就此而言，这里已经存在某种呼声上的联系。但是，我早就规划好了关于托马斯·闵采尔一书，在撰写《乌托邦的精神》时期就已经部分地加以构思了。

问：1923 年第二版《乌托邦的精神》出版，同一年卢卡奇的《历史与阶级意识》也问世了。您对这本书怎么看？

---

① 卡普－政变（Kapp-Putsch），1923 年德国右派民族主义自由军团发动卡普政变，占领了柏林并推举右翼记者沃尔夫冈·卡普为总理，魏玛政府被迫撤退到斯图加特。——译者注

② 鲁登道夫（Erich Ludendorff，1865—1937），德国步兵上将、军事家，1935 年发表军事战略专著《总体战》，1933 年与希特勒一起参加“啤酒馆暴动”，并积极为德国参与第二次世界大战做准备。——译者注

③ 兴登堡（Paul von Hindenburg，1847—1934），德国元帅和政治家，在魏玛共和国时期，他是第二任总统。——译者注

答： 这是一部非同寻常的书，卢卡奇后来所写的东西与此根本无法比拟。这是一部伟大的书，在这部书中，我们友谊的最后信号旗依然存在。在《历史与阶级意识》中，有些句子也许是我写过的；在《乌托邦的精神》中，有些句子也许是卢卡奇写过的。但是，这是无关紧要的，只是勾画了来自私人的一次震惊而已。很久之后，在马克思主义中，这部书本身依然是独创性的、崭新的、最初的新鲜之水。令人不可理解且不幸的是，卢卡奇竟然与此书疏远，而后否定此书——他是不得不这样做的。后来，鲁西安・戈德曼把此书带向法国，它被译成法文，而后它不仅在法国，更在德国、英国、日本等国家引起了巨大效应，因为在此开始把一泓新鲜之水注入了马克思主义。可是，卢卡奇不仅不高兴，反倒担心这部书不被世人遗忘殆尽。

问： 1924～1926 年您做了大量旅行。意大利的波西尼亚，而后是巴黎、萨那雷（Sanary）、突尼斯。您与阿拉伯文化和意识有着紧密的联系。可以把这一点与您热爱童话、《一千零一夜》以及您热爱阿拉伯哲学联系起来吗？

答： 是的，可以把我的旅行与这种爱好联系起来。此外，这种旅行还跟我热爱豪夫①的童话有联系。因为德国童话不断受到《一千零一夜》的滋润和促进。我是后来才发现阿拉伯哲学的。我很高兴，但特别高兴的是，我的书《阿维森纳与亚里士多德左翼》即将被译成阿拉伯文。

我去过突尼斯，我跟阿拉伯人交谈并观察过从这一古老的高度文化民族中所形成的东西，这东西别具一格，与格拉那达②以及这种童话所创造的那些神奇建筑，那些最后的梦幻形象截然不同。换言之，这东西与从欧洲文化中痛饮的模糊的、混浊之流毫无相似之处。从这一民族中形成了什么？如今，可以说，这个民族在此期间重新振作起来，变得无法辨认了；与那时出现的民族相比，必定存在一种不同的阿拉伯半岛区域民族。

但是，多情的和感激的回忆还在于来自对这个古代的回忆，因为如果没有豪夫童话里的阿拉伯人的角色，如果没有《一千零一夜》，那么也许我就不是我所是的那个人，我就不会做我所做的事情，也许我就没有我所拥有的东西。《一千零一夜》《第九交响乐》《英雄交响乐》《费德里奥序曲》《精神现象学》

---

① 豪夫（Wilhelm Hauff，1802—1827），德国诗人，小说家，尤其以童话闻名。——译者注

② 格拉那达（Granada），13 世纪时，摩尔人在西班牙南部地中海沿岸所建之王国。——译者注

等都是杰作，在大多数情况下，我对这些杰作都十分依恋，而且在大多数情况下，我对这些杰作心存感激之情，因为这些杰作对我产生了决定性的影响。此外，还有马克思，在他那里，《精神现象学》首先开花结果，并且具体化了。

3. 与本雅明、克拉考伊尔、阿多尔诺相遇。柏林岁月：与克勒门佩尔、魏尔和布莱希特在一起；《痕迹》与“附带”艺术

问：1926年您再次迁往柏林，在这里您与本雅明、阿多尔诺和克拉考伊尔建立了联系。您能告诉我们这个时期吗？

答：在柏林，还有一个时期，即与克勒门佩尔在一起的克罗尔－歌剧时期。对此，我们可以合并在一起，不合适吗？

也就是克拉考伊尔、本雅明和阿多尔诺。我按年代顺序谈，因为这是同时发生的。

还在克拉考伊尔任《法兰克福报》文艺小品栏目主编时，我就跟他发生过一次大争吵。他简直不理解《作为革命神学家的托马斯·闵采尔》这部书。他以一种不可思议的方式把我同马丁·布伯混为一谈，其实我跟他并没有多少共同之处。于是，我写了一篇辛辣的反对克拉考伊尔的论战文章。

这样，两年过去了。我在巴黎住了两年。有一天下午——我以为是1925年6月——我走进了欧德翁广场的一家咖啡馆，在那里克拉考伊尔独自坐在一张桌旁。他已经结婚，但是他的妻子离开了他一阵儿，不过后来又回到他的身边。我走向他，并说道：“您好，克拉考伊尔博士先生。”克拉考伊尔吓得张口结舌，我以眼还眼，以牙还牙，而且我的还击方式也不是好惹的，我走向他，并向他伸出了手。我说道：“是的，在您握我的手之前，我想对您说，我现在理解了当时您的卑鄙的书评，您搞错了地址，您是指马丁·布伯[①]，而不是指我。”他突然装作（或是真的?）如梦初醒，恍然大悟。我坐到他跟前。然后，他的妻子来了，她吓得不得了，几乎惊慌失措。克拉考伊尔和我对她说明了理由，直到深夜我们还待在一起。首先我们共进晚餐，就在卢森堡花园对过的仙女饭店，这是一家出色的饭店。你一言我一语地争论起来，自那天晚上起，我们成了莫逆之交。就是说，我们成为

---

① 马丁·布伯（Martin Buber，1878—1965），奥地利－以色列犹太哲学家，对20世纪人类精神生活产生过深刻影响。——译者注

特殊的、绝非敷衍了事的朋友。

就这样下去，我对他的写作方式，对他对“附带艺术”、小品文的理解十分钦佩，而这一点把我们重新结合在一起，借助于此，他同样以他的方式观察我的事业。他写的《法兰克福报》上的文章非常好，与新闻学和报纸副刊毫无关系。他关于职员的文章出类拔萃，他根据自己在法国和美国的经历撰写了评论电影的作品。可以说，这些作品依旧是空前绝后；它们被用作范例，尤其是他处理小题材方面的作品更是如此。他一向注重以小见大，而反对虚张声势的腔调。有时，我跟他说话盛气凌人、气势汹汹。此后，他大度地宽恕了这种语调，并发现了一种易懂的说话方式，这使他不再想起马丁·布伯诸如此类的句子：“拉比·拉斐尔处在和解日的熊熊火焰之中……”。我没有写过这样的句子，我的激情具有后来他也承认的其他性质。

好了，这就是我跟克拉考伊尔的事情。60 年代初，我们在慕尼黑见过最后一次面。不久后，他死了。

我结识本雅明早得多，是在瑞士结识的。他二十挂零。我很快就发现了这个年轻人——我比他年长得多——的非凡的天赋。本雅明是个有点古怪、乖戾的人，但在他那里，这种个性却表现得极其富有成果。那时他写的东西还不多，但是我们彻夜长谈，此后，当我们在意大利重逢时，这种叙谈继续下去。我想起一次关于蒂克[①]的叙谈，这次叙谈一直持续到拂晓，我们谈的是蒂克的一部童话：《金发的埃克伯特》，从本雅明的古怪习惯看，这部童话带有一个特殊的问题提法，即它尤其与儿童时常所具有的感觉有联系，即“déjà vu”［似曾相识的感觉］，作为这部童话的内容，这种似曾相识意味着“在这个世界上，人业已存在过一次”。后来，我把这一点讲给了卢卡奇，可他就是忍受不了本雅明这个人，但是，这一点却给他留下了一种很深刻的印象。

事情就这样继续下去，直到本雅明的第一部书《德国悲剧的起源》出版，这是一部关于巴洛克悲剧的著作。作为第一个且心灵高度一致的作家之一，他创造性地、别出心裁地回顾了巴洛克悲剧，同时借助于对比喻的意味深长的阐明（这种阐明只是由于浪漫主义而得到了全面弥补），使悲剧鲜活地留在记忆

① 蒂克（Johann Ludwig Tieck，1773—1853），德国早期浪漫主义诗人、小说家、翻译家、批评家和编辑。——译者注

之中。比喻（Allegorie）曾经堕落成一个陈词滥调。本雅明第一次复活和再认了这个珍贵的、双关现象的巴洛克意义，而且在一本书中（这本书并不包含或尚未包含后期本雅明），尤其在最后一章留下了特别值得回忆和令人钦佩的东西。

此后《单行道》问世，关于这本书我写了一篇书评，而这篇书评后来发表于《这个时代的遗产》一书中。这是一部特殊的作品，从中聚集了纯真的格言或引人注目的警句，而且这一切都是以一条道的形式整理而成。在此，他展示了最新的青春模式，用奇特的短语和一种特殊的方式描写了哲学。

这就是早期的本雅明。随后，他从事普鲁斯特研究和他的关于巴黎这一19世纪大城市的书，在这部书中，他首先探讨了波德莱尔；他也曾译过波德莱尔①的作品，并开始译一部关于普鲁斯特的书。这是后期的本雅明，这期间他对政治也表现出兴趣，而且，通过一个拉脱维亚女朋友阿斯娅·拉希斯的介绍，十分靠近马克思主义。她领导列宁格勒的一家儿童剧院，她使他拥护苏联和信奉马克思主义。此后，本雅明自己去苏联作了旅行。

后期的本雅明穷困潦倒，陷于绝望状态，这种状况受到长久的经济拮据制约。但是，这是一种极其真诚的绝望，与通常的本质性的虚无主义是有区别的。

我们在柏林一再会面，我们总是在咖啡馆或一家旅店的走廊，用一种深奥的方式畅所欲言。这些地方既适合于本雅明，也适合于我，一如开始时我所提到的，这就像火车站一样的地方适合于我跟克拉考伊尔谈话一样。

在他那里，通过研究马克思主义，其他因素也跟着牵扯进来了，例如，通常对他完全陌生的关于某物的简洁判断，小心翼翼的求索能力，即在小事和有关当局中寻求一种解答的能力，这些使人联想起《不可构造的问题的形态》，但是，较之在《乌托邦的精神》中所描述的问题，他的问题更贴近非形而上学问题。此后，希特勒上台，战争爆发了。本雅明留住巴黎，因为他没有足够的钱可以去美国。本雅明有机会成行去美国，但是，这所由霍克海默尔领导的“社会伪造所”——正如克拉考伊尔对社会研究所的称呼一样——却对此什么

① 波德莱尔（Charles Baudelaire，1821—1867），19世纪法国诗人，被称为“现代批判现实主义之父”。——译者注

也没做。

最终，发生了悲惨的、可怕的结局：在西班牙边境上，本雅明自杀身亡，这是一种解决办法，此外，对于他而言，一生与虚无主义一道而不与虚无主义为伍，这是很容易理解的。

十分惊异的、令人幸运的惊异是，在他死后，本雅明遇到了这样的尊重，因为以前既没有人关注过他，也没有人对他感兴趣。我写了一篇关于《单行道》的简短书评，可是也无济于事：这篇短评最初以《关于单行道》为题发表于《福西西报》（*Vossishen Zeitung*）上。关于哲学导论的形式具有最新的形而上学的青春模式以及同美好的耶路撒冷的关系，这种模式和关系也蕴含在只有本雅明才能够实现的这种商业大街之中，蕴含在宏伟而荒诞的蒙太奇之中。

总的说来，他拥有一种很难对付的性格；他的作品一向充满着意味深长的艰涩性，这也许就是他为刚才说过的独树一帜的冷僻性、富有成果的荒诞性而付出的成本和学费。目前，伟大的作品类型还只能借助于左手加以引导，不仅政治上要用左手引导，表面上也要附带地用左手引导，即不是用右手，不是用约定的方式引导。在本雅明那里，这一惊异的类型和令人惊异的类型乃是一个好新闻，而且受到了很好的保护。

另一个人是阿多尔诺，正如他对我说过的一样，他很早就受到了《乌托邦的精神》的影响。当时他 18 岁，极其早熟，而且这部书给他留下了某种印象，他被该书感动了，于是他上柏林拜访我。20 年代末我住在那里，我们马上相处得很好；我们成了朋友。

与布莱希特的相识使阿多尔诺倍感惬意，他觉得自己是马克思主义者，并且写了一部篇幅颇大的关于克尔凯郭尔的博士论文，副标题为：《美学的结构》，是十分“阿多尔诺式的”作品。这部美学作品便是他的遗传特征之一，而且他的一双乌黑的、引人注目的炯炯有神的眼睛显露出一种悲伤的表情，我在其他人那里，未曾见过这种悲伤的眼神。

正如我刚才所言，阿多尔诺写了一部扣人心弦的著作或作品，即《美学的结构》，但是此后，借助于附带艺术的广度，他也写了关于流行音乐歌本及其十年演变的作品：例如歌曲《在维登我知道一家旅店》《瓦伦西亚》等。他写过关于流行音乐歌本、关于第一次世界大战期间撤除封锁的作品，就是说，写过关于偏僻事物的作品——这种事物正是安逸的、热心于文化的市民所轻视的、根本不知其为何物的东西，顺便说一句，阿多尔诺比克拉考伊尔更强调这种从属性的、遗失性的作品（Verlorengegangene）的价值。

然后轮到法兰克福时期。这个时期使另一个有所不同的阿多尔诺产生了效应，亦即使他的性格带上了妥协性特征。他脱离了一度无限崇拜的布莱希特；他深陷于社会研究所资助者的影响之中；他一再与左翼疏远，不能说他向右转，他一如从前，但是无论如何再也看不出古老的革命冲动。也许，这种革命冲动现在仍然存在，但是以一种陌生的外表，以派头主义（Snobismus）和神秘论（Esoterik）的外表存在。当然，神秘论是比派头主义更高的范畴，但是，在他那里，这两方面是混为一体的。

众所周知的结局是，当他受到一个女大学生的嘲讽时，他把警察叫进了法兰克福研究所，她一向只以"特迪"（Teddy）[①] 称呼他。当他站在讲台时，这个女大学生便带着一把扇子，裸露着乳房向他走去。他的死无疑是源自一大不幸的死，而且在不幸中死去。

正像本雅明一样，按其特性，阿多尔诺也具有一种很难对付的性格，只是具有完全不同的侧面而已。两个人的观点也彼此相近，都与附带艺术有联系；克拉考伊尔具有一种完全不同的天性，他简单得多，在某种意义上，也并非特别重要。但是，在克拉考伊尔那里，道德因素产生一种伟大而积极的噱头，而在阿多尔诺那里，这一点仅仅以难于理解的方式显露出来，即不是以反道德主义的方式，而是以非道德主义的方式和漠不关心的方式显露出来：对美的形式、对奢华，尤其是对贵族头衔欢天喜地，特别是当他从妻子那里获得了这些东西时，更是沾沾自喜。不过，说得客气点，这些东西并不会使道德因素得到完全发挥。

在柏林，新的朋友参加了进来：布莱希特、维尔、克勒门佩尔等。在一家古老的、有声誉的出版社，例如，在东克尔和洪堡出版社（在此也出版过黑格尔、兰克等人的著作），克勒门佩尔负责出版了《乌托邦的精神》。此外，正如他所言，这部书由于"音乐哲学"一章而与富文特勒[②]一道被视为"音乐思维"的第一次伟大尝试。

---

① 特迪（Teddy）是阿多尔诺名字泰奥多（Theodor）的昵称。——译者注

② 富文特勒（Wilhelm Furtwaengler，1886—1954），德国指挥家和作曲家。——译者注

这样，我们就在柏林艺术家咖啡馆的一家相宜的咖啡馆里相识了，而且此后通过克罗尔－歌剧院（Kroll-Oper）有了特别密切的关系。在关于克勒门佩尔的纪念文章中，我写道："他确确实实地忠实于本文，并且不是添枝加叶。现代导演甚至改写原著，并按照自身的规则和规格提供其他内容，然而，在他身上并没有现代导演诸如此类的傲慢，相反，在他那里起支配作用的是人们可以想象的伟大的客观性。"在这儿，校对每一个音符，而且他发现了其他完全没有注意到的音符，并且格外强调了这种音符。但是，校对始终仅仅存在于作品之中；就是说，这不是某种无家可归的创作冲动，即不是仅仅侵占异乡的作品，或者描写完全陌生的另一个巴赫，另一个贝多芬。他远离这一点，并且这一切都重新加深了这样的印象，即诸如此类的东西依然文不对题，好像这是一部惊天动地的神秘的主观性的产物。

我们成了好朋友。我们一同工作，特别是在发现另一个奥芬巴赫上，例如《佩莉柯尔》，在克勒门佩尔的指挥下，就发出完全不同于在另一个管弦乐队指挥下的声音。但是，恕我不恭，就克勒门佩尔所大力表现的轻快的、偏僻的、特殊的场景而言，他也同样以难以置信的方式支配着庄严的、雄伟的和巨大的场景。令人难忘的是，他是怎样指挥勃拉姆斯[①]《安魂曲》中的《震怒之日》的；人们以为，仿佛墙壁都被乐队及其声响震塌了。在此人们见识到，在一种如此伟大的对象那里，在一种如此雄浑激昂的世界之没落声中，大吹大擂到底意味着什么。

现在谈谈克勒门佩尔、布莱希特和魏尔之间的关系。我们停留在音乐领域里，在魏尔那里也是如此。我和魏尔十分友好；我十分钦佩他的充满创造性的、和谐的力量，钦佩他的卓越的推陈出新的能力，这种能力使他得以重新回溯早已商业化的美国爵士音乐及其根源。所有这些美国的东西都是由他亲手制造的，而且，作为布索尼[②]的学生之一，魏尔以十分引人注目的方式制造了这些东西。令人难忘的韵律，一种突然获得了某种意义的永志不忘的探戈舞，在《三分钱歌剧》中的海盗－燕妮之歌等。众多的特殊性、伟大性和优美性——这些特性突然出现在野蛮的平凡性（Trivialitaeten）一旁，尽管这种平凡性是

---

① 勃拉姆斯（Johannes Brahms，1833—1897），德国浪漫主义中期作曲家。——译者注

② 布索尼（Feruccio Busoni，1866—1924），20 世纪意大利作曲家、钢琴家、指挥家。——译者注

讽刺性地被援引的。魏尔不是第一次规定这些东西，但他并不像美国人那样作曲，并且在此注意到，出现某种截然不同的东西，例如在《缺少某物》之歌中。在布莱希特《三分钱歌剧》或在《马哈根尼》令人惊异的文本中，魏尔的美妙音乐出现了，这是一种简单的音乐，但这种音乐却与黑色的、红色的、绿色的、蓝色的音乐相适合。简言之，他是一个基础的作曲家，他在这个平凡的领域获得了意义，而且他绝不会消失。

魏尔本质上是为布莱希特作曲的，而布莱希特所发现的其他作曲家跟魏尔是完全不可比拟的。在他的最后柏林时期，魏尔写了一部孤独的歌剧：《作保》，从中同样出现了那种尚未被发现的庄严雄伟的场景。

我以十分友好的语气谈论音乐，但在音乐史上，独一无二的东西恰恰是无可置疑的创造力与这种平凡的东西的联系。而且，这是某种不同于附带艺术和袖珍艺术的东西，即不同于在本雅明那里或在克拉考伊尔那里显现的东西。这是一种平凡性，它是借助于美国的作曲工厂而再一次平凡化的。并且，在此突然出现某种新的、尚未谛听过的东西，我最好用天才的平凡性，用其全部深度和非深度来标明这种东西。

现在离布莱希特只有一步之遥。我未曾听说过布莱希特之名。但是，在慕尼黑出版的《新水星》杂志上读过一则故事，这个故事叫《放弃巴甘》。[①] 人们在标题上就已经认出布莱希特了。这个故事发生的那个地方——17、18 世纪的一个海盗故事，就像副标题所称的一个海盗故事——带有某种引人注目的情节：在交易航船上，为了独占一次特殊聚餐上的猎获物，海盗船长指定他的驻守部队的薄弱部分开进一条很小的山谷里，而且指定他们在那里必须等到猎获物分配为止。但是，他让人打开了一条溪流或一条小河，以至于顷刻间山谷被淹没在滔滔大水里，而且使所有人淹死在其中。妻子——那个他所不喜欢的女人，他把她置于一座院子里去（其他人则成了他的一种货物）。在此，出现了冷冰冰的评语："女人们湿透了。"在谈到山谷的时候，正在这时，大水无情地漫过了她们。一句话："大水蔓延的严重情况完全超出了她们所能控制的程度。"以前，我从未读到诸如此类的句子。

好，有一天我走进了一家小酒馆，一家酒馆，还是大萧条时期一家柏林很

① 参见《贝尔托尔特·布莱希特全集》，法兰克福，1967，第 20 页以下。

平常的文学家小酒馆。一个演员、导演或乐队指挥对我说："这对面坐着一个人，这个人叫布莱希特，这个人应该有点用。"布莱希特坐在柜台上，"呷了一口啤酒。"我坐到这个男人旁边的柜台上去，我也得到一杯啤酒，我举杯对布莱希特仅仅说道："放弃巴甘。"布莱希特很高兴。这样我们就开始相识了；以与布莱希特十分相称的方式彼此相识了。

此后，在音乐和平凡艺术中，他的梦的理论，他的奇特的、宏伟的、简单的、不寻常的著作，他的非同凡响的能力率先获得了与魏尔并驾齐驱的一种意义："大海是如此蔚蓝，如此蔚蓝，大海是蔚蓝的……"，其创作与魏尔的精神风格旗鼓相当；荒凉、孤独、生活的无聊。"因此，一切照常进行，而且既然事情由此而来，它就重新开始。"关于虚无主义、徒劳无益和无意义的这一令人神经紧张的描述——这里没有任何背景，一切都归于徒劳——，用的是一种宁静的、绝望的语言，任何地方都没有爆发，有的仅仅是寂静无声。于是，诸如燕妮——海盗一类的事情，不仅音乐令人难以忘怀，而且本文也令人难以忘怀，在此采用了非常特殊的、非常引人注目的、最古老的原型；与修女和天上的未婚夫有关，在这个幼小的妓女与海盗船长之间突然产生了感情，这个海盗船长炮轰城市，等等。

与这条路线不合拍的是一种方式，一种困难的方式，即永远不能完成的、一再形成为模式的方式。有一部布莱希特的剧本叫作《应声虫》，布莱希特让学龄儿童表演这个剧本。但是，为了高年级学生，他改写了这个剧本，并赋予了新的标题：《老是拒绝别人的人》，在此一切都变卖了。克拉考伊尔——他与布莱希特相处得不是很好——对此做出了特别尖刻的评论："首先是应声虫，而后是老是拒绝别人的人；现在，下一部剧本"，克拉考伊尔说道，"也许称作接受别人的人。"这其中存在一种善良的恶意。因此，尽管布莱希特为自己的出版商创作了这部剧本，但是对于观众来说理解这部剧本是太难了。"他到底在说什么？"在下一瞬间，他借助于一种新的模式说些全然相反的事实。人们只要想到关于伽利莱·伽利略的故事就能意识到这种两面性。在纽约版本中，伽利莱·伽利略证实是对的，但在柏林版本中却证实是错误的。

这里存在对一种模式塑造的爱好，即让观众一同说话（Mit-sich-reden-Lassen），因而存在一种特殊的尝试与实验的困难。也许布莱希特早就习惯于这种困难，这种困难对他反倒起一种十分有益的作用。因为他既不是说是的人，也不是老是拒绝别人的人，更不是也许接受别人的人，而且这种困难使得生活不断突破那种向他时常露面的截然相反的认识。

布莱希特无疑是一个伟大的作家，也是一个善于表达困难和崇高的作家，例如，在《马哈根尼》中的《鹤之歌》中，他写道："你的时间从容不迫，爱没有被缚在时间上，爱是永不止息，你的时间从容不迫，但是你不要遥遥无期"，寡妇贝格比克如是说。这样有个人踏进来，办理他的业务，然后走出来，下一个来临，等等。魏尔和布莱希特都害怕他们的作品因为淫乱，因为色情文学而遭到警察的禁止。布莱希特说道："这一点我们可以这样改动，以至我们可以让一位先生和一位女士出现，这位先生穿着大礼服出现，而这位女士穿着华丽的晚礼服出现。两人都还有些乐谱得去完成，两人都唱一曲十分秘密的、高尚的、孤独的歌，从而我们也许能够愚弄警察。"这种改动必须在彩排前完成，而且还只剩下一夜。就在这一夜，布莱希特写下了《鹤之歌》，在这首歌中，言语发生于两只迁徙的鹤之间。向何而去？哪儿也不去。"在太阳和月亮下，很少有不同的圆盘。"这是真正布莱希特式的。于是，布莱希特在一夜间创作了这首歌；收笔大约在凌晨四点。他立刻向魏尔疾驰而去，魏尔给这首诗谱曲至八点；然后练熟这首曲子，下午进行彩排，而警察并没有禁止这件事，因为在彩排中一位先生和一位女士穿着晚礼服出现了。

因此，布莱希特把这种实验、这种模式马上付诸应用了。这也是布莱希特工作方式的一个范例，即在如此短暂的时间里，一个如此贫乏的动机竟能够成为一首卓越的诗、一部有意义的乐曲的诞生地。

此外，布莱希特是政治诗人，他把政治从陈腐的高谈阔论中搬了出来，并提供各种新颖的文本，这种文本是永远都唱不尽的。魏尔把它唱到了最后。

问：您当时从事《痕迹》一书的写作，此书于 1930 年问世。在您那里，《痕迹》意味着什么？正如您在前面所说，寻求微小对象，寻求附带艺术意味着什么？在逸事、故事等艺术形式中，活跃着它的哲学的本质要素，例如乌托邦的事物、自我相遇和世界相遇吗？

答：现在，这个问题很容易回答。您刚才提到附带艺术以及对意外场所之主管当局的寻求，这恰恰是所谓把我与克拉考伊尔、阿多尔诺和本雅明等联系在一起的东西。也就是说，就平凡的体验、纪事和历书故事而言，存在两种人格类型。一种类型是创作得如此短小精悍，以至于一个人在床上，在夜里，在入睡前就能把它读完。故事结束了，一切都解决了，一个人关起灯，酣睡不醒，尽管这个人不是随便任何一个人。

但是，也存在另一种故事，当讲述这个故事时，这故事并没有结束，相反，它拥有一种剩余，一种"觉察"（Merken），正如黑贝尔所说，这使得这个故事的意义成为可能。在黑贝尔这位前所未有的伟大的讲故事者那里——在约翰·彼得·黑贝尔这位《莱茵区情人的小钱箱》的作者那里——也有这样的故事，但是，这个故事并非为了无条件地消解"觉察到的"事情，相反，是为了遗留某种僵硬物。这就是某物的一个痕迹，某一"北美西部未开发地区"故事风格中的痕迹，库珀①、卡尔·麦②和格斯泰格尔（Gerstaecker）风格中的痕迹。在那里的一棵树上，树皮受到了损害，而这棵树赋予夏洛克·福尔摩斯③——此后，在库珀那里称作《古老的毁灭之手》，或者称作《红色的海盗》——以许多值得思考的东西。因为在某个人那里，有什么事情发生，那么这事情就意味着某物；这里就留下某物的一种痕迹。

现在，在这样的故事或微小的个人体验中，这种痕迹被发现了：某种特殊的东西，这东西在伟大的语言中，在伟大的事件中，通过伟大的、纪念碑式的作家是观察不到的，也是无法观察到的。因此，这部书是一部故事集。显然，在我那里存在一种深沉的叙述冲动，其中包含着带有"觉察"的一部叙述集。例如，在那里，探讨了诸如离婚动机一类的现象。离婚是什么？"发明了离婚的人想不到爱"，这是一首女佣之歌。离婚是什么？格斯泰格尔有一部美妙的故事，它看上去根本就没有任何伟大的意义；但是，在此人们能够结识被离异的东西，而被离异的东西恰恰蕴含在痕迹里。

偶尔，在此也能够发现小幽默，例如，一个犹太教哈希德派的故事。我们住在一所感恩祷告濒临终结的犹太教堂里，但是教区的全体教徒却与拉比待在一起。教区成员兴高采烈地谈论：当弥赛亚降临时，他们能够想望什么。在他

---

① 库珀（James Fenimore Cooper，1789—1851），美国小说家，他把对美国西部的想象和冒险融为一体，创造了西部小说这一特定模式，为美国小说走向独立开辟了道路。——译者注

② 卡尔·麦（Karl May，1842—1912），德国探险故事作家，他撰写了多部以印第安文化为背景的美国西部探险小说，生动有趣的文笔，使他的著作在德国乃至全球广受欢迎，并译成多国语言传颂于世。——译者注

③ 夏洛克·福尔摩斯（Sherlock Holmes），一个虚构的侦探人物，是 19 世纪英国侦探小说家阿瑟·柯南道尔所塑造的一个才华横溢的侦探形象。——译者注

们后面坐着昨天晚上迷路的一个可怜的乞丐，完全不修边幅，饥肠辘辘。拉比说道："我希望我摆脱我的咳嗽，那我就已经很幸运的了。"另一个教区教徒说道："我希望我有一个婚姻美满的女儿。"另一个又说道："我根本不希望任何女儿，我希望有一个接管我的生意的儿子。"这样，每个人都有一个愿望，在每个人表达了自身的愿望之后，拉比走向可怜的乞丐，并问道："现在，我亲爱的，当弥赛亚向你走来时，究竟你为你自己希望什么？你瞧，如果你没有任何愿望，上帝将会埋怨你的。"这个乞丐起身激动地说道："我希望我是一位伟大的君王，并且拥有伟大的帝国，这帝国带有众多的城市、牧场、耕地和原野。不仅如此，在最宏伟的城市里，我拥有最伟大的宫殿，而且在其他地方则拥有我的较小的宫殿。我的敌人敬畏我，我的臣民热爱我。但是，现在有人宣战，我的幸运濒临终结，我的军队被摧毁，人民与我一道没落；人民甚至需要我的毁灭；人民需要我的鲜血，而且我孑然一身，为一切人所完全离弃，我戴着王冠坐在宝座上，一只手握着节杖，一只手握着金球，即象征王权的金色的金球；但是无人等待我的审判和统治。我抛开属于我的一切，王冠、节杖和金球——我所拥有的一切——只身穿着衬衫，夺窗冲出，隐姓埋名地来到街上，陷入了我的帝国的厄运。所有的耕地都被毁掉，终于，终于，终于我越过边界，而从昨天起，我就在这里了。"

长久的惊异。拉比捋着胡须问道——现在我提出第一个、通常的、相对乏味的文本："你是一个值得注意的人。当你丧失了一切之后，你首先想要的东西是什么？此后，你什么都没有——你的财富，你的权利，你的威严。""但是，拉比"，年老的乞丐说道，"此后，我已有了某物：一件衬衫。"因此，事情的结局是一个幽默。但是，这里蕴含着某种别的东西，这东西正是"觉察"、注意、痕迹解读，引人注目的形式，恰恰在这种形式中觉察才得以解释。引人注目的是，提出了这样一个问题："当弥赛亚向你走来时，你希望什么？"回答是："我希望我是一个伟大的君王，拥有一个帝国。"这种回答也是语法上的一个愿望式。此外，这种回答也进入历史性的现在时："人民渴望我的血液，我夺窗冲出"，而不是"我夺窗冲出，人民渴望我的血液"；不是过去时，而是一个历史性的现在时，而这种现在时如今继续运转，不受干扰地继续运转，直到结束句："而从昨天起，我就在这里了。"真正的现在时，当下的标志。

因此，这是一种奇异的形式，它始于一个愿望式，然后，由此产生现在（Jetzt）和在此（Hier）的着陆，而在其他情况下，所有故事、每部长篇小说，特别是侦探小说都始于现在时。在所有传记或英雄描述中，例如在罗曼·罗兰的《约翰·克里斯多夫》以及在关于贝多芬生活的描述中，我们发现进入现在和在此的这种突变。在马塞尔·普鲁斯特①的《追忆逝水年华》中，从现实的当下体验中，恰恰出现这种进入现在时的直接跳跃。这里正好相反。在这种不显著的、微小的东方－犹太故事——这故事没有任何声响，通常也不具有任何文学价值——中，开始某种前所未有的东西，开始某种主要见之于遥远对象中的东西，即像所有其他房屋一样，不仅是其他长篇小说，而且所有文学作品都存在一种相反的建筑方式。人们可以把这一点与威尼斯的多根宫殿相比较，在底层下方是所谓简朴的装饰物（拱形），墙上方是富丽堂皇的浮雕，而在这种奢华中蔓延充满诗意的扩建。在此，我们拥有一种诗意的下层建筑，确切地说，不仅拥有一种诗意的下层建筑，也拥有一种愿望倾向的、白日梦倾向的下层建筑，而且上面着手修建城墙："而从昨天起，我就在这里了。"

因此，借助于登陆现在而激起一个十分奇异的形式，不仅激起语法上值得思考的东西，也激起理论上值得思考的东西。

这是关于一个痕迹的小范例，其中可以发现相当简单的、哲学上相对轻松的东西。这东西从小事开始，并以奇异的情绪结束。那么这一过程是从何处知道关于我的东西的呢?

这也许就是《痕迹》以近似方式所表明的东西，而且为什么称之为《痕迹》的原因吧。这里某物在运动，或者某物在继续运动，以至于人们无法简单地熄灭床头灯舒适地躺在一边，心满意足地入睡，相反，这种运动刻凿了某物，这种运动成为历史中的一个刺激（Stachel）。当然，当存在这种刺激时，它依然是清晰可见的，不仅在我们的观念中（例如在这种历史中），而且在称号上引导人们着陆现在（Landung im Jetzt）。

4.《这个时代的遗产》与正统马克思主义

问：您对 20 年代的分析见之于您的书《这个时代的遗产》，这部书于

① 马塞尔·普鲁斯特（Marcel Prost，1871—1922），法国 20 世纪小说家，意识流小说大师，代表作有《追忆逝水年华》。——译者注

1935 年瑞士流亡期间得以出版。《这个时代的遗产》是如何为正统共产主义所接受的？

答：以十分不同的方式。引起异议的首先是主题，即遗产问题本身。“遗产”问题首先具有一种可疑的经济资本主义和经济宿命论的弦外之言。我认为，遗产就是遗物（Erbschaft）。对于马克思主义来说，遗产问题本身作为文化的遗产问题首先是作为所谓文化遗产问题（kulturerbe-Problem）来加以表述的。卢卡奇着手研究过这个问题，但是仅仅涉及源自过去的两种遗产：第一是革命时代的遗产；第二是文化鼎盛期的遗产。也就是说，第一种充当某种遗产接受，即在一切革命运动——从斯巴达克开始直到巴黎公社[①]（1871），当然还包括俄国十月革命[②]的准备——中，对这种遗产进行一次呼吁。显然，在马克思主义者当中，这方面毋庸赘述。第二种——这方面，卢卡奇看上去，部分地是充满疑虑的专家——一种文化鼎盛期，在这个时期似乎根本不存在某种占统治地位的阶级紧张关系。相反，生产力与生产关系还相对协调（例如，公元 5 世纪的雅典，15 世纪的黄金时代和高度发达的中世纪等等），全都包含着一种文化遗产。这一点并非完全是不言而喻的。其实，这一点反对的就是表现主义。

此后，温克尔曼[③]的古典文化定义——作为“高尚的纯朴和宁静的伟大”——并未超出菲迪亚斯[④]的定义，的确，19 世纪中叶的马克思也曾高度赞赏过这一登峰造极的古典主义文化。无论如何，这种文化还是可以继承的。

正统马克思主义者认为，崩溃的时代，一种晚期社会的文化是无法继承的，因为这种时代和社会的文化仅仅是颓废时代和社会的文化；纳粹说道：“颓废”；苏联的马克思主义者则说道：“颓废”、没落。那么，这东西到底是什么？

---

① 巴黎公社（Commune），1871 年 3 月 18 日至 5 月 28 日巴黎工人举行武装起义，推翻资产阶级政权，宣告公社成立，后被凡尔赛军血腥镇压，公社仅存 72 天，史称“巴黎公社”。——译者注

② 十月革命（Oktoberrevolution），1917 年 11 月 7 日，在俄国发生了人类历史上最伟大的社会主义革命，史称“十月社会主义革命”。——译者注

③ 温克尔曼（Johann Joachim Winckelmann，1717—1768），德国艺术史家和考古学家，著有《古代艺术史》等著作。——译者注

④ 菲迪亚斯（Phidias），公元前 5 世纪的古希腊雕刻家。——译者注

现在，问题是：正如我们今天所体验到的一样，在资本主义没落时期，应当继承过去一切时代中未曾显现的某种东西，因为这东西并非恰恰被掩盖在一种神秘面纱之下，而是被掩盖在意识形态脚手架的卫生保健形态之下。在此，一切都很理想，但是这一切都确实显现吗？一个批判时代开始了：苏联术语学以及卢卡奇笔下的表现主义的颓废时期（马克思主义的）。

问题是：真没有什么东西是可继承的吗？或者，并非如此简单，以至于美丽的表面之漆在这里裂开了，人们终于看见并注意到某物，毕竟在革命时代里，但在所谓伟大的黄金时代里，这又是不可视的东西，因为在此这东西处在美好的准备阶段，处在巨大的、美学的矫揉造作之下。那么，这东西因此就被假象掩盖得严严实实吗？现在，这清漆业已裂开，显现出特殊的东西，然而，这东西却永远都是不可视的，而且想要一睹真面目，就显得遥不可及。于是，出现一些被制造出来的东西，例如蒙太奇、艺术等，突然间，相距遥远的对象、主题紧密地靠近在一起，并且相互接触；反之，那些紧密折叠在一起的东西则天各一方，遥不可及：正如布莱希特所言，在此发生某种“陌生化手法”（Verfremdung），而这种艺术手法不仅出于教育学的原因，也出于正相反对的原因：对于我们来说，一个巨大的悖论是巴布亚艺术、黑人造型艺术比菲迪亚斯亲近得多。我们为此感到震惊，即为造型艺术中的大身体、小脑袋这一独特形态而感到震惊，为这种陌生的伟大关系而感到震惊。例如，就像基里科①的绘画以及此后马克斯·恩斯特②的绘画一样，在他们的绘画中同样包含着众多的蒙太奇因素。例如，在基里科那里，我们看见一所房间，壁炉前模糊不清的一对夫妇好似逃之夭夭；左边是一堵墙，右边是一堵墙，但是，墙根本就不在那里！左边的墙是野兽和群蛇纷纷想要闯入房间的一片原始森林。右边是一个巨大的海浪。图画的前景部分是微小的壁炉之火，群蛇出没的森林，鲨鱼激起的海浪，一座壁炉，源自 20 世纪的一张标准椅子以及穿着很时髦的、也许情绪很糟糕的一对夫妇。这种蒙太奇不仅像巴布亚艺术一样存在于时间之中，也存在于某种纯粹的“非同时性”（Ungleichzeitiges）之中，例如，存在于为我

---

① 基里科（Giorgio de Chirico，1888—1978），希腊裔意大利超现实派大师，是形而上学派艺术运动的创始人。——译者注

② 马克斯·恩斯特（Marx Ernst，1891—1976），德国画家，达达主义和超现实主义雕刻家。——译者注

们所再现的、与我们有关的、现实化的一种黑人造型艺术之中。

这就是一个小标志。但是，在一个社会发展的顶峰和鼎盛期，这一点根本就不会显现或为人所思考，然而，这是一个独一无二的、十分引人注目的例外："矫饰派"（Manierismus）这一艺术风格很早就出现，确切地说，在文艺复兴和巴洛克时代之间，人们就已发现这一艺术风格。因此，在莎士比亚所生活的时代，部分地就属于这个时期，而在这个时期，他的创作至少部分地包含了蒙太奇。

这个遗产问题是我的《这个时代的遗产》一书的一个重要话题。在此区分了四个小阶段。第一，提供了消遣（Zerstreuung），对于职员来说，消遣就是一种快乐的、令人紧张的、有趣的外部世界。这个世界显现在电影里、木块里、晨曦里、革命朝霞里；人们不知道降临的是黎明还是晚霞；此外，这是20年代的柏林。这是消遣时期，在此问题是，继承什么？除了单纯的欺骗行为，即偏离之外，还出现什么别的东西吗？

在其显现中，第二个因素已变得强有力得多。这叫"陶醉"（Berauschung）；陶醉乃是法西斯主义。因此，人们并不考虑现存的什么东西在悄悄地走进大陶醉时代，这是令人精疲力竭的、非同时性的纳粹时代，即在这个时代（这恰恰是处于这一时期的另一种认识），不仅到处存在同时性的人，也到处存在非同时性的人，农民、渔民，也包括小城市中众所周知的与世隔绝的小市民。在20世纪中叶，这些人远离现实，生活得就像一个世纪前的农民和渔民一样，而且，这些人并没有遗留什么东西，相反，是极其非同时性的，因为下层建筑依然部分地存在，经济的下层建筑，特别是工艺的下层建筑依然存在，因此土地得到耕作。拖拉机不是到处都同时地出现。房屋，旧的农民意识形态，同样经历了小历史时代的自然关系，雨、暴风雨、干旱等是与全部特定反思相称的基本前提。这些人是非同时性的，因此根本不理解同时性问题，对此，不得不另当别论。因此，为了接近这些人，社会主义－共产主义必须拥有一个截然不同的宣传，以便注意到与其息息相关的问题，从而了解到与我们息息相关的问题。

然后是同时性时期，在这个时期，存在无产阶级和大资产阶级。但是，革命的、有阶级意识的无产阶级是超时代的。这个革命的无产阶级拥有的形式不是陶醉，而是蒙太奇，即本质上的蒙太奇，同时性的前闪电、试验，而这种形式并不包含每天都可视的、另一个世界的阶级利益（这方面，马克思主义的宣传、马克思主义的意识范围同样可以学习），因为马克思的时代尚未存在。因此，属于这方面的形式是表现主义——没有任何陶醉——和超欧洲的文化问题。中国现在出现在地平线上，农民艺术获得了一种特有的意义，《青骑士》[①] 问世了，先是表现主义，后来超现实主义、蒙太奇等纷纷出现，就是说，事物部分地是超现实的，而且，这一点并非仅仅在大资产阶级的沙龙文化中才可发现的，相反，这一点也见之于街道文化、惊异文化、惊奇态度之中，因而也表现在特殊的、冷漠的事情之中，这些恰恰是受到小市民拒绝的东西，但这些东西在此有其一席之地。在生气勃勃的德行时代，甚至立体主义也是所谓最可怜恶习的一种贡品。

因此，正是勉强和惊喜产生一种遗产，而且现在这一点已付诸实践。

在希特勒的崛起面前，共产党所做的事情是正确的；只有它没有做过的事情才是错误的，例如所犯的错误是，它并没有注意到狂热陶醉，没有接受白日梦中奏出的蒙太奇。因此，它在其宣传中利用了可望而不可即的语言，即触及不到想要跟他打招呼的阶层。陶醉、蒙太奇、表现主义等概念想必进入运动之中，这些概念想必有助于改变自身的语言和内容的功能。[②] 纳粹持续地偷窃我们；纳粹靠这样一种痴心妄想而生活，也就是我们放弃伟大的革命传统领域，放弃使用斯巴达克斯这一革命名称。

第三帝国的理论源自 13 世纪的约雅金·弗洛尔。[③] 这是为莱辛[④]所援引并在陀思妥耶夫斯基[⑤]那里所产生的第一个革命学说。莫里埃·凡·登·布鲁克[⑥]重新翻译了陀思妥耶夫斯基的作品，并且出版了一本《第三帝国》。海涅[⑦]

---

① 青骑士（*Blaue Reiter*），原系俄国表现主义画家 W. 康定斯基的一幅画，后来指称 20 世纪初活跃于德国慕尼黑地区的德国表现主义艺术团体。——译者注

② 在《这个时代的遗产》中，布洛赫用《骚乱：高音 1》——瓦解、崩溃；《骚乱：高音 2》——陶醉；《骚乱：高音 3》——蒙太奇和表现主义，标明了这种功能（编者注）。

③ 约雅金·弗洛尔（Joachim di Fiore，1130—1202），又译作弗洛尔的约雅金，意大利修道院院长，卡拉布林教团的创建人，历史神学家，对 12 世纪宗教神学思想产生过深远影响。

④ 莱辛（Gotthold Ephraim Lessing，1729—1781），德国启蒙运动时期最重要的作家和文艺理论家之一。——译者注

⑤ 陀思妥耶夫斯基（Fjodor Michilowitsj Dostojewski，1821—1881），19 世纪俄国文坛上享有世界声誉的小说家。——译者注

⑥ 莫里埃·凡·登·布鲁克（Moeller van den Bruck，1876—1925），德国保守派作家，著有《第三帝国》一书，据此，神圣罗马帝国是第一帝国，1871 ~ 1918 年普鲁士帝国为第二帝国，莫里埃·凡·登·布鲁克认为魏玛共和国在 1919 年失败后要为德国重夺荣耀，建立“第三帝国”。——译者注

⑦ 海涅（Heinrich Hein，1797—1856），继歌德之后享有世界声誉的德国诗人，被称为德国古典文学的最后一位代表。——译者注

应用过这个词，易卜生[①]使用过这个词，于是，这个词不胫而走，到处流行。纳粹最终连同数字三接受了这个词，使其变成了陈词滥调。第一阶段叫作德意志民族神圣罗马帝国，由此而来的是威廉帝国（第二）以及希特勒帝国（第三）。最后借助于一种轰动一时的宣传效应称作“第三帝国”。这一表述源自约雅金·弗洛尔并考虑到了莱辛、海涅、易卜生的用法——关于海涅，他的确是无可怀疑的，他不是任何玄秘教义的鼓吹者，而是一位伟大的启蒙家。关于莱辛，这个概念却涉及一种政治宣传。

这大抵是《这个时代的遗产》中所表述的问题。

5. 布拉格流亡岁月（1936～1938）。唯物主义问题研究。表现主义辩论（关于安娜·西格斯与格奥尔格·卢卡奇的书信往来）

问：1934 年你去往维也纳，在那里，您跟您现在的妻子、建筑师卡罗拉·布洛赫－皮奥特勒考夫斯卡结婚，1935 年您在巴黎居住了半年多。在那里，您参加了“文化保卫大会”。您在大会上所作报告被收录于您的《文学论文集》，并以《马克思主义与文学创作》为题发表。1936～1938 年您生活在巴黎，在那里，您的儿子扬·罗伯特出生了。在巴黎，您撰写了哪一部哲学手稿，而且是什么状况使您醉心于著名的表现主义辩论，您的有关文章也是源自布拉格时代，例如您的论文《道德的拯救》？

答：是的，在我回答这许多、也许太多的问题之前，我想向我的刚才提到的妻子卡罗拉·布洛赫－皮奥特勒考夫斯卡致以我的崇高的敬意、爱戴和感激之情，我跟她于 1934 年结婚，但很久以前就认识。但是，婚姻好似最后的修饰。因此，我感谢卡罗拉，我衷心地感谢库尔姆琛[②]。如果没有她，也许许多事情就不能完成。

现在您的第一个问题是什么？

问：第一个问题是您在布拉格时期所撰写的哲学手稿。

答：我撰写了大部分哲学手稿，但这些手稿后来才发现其广泛的扩建。在布拉格，我差不多完成了关于物质、唯物主义史、“物质概念史”的一部厚厚手稿，这部手稿发表于 1972 年全集（篇幅大约增加了一倍），题目叫《唯物

---

① 易卜生（Henrik Ibsen，1828—1906），挪威戏剧作家，欧洲近代戏剧的先驱。——译者注

② 库尔姆琛（Kulmchen），布洛赫对妻子卡罗拉的昵称。——译者注

主义问题，它的历史和实质》。这是一部反对庸俗物质概念的书，这部书指明物质概念蕴含的全部内涵，并且表明在此唯心主义同样不无勉强地做出了引人注目的贡献，按照列宁的标志或格言——这句格言并未得到人们持续而足够的铭记——，这句格言是：“聪明的唯心主义比愚蠢的唯物主义更接近聪明的唯物主义。”

根据这一观点，我试图指出，物质问题最好从唯心主义观点出发加以探究，因为在这里物质是一种“窘迫”（Verlegenheit）。在此，物质提出——从亚里士多德经过莱布尼茨到黑格尔——物质（自然）的起源问题。反之，在唯物主义中，物质是一种不言而喻的存在。因此，在哲学唯物主义中，一旦面对精神就想起惊异、哲学的惊异、希腊的心灵创伤和赞美；因为精神在唯物主义中是一种窘迫。因此，唯物主义通过唯心主义而闪闪发亮，为的是从精神的着魔状态中清醒，创造出精神方面的、理智方面的、唯心主义方面的头晕目眩。这是从唯物主义那里学会的。

就唯心主义而言，精神是一个不言而喻的存在，是一个庄严的、崇高的字眼。当黑格尔谈论“精神”一词时，他就顶礼膜拜。这简直是一项义不容辞的事情。当拉美特利谈“精神”时，这是完全不同的东西，而且当马克思谈“精神”时，这是某种更高水平上的移动。也就是说，精神是一种窘迫。因此，人们只有在唯物主义方面才能认识到精神是什么，即通过研究意识形态以及庸俗唯物主义才能认识到精神是什么。于是，精神就恰好通过斯大林所说并表明的一个命题而得到矫正：“上层建筑不仅仅是反映下层建筑，而且是能动地、积极地、在运动中规定下层建筑。”到处都出现这样的问题，在唯物主义中，精神问题似乎是最尖锐的问题，但是在唯心主义中（在此试图悖谬地奠定一种新的物质概念），思辨的唯物主义悄然登陆了——在亚里士多德－黑格尔意义上，而不是仅仅在拉美特利或一种庸俗唯物主义意义上。

问：另一个问题涉及关于表现主义的辩论，这一辩论还是在您的布拉格时期举行的。

答：这是一场辩论，一场论争，是在布莱希特、布雷德尔[①]出版发行的莫

---

① 布雷德尔（Willi Bredel，1901—1964），德意志民主共和国作家协会理事和主席，被视为社会主义－现实主义文学的先驱。——译者注

斯科流亡杂志《词》上举行的。

当时，表现主义在苏联不是红色画布，而是一块黑－红－金色画布，甚至是黑－白－红色画布，或者是一面没有革命的法国资产阶级的三色旗。

现在，在《这个时代的遗产》一书中，表现主义受到庆功嘉奖，表现主义被表述为崩溃时代的一种艺术、一种绘画和一种诗作。而且从早晨起就已看到，从遗产中就已看到表现主义的功绩，因为表现主义靠崩溃而生活，但它不是崩溃，它不是表达崩溃，而是继承这种崩溃的遗产。一个人必须等到姑母死去；但是一个人想要继承遗产，在他生前，他就应该把她的房间作为遗产十分仔细地环顾一下。正如在姑母那里一样，这部书也十分仔细地环顾了表现主义，环顾了垂死的晚期资本主义。但是，然后，我们就能得到属于我们的东西。当然，这一点并不适合于苏联及其新古典主义，并不适合于苏联及其庸俗的艺术作品，并不适合于苏联及德国经济繁荣时期的建筑艺术。

在别的地方，也探听到了这场争执，例如，在德国流亡国外杂志上，在卢卡奇与安娜·西格斯[①]之间就发生过这种争执。卢卡奇站在古典主义、新古典主义一边，安娜·西格斯则站在另一边，尽管她本身不是一个表现主义者，但她毕竟感受到了她所属的表现主义。尽管表现主义业已消退，但它通过诺斯克的胜利，通过魏玛共和国的反动化而典型地表明了自身的强大生命力。这一关于表现主义的辩论十分有趣。我参加了这一辩论，《这个时代的遗产》部分地为这一讨论，即为立足点和支撑点提供了坚实的基础。

现在，表现主义的情况如何？确确实实是规则的连续性、本性的图像吗？而且，无对象的绘画压根就是颓废吗？或者，在无对象的绘画和诗作中产生出另一种对象，即装饰，我们形态的伪装的装饰，亦即我们的卡斯帕尔·豪泽尔－本性[②]的林中空地？在这种本性中我们全然不知我们向何而去，因为我们尚不知道我们从何而来。在此，终于在这一绘画和这一诗作中撬开了一道封

---

① 安娜·西格斯（Anna Seghers，1900—1983），德国女作家，以描述二战时期道德体验而知名。著有长篇小说《第七个十字架》《死者青春常在》等。1947 年成为德国统一社会党成员，1950 年迁居东德，1983 年 6 月 1 日逝世于柏林。——译者注

② 卡斯帕尔·豪泽尔（Kaspar Hauser，1812—1883），他的身世曾成为 19 世纪最有名的神秘传说之一。据传从小遭遗弃，1828 年被发现后，举止失措，语无伦次，虽从外貌看有 16 岁左右，但精神状态却仿佛一个 3 岁幼儿，而且没有自理衣食的能力。他的境况为世人瞩目，于是，以此为题材的戏剧、小说、诗歌就大量涌现出来。——译者注

印，而这种绘画和诗作已被视为同首席教师之美毫不相干，同德国经济繁荣年代①和源自巴黎豪伊斯曼②时代的繁华大街毫不相干。

也就是说，在此是谁在跟我们说话？确实只存在一种连续性吗？难道真正的、马克思主义的现实不也是存在于非连续性之中吗？不然的话，辩证法怎么可能获得一席之地？辩证法就是非连续性！

这大约就是用以说明个别例子的话题，而且现在人们重新着手研究关于表现主义辩论了。这个看上去早已研究过的东西突然跟所有正在酝酿中的东西一起拥有了一种谜一般的、爆炸性的关系。

6. 社会主义与道德。美国流亡时期。《希望的原理》——一部人类梦想的百科全书

问：从这个时代中产生了您的《道德的拯救》。您能向我们讲述这篇论文是怎样被接受的吗？

答：这篇论文为人接受，有点羞愧，但是部分地得到完全同意。道德、伦理学、非道德主义、道德观念等在共产主义文献中没有任何地位。尽管人们持续地需要道德出路，但是人们毋宁回避道德问题。马克思主义－共产主义直接被视为道德的东西或某种类似的东西，通常据说是这样。总之，根据见之于恩格斯的一段表述——在这种情况下，我并不是很有把握——“道德乃是一种小资产阶级的偏见”。

现在，针对希特勒，以及针对骇人听闻的罪犯，人们开始利用道德，持续不断地表达道德意识，但是人们却不遗余力地拒绝道德。但是，在此并不存在任何关于道德的概念文化和语言文化，因为没有人谈论它，这一切都是无稽之谈，而且最极端的境况，即面对希特勒那里所发生的可怕局面，人们所进行的飞跃充其量也一如报纸上所描述的样子：“玷污天性的希特勒政权”。现在一个屠宰猪猡的人也是玷污天性的人，但他并不是人们遭遇的希特勒，而且这个人在道德上还是被认可的人。简言之，在共产主义意识中，在共产主义宣传中道德拯救情况怎么样？

我致力于这个问题，我已指出，早期革命如何必定拥有道德，这种革命如

① 德国经济繁荣年代（Gründerzeit），指 1871～1873 年德国经济繁荣年代。——译者注

② 豪伊斯曼（Baron Gorges-Eugèney Haussmann，1809－1891），法国城市规划者，其名字与巴黎重建相联系。——译者注

何产生康德的道德，而绝对命令如何构成共产主义基础，这命令如是：任何时候都这样行动，你的行动准则能够成为一种普遍的立法。在一种阶级社会中，要求这一点也许是废话。相反，这好像是阶级背叛。无产者不会这样行动，即它的行动同时成为某一资本家的原则或准则，反之亦然。但是，在无阶级社会中，这种要求却不是人所志愿的欺骗，而是一种不言而喻的事情和团结一致范畴的表述。

说了这么多现在要做的事情，为的是最终重新关注起道德、德性！而且，全体在一种十分冷静的命题中达到了顶点："社会主义，共产主义就是以道德的名义长期地徒劳地所寻求的东西。"当然，对莫斯科而言，这一命题很适合于客套，至少适合于客套话。如此例表明，事情本身并没有成功。

问：为什么在 1933 年 3 月 6 日德国最后选举后，您很快流亡到了瑞士。

答：对于这个问题，我可以十分简洁地、用一句话来答复：因为对我发出了一张通缉令，由于我藐视帝国政府，马上会遭到逮捕。因此，我从海德堡前往巴塞尔。并且，我没有被发现。

问：此后，1938 年您流亡到美国。您在那里生活怎样？您也许能描写一下您的外部生活环境吗？在美国，您跟德国流亡者有许多联系吗？

答：我的妻子卡罗拉，我的儿子和在车站接过我的汉斯·埃斯勒和约阿西姆·舒马赫，后者后来写了一部关于《混乱面前的恐惧》的好书。我们首先在乡下住了一段时间，然后住在纽约，后来住在波士顿的坎布里奇。我很幸运，能够不受干扰地用德文写作，用一种无人问津的、乏味的语言，用一种科学的、一种哲学的语言写作。我夜以继日地工作，整整 11 年全靠我的妻子养活，即在美国人意义上绝不是典范。有一次，一个美国人对我的妻子说道："您的丈夫现在一分钱也赚不了，为什么他不换个工作？如果一个人想要赚钱，他就得有一份工作，但是一个人借助于哲学什么也赚不到。他应该做点别的事情。"我干不了别的什么。此外，我不会说英语。正如您从我所说的法语中听出的一样，我的语言天赋有限，英语天赋同样有限，如此等等。我应该成为一个洗碟工吗？对此，我在一家流亡者杂志上发表了一则警句："在美国百万富翁从洗碟子开始，但哲学家并不属于此例。"人们能把这句警句译成法语吗？您能把它译成法语吗？

问：不能。您跟美国的德国流亡者的接触怎样？您跟他们的文学上的联系和私人联系怎样？

答：不是很多。我们生活在坎布里奇，一个流亡者不太多的地方，而且多半不是新的联系，而是老的联系，亦即老朋友，这些人我早在欧洲时和德国时就认识，我跟他们相遇了。

问：您流亡美国九年，这期间您的哲学工作富有成效。当时，形成了您的主要著作《希望的原理》。这部著作发展了一种“乌托邦的功能”，而这种功能又只能在这样一个地方，即恰恰在迄今无人谈论乌托邦的地方才能发现：在意识形态中，在原型中，在艺术比喻和宗教象征中。

答：是的，在《希望的原理》中，我扩展了乌托邦之弓，对此，人们经常以轻蔑的方式与想入非非、“梦想”、黄粱美梦等相提并论。例如，现在表达如下：“这种事无非是乌托邦”，几乎成了一句骂人的话。对此，现在我们无须去谈论，或者如果需要，我们仅仅在某种论战意义上去谈论。

另一个概念是乌托邦总店（Stammhaus），但是，这个总店作为社会乌托邦自古以来就存在，也就是说，它作为一个更美好生活的梦，一个乌托邦的所梦想的东西而存在。

这个总店是正确的，这是一个伟大的范畴，但它存在于——除了若干例外，例如，在其社会生存合法性被延伸到技术的地方（首先在培根①那里，此后在康帕内拉②那里，然后在儒尔勒·凡尔纳③那里）——一种浪漫迷人的、快乐的、消遣的形式中，存在于风靡美国的“科幻小说”中，亦即存在于纯粹技术乌托邦的形态中。这一切都没有被认真对待。

但是，我们在这里很严肃地对待这个问题。由此，在哲学中形成了一个崭新的原理，即希望。希望是什么？这里所说的希望不是因恐惧而产生的冲动，而是一种认知行为；作为认知行为，它所依据的不是相互对立的概念，而是互为转变的概念，即：不仅要回忆曾经存在过的东西，而且还要寄希望于将来的东西。

不是在抽象的方式上，未必在抽象的方式上（例如在一个小商人所理解

---

① 培根（Francis Bacon，1561—1621），英国哲学家和国务活动家，他在其乌托邦代表作《大西岛》中构思了一个技术和科学十分完备的未来国家的幻景。

② 康帕内拉（Thomas Campanella，1568—1639），多明我会的修道士和文艺复兴时期哲学家，他在其代表作《太阳城》中构思了一种未来国家状态，在这种国家状态里，人的利己主义将被一种兄弟般的社会所克服。

③ 儒尔勒·凡尔纳（Jules Verne，1865—1905），法国科学幻想小说家和冒险小说家。

的一样），拥有乌托邦，而且面对伟大的社会乌托邦主义者，也有理由像马克思恩格斯一样来拥有乌托邦。这些乌托邦主义者，有 16 世纪的托马斯·莫尔、康帕内拉，17 世纪伟大的法国人傅立叶、圣西门和艾提涅·卡贝①等科学社会主义的伟大先驱者。因此，这些人并非仅仅是梦想家，而主要是抽象的乌托邦主义者，他们没有理解时代条件，此外，这方面如果时代条件不成熟，每一个乌托邦都必然趋于崩溃，而走向自身的反面，甚至法国大革命的基本原则，即"自由、平等、博爱"（Liberté，Egalité，Fraternité）连同"公民"（citoyen）这一伟大榜样也会适得其反。不是因为梦幻，即不是因为"公民"这一乌托邦梦幻不切实际，而是因为人们没有领会实现这一梦幻的条件；只有借助这些条件才能使"资产阶级"（le bourgeois）的不大不小的梦幻趋于成熟。

但是，现在这本书也包含着转变：马克思主义也是一种乌托邦，第一个具体的乌托邦，亦即一种悖论，一种"木制的铁"。因此，当我说到下述一番话时，在莱比锡大学引起了哄堂大笑："因此，马克思主义并非不是一种乌托邦，而是一种具体的乌托邦的创见。"

此外，在这本书中，不仅考虑到了在每一个人中出现的，尤其是在青年人之中出现的梦，即"一个更美好的生活的梦"（dreams of a better life），而且考虑到了转折时期、变革时期（在这个时期，某事正在酝酿之中，在这个时期，某物正在孕育着某物），亦即考虑到了晚期凯旋时期、文艺复兴时期、狂飙突进时期、新青春浪漫主义时期，考虑到了所有意义重大的转折时期：自然主义时期、表现主义时期等。到处都有我所称作的"尚未被意识到的东西"以及客观-现实关系的一个高百分率，而在这种客观的和现实的关系中，在尚未形成的关系中，从思想上酝酿着一种存在的物质。外部现象乃是某个新东西的创造性、生产性，尽管这新东西迄今尚未存在，但是它一旦开始生效起来，它就出乎意料地突然显现。

正如我已经说过的一样，现在这里产生某种恰恰需要研究的意识形态关系，例如，理想关系、比喻关系、象征关系和乌托邦范畴的扩展等，借助于此，在一切领域里，尝试一种"人类希望和梦想的百科全书"。人类希望和梦

---

① 艾提涅·卡贝（Etienne Cabet，1788—1856），著名的共产主义者、社会活动家，其代表作是《伊加利亚旅行记 1788-1856》《通俗法国革命史 1789-1830》等。

想开始于儿童时代，尤其是青春期，例如性与梦想、情欲梦想：“我希望成为什么，我究竟期待什么？什么东西在等待我们？”与此相适应的是，期望范畴、梦想范畴、社会乌托邦范畴、庞大的技术乌托邦总店、地理乌托邦、对某一国度的发现之旅等。哥伦布驶向无边无际的海洋，为的是重新发现应该位于印度的那个失去的天堂；因此，他毕生寻求通向印度的航道，进而将他所发现的陆地上的原始居民称作“印度人”。印度是梦之国。通道把我们割断，但是永恒的江河依旧从天堂一泻千里，并且导向金银财宝和点金石。按照哥伦布的书信往来，这点金石正是他梦寐以求的东西。

迄今为止，所有乌托邦的地理探险都归于失灵；因此，旅行继续行进到南极大陆，朝向澳大利亚，面向“澳大利斯地”（terra australis）；那里想必有人间天堂。一个上升的南方，一个上升的古希腊国度，一个上升的意大利，一个上升的小亚细亚，所有被我们抢占的地方，由于温暖的气候，候鸟纷纷被引诱过来，因为在澳大利亚，越是下面就越发变得温暖。又是一个乌托邦。

南极并没有进入视野，人们继续奔波，人们寻求另外的东西。此后，发生了伟大的飞跃，而这种飞跃在社会乌托邦中业已开始：人们在遥远的太平洋里寻求乌托邦。不仅在托马斯·莫尔那里，而且在康帕内拉那里，乌托邦都位于一个遥远的、人迹罕至的孤岛。

由于法国大革命，通过傅立叶、圣西门、卡贝等法国乌托邦主义者，乌托邦从遥远的地理空间被移入未来之中。也许，乌托邦第一次获得了时间之末（Ende der Zeit），而且现在在此进驻了宗教乌托邦：启示录。白天的尽头被认为是天国的耶路撒冷，它被装饰得像一个新娘一样婀娜多姿；月亮和太阳微不足道，死和罪恶已成过去，白天的尽头来到了，一切都是末世论的，现在阳光照进纯粹的地理乌托邦中，在此，乌托邦不是作为业已存在的东西，而是作为遥远的未来所期待。

另一方面，在偏远的北方，在世界最北地区也存在乌托邦，例如，18 世纪奥西安的（Ossian）乌托邦。奥西安的伪造诗作是麦克弗森[①]制造的。这是

① 麦克弗森（James Macpherson，1736—1796），苏格兰诗人，他的诗作大都取材于冰岛－苏格兰传奇故事。作者擅长仿造盖尔人的民间诗作，他毕生把这些诗作冒充为奥西安歌手的英译作品。他的作品之所以引人入胜，不仅在于浪漫的英语诗作，也在于赫尔德尔和“狂飙突进”运动，主要著作有《奥西安诗选》二卷，爱丁堡，1805，等。

世界最北地区的乌托邦：夜幕早早降临的、云雾迷漫的幸运之乡，此后英国发现了这一幸运之乡的油画，但是绝不退回到老是使用其燃烧的太阳的南方。雨，秋天，这一点显现为乡间的气候，从中人们寻找乌托邦——而乌托邦居住在最北地区的梦之岛。

此外，还有大量其他的乌托邦，本书从历史哲学和现象学出发，试着实事求是地描写了乌托邦的内容，同时，充分估计到了成功的可能性，即这方面所充满的某物。

只是临近结束才首先关涉一种乌托邦的描写，重新置身于最强烈的反乌托邦。当“熵”发生时，我们的生命归于结束，整个人类都归于完蛋；当星星、恒星变冷而烟雾重新上升时，由此太阳系、恒星和固定恒星这一整体的旋转木马就发生了；然后一切都归于结束了。当一切归于无、虚无，归于结束时，还有什么东西有助于我们的乌托邦，还有什么东西有助于我们呢？与此相比，还有乌托邦和常识性的路标，因为人出现在人性的前线上，在最糟糕的意义上，人同样出现在晕眩、童话和梦之中。

这是一部内容及其广博的著作，洋洋洒洒1650页，在试着描述一部人类梦想的百科全书之后，这部书终于结束了：一部关于人类梦想之路的百科全书，它指明了从前人们梦想过、钻研过、不完全地付诸实施的道路。

在此书中，家乡这一范畴得到了本真的探寻。人类即将获得一个新世界，在这个世界上，客体不再由于一种格格不入的陌生的东西而残缺不全。因此，这本书的最后一个词是“家乡”。

7. 在辩证法哲学中，是黑格尔还是回忆（主体－客体）

问：您关于黑格尔的十年研究在您的《主体－客体：对黑格尔的解释》一书中得到了表述，此书1948年以西班牙译本在墨西哥出版。此书的一个新话题是《回忆与新东西》。

答：是的。对此，我非常感谢我所敬仰的青年时代的老师、永远的导师格奥尔格·威廉·弗里德里希·黑格尔，但本书也是基于新东西的立场，从基本批判角度（见《黑格尔与回忆说》一章）写成的。

回忆（Anamesis）具有一种魔力，它把从泰勒斯到黑格尔的一切哲学家引入歧途，即在回忆中，所有我们的知识都得以重新回忆起。

黑格尔拥有一种辩证法，但是这种辩证法转向正题、反题、合题，然后重新退回到正题，因此，一个圆圈总是向着否定退化；在前进到反题后，这种辩证法重新退回到合题，重新退回到正题，并在一个较高阶段上重新考虑正题，接着同样的东西重新开始：新的反题，向正题的重新后退，等等。在黑格尔那里，这里正是一个圆圈到圆圈的全部运动。没有任何未来，没有任何新东西，这不是向来就在那里的东西，相反这仅仅是重新被记起的东西或具体化的东西。月亮下面没有新东西（Nihil novum sub luna）。

这是古老的学说，一种东西越是真实的，这东西就越是真实的；花岗石比当下出现的泡沫更真实。不言而喻，最古老的自然之子，即花岗岩岩石更真实。但是，在思维中，这一点并不正确。因为在《希望的原理》《乌托邦的精神》中，“新东西的思维”、“可能性范畴的思维”等压根就是最新的、最冷淡的范畴，在众多传统哲学范畴中，它们并没有一席之地，而且本身也不占有家乡。

黑格尔把未来称作微风、空洞的风和空洞的秕糠。但是，在此意义上，在古希腊哲学中，未来几乎不发生什么东西。在亚里士多德那里，还有一些值得一提的段落，除此之外，未来乃是在世界上将要形成的东西，未来是尚未存在的东西。还有些例外，但是绝不是在有说服力的、有体系的意义上谈论未来，而且在黑格尔那里，利用他的辩证法、利用过程思想、利用形成中的历史思想十分恶劣地遗失了可能性。可能性根本不存在，如果它是可能的，它也就是现实的，否则它肯定是不可能的，亦即它在未来里拥有适得其所的场所，而且在关于新东西的哲学中，第一次大范围地借助这一未来动力学而系统地拥有了新东西（Novum）、生成、突破、曙光女神（Aurora）等的场所；世界乃是新东西的一个试验，一个在其自身中显灵的试验，借助于此，世界受孕了。《世界的实验》即是这部书，此书发表于 1975 年。

在世界中塑造的我们的范畴和摘要形态——在形象世界中，世界拥有丰满的形象，就像丢勒①和列奥纳多②所言，世界作为画家和雕刻家极力想要证实一下自己的能力——乃是真诚的尝试、模式；从中表达了未公布的那个未知的终结形态（Endgestalt）。对于我们来说，世界依然是一个谜，因此之故，存在

① 丢勒（Albrecht Duerer，1471—1528），德国画家、版画家、数学家和艺术理论家。——译者注

② 列奥纳多·达·芬奇（Leodardo da vinci，1452—1519），意大利文艺复兴时期最负盛名的美术家、建筑家、文艺理论家、发明家。——译者注

一部世界历史，一种世界过程，而且这世界并非亘古如斯，以至于数十年前、数十亿年前它就已经在那里，而且最初并非上帝的完满开端。恰恰相反：现实的起源不在开始而在结束。

由于问题，由于众所周知的被经历到的黑暗，我们从近处无法看见这种黑暗，而且这黑暗使得我们的近处变得难以对付，因此正如下述谚语所表达：“脚下的灯塔没有光”，“织品不是织工”。到处都是这种近处（Naehe），这种黑暗，这东西并不突然爆发，这东西也不能使其客观化，或者仅仅使其不充分地客观化，一旦它被客观化，它就为我们形成一种包围状态的客体世界，在这种世界里，事物到处环绕运行，但尚未包含在其中。但是，由此产生世界的过程，它的痛苦和质（Qualitaet），它的尚在持续的未完成的辩证法；由此产生连同我们前线上的人类在内的世界过程本身的辩证法以及一种尚未完成的，亦即一种开放的、处在可能性之中的目标的一种铭记（Eingedenken）。

8. 莱比锡岁月。乌托邦哲学反对斯大林主义的政党官僚体制

问：1948 年您从莱比锡大学获得消息，您被聘为哲学正教授。您在莱比锡大学曾经讲授什么，您跟大学生的关系怎样？

答：表面上看，我在莱比锡大学仅仅讲授哲学史。然而，借此机会，我可以安排我想要讲的一切，但是通常仅仅点到为止。在莱比锡大学，我总共讲授了三次——从 1951 至 1956 年——从泰勒斯到海德格尔的哲学史。显然，这方面我不得不总是把我自己充分地隐蔽起来；但是，这是一种狡计，而我的大部分听众还能领会这种狡计。

总的说来，我跟大学生的关系非常好，但是，当大学生们与政府官员接触时，这种关系就总是变得暗淡沮丧。但是，官僚党政干部首先认输了，而我相继获得了所有可能的头衔和勋章，这方面，德意志民主共和国确实给了我许多。一个人就像一支打扮得花枝招展的孔雀绕着那里跑，例如，作为科学院正式会员，作为民族奖获得者，等等。

一切运转正常，但 1956 年秋爆发波匈事件——此后这种骚动也在德意志民主共和国复发，后来在捷克重演——之后，情况就发生变化了。

问：在德意志民主共和国，您的哲学在哪一种形式上碰上了官方的抵抗？

答：1957 年初，我被迫参与了一场运动，由于这场运动的上司是所谓沃尔夫冈·哈里希[①]，很大程度上，当局也把我联系在一起了，因为我好像成了这场运动的“精神导师”。但是，我没有被关押起来——这里也许有重要的国外压力——而且，在政府官员中也不乏一些聪明的人，他们对一种十分恶劣的政策持保留态度。因为我是科学院会员，所以我找到了很大的支持，我可以随时外出旅行，而且很快得到签证。但是，当我再次获得签证去巴伐利亚州度暑假时，柏林墙被修建了，我也就没再回到德意志民主共和国。因为我不再相信那里有一种无拘无束、相对独立的政治环境。因此，我并没有躲避德意志联邦共和国，相反，我已经留在了巴伐利亚州，只是不再返回东德而已。因此，在法律上，与逃往德意志联邦共和国有区别——但是，这在道德上却意味着同一个东西。

问：在莱比锡时期，您完成了哪些手稿，这一时期，在德意志民主共和国出版了您的哪些书？

答：我在莱比锡时期，工作卓有成效，心情也很愉快。在此，形成了大部分政治论文集，这部论文集后来被收录于全集，以《政治测量，瘟疫时代，三月革命前的时期》[②] 的标题出版。然而，我的大部分时间致力于庞大的哲学主题，主要是《唯物主义问题，它的历史和实质》（全集第 7 卷）。有关这本书的四分之一，差不多有一半是在莱比锡写成的，而且探讨物质概念史[③]的那一章实际上是解释物质概念的哲学史部分，在哲学史中，这一解释尚未被注意到，因为不言而喻，资产阶级哲学史无力与革命对象性用语打交道。

我认为，发表于《世界舞台》上的那些政治论文，即使今天也包含着重要的现实观点，然而，这些观点并未从现实出发加以查明，相反，在过去中，一段未来正在体现或唤醒某种不再是回忆性记忆的东西。

您刚才问到，这期间我在莱比锡发表了哪些著作。我的黑格尔一书出版

---

① 沃尔夫冈·哈里希（Wolfgang Harich，1921—），生于柯尼斯堡，纳粹政权的积极反对者，共产党抵抗小组成员。1945 年以后在东德从事教学工作。由于他从左翼批判斯大林主义和乌布利希政权，他跟布洛赫交上了朋友，1956 年因从事所谓“反对德意志民主共和国”及其“工人 - 农民政权”而被判处 10 年徒刑。1964 年，哈里希被释放并恢复名誉。在他的著作《关于急躁革命批判》（巴塞尔，1971）中，他与“新”旧无政府主义展开激烈论战，收回了从前接近布洛赫的大部分观点，进一步屈从于德国统一社会党的官方观点。——译者注

② 《布洛赫全集》第 11 卷。

③ 《物质学说，开启其目的性和开放性》，同上，第 131 ~ 315 页。

了，此书最初仅仅出过西班牙文，而且是一个在墨西哥出版的版本，收到的是600册邮资已付的西班牙文样书，而令人奇怪的是，这些样书在那里并未引起任何反感，因为这里对黑格尔这位皇家普鲁士国家哲学家并没有什么坏的印象。此外，还出版了一系列篇幅较小的作品，例如，《阿维森纳与亚里士多德左翼》，一部关于12世纪伟大的阿拉伯哲学家的研究。我试图给克里斯蒂安·托马修斯树碑立传，写了《克里斯蒂安·托马修斯：一个德国的幸运学者》。"没有不幸"（ohne Misere）这一表达源自恩格斯（德国的不幸）。托马修斯曾经是没有不幸的德国学者，一个17世纪末18世纪初天赋人权的先驱，他生于莱比锡，最初活动在莱比锡，而后活动在哈勒。

所有这些书均在建设出版社出版，这是一家坚实可靠的出版社，最初它由扬卡（他后来被判处5年徒刑）主持，而后它由哈里希（他后来被判处10年徒刑）主持。

在移居德意志联邦共和国时，我的许多手稿留在了莱比锡，幸运的是，我保存了这些手稿，这样，在被勒令退休之后，有人替我把这些手稿带过来，而且，在我就任图宾根大学客座教授时，这些手稿也及时到达了。

无论如何，这是一个丰富多彩的活动，其中也包括我在科学院文化协会和洪堡大学所作各种学术报告。这是具有某种很好的掩蔽和伪装的一个名字。此外，从这些报告中，也部分地形成了著作手稿。

9. 与法国哲学家相遇（甘狄拉克、鲁西安·哥德曼、让·华尔）

问：1959年您在舍利西－拉－萨尔学院"结构与起源"大会上，作了题为《结构的过程》的报告，1965年这篇报告收录于舍利西－拉－萨尔学院国际文化中心出版的《结构的过程》文献之中，在全集第13卷《图宾根哲学导论》中，也收录了这篇报告，标题为《关于在过程及其形态中的增强性，即现实模型》。

在这次会议上，您遇见了莫里斯·甘狄拉克、鲁西安·哥德曼、尤内斯克[①]、让·华尔[②]、让·皮亚杰[③]等。您想要介绍一下您与法国知识分子的相

① 尤内斯克（Eugene Ionesco，1912—），法国荒诞派作家，代表作有《秃头歌女》（1950）、《上课》（1951）、《椅子》（1952）等。——译者注

② 让·华尔（Jean André Wahl，1888—1974），法国存在主义哲学家。——译者注

③ 让·皮亚杰（Jean Piaget，1896—1980），瑞士儿童心理学家，提出发生认识论，因研究儿童智力和认识发展而闻名。——译者注

遇吗？

答：是的，我在那里结识了鲁西安·哥德曼和莫里斯·甘狄拉克。我同甘狄拉克关系很好，他也是我的著作法译本的发起人，他带头把我的《痕迹》《作为革命神学家的托马斯·闵采尔》译成了法文。甘狄拉克是一个德国哲学行家，不仅熟悉法语和德语，也熟悉意大利语和英语。

我还结识了让·华尔，还受到了鲁西安·哥德曼[①]的邀请。对我来说，哥德曼是一个很有趣的人物。他不仅是一个很有地位的最后的“浪漫艺人”（bohèmien），也是一个雅典式的浪漫艺人。在某种“古雅典市场”（Agora）意义上，他改变了巴黎的咖啡馆，即改变了现在还在的文人咖啡馆，这里经常聚集着年轻人。他恰恰是众人环绕的苏格拉底。但是，这些人部分地也是新的亚西比德[②]。无论如何，他属于一种独一无二的活力，而这种活力本身部分地从过去获得未来。燃烧的哲学问题，对此他在论帕斯卡尔[③]的书以及在 *L'Ordre de la Raison*，*l'Ordre du Coeur*（《理性的秩序，内心的秩序》）的论文中作了详尽探讨，但是部分地是以完全历史性地赋予的论文加以探讨的，换言之，对此我们是丰富多彩地而不是徒劳无益地进行讨论的。我最后一次见到鲁西安·哥德曼是在科尔丘拉（南斯拉夫）的一次大会上。

在舍利西－拉－萨尔学院所作关于《结构的过程》的报告中，我谈到其他有关起源构成的增加现象及其形态，即正相反对的结构主义的结构静力学观点，在这种结构中，本质总是静力学地循环不已，也许有变化，但在本质上是无变化的。在这种定义中，结构无非是一种回忆说的偏差运动，是对从前静止不动的那个原型的回忆。此外，就对极而言，结构形成某一发展之上的、非静止地指示的东西，从中显露出某种新东西。通常我们在理论上完全不能把握发展。这方面，我做过一次报告，与当时刚刚出现的结构主义论战。在部分地尚

---

① 鲁西安·哥德曼（Lucien Goldmann，1913—1970），受到卢卡奇和法国结构主义影响的罗马尼亚－法国文艺社会学家，他关于帕斯卡尔、拉西内（Racine）、马尔罗、罗伯－格里耶以及关于“新小说”的作品在最贫乏世界观的起源上开启了一种唯物主义文学观察取向的新视角。最重要的作品有《隐匿的上帝》（1959）、《辩证法的探求》（1959）、《小说社会学》（1964）、《马克思与人的科学》（巴黎，1970）。

② 亚西比德（ Alkibiades，B. C. 450—B. C. 404），古希腊政治家。——译者注

③ 参见鲁西安·哥德曼《隐匿的上帝：帕斯卡尔思想中的悲剧幻景与拉希内悲剧研究》，巴黎，1959。

未发展的意义上，亦即在自身之中指示发展的东西意义上，我研究过起源（genèse）概念。如果没有新东西，发展是不可想象的，否则发展就不是发展，而仅仅是“展开”（Auswicklung）。

10. 关于《天赋人权与人的尊严》（1961）

问：1960年苏尔卡姆普出版社与您签订了一份总合同，决定出版您的16卷本著作全集。在那里，还出版了以前尚未付印的文本，即您的《天赋人权与人的尊严》① 一书。您能告诉我们，为什么一位马克思主义哲学家致力于天赋人权理论及其历史呢?

答：对此，我可以提出一个反问题：迄今何以如此之少的马克思主义哲学家致力于天赋人权？在革命史和革命意识形态史中，天赋人权意味着一种十分重要的要素。18世纪，乌托邦缓慢地消失了；乌托邦的兴盛在16~17世纪，也就是说，这种繁荣昌盛是通过托马斯·莫尔和康帕内拉和许多其他思想家们促成的。通常出现过思想的闪光，但是这种闪光不是乌托邦的闪光，而是天赋人权的闪光。天赋人权也具有类似的乃至完全不同的北极星，而且自从第一次出现智者起，后经中世纪，然后在格劳秀斯②、霍布斯③等那里就把自己同社会乌托邦的榜样严格地区别开来了。我把这一点表述如下：社会乌托邦的照准点是制造人的幸福的最高可能性和一种不妨碍幸福志向的自由。天赋人权中的目标内容、目标形象不是人的幸福，而是直路（aufrechter Gang）、人的尊严、直路的矫形外科，即不是卑躬屈膝、唯唯诺诺，而是发现人的尊严，而这种尊严多半也不是来自门当户对的推导关系，而是来自新的、令人骄傲的人的概念，即作为一种不是阿谀奉承、低声下气的，而是作为一种抬头挺胸、自我负责的，亦即一种超出动物、区别于动物的人的概念。

在天赋人权的发展中，人们遇见一位伟大的德国法学家托马修斯所阐述的

① 《布洛赫全集》第6卷。

② 格劳秀斯（Hugo Grotius，1583—1645），原名为辉格·德·格劳特，荷兰法学家、学者和国务活动家。他的基于代表作《战争与和平法》（1625）的天赋人权观成为一种新的人权的基础。主要著作有《书信 Epistolae》（阿姆斯特丹，1867）等。

③ 霍布斯（Thomas Hobbes，1588—1679），英国哲学家，其主要成就在于把力学的和自然科学的方法套用于国家学说。这种国家学说的中心在于君主概念，认为君主作为利己的个体利益的调解者能够从理性见识出发担保公民的顺从。主要著作有《自然法与政治要素》（1640）、《哲学要素》（1642）、《论物体》（1655）、《论人》（1658）等。

一个重要区分——他是这方面的开创者，部分地也是完成者——“行为规则”（norma agendi）与“行为能力”（facultas agendi）的区分。现存的法律本质上是由当局规定的法律，即一个从上规定的“行为规则”，鉴于惩罚的没落，必须根据这种行为规则采取行动，而这种惩罚主要显现在刑法中，但也显现在私有财产受到保护的民法中。在这方面，截然不同的东西是“行为能力”，一个在罗马天赋人权中就已经引人注目地出现的区别，即行动的能力：就是说联盟法、罢工法、关于某些行为规则的法律等——在这些法律中，凡是被允许的东西（而且这是极少数现象）都仅仅作为法律的东西才是有效的——在总体上是不同的东西。然而，这种区分与禁令完全无关，相反，它仅仅表明其要求：天赋人权原来就是革命的。

在中世纪，在托马斯·阿奎那①那里，这一点部分地发生了变化，而且官方的天赋人权学说（大约持续到 1800 年）也消逝了，即我们仿佛拥有了一种相对而绝对的天赋人权。

在此，在我们的社会里，根据原罪（Suedenfall），我们只能拥有一种相对的天赋人权，因为我们不再拥有关于直路的和抬头挺胸的权利。因此，只有一种相对的天赋人权，而且这种权利包含在十诫之中：“不可偷盗”，“不可奸淫”，“不可贪恋他人的妻子……”等等。“行为规则”，其中包含着禁令，但其中也包含着被允许的东西：毕竟还留下了这东西，那就是对于因原罪而变得虚弱的人及其虚弱的天赋人权行之有效的东西。

与此迥然不同的是施洗者的原始权利，根据施洗者的这种权利，虽然原罪让我们虚弱不堪，但并没有把我们消灭殆尽。相反，原罪本身属于天赋人权。“你当与神相似，知道善恶。你当从动物园里走出来，这所动物园曾经是天堂。”这是亚当与夏娃成为人的过程，他们当与神相似。后来，作为神本身虚构了这种美、天真和孩子般的故事——《创世记 I》——，在伊甸园清凉之夜里神散步，看见亚当惊慌地用一串常春藤伪装自己，而且手足无措，耶和华说道：“瞧——亚当变得与我们相似。”当黑格尔提起这段话时，他附加了这样的评论：“因此，蛇并没有撒谎，蛇并没有欺骗，因为神自己说过：‘亚当

① 托马斯·阿奎那（Thomas Aquinas，1225—1274），13 世纪意大利神学家、经院哲学家，著有《神学大全》等。——译者注

变得与我们相似。’”

“奉若神明”作为人的骄傲，亦即努力的目标，与神相似，这一点在天赋人权中第一次作为要求出现，但是十诫并不是伊甸园的尺度，而是状态，尺度理当再生。在施洗者运动中，在农民战争中，天赋人权都起了重要作用，一种比社会乌托邦大得多的作用。

为什么现在马克思主义者不接受天赋人权呢？而且，为什么在俄国马克思主义中发现一些不太和谐的东西呢？由于经济原因，对天赋人权的呼吁就简直不够用吗？也就是说，现在直路、被解放的人的情况到底怎样？除了旁人的剥削以外，自由范畴中究竟还蕴含着什么？（这是题中恶魔般的变体）。在团结一致和博爱中到底蕴含着什么？纯粹天赋人权的冲动并非社会乌托邦的冲动，因为社会乌托邦朝向幸福，朝向最大数目的最大幸福。

大约在1800年，问题（Sache）消逝了。最后的天赋人权家、天赋人权的敌人是一位哥廷根大学的海涅的老师。此后，19世纪末，天赋人权再一次回光返照，而且出现在哈伦赛尔法律学家的一部作品中，其书名是《正确的法》。但是，这却是另一种东西，因为这个“正确的法”（richtige Recht）不同于成文法！在此，问题涉及不同于成文法的天赋人权，即不同于从上而来的法律。这个正确的法律乃是一种康德式的律令；但是，这里涉及的问题也许就不是留存下来的最后的回忆，而是在此重新确立新的标志：天赋人权与人的尊严，在此，尊严（Wuerde）一词不是充斥于报刊的一句空话，而是包含着一个要求，一种稳固的幸福要求在于“自身义务的直路中”。于是，借助这一区别、这一权利，这个在天赋人权意义上被阐明的东西甚至能够比道德站得更高。

安瑟尔姆·费尔巴哈，一个伟大的法学家，他是路德维希·费尔巴哈的父亲，他区分了法律与道德，即一种永远有生命的天赋人权的权利，因而相互关系是：法律是关于我们权利的科学；道德是关于我们义务的科学。因此，安瑟尔姆·费尔巴哈把这种关系反转过来。法律意味着对某物的权利；道德意味着一种义务，这种义务与一般地可接受的道义的东西有关，并与道德风尚相称的东西有关。在天赋人权中，蕴藏着一种巨大的革命功能。只有借助天赋人权，人们才能凭借科学的依据揭露斯大林主义的实质。我们不能指望借助其他法律达到这一点，因为其他法律在一定程度上还包含沙皇时代的成分，也不能借助由上而下形成的所谓的成文法（ius scriptum），也不能单纯依靠经济手段。

11.《基督教中的无神论》

问：您的《基督教中的无神论》首先在神学家那里引起了巨大轰动。您把有关公式表达如下："只有一个好的基督徒才能成为一个无神论者，只有一个无神论者才能成为一个好的基督徒"，这一公式看上去是富有挑衅性的。您想要解释这个命题吗？

答：尽管这个命题是悖谬的，但它本身却是历史上所出现的其他一切宗教创始者们——无论作为自身神的先知还是作为代理人——所共有的命题：甚至摩西代表耶和华，佛陀代表非神的涅槃，但是，这个至善（summum bonum）与可爱的神是相同的。例如，在有神论宗教中，诸先知传统就隶属于伊斯兰教。他们是神的权力、光辉和雄伟的宣告者。耶稣和他之前的先知都对神进行过批评，而神本身也说过批评性的话，特别是在《旧约》中就有这种实例。例如，在《耶利米哀歌》中说道："主，你是我们的敌人。"——《旧约》中，一句闻所未闻的话！另外，在耶和华自责的那一段，在此神后悔说，他创造了世界，而且想要创造一个新世界，以便让人忘掉以前的世界；也就是说，这个世界并不好。在《旧约》的《创世记》一章中则说道："神看见，一切都好。"可是，世界并不好，因为神发现，人不再想念以前的世界，而且在《启示录》的结束语中说道"月亮和太阳在它们所处的地方逃逸，而且一切归于毁灭"；剩下的只有天国的耶路撒冷和地狱，但是这个孤零零的天国的耶路撒冷也不过是我们现在看到的这个丑陋的世界、宇宙而已，而且，对于解释这个世界中的"恶"而言，寻找所谓"蛇"这个替罪羊也是远远不够的。这个世纪的创造者，这个把我们领进这个世界的人子却不能从他那里把我们自身领出来。他本身确实属于世界，他的十字架之死并没有从他的世俗生活中夺走任何东西，而是对其崇敬感至多起到了一种消极作用。这一切尽在《圣经》之中。耶稣不把自己称作"神之子"——只有他的门徒才这样称呼他——相反，他五十多次使用一种不为他的门徒所使用的、谜一样的表达方式："人子"（Menschensohn）——一个词，一个在《新约》希腊译本中十分陌生的词（'ανοs ανυροπον），显然希腊人并没有领会这个词。在阿拉米语中，则写道："Bar Adam"，亦即"亚当之子"，不是"神之子"（Sohn Gottes）或"神子"（Gottessohn）。并且，耶稣继续说道："看见我的人，看见父亲。"

这里涉及一些不在创世记计划里的要素，而这些要素与其他宗教毫不相干。先知本身篡权夺位，坐上了父亲的宝座，并将其打倒，这样，他就有理由说："我就是他。"

这是无神论要素，拯救要素，如果这里并不存在一个人想要拯救的某物，那么这些要素就毫无意义。但是，这东西只能是现存的世界。而且，所谓现存世界的创造者，不可能是拯救者本身。因此，耶稣基督就作为人子出现了。

这是明确的无神论要素。甚至《约伯书》这部充满控告的书，同样显示了这种无神论要素。在《约伯书》中，层出不穷的困境、弊病、痛苦、疾病、忧虑、控告乃至连续不断的满腔怒火——一种共产主义的铁拳！——就属于这种观察关系。路德[①]费了九牛二虎之力才把《约伯书》纳入《旧约》和《新约》。这种做法始终被认为是十分危险的，但是并不缺少这种尝试，这种追加的革命文本由于外推法而遭到歪曲。

在《旧约》和《新约》中一再出现这种造反要素。一个人只要拿起《圣经》查阅一下，那里就不时出现诸如此类的话："小声埋怨！""对此，以色列的儿童发牢骚，他们埋怨身处沙漠。"他们被许诺，移入圣地，但这地方让他们不满意，他们就发牢骚，之后来了先知，出现了困境和不幸，然后来了亚述人和巴比伦人，而后来了古希腊的君王们，他们一再把迦南赞誉为鲜奶和蜂蜜涌流的国度，但是这一切对于以色列的儿童来说是一个巨大的失望。

因此，世界看上去是这个样子：如果我们本身不是根据法律去看世界自身，而且不是根据法律去看法律，那么对于这个世界而言，不仅没有耶稣基督，而且肯定没有其他宗教创始人或拉比宗教。同意宗教并不是同意这个世界上依旧存在的统治，即不是同意我们在天主教教义中重新发现的那种世俗化的、教皇化的罗马教廷的宗教，或者新教的侯国宗教（这一点在路德教中比在加尔文教中留下了更深的烙印）。

因此，这话是可以理解的："只有一个无神论者才能成为一个好的基督徒。"如果这话并没有十分清楚地表明众神之间的现有区别，那么神耶稣也许仅仅是众神当中的一个神而已。然而，他不是这种神，对此，另一个命题翻转

---

① 路德（Martin Luther，1483—1546），16 世纪德国宗教改革运动的发起人，新教路德宗的奠基人。——译者注

过来："只有一个基督徒才能成为一个好的无神论者"，把矛头径直对准无神论中的一种陈词滥调。因此，这一切并不简单。这种要素必然蕴含于无神论之中，并且这种要素尚未寿终正寝、尚未感受殆尽、尚未思考殆尽。

为什么 15～16 世纪在德国、法国、英国、意大利盛行，并且几乎在整个农民战争时期都风靡一时的圣经，后来——在某种程度上，马克思的《资本论》成了圣经——却成为一部人们普遍遵循的根本大作呢？也须借助其他任何一种宗教，人们都不能把农民战争如此加以意识形态化，只有借助圣经才能做到这一点，而且使其无与伦比。托马斯·闵采尔用旁注、用圣经引文把所有自己的言论、自己的布道装饰起来。他的布道和著作的边缘都是黑色的圣经引文。

因此，在圣经中蕴藏着一种革命的爆炸力，一种空前的爆炸力。占统治地位的阶层和占统治地位的教会把这种爆炸力加以掩盖、改变或修饰。但是，在农民战争中，这一点却得到了十分准确的理解，针对庸俗唯物主义，针对每一个幻想的枯竭和营养不良，我说："只有一个基督徒才能成为一个好的无神论者。"

12. 图宾根大学教学活动（从 1961 年起）

问：迄今您在图宾根大学哲学系执教。您想给我们简要描述一下您的图宾根大学的教学活动，或者列举一下有关您讲授的课程的主题范围和开设的研讨班吗？

答：直到 80 岁，我还在讲课和举办研讨班；然后，我除了继续开设研讨班，延迟了讲大课。我讲授文艺复兴时期哲学、关于哲学基本问题，还有开讲词，叫作《希望会成为失望吗?》。一开始，开讲词就这样写道："通常希望也许不是希望而是确信。然而，希望不是确信，而仅仅是希望，但是一种自身包含着巨大遗产的某种东西，这东西从不认输，这东西乃是钉在桅杆上的旗帜，而且这东西可以说，事实与自身不相一致或者完全相反：越是恶劣的事实，我们理解得越好！巴士底狱也是一个事实，对此，也许实证主义心满意足，而且会把它当作一个'证实'。然而，实证主义者不是把实事作为真理，作为一种封建意识形态的'效验'来观察，而是等同于地基。"

用这些话我开始了第一课，从中我表明了所谓态度。此外，在此我还对廉价的反乌托邦主义进行斗争，因为当时这种观点就业已存在，而且属于市侩观点，在一定程度上，持这种观点的人试图把所有世界过程本身的前线以"事实”（Tatsachen）之名加以安排。

进言之，我的讲座探讨了哲学基本问题和文艺复兴时期的哲学。这方面的基本内容以及其他部分在《哲学史中的中间阶段》① 一书中加以深入探讨。此书详尽探讨了至今未曾注意到的哲学史。最初，浮现在我眼前的标题是：《未经强调的哲学史》。在此，人们将重新发现部分地遗失的过去，确切地说，未经强调的哲学命题，包括借以开启哲学史的本真的开端的古希腊七贤，并且包括关于比亚斯②的命题：“Ominia mea，mecum porto.”（“一切我的东西都由我来承担。”）由此继续行进——越过中世纪哲学，直到在康德、黑格尔、莱布尼茨、斯宾诺莎等那里未被发现的东西。这方面，看得见一种与教科书完全不同的哲学史；在很大程度上，教科书上的哲学史总把我们托付给审查者，而且这种哲学史一般用起来也很顺手。

属于这一综合主题的哲学家当然还包括文艺复兴时期的哲学家，例如布鲁诺③、康帕内拉、培根、雅可布·伯麦④和巴拉塞尔苏斯⑤、霍布斯和对法哲学意义重大的格劳秀斯。

问：在这个时期，也形成了您的《图宾根哲学导论》，一部理解《希望的原理》一书的入门书。

答：在这部著作中——人们可以根据克里斯蒂·沃尔夫⑥的一句话说：引

---

① 此书发表于1977年，收录于《布洛赫全集》第12卷。

② 比亚斯（Bias），生活在公元前6世纪的古希腊著名人物。七贤之一，擅长调解争论引发的诉求。

③ 布鲁诺（Giordano Bruno，1548—1600），文艺复兴时期哲学家（多明我会修道士），深受新柏拉图主义影响，他与中世纪基督教特有的学说实行最彻底的决裂，促使泛神论的世界图景出现。因为他对教会权威提出质疑，被处以火刑烧死。布鲁诺对赫尔德尔、歌德和谢林产生过一定影响。

④ 雅可布·伯麦（Jakob Boehme，1575—1624），多明我会神秘主义者和哲学家，他的学说是一种自然哲学与神秘主义的某种混合物，他被誉为当时最伟大的内在性文笔哲学家。此外，他还提出了“物质作为万物之原始母腹”的理论。主要著作有：《神性存在的三条原则》（1619）、《心灵的四十个问题》（1620）、《伟大的神秘》（1623）等。

⑤ 巴拉塞尔苏斯（Philippus Aureolus Paracelsus，1493—1541），瑞士炼金术家及医生。——译者注

⑥ 克里斯蒂·沃尔夫（Wolff Christian，1679—1754），德国启蒙哲学家，深受法国－英国启蒙思想和莱布尼茨思想的影响，创立了一部理性主义哲学体系，它包括从逻辑学到伦理学的所有学科。他的天赋人权学说建立在逻辑可推导性（演绎）基础之上，即从一种一般理性推导出个别的、肯定的法律。在国家学说中，他代表一种启蒙的绝对主义立场。在德国大学，他的标准的“理性本体论”长期占统治地位，后来遭到康德的反驳。

语是“de omnibus rebus et quibusdam aliis”（若干事情以及若干别的事情）。顺便提一句，在这部导论的标题中，图宾根一词不是充当一种来自地方爱国主义的东西，而是由于回忆起荷尔德林、谢林、黑格尔，这些人对图宾根慈善机构未曾起过什么作用，他们在那里都没有成为助教，他们在图宾根并没有飞黄腾达，但他们的名字与图宾根是紧密地联系在一起的。我在这里，与我有关的是，强调来自荷尔德林、谢林、黑格尔的哲学遗愿，但并不是单纯地接受上面业已盖好邮戳的教书先生的讲座，也不是仅仅停留在早已探讨过的、显然完成了的主题上面——尤其是认识论方式。

在《图宾根哲学导论》中，承续一种新的音调、一种新的节拍，但它与前书《基督教中的无神论》[①] 有着本质联系。在这种联系中，我想说明一下此书的原初标题：《基督教与无神论》。后来我的妻子突发奇想，建议不说“与”（und），而说“中的”（in），以便赋予问题以新的锐度，并使其焦点一清二楚，从而从逻辑和范畴角度得以恰当地把握这一焦点。

13. 科尔丘拉与实践小组（南斯拉夫）；布拉格之春和“坦克共产主义”

问：自 60 年代中叶以来，您跟围绕《实践》杂志的南斯拉夫哲学家小组有联系，你也是这个小组的编辑成员。此外，您还时常参加科尔丘拉“夏季学校”大会。您与实践小组的哲学家有哪些关系，并跟所谓被概括为“南斯拉夫模式”概念的南斯拉夫政治体系有哪些关系？

答：不言而喻，我跟科尔丘拉夏季学校和实践圈子的关系是一种意气相投的关系。

追问南斯拉夫境况与“共产主义联盟”有关的问题，我只能用一种不同于编年史的方式予以适当的回答。直到一两年前，南斯拉夫的政治关系——我发现这是特别积极的迹象——还完全不同于苏联霸权统治下的东欧国家社会主义和西欧或美国的资本主义国家。然而，自那以后发生的事情，一点也不容乐观。即使没有苏联坦克的长驱直入，这里也发生了某种倒退倾向，因为很难把握，究竟出于什么原因，铁托[②]部分地变得面目全非了。在南斯拉夫以外，这一切当然是很难判断的；可以说，这也不是我们的机会、我们的事务。然而，

---

① 《布洛赫全集》第 14 卷。

② 铁托（Josip Broz Tito，1892—1980），南斯拉夫反法西斯运动领导人，第二南斯拉夫（1943～1991）领导人，不结盟运动创始人之一，主张铁托主义，抵制苏联影响。——译者注

在萨格勒布大学，现在又在贝尔格莱德大学，有足够多的人持有这种观点，那就是，在南斯拉夫，依靠一种新的、温和的斯大林主义方式重建一种素朴的、本真的马克思主义是不可能的，而且这在将来也是不可能的。无论如何，留下了对这个古老的南斯拉夫的回忆，留下了对“共产主义联盟”的回忆，留下了对红色南斯拉夫及其摇篮的回忆。人们曾经歌颂南斯拉夫及其摇篮，因为这与现在发生的事情完全不同，与继续保持至今的东西完全不同。我多么希望，这一古老的音调再次出现。

问：1968 年华沙条约国军队开进捷克斯洛伐克，您在南斯拉夫科尔丘拉会议上为之大吃一惊。您能简要描述一下，您跟“布拉格之春”是什么关系吗？这方面，您与什么政治希望和概念相联系？您认为借助于此，在东欧各国，某种创新的马克思主义变得可能吗？

答：这一“变得可能吗”是一个问句，对此，我孤陋寡闻，无法回答。但是，在这个事件中，到处蕴藏着对未来的一种义务和一种希望。在马克思主义这一新的春天的顶峰中，还有新的国际学生运动高潮迭起，从伯克利到东京，国际学生运动此起彼伏，方兴未艾，还在数年前，这一运动就不约而同地获得了迅猛发展。尽管“布拉格之春”① 野蛮地归于结束，“法国五月风暴”② 归于破产，但这不是最后的定局，而且事情肯定不是全糟了，尚有可为之处。

在此，思维乃是一种大有裨益的义务，因为这种义务有助于克服蠢蠢欲动的、没有情调的、无孔不入的虚无主义。这是可能的，因为适当的、严肃的、有责任心的马克思主义的趋势和潜势恰恰不是如此简单地从世界里创造出来的：青年人、转折期、创造性，这些祖传的故乡的东西，亦即尚未被意识到的东西、尚未形成的东西、尚未生成的东西并非一了百了、无影无踪。这是一首 1525 年农民之歌：“我们打回老家，我们的孙子将更好地血战到底。”

直到孙子血战到底，这要持续很长时间。但是，这个假设，这个寄希望于未来的假设乃是最强有力的呼唤。在此，良心、攀谈、呼吁状态等产生十分清

---

① “布拉格之春”（Prager Fruehlings），1968 年春，捷克斯洛伐克社会主义共和国掀起民主改革热潮，被称为“布拉格之春”，苏联随即调集华沙条约国军队武装占领捷克斯洛伐克，迫使捷克斯洛伐克中断改革，继而改组该国党政领导，“布拉格之春”归于流产。——译者注

② “法国五月风暴”（der franzoesischen Mai-Revolte），1968 年 5 月 13 日五月风暴兴起，法国大学生占领索邦大学五周之多，整个社会近乎到达革命边缘。虽然风暴很快刮过，但给法国政治经济带来巨大冲击，在客观上推动了法国改革步伐。——译者注

楚的效应。毕竟这句话是有效的：比起资本主义在越南、智利等国造成的事情，东欧各国发生的事情还是小巫见大巫，因此这一点根本不必道歉。因为从资本主义出发，没有任何东西是可期待的；从希特勒的计划上看，可期待的东西无非是他所做过的事情。但是，如果人们进一步观察东欧各国发生的事情，那么他们就会想起一句古老的拉丁谚语："Corruptio optimi pessima"，"最佳品的腐化正是最恶劣的腐化"。悠悠岁月，再次发生的无非是同一事情的循环往复：起义和凭借坦克的镇压——尽管看上去坦克并非总像坦克——，在此，周期性地反复仅仅以"斯大林之名"还不足以表明的事情，这是一种反常现象。重要的是，记住这种反常现象，就像记住、有义务记住一个人与生俱来的计划（Programm）一样。

希望不是确信；但是这并不意味着希望化为乌有。恰恰相反！希望不仅是范畴，也是一种"原理"。尽管遭到各种干扰，一个人有义务以毫不动摇的思想和行动实现自己的这个希望。此外，情况越是恶劣、在现实中意想不到的地方背离和背叛的地方越是严重，就越有必要以一种创造性的、积极的、反抗的精神面对自己的事业，因为这个事业由来已久，几乎与人类的历史一样古老。一个最古老的现象（这现象让我们深深怀念）是斯巴达克起义①，2000 多年以后，"斯巴达克同盟成员"② 还援引这次起义。对这个词的选择恰恰指明了历史中的、具体化的乌托邦之中的一种趋势和方向，因为借助这种具体化的乌托邦，我们大有可为，而且这与我们直接相关。

14. 叔本华的悲观主义与"可能性"范畴的潜在性

问：您如何看待您的《希望的原理》与叔本华的悲观主义哲学的关系？

答：叔本华的悲观主义是一种极端的悲观主义。对他来说，生命一直是有机界中的一个可怕的物自体，这个世界的此在可与充满恐怖的、不幸的动物界的此在相对比：互相厮杀、互相抢夺。在苦苦思索世界上的欲望（Lust）与无欲望（Unlust）之后，叔本华以一个男人所特有的方式做出回答，并得出了一

---

① 斯巴达克起义（Spartakus-Aufstand），古罗马共和国末期（公元前 73—前 71）由斯巴达克领导的古罗马最大规模奴隶起义。——译者注

② "斯巴达克同盟成员"（Spartaksten），1919 年成立的德国左派社会民主党人的组织，由卡尔·李卜克内西和罗莎·卢森堡领导，1918 年改组为德国共产党。其命名源自古罗马奴隶起义领袖斯巴达克。——译者注

个商人的冷静结论："欲望有多么贫乏和深刻，痛苦有多么虚假和巨大，绝望与不幸有多么无助和无限，而且这一切都是不可检验的东西。"对此他开出的唯一药方是消灭生命意志，与此相对，整个世界、整个宇宙则以其全部太阳和恒星显现它所是的东西，即虚无。对于生命意志充沛的人而言，世界就这样无情地显现。谁想要体验涅槃中生命意志的转变，谁就得在这种虚无主义中静观一切，那就是在可怕的撒旦骚动之世界中，彻底地消解和废除令我们心满意足、安逸舒适和终极安宁的东西。

叔本华哲学的实质是形而上学学说、结论及其绝望，与此相对，从这个永远破产的世界商店出发，只有全体的毁灭和退出才能使拯救成为可能，而这种拯救包含着一种持久的解毒剂，一种持续不断的警告，但并不沉湎于有希望的乐观主义。

对这种乐观主义是没有什么好说的。对于乐观主义而言，只有两种形式：或者战斗的乐观主义——如用一种惬意的表述的话——或者戴着黑纱的乐观主义。于是，还剩下的是，谜一样的、漫不经心的形式下的一种乐观主义，即作为对幸运的标志，作为对世界之中幸运要素的表述，例如，青年人，他第一次、第二次、第三次、第四次、第五次谈恋爱等。乐观主义也表现在美之中，自然美之中；表现在伟大的、引人注目的、未遭虚无之熄灭的他人的公开性之中，表现在人的存在之中，表现在现存的伟大著作之中，表现在幸运的终结状态的先现（Vor-schein）[①] 和预先推定之中，表现在《费德里奥序曲》的小号信号之中。这信号不仅在剧情上预示着大臣前来造访监狱，而且是在更进一步的形而上学的意义上预示着一个人命运的转变。

当然，这一切都不是从这个世界中创造出来的，对叔本华而言，问题也是如此。叔本华把这一点带入其悲观主义的沉思冥想之中，而且在《世界作为意志和表象》的第三部中，他把美作为肉体化和沉思化的柏拉图的理念来处置。毕竟，他不得不关注这种美，但是，这种关注是他的体系中的一个巨大矛盾，由于此，诸如此类的东西不可能有一席之地。但是，就叔本华来说，这里有一个——资产阶级的、纯粹思辨的、因而是拒不承认的表述——奇特表述，

① 德文 Vor-Schein，由 Vor 与 Schein 另加短线组成，意思是"使某物预先显现出来"。在布洛赫艺术哲学中，Vor-Schein，"预先显现的图像"，简称作"先现"。

内容是："存在是可怕的，静观是极乐的。"这一观点令人讨厌，与一个冷酷的绘画者相似。他画了一个刚刚撞得满怀的人，而这个人正在忍受着剧烈的骨盆破裂之苦，可是，他却醉心于骨节脱臼，想要无条件地把它记录在他的纸张上：这一切有多么美妙！这是一种卑鄙而纯粹沉思的人生态度，这正是叔本华所持的态度。

叔本华熟悉敌人的地址。在他的著作中，他收集了世界上发生的所有不充分的、恐怖的和可怕的悲观主义事例，他这样做，并不是让人逃逸、胆怯，或用一种纯粹沉思的固执态度逃避世界，而是让人面对这个撒旦式的世界大为震惊，睁开双眼。无论如何，这都是一项值得去做的任务。

然而，不仅存在战斗的乐观主义，也当然存在一种战斗的悲观主义。这种战斗的悲观主义与单纯的沉思性的悲观主义是两回事，后者也许心安理得，并且大言不惭地说道："其实，在一切人当中，我作为悲观主义者是最幸福的人。我只能感到惊讶，由于此，我把一切当作极度不幸来观察。但是，如果不是这样观察，我倒是一个幸福的人；因为悲观主义是一种最好的人生指针，它指导人们最愉快地生活。"当然，这种人生态度是完全错误的。真正战斗的乐观主义不断利用可能性、希望来改造这个世界，最终得以激进地连根拔除最坏的生存条件、最恶劣的生存状况、最糟糕的环境和敌视人的周遭。

可能性尚未终结。在世界这一巨大实验室中，可能性是很值得注意的范畴，是可能的拯救实验室中的一个奇特的范畴，亦即苦苦钻研的"可能的拯救"（possible salutis）实验室中的一个引人注目的范畴。人们也恰好通过悲观主义才能达到对这一可能性的确信。

也许，这就是与叔本华有关联的地方：幸亏，终于停止了这种无休无止的花言巧语，说出了一句冷酷的、充满敌意的话，这远比谈论"欲望"与"无欲望"的关系要切中要害。毕竟，这种关系并非具有终极决定性意义的范畴。正像凯瑟琳①有一次说过的一样："其实，叔本华无权把神秘主义与大商人混为一谈。对于一个大商人来说，他的任务是结束他的财政决算年度，并评估借方和贷方，即把欲望与无欲望加以比较并得出结论：借方比贷方大得多。"

---

① 凯瑟琳（Hemann Graf Keyserling，1880—1946），德国哲学家，著有《世界的构造》（1906）、《叔本华作为畸形者》（1910）等。——译者注

因此，没有叔本华，希望是不可想象的，因为从确信一个阶段和一种方式中，他也许至少一般地注意到了希望是什么。

希望不是确信（Zuversicht），而是对我们人类的一种呼唤（Anruft），我们站在世界过程的前线，我们肩负着把这个世界人化的重任，或者正如马克思所言：我们所从事的是“使自然人化，使人自然化”。在此，马克思令人惊奇地用一种完完全全神话的和基督教的表达方式，表述了与自然相关的东西：“自然的复活”（Resurrection der Natur）。他不是暗示十字架上的复活，而是自然的复活，就此而言，自然本身中存在许多标志和象征；所有幸运的字眼都渊源于太阳和太阳升起；所有不幸的字眼都渊源于地震与黑夜的关系之中。两者均源自自然——夜与太阳——，而自然的复活意味着促进太阳的升起，同时，确定世界过程中的方向；在亘古如斯的可能性中，在永恒的“可能”（possibias）范畴和其他范畴，例如人的“潜能”（potentia），即力量（Macht）中，在马克思意义上和远远超出马克思意义上的改变世界的过程中，自然的复活意味着用自然雕刻出人的面孔，这面孔在自然中酣睡不醒，并且这面孔拥有一个十分艰难的生存。

但是，按照迈斯特尔·爱克哈特[①]使用过的表达方式，铭记（das Eingedenken），即对另一种东西的铭记并不因各种事实而受到反驳，相反，在糟糕的事实面前，时常被援引的这句话是十分有效的：“更糟糕的事实！”必须攻占巴士底狱，而且它必须被攻占，这与攻占巴士底狱时，本真地所指的东西并不是一回事。但是，当时所指的、所期望的这一遗嘱却通过我们而得到充实，通过我们的行动而得到实现，通过永远与当下世界过程中的趋势-潜势相一致的正确的理论与实践而付诸实施。没有这种协调一致，只会出现失败、单纯的“如意算盘”（wishful thinking），即纯粹空洞的梦想。只有借助认识，借助世界过程的趋势-潜势的协调一致，才能排除万难，争取胜利。这样开启了一幅远景，对于乐观主义和悲观主义而言，不再有任何足够的范畴，在此有的仅仅是把世界最终卓越地改造到可认识的程度，而且，在此世界最终与自身相一致，而不是持续地保持——不仅在我们方面，而且在物自身方面——一种距

① 迈斯特尔·爱克哈特（Meister Eckhart，1260—1327），多明我会修道士，德国最重要的神秘主义者。他的学说的中心在于“人的心灵基础与神的一致”。他的学说被教皇谴责为异端，因为在他的学说中神与被造物之间的区别遭到了否定。

离状态。在世界过程中，我们所指的东西、意向的东西、预先推定的东西终于成为现实，以此我们也许重新借助最重要的尚未（Noch-nicht）而触及“可能性”（Moeglichkeit）本身范畴的肌肉和心脏。

（原载：Die Welt bis zur Kenntlichkeit veränderen（1974），In Arno Münster（Hrsg.），*Tagträume vom aufrechten Gang*：*Seches Interviews mit Ernst Bloch*，Frankfurt/Main. 1977，SS. 20 – 100.）

青年学者论坛

穆勒的《逻辑体系》与德国哲学[*]

宋　伟[**]

内容提要　穆勒的《逻辑体系》论及了莱布尼茨、康德、兰贝特三位德国学者的有关思想，而自这本书被译介到德国之后，也受到了狄尔泰、布伦塔诺、弗雷格、胡塞尔、海德格尔等众多德国学者的关注。对穆勒的《逻辑体系》和德国哲学之间这种相互交流、相互影响的考察旨在为德国哲学研究的知识背景提供一个有益的补充。

关键词　穆勒《逻辑体系》　德国哲学

一

约翰·穆勒（John Mill，1806—1873）的《逻辑体系》（*A System of Logic*）即《演绎与归纳逻辑的体系：证据原理和科学研究方法的系统论述》一书是19世纪流传较广的一本逻辑学著作。该书从1843年至1872年共出版了8版，是当时牛津大学和剑桥大学指定的逻辑学教科书，严复曾于1896年将其中部分内容即该书的前三卷译成了中文。《逻辑体系》的流行无疑也引起了当时德

* 本文由国家社科基金一般项目（14BZX076）资助。

** 宋伟（1973～），安徽临泉人，哲学博士，湖北大学哲学学院副教授，主要研究方向为逻辑史与逻辑哲学。

国学者尤其是逻辑学者的注意，虽然这些学者中许多人都熟悉英文，能够直接阅读原著，但这本书还是于 1849 年由希尔（J. Schiel）根据当时该书的第二版将其译成了德文，1863 年希尔又将该书的第五版译成了德文，1865 年，希尔再次将其中有关归纳逻辑的内容抽取出来单独成书，加以介绍。继希尔将穆勒的《逻辑体系》引进德语世界之后，奥地利学者泰奥多尔·贡佩尔茨（Theodor Gomperz）主持了将穆勒的作品系统地翻译成德文的工作，从 1869 年至 1880 年共出版穆勒德文文集 12 卷，[①] 其中的第二卷、第三卷和第四卷即是由贡佩尔茨亲自翻译的穆勒的《逻辑体系》。希尔和贡佩尔茨对穆勒《逻辑体系》的译介工作无疑推动了穆勒的逻辑思想在德语世界尤其是在德国的普及和传播。或许正因如此，后来的狄尔泰（Wilhelm Dilthey）、布伦塔诺（Franz Brentano）、弗雷格（Gottlob Frege）、胡塞尔（Edmund Husserl）、海德格尔（Martin Heidegger）等众多德国学者对穆勒的《逻辑体系》多有关注。而反过来看，穆勒在其《逻辑体系》中也屡屡论及莱布尼茨（Gottfried Leibniz）、康德（Immanuel Kant）、兰贝特（Johann Lambert）这些德国学者。无疑，在穆勒的《逻辑体系》与德国哲学之间存在着一种相互交流和相互影响的关系，对这一关系的考察无疑可以让人更多地了解学术思想发生、发展的知识背景。下面就从两个方面即《逻辑体系》中对德国学者有关思想的论述和德国学者对《逻辑体系》中有关思想的论述来对这一相互交流和相互影响的关系做一番考察。

二

穆勒在其自传中谈到，1825 年至 1830 年也即他 20 岁左右的时候，曾和五六个同伴一起用“哈密尔顿的方法”[②] 学习德语。[③] 不过，就穆勒的整个学术

---

① 从 1963 年至 1991 年，加拿大多伦多大学出版社已陆续将穆勒的著作、评论、书信等各种作品编辑出版，共出版英文《约翰·斯图亚特·穆勒文集》33 卷。

② 有关“哈密尔顿的方法”，可参见 James Hamilton, *The History, Principles, Practice and Results of the Hamiltonian System, for the Last Twelve Years*, Manchester: Sowler, Courier, and Herald, 1829。

③ J. S. Mill, *Collected Works of John Stuart Mill*, Vol. 1. ed. by John M. Robson and Jack Stillinger, Toronto: University of Toronto Press, 1981, pp. 123, 126.

生涯来看，他与德国学者的交往远远没有他与法国学者的交往那么频繁，他对德国学者及其思想的关注也远远比不上他对法国学者及其思想的关注，而他对德语这门外语的运用似乎也远远没有对法语这门外语的运用那么娴熟，这一方面从他的《逻辑体系》中有大量直接的法文引文却无一处直接的德文引文可以得到佐证，另一方面也可以从他的书信中有大量法文书信却没有一封德文书信得到佐证。穆勒曾在 1843 年 3 月给孔德（Auguste Comte）的一封法文信中坦言，他对康德、黑格尔（Georg Hegel）哲学的了解基本上来自于英国和法国的解释者。[①] 当然，这并不表明穆勒不能直接阅读德文原著，他之所以不是通过德文原著来了解康德、黑格尔的思想显然有其学术兴趣、学术交往方面的原因，但无疑也有语言方面的原因。虽然在穆勒写作《逻辑体系》时他的好友斯特林（John Sterling）曾建议他读一读德国逻辑学者的著作，但穆勒的这本著作即使是最后一版也只论及了三位德国学者即莱布尼茨、康德和兰贝特的有关思想。这固然是由于穆勒对一些德国学者的思想尤其是逻辑思想不感兴趣，例如，穆勒说他对黑格尔"正、反、合"的形而上学逻辑思想感到厌恶，认为与其进行对话有一种让人丧失才智的感觉，[②] 所以在《逻辑体系》中穆勒只字未提黑格尔。但更主要的原因似乎是自莱布尼茨、康德、黑格尔之后直至 1872 年——穆勒的《逻辑体系》出了最后一版的那一年——的这段时间里，德国学界没有出现一本能与穆勒的《逻辑体系》在风格和内容上能够相提并论的逻辑学著作。如，与穆勒完全同时代的德国学者特伦德伦堡（Friedrich Adolf Trendelenburg）的两卷本《逻辑研究》（1840 年初版，1870 年第三版），也算是一部皇皇巨著了，其出版的时间段与穆勒《逻辑体系》出版的时间段几乎完全一样，但穆勒在其《逻辑体系》中并未提及特伦德伦堡。其中一个重要的原因也许就是特伦德伦堡的《逻辑研究》虽然批判了黑格尔的辩证法，但就其整体风格而言，仍属德国观念论形而上学逻辑，与穆勒主要关注"证据原理和科学研究方法"的《逻辑体系》格格不入。而特伦德伦堡对亚里士多德（Aristotle）逻辑思想的研究仅仅只是一本概述性的小册子，也许根本就

---

① J. S. Mill, *Collected Works of John Stuart Mill*, Vol. 13, ed. by Francis E. Mineka, Toronto: University of Toronto Press, 1963, p. 576.

② J. S. Mill, *Collected Works of John Stuart Mill*, Vol. 16, ed. by Francis E. Mineka and Dwight N. Lindley, Toronto: University of Toronto Press, 1972, p. 1324.

没有引起穆勒的注意。而即使是差不多与穆勒同时代的德国学者洛采（Hermann Lotze）的《逻辑学》一书，虽然其作为洛采哲学体系的一部分在风格和内容上相对于特伦德伦堡的《逻辑研究》而言与穆勒的《逻辑体系》更为接近，但该书于 1874 年也即穆勒去世后的第二年才正式出版。如此，似乎不难理解为什么穆勒的《逻辑体系》中只论及了莱布尼茨、康德和兰贝特了。

在穆勒的《逻辑体系》所提到的三位德国学者当中，莱布尼茨被提及的次数是最多的。这无疑是因为莱布尼茨的许多著作由法文写成，而相比于德文，穆勒更为精通法文。正是借助于法文文本穆勒对这位德国学者的思想有了较多的了解，这一点可由穆勒通常将莱布尼茨的名字写成法文文本中较常用的"Leibnitz"得到证明。在穆勒的《逻辑体系》中，有关莱布尼茨的论述涉及其思想的许多方面。如，在第三卷《论归纳》中讨论普遍因果律时，穆勒谈到，古希腊人认为如果不假定心灵中有某种将前因（the antecedents）与后果（the consequents）联结起来的普遍能动力（agency），就不可设想外部世界在人类眼中会是个井然有序的世界，但并不只有古希腊人想要弄明白为什么某种物理前因会产生某种物理后果，"在近代哲学家当中，莱布尼茨将如下原理规定为是一个自明的原理：所有的物理原因必须无一例外地在其自身的性质中包含某种东西，这种东西使得所有的物理原因应当能够产生它们所产生的结果这一点易于为人们所理解。"① 这似乎是莱布尼茨在其《单子论》和《神义论》中多次提到的两个伟大的推理原理之一——充足理由原理的又一种提法，穆勒对这一原理显然颇为欣赏，并以之为基础就莱布尼茨对意志（volition）、心灵（mind）与物质（matter）的相互关系的认识展开了讨论，进而在《逻辑体系》第五卷《论谬误》中讨论轻信的或先天的谬误时，论及了莱布尼茨的"前定和谐学说"。也是在同一卷、同一章，穆勒批评了"凡不可设想的都不能为真"这一观点，认为莱布尼茨是这种谬误的一个代表。穆勒批评说，在莱布尼茨看来，除非一个东西不只是可以设想的，而且是可以解释的，否则它就不可能在自然中存在，一切自然现象都一定能够得到先天的解释，那些除了上帝的意志给不出什么解释的事实只能是上帝的奇迹，他说，"我承认，我们不能

---

① J. S. Mill, *Collected Works of John Stuart Mill*, Vol. 7, ed. by John M. Robson, Toronto: University of Toronto Press, 1974, p. 360.

对不了解的东西就加以否认，但我还是要说，我们确有权利否认（至少是在自然秩序范围内）那种绝对不可理解也不能解释的东西。……最后，虽然我承认被造物能够设想什么不是上帝能力的量度，但被造物的能设想性（conceptivité）或设想能力却是自然能力的量度：一切符合自然秩序的东西都能被某种被造物所设想或理解。”① 但“不可设想或不可解释”也许只是人类非常有限的心灵的局限之一，而自然本身也许根本没有任何局限。② 从《逻辑体系》的文本中可以看到，穆勒所引用的莱布尼茨的上面这段话是一段法文，这进一步证明穆勒对莱布尼茨思想的了解更多地来自于莱布尼茨的法文著作。

除莱布尼茨之外，康德在穆勒的《逻辑体系》中也多次被提及。在《逻辑体系》第一卷《论名称与命题》中，穆勒讨论了三类可被命名的东西，即感受或意识状态（feelings or states of consciousness）、实体（substances）和属性（attributes）。其中就实体而言，穆勒认为，观念论形而上学家认为对象（objects）只是人们的感觉以及将这些感觉关联起来的法则，这一学说虽然没有被后来的学者所接受，但观念论形而上学家在最具真正意义之处——人们对对象的所有认识都是对象给予人们的感觉以及这些感觉所出现的次序——阐明了他们的理由，康德本人像贝克莱（George Berkeley）和洛克（John Locke）一样在这方面观点明确。他坚定地相信存在着一个完全不同于现象世界或人们的感知世界的“物自体”的世界，甚至使用一个专门表达“Noumenon”来指谓物自体，以便与人们心灵中的表象（representation）相对照，他认为这种表象（尽管其形式由心灵本身的法则所赋予，但其内容则由人们的感觉所构成）是人们对对象的所有认识，而物（the Thing）的真正性质就人们现有的能力而言是一个令人费解的秘密。③ 对于康德的这种认识，穆勒评论说，确实没有任何理由相信对象的可感知性质是对象自身所固有的一种东西，或者与对象自身

---

① 莱布尼茨这段话的翻译可参见《人类理智新论》上册，陈修斋译，商务印书馆，1982，第24页。其英文翻译可参见 Peter Remnant 和 Jonathan F. Bennett 翻译编辑的 *New Essays on Human Understanding*. Cambridge：Cambridge University Press，1996，p. lx。穆勒所引的这段话出自 *Nouveaux Essais Sur l'Entemdement Humain——Avant-propos.*（Œurses，Paris，ed. 1842，Vol. I，p. 19.）

② J. S. Mill，*Collected Works of John Stuart Mill*，Vol. 7，ed. by John M. Robson，Toronto：University of Toronto Press，1974，pp. 755 - 756.

③ J. S. Mill，*Collected Works of John Stuart Mill*，Vol. 7，ed. by John M. Robson，Toronto：University of Toronto Press，1974，p. 59.

的本质有什么密切的关系，人们除了从外部世界所体验到的感觉之外对外部世界一无所知，而且也只能一无所知，这是一个非常明显的事实。而对于作为人们对外部世界之感觉的下层基础的“物自体”本身的实在性，穆勒则评论说，他不去争论“物自体”的世界是否存在，因为其存在与否或其真假与逻辑学并不相关。① 可以看出，穆勒对“物自体”本身的实在性或许有所保留，但就对象本身不同于对对象的感觉这一点而言，则完全认同康德的看法。也是在《论名称与命题》中，穆勒在讨论纯粹字面命题（verbal propositions）时认为，“必然命题（essential proposition）是纯粹的字面命题，它对于在一个特殊名称之下的对象所做的断定仅仅是断定了该对象由那一名称所称呼这一事实，因而没有给出任何信息，或者给出的是有关名称的而不是有关对象的信息。相反，非必然命题或偶然命题（accidental propositions）则是与字面命题相对的实在命题（real propositions），它们断定对象具有某种没有包括在名称——命题借以来谈论对象的名称——含义中的事实，或者断定对象具有某种没有被名称所涵谓的属性。”② 正是在此处，穆勒注解说，这一区分对应于康德和其他形而上学家在“分析判断”（analytic judgments）和“综合判断”（synthetic judgments）之间所做的区分，前者即是可以从所使用的语词含义中引申出来的判断，后者则是可以从中了解到一个新事实的判断。③ 由此可见，穆勒对康德的“分析判断”和“综合判断”这一著名的区分十分熟悉，并在此基础上对其提出了自己的理解，进行了成功的转化。

《逻辑体系》中唯一一位有直接证据表明穆勒是依据其德文原著来论述其思想的是兰贝特。这位兰贝特就是曼弗雷德·库恩（Manfred Kuehn）在其所著的《康德传》中说其“与康德的哲学书信往返，对于康德是很重要的灵感来源”的约翰·海因里希·兰贝特。④ 在《逻辑体系》第二卷、第二章讨论三段论时，穆勒说兰贝特的《新工具》（*Neues Organon*）一书（出版于 1764 年）

---

① J. S. Mill, *Collected Works of John Stuart Mill*, Vol. 7, ed. by John M. Robson, Toronto: University of Toronto Press, 1974, pp. 61 – 62, 62n – 63n.

② J. S. Mill, *Collected Works of John Stuart Mill*, Vol. 7, ed. by John M. Robson, Toronto: University of Toronto Press, 1974, pp. 115 – 116.

③ J. S. Mill, *Collected Works of John Stuart Mill*, Vol. 7, ed. by John M. Robson, Toronto: University of Toronto Press, 1974, p. 116n.

④ 〔美〕曼弗雷德·库恩：《康德传》，黄添盛译，上海人民出版社，2008，第 20 页。

对于三段论学说的阐述是针对三段论学说所曾提出的最为全面而详尽的阐述之一，书中清楚地考察了什么样的论证会自然成为三段论的论证并具有三段论的格的形式，这一研究展现了作者清晰的思维和卓越的才智。① 为了更为具体地说明这一点，穆勒特意在所添加的注解中说，兰贝特的结论是："三段论的第一格适用于发现或证明事物的特性，第二格适用于发现或证明事物间的区别，第三格适用于发现或证明事例和例外，第四格适用于发现或排除某个属的不同的种。"在兰贝特看来，让三段论的后三格与第一格也以"遍有遍无公理"（*dictum de omni et nullo*）为依据有点牵强和不自然，它们应依据不同的公理，即第二格应依据"差别公理"（*dictum de diverso*），第三格应依据"事例公理"（*dictum de exemplo*），第四格应依据"交互公理"（*dictum de reciproco*）。② 在兰贝特上述见解的基础上，穆勒进一步提出了自己对于三段论的一些看法。从《逻辑体系》中可以看出，穆勒所引用的兰贝特的那句话由他从德文意译而来，而不是直接引用德文，这与穆勒在《逻辑体系》中常常直接引用法文有所不同。这也从一个侧面表明，在穆勒那里，德语远远没有对他来说同样作为外语的法语的地位那么高。而这无疑妨碍了穆勒对德国学者的著作和思想进行更多的了解。

三

在穆勒的《逻辑体系》于1843年出版了第一版之后，德国学者于贝韦格（Fridrich Ueberweg）的《逻辑体系与逻辑学说史》一书也分别于1857年和1868年出版了第一版和第三版，并于1871年有了英文译本。在该书中谈到当时德国之外的逻辑学者时，于贝韦格说："近年来德国人的思考对德国之外的逻辑研究已鲜有影响，归纳理论尤其是归纳理论对自然科学的运用是由孔德、赫舍尔、惠威尔和穆勒所推动的。"③ 正因如此，于贝韦格在其《逻辑体系与逻辑学说史》中讨论归纳问题时多次提到孔德（August Comte）、赫舍尔

---

① J. S. Mill, *Collected Works of John Stuart Mill*, Vol. 7, ed. by John M. Robson, Toronto: University of Toronto Press, 1974, p. 170.

② J. S. Mill, *Collected Works of John Stuart Mill*, Vol. 7, ed. by John M. Robson, Toronto: University of Toronto Press, 1974, p. 170n.

③ F. Ueberweg, *System of Logic and History of Logic Doctrines*, London: Longmans, Green, and Co., 1871, pp. 74 – 75.

（John Herschel）、惠威尔（William Whewell）和穆勒，而在讨论类比、假说问题时更是频频提到穆勒。如，在讨论假说问题时，于贝韦格根据穆勒《逻辑体系》英文版第 7 版直接引用穆勒的话说，“没有那些假说，科学不可能是现在的状况，它们是趋向某种更为可靠的东西的必要阶段，现在几乎一切作为理论的东西都曾经是假说。”① 而在其《哲学史》一书中，于贝韦格在论及穆勒的逻辑思想时，更是对穆勒《逻辑体系》的每一卷内容都作了概要解说。② 由此可见，当时的德国学者对英国和法国学者的著作和思想相当熟悉。而从于贝韦格的论述来看，当时的德国逻辑似乎在归纳逻辑方面已落后于英、法逻辑尤其是英国逻辑。这或许是作为归纳理论研究代表作的穆勒的《逻辑体系》一书引起德国逻辑学者注意的真正原因。

就风格和内容而言，德国学者西格瓦特（Christoph von Sigwart）的两卷本《逻辑学》（初版于 1873 年、1888 年第二版并于 1895 年有了英文版）应是 19 世纪可与穆勒的《逻辑体系》相媲美的一部德国学者的逻辑学著作。在该书的第一版前言中，西格瓦特说，他这本“从方法论的观点来重构逻辑学并使其与当今科学问题保持密切联系”的著作应感谢三位刚刚去世不久的学者——特伦德伦堡、于贝韦格和穆勒。③ 作为唯一一位英国人，穆勒的逻辑思想在德国逻辑学者那里所受到的重视由此可见一斑。而在西格瓦特的《逻辑学》中，对穆勒逻辑思想的论述也确实相当全面，从穆勒的名称和命题理论、三段论理论、归纳理论直至穆勒对于算术中“数”的认识、几何中“点”的认识都进行了充分的讨论，且屡屡表达了与穆勒不同的看法。如，在讨论动词“to be”的意义时，西格瓦特说，穆勒注意到了“is”这个词在被用作系词时的歧义，认为它并不表示主词存在，只表示一种述谓（predication）关系。如在“独角兽是（is）诗人的虚构”这个句子中，“is”并不表示独角兽存在，因为这个句子本身就在说独角兽不存在。穆勒认为几乎所有的学者都忽略了这种存在于古代和现代语言中的系词的歧义。但就像穆勒没有注意到其他德国哲

---

① F. Ueberweg, *System of Logic and History of Logic Doctrines*, London: Longmans, Green, and Co., 1871, p. 521. 于贝韦格所引的穆勒的这段话可见 J. S. Mill, *Collected Works of John Stuart Mill*, Vol. 7, ed. by John M. Robson, Toronto: University of Toronto Press, 1974, p. 496.

② F. Ueberweg, *History of Philosophy*, Vol. 2. New York: Charles Scribner's Sons, 1888, pp. 426 – 429.

③ C. Sigwart, *Logic*, Vol. 1, London: Swan Sonnenschein & Co., 1895, p. ix.

学家的观点一样，穆勒也没有注意到赫尔巴特（Johann Friedrich Herbart）的观点，赫尔巴特以其惯有的深刻性已经表明，在“A 是（is）B”这样的命题中以及在“A 是 B 吗?”这样的问题中肯定没有“A 存在”的意思，因为其中对于 A 本身以及 A 的存在并没有说任何东西。[①] 确实，穆勒在其《逻辑体系》中讨论系词“is”在命题中并不必然意指“存在”的时候，虽然其观点与赫尔巴特的观点完全一致，但并没有只言片语提到赫尔巴特。再如，在西格瓦特对归纳问题的讨论中，在充分讨论了因果关系、因果律、因果概念、穆勒五法等与归纳有关的问题之后，西格瓦特说，“确实，现在大多数人都认识到，单纯从所感知到的现象的前后相继中推导因果概念和因果律是不切实际的，可以认为穆勒的做法是失败的。”[②] 而对于穆勒以“归纳”为核心的逻辑思想，布伦塔诺（Franz Brentano）在其《我们有关对错认识的起源》一书（1889 年初版、1934 年第三版）中也曾批评说：“穆勒没有认识到数学的纯粹分析特征和演绎过程的一般含义有一个相通点。他甚至否认三段论会得出新知识。如果一个人将数学基于归纳之上，那么他就不能用数学来为归纳辩护，因为这会导致恶性循环。”[③]

19 世纪中后期，德国逻辑虽然在归纳理论方面落后于英国逻辑，但在演绎理论方面却遥遥领先于英国逻辑。作为 19 世纪最伟大的理智发明之一——对约束变元使用量词的提出者，弗雷格（Gottlob Frege）在其 1879 年的《概念文字：一种用于纯粹思想的以算术语言为模型的公式语言》这本小册子中提出了一个谓词演算形式系统。在此基础上，弗雷格希望能够证明算术与逻辑是等同的，于是有了 1884 年的《算术基础》一书以及 1893 年和 1903 年分两卷出版的《算术的基本规律》一书。正是在《算术基础》这本书中，弗雷格开篇就对穆勒的经验主义算术观进行了批评，讥笑穆勒的算术观是一种“小姜饼或小石子的算术”[④]，希望以此能够重新赋予算术一种先验的特征。从《算术基础》中可以看出，弗雷格在对穆勒的算术观进行批评时所参考的正是穆勒的《逻辑体系》一书（主要是体现穆勒算术观的第二卷和第三卷），但弗雷格所参考的并不是该书的英文文本，而是希尔所翻译的《逻辑体系》的德文

① C. Sigwart, *Logic*, Vol. 1, London: Swan Sonnenschein & Co., 1895, p. 95.

② C. Sigwart, *Logic*, Vol. 1, London: Swan Sonnenschein & Co., 1895, p. 568.

③ F. Brentano, *The Origin of Our Knowledge of Right and Wrong*, Oxon: Routledge, 2009, p. 66.

④ G. Frege, *The Foundations of Arithmetic*, New York: Happer & Brothers, 1960, p. xix.

译本。[1] 在弗雷格的《算术基础》之后，胡塞尔的《算术哲学》于 1891 年出版。在这本书中，胡塞尔针对穆勒认为数的定义中所断定的事实都是物理事实而像 2、3、4 等这样的数都各自指谓不同的可感知的物理现象并涵谓那些现象的一种物理性质这种观点，胡塞尔认为："这种观点显然是错误的，人们肯定疑惑一个穆勒级水平的思想家怎么会对此感到满意。无疑，两个苹果与三个苹果可以在物理上区分开来，但两个判断与三个判断或两种不可能性与三种不可能性等肯定不能进行这样的区分。因而，这些情况下数的差别不可能是一种看得见摸得着的物理差别。只要一提到完全可以像物理的东西一样被进行计数的心理的行为或状态，穆勒的理论就被驳倒了。"[2] 同样，针对穆勒认为数的命题中隐藏着一种假设即 1 = 1 或者说所有的数都是相同或相等单元的数这一观点，胡塞尔认为："轻而易举就能反驳这种错误的观点，要求算术预设1 = 1这一命题完全是弄错了算术的意思。算术作为数的理论与具体的对象无关，而是与一般的数有关。"[3] 对此，胡塞尔进一步解释说，"由我们的心理分析而来的单元的相同显然是一种绝对的相同。事实上，只要想到近似就会是荒谬的。因为这是关于它们有具体内容这一事实的具体内容的同一性问题，否认这种同一性就是否认内在感知的明证性（Evidence）。"[4] 显然，胡塞尔反对穆勒认为 1 = 1 是一种假设的观点，而是认为 1 = 1 是可以通过心理分析而得到的一种无可置疑的结果。不过，在接受了弗雷格批评他将"概念"和"表象"混为一谈以及在对数的解释中求助于"抽象"的做法之后，胡塞尔就彻底转向了致力于消除其算术观中心理主义因素的方向，并进而将穆勒作为心理主义的主要代表在其《逻辑研究》一书（1900 年初版、1913 年第二版）中大加批评。如，在批评穆勒对矛盾律的心理主义解释时，胡塞尔说："矛盾命题同时为真的不可能性被穆勒认为是那些命题在我们信念（belief）中的不相容性。换句话说，他用判断活动（acts of judgement）的实际不相容性替代了命题同时为真的不可能性。与之相应的是，穆勒反复声称，信念活动是唯一能够恰当地被称为真和假的东西，矛盾原理必须被解释为：两种矛盾对立的信念活动不可能

---

① G. Frege, *Die Grundlagen der Arithmetik*, Breslau: Verlag von Wilhelm Koebner, 1884, p. 9.

② E. Husserl, *Philosophy of Arithmetic*, Dordrecht: Kluwer Academic Publishers, 2003, p. 18.

③ E. Husserl, *Philosophy of Arithmetic*, Dordrecht: Kluwer Academic Publishers, 2003, p. 156.

④ E. Husserl, *Philosophy of Arithmetic*, Dordrecht: Kluwer Academic Publishers, 2003, p. 158.

共存。”① 从胡塞尔的《算术哲学》和《逻辑研究》中可以看出，其所参考的穆勒的《逻辑体系》主要是贡贝尔茨的德文译本，间或也参考了《逻辑体系》的英文文本。

以上几例足以表明，19 世纪中后期许多德国学者尤其是当时的许多逻辑学者对穆勒的《逻辑体系》一书相当熟悉，而不管对书中的观点是认同还是反对，都可看出这些学者对该书中的许多内容都有关注。这当中，希尔和贡贝尔茨的《逻辑体系》译本无疑起了巨大的作用。

四

穆勒的《逻辑体系》全书共六卷，第六卷的标题是《论精神科学的逻辑》，其中除讨论了存在一门人性科学的可能性之外，还讨论了逻辑方法、数学方法、自然科学方法在性格学、心理学、历史学、社会学等人文社会科学领域的运用。在穆勒这里，“精神科学”（moral sciences）是在与“物理科学”（physical sciences）相对的意义上来使用的，前者似乎对应于现在所说的“人文社会科学”，而后者似乎对应于现在所说的“自然科学”。在穆勒《逻辑体系》的德文译本中，希尔将英文的“moral sciences”译为“Geisteswissenschaften”，而贡贝尔茨则将其译为“moralischen Wissenschaften”。从这两种译法来看，前者偏重于对“moral sciences”的意译，而后者偏重于对“moral sciences”的字译。维基百科对“Geisteswissenschaften”的解释是，这个德文词的字面意思是“精神科学”（sciences of spirit），最初是作为对穆勒所使用的“moral sciences”的翻译而出现在德文中的，是狄尔泰（Wilhelm Dilthey）将这个词变成了一个流行的德文词。② 至于狄尔泰为何钟情于“Geisteswissenschaften”这个词，在其 1883 年出版的《人文科学导论》③ 中有如下解释：“包含在科学这个概念中的东西通常被分为两类，一类用‘自然科学’这个名称来称呼，另一类说来

---

① E. Husserl, *Logical Investigation*, Vol. 1, New York: Routledge, 2001, pp. 57 - 58.

② https://en.wikipedia.org/wiki/Geisteswissenschaften.

③ 由于狄尔泰坚持认为除心理学、历史学、社会学之外，哲学、语言文字学、教育学、美学、艺术史等学科也都属于“精神科学”，从而扩大了“精神科学”的领域，现在英美学界已将“Geisteswissenschaften”一词通常翻译为“人文科学”（human sciences），狄尔泰的《精神科学导论》一书通常也被翻译为《人文科学导论》。

也怪得很，并没有一个普遍认可的称呼。我将遵循那些思想家的做法，用‘Geisteswissenschaften’这个词来称呼这全部知识（globus intellectualis）的第二类。这一方面是因为这一称呼是一个已经令人耳熟能详的称呼——特别是通过约翰·斯图亚特·穆勒《逻辑体系》德译本的广泛流传，另一方面是因为在我们所能选择的各种用词中，这个词似乎是相比较而言最为妥当的。”① 无疑，狄尔泰认同穆勒对“精神科学”与“物理科学”的划分。不过，对于穆勒认为完全可以将“物理科学”的研究方法用于“精神科学”的研究，狄尔泰却并不认同。穆勒在《论精神科学的逻辑》中有如下一段话：“如果有些学科其有关结果得到了所有关注其证明的人的一致认同，而有些学科人类还尚未取得同样的成功，也就是说，虽然有最为灵光的头脑从一开始就从事这些学科的研究，但却从未确立任何像样的、不容否认的或不容怀疑的真理，那么，正是通过对可成功运用于前者的方法的概括并使其适用于后者，我们才能希望消除科学面孔上的这一污渍。”② 针对穆勒的这段话，狄尔泰评论说：“不仅这段话的结论是有争议的，而且这段话为之所辩护的精神科学或人文科学方法的这种照搬也不会取得任何成果。尤其在穆勒那里，我们听到了‘演绎’、‘归纳’这些词的单调乏味的喧嚣声，这些声音现在还在从所有的邻国围绕着我们回响。人文科学的整个历史都是对这种‘照搬’想法的一种驳斥，这些科学有完全不同于自然科学的基础和结构。”③ 正是基于这一认识，狄尔泰认为自然科学的认识论基础是外知觉或感性经验，精神科学的认识论基础是内知觉或体验，正是通过内知觉或体验，精神科学具有了内在的关联性和统一性，成了不同于自然科学的一种科学。④ 就狄尔泰的《人文科学导论》而言，说穆勒《论精神科学的逻辑》中的许多观点是狄尔泰相关思考的促发点似不为过。

海德格尔在其《逻辑：真理的问题》中曾列举出 19 世纪中期最为重要的

---

① W. Dilthey, *Introduction to Human Sciences*, Princeton: Princeton University Press, 1989, p. 57. 此处译文也参考了张庆熊《狄尔泰的问题意识和新哲学途径的开拓——论精神科学的自主性及作为其方法的诠释学》，《复旦学报》（社会科学版）2007 年第 3 期，第 44 页。

② J. S. Mill, *Collected Works of John Stuart Mill*, Vol. 8, ed. by John M. Robson, Toronto: University of Toronto Press, 1974, p. 834.

③ W. Dilthey, *Introduction to Human Sciences*, Princeton: Princeton University Press, 1989, p. 158.

④ 张庆熊：《狄尔泰的问题意识和新哲学途径的开拓——论精神科学的自主性及作为其方法的诠释学》，《复旦学报》（社会科学版）2007 年第 3 期，第 45 页。

一些逻辑著作，穆勒的《逻辑体系》被排在第一位，而且也只有这么一部英文著作，其他全是德文著作。海德格尔评价穆勒的这本书说；“穆勒的《逻辑体系》在19世纪对德国产生了非常重要的影响，但主要是从反面。尤其是影响了狄尔泰，狄尔泰激烈反对这本书第六卷中对于人文科学所说的一些东西，并以此确立了自己对于人文科学理论的立场。……穆勒的逻辑也影响了胡塞尔的老师布伦塔诺，甚至胡塞尔本人也从正面或反面从穆勒那里学到了很多。”①海德格尔的这一评价基本上概括了穆勒的《逻辑体系》对于德国哲学的影响，而其本人对穆勒有关矛盾原理的看法的讨论、对穆勒系词观的讨论也都表明穆勒的《逻辑体系》在某些问题上对他也有一定的影响。

以上讨论勾画了穆勒的《逻辑体系》和德国哲学之间相互交流和相互影响的大致图景，这一图景一方面展现了穆勒《逻辑体系》中的德国哲学元素，另一方面也展现了19世纪以来德国哲学中穆勒的《逻辑体系》元素。无疑，对这两方面的考察可为德国哲学研究的知识背景提供一个有益的补充。

① M. Heidegger, *Logic: The Question of Truth*, Bloomington: Indiana University Press, 2010, p. 21.

我的哲学密林

戴　劲*

内容提要　本文是作者将要出版的《哲学深渊：马克思与德国哲学家的对话》的导论部分。文章回顾了作者结合马克思与德国哲学家的关系来阅读马克思著作的历程，例如马克思的历史辩证法与胡塞尔现象学的“生活世界”理论的异同，马克思对费尔巴哈“类”概念的发展，马克思的“主体”与黑格尔的“人格”的内在联系，马克思的存在观与康德、黑格尔和海德格尔存在观的比较，另外还涉及维特根斯坦和分析哲学、从亚里士多德到康德和黑格尔的形而上学传统等等，都是作者所关注的话题，展示了马克思哲学的多方面的理论处境。

关键词　马克思　德国哲学家　关系　比较

我对马克思哲学的研究从一开始就不是就马克思而论马克思，而是带着与西方哲学对话的兴趣。“马克思哲学”部分的文章，除了《让马克思自己说话》《马克思对黑格尔“双重错误”的批判》两篇之外，是按照写作、发表顺

* 戴劲（1980～），河北省秦皇岛市人，哲学博士，华中师范大学马克思主义学院哲学研究所副教授，硕士研究生导师，兼香港中文大学宗教与中国社会研究中心荣誉副研究员，天主教辅仁大学宗教学系2016级博士生；研究兴趣主要为马克思哲学、德国哲学。本文为拙著《哲学深渊：马克思与德国哲学家的对话》的“导论”部分。

序编排的，以此回顾我在马克思哲学方面的研究历程。

《从“康德问题”看马克思哲学革命》一文是我对硕士论文《由“康德问题”引发的马克思哲学革命再认识》的推进。文末提到马克思在巴黎手稿中的一句名言：“感觉在它的实践中已经直接成为理论家。”① 那时，我忽视了其中的辩证法意蕴，而这样从某种意义上说就不能将马克思与费尔巴哈区分开来。鉴于此，又通过对《德意志意识形态》的继续研读，我在2007年8月完成了《马克思“纯粹经验的方法”和生活世界问题》的第一、第二部分（原计划以《论马克思“纯粹经验的方法”》为题发表）。该文由那句名言入手，通过“纯粹经验的方法”所论证的是马克思的历史辩证法。这两部分写完后，我又发觉：马克思的“可以用纯粹经验的方法来确认”的“现实前提”与胡塞尔的“生活世界”仿佛颇为接近，并且顺着第二部分的写作，我对胡塞尔哲学的兴趣已经产生，这样就开始研读《欧洲科学的危机与先验现象学》，而越读到后来越使我感到：马克思的历史辩证法正是二者生活世界理论分歧的基础。这样，我在2007年11月就完成了《马克思“纯粹经验的方法”和生活世界问题》的第三部分，即《马克思和胡塞尔论生活世界问题》。

2010年11月，我获得教育部人文社会科学研究项目“马克思的感性存在论研究”（项目编号：10YJC720008）的立项，接下来的文章大多依托这个项目。作为最终成果，专著《马克思的感性存在论研究》（210千字）于2011年6月在人民出版社出版。2012年12月该课题提前顺利结项。由教育部社会科学司授权、2014年12月19日《社会科学报》网站（上海社会科学院主办）专门报道了我的这项成果。

《论马克思对康德自由概念的感性证明》《马克思对黑格尔“双重错误”的批判》，这两篇都属于这个项目的阶段性成果。

《论〈巴黎手稿〉中的“社会”概念》是我在这个项目中取得的代表性成果。按照巴黎手稿中的说法，人的本质是人的真正的社会性；而按照《关于费尔巴哈的提纲》（以下简称《提纲》）中的说法，人的本质在其现实性上是一切社会关系的总和。以上两种说法的不一致是否意味着马克思思想的自相矛

---

① Marx, *Ökonomisch-philosophische Manuskripte aus dem Jahre 1844*, Dietz Verlag Berlin, 1982, S. 393.

盾？马克思在《提纲》中接下来说，费尔巴哈没有对这种现实的本质进行批判，因此他不得不将人的本质理解为"类"。那么若对这种现实的社会关系进行批判，则会得到什么？马克思在巴黎手稿中区分了真正的共存性与现实的共存性。真正的共存性正是以现实的共存性的批判为基础的。而巴黎手稿中的"社会"概念就是"真正的共存性"、"人类社会"概念。马克思说，个体是社会存在物。而个体成为社会存在物的条件是对象对人来说成为社会的对象，或者说社会在这个对象中对人来说成为本质。总之，当人与物、人与人都达到对立面的统一，并且这种统一在该物中对人来说成为本质的时候，人与对象就同时成为社会存在物。马克思的"社会"概念意指建立在人们个性差异基础上的相互补充、相互实现，即人与人的对立统一关系。仅就这种统一关系而言，马克思的"社会"概念和费尔巴哈的"类"概念大体一致。二者区别在于：在马克思那里，第一，人的社会性乃是在感性的人的活动中实现出来的社会性。第二，人类社会是在扬弃市民社会的基础上建立起来的。费尔巴哈的"类"是对立面之间自然的直接同一；马克思的"社会"则是在历史的进程中通过自身辩证的否定而发展起来的。市民社会并不是人类社会之外的又一个现实，马克思从这一切现实的社会关系的总和中看到了人的真正的社会性。因此，巴黎手稿和《提纲》中的说法是内在一致的。

《论马克思的"历史科学"》可谓整个研究项目的落脚点。它本是为回应2010 年在国内马克思主义哲学界兴起的历史唯物主义是哲学还是科学这一问题的论争。这篇文章的论断皆根源于马克思的一个理论支点：人是对象性存在物，人的本质表现为人的对象性活动及其产物，而人的对象性活动要通过人的对象性关系——与他人（社会）、他物（自然界）的关系——表现出来。这一理论支点决定了马克思持主客统一、本质科学和现象科学统一、人的科学和实证科学统一的哲学 - 科学观。因此，马克思为之耗费一生的政治经济学批判就是他的"历史科学"：它既是实证科学，同时又是人的科学，二者乃是一门科学。后来，以本文为基础，我在学院进行了题为"以黑格尔科学观为视角看马克思的历史科学"的学术讲座（2012 年 11 月 26 日），并受邀由超星学术视频网全程录制、上线播映（2013 年 9 月 18 日）。那么，马克思一生所从事的这门以实证科学方式进行的人的科学还有没有"存在论"？这样就引出了《马克思的存在论以"Sein"为对象吗?》一文的思考。

《费尔巴哈和马克思在存在论上的差异》《论马克思的存在概念》《马克思的存在论以“Sein”为对象吗？——以〈1844年经济学哲学手稿〉为例的解答》属于存在论这个专题。邓晓芒老师曾建议我将《马克思的存在论以“Sein”为对象吗？》一文中的Sein和Dasein在中译名上加以区别。我没敢做。我想，哲学译名表面上看是翻译问题，实际上是理论问题。当时自问对于马克思“Dasein”的译名还没有做好这种理论准备，不敢轻易定夺，因为一旦确定下来，就要对学界负责。再者，我国学界在德语哲学文本的翻译上尚未广泛形成对三种“存在”进行译名区分的意识（英语世界中没有与Dasein对应的词），虽然德国哲学家不可能混用它们。比如，康德在其著名的存在论题中就明确区分了Sein和Dasein，但那里Dasein与Existenz的差别不大。到了海德格尔，由于赋予Existenz新的意义，因而Dasein和Existenz的区别才较明显——其Existenz是对Dasein之存在方式的说明。在马克思那里，同样没有对Dasein与Existenz做出明确的区分，但一定有一种对Sein与Dasein的区分——而这正是本文要提出的论点。至今想来，马克思的“Dasein”可以翻译成“定在”。所以，马克思所谓的存在论其实是定在论，而这门人的科学又是以实证科学（政治经济学批判）的面貌呈现的。

黑格尔说，权利是自由的定在，或者说私有财产是人格的定在。反过来说，人格是私有财产的主体或本质。可见，私有财产的主体是人格，这是早在黑格尔那里就已取得的理论成果。但马克思进一步从劳动的角度来理解人格，因而得出，私有财产的这个人格、这个主体，其实是劳动。所以对马克思而言，私有财产的主体本质就不再是一个抽象的人格（如黑格尔），而是这个人格的感性的劳动。人格的真身或者说人格的价值承担者是劳动。因此，“劳动”在马克思的哲学中就处于核心位置。劳动——能够创造出人格之新生命的活动——就是马克思的“Dasein”！而这个“Dasein”正是马克思的“事情本身”，他一开始就从“Dasein”出发。海德格尔因此批评他遗忘了存在本身。在海德格尔看来，马克思的“Dasein”不仅是存在者，而且是主体，他根本没有追问存在本身。但这一点说起来算是马克思的成功，还是失败呢？马克思最为关切的确实不是存在本身的问题，他问的就是“主体”，是在当时的市民社会一切“被侮辱、被奴役、被遗弃和被蔑视的”弱势群体的人格与尊严的问题。

以上的说明出自其第三手稿甚至整个巴黎手稿的核心论题：“私有财产的主体本质，作为自为地存在的活动、作为主体、作为人格的私有财产，就是劳动。”[①] 在这句中，我最终决定译“Person”为“人格”乃受益于与邓晓芒老师以及来自德国埃尔朗根－纽伦堡大学汉学系博士班的 Katja Wengenmayr 同学的讨论，乃至李明辉先生在康德《道德底形上学》（联经 2015 年版）一书中对该词的翻译。至今想来，在康德、黑格尔、马克思等德国启蒙哲学家那里对该词的理解是一脉相承的；甚至到了连作为概念的“人”都弃绝了的海德格尔那里，其“Dasein”依然保有“本己的”这层决定性的含义[②]，而本己性正是人格之特性。如此不禁一问，中国人的“Person”何时才能冲破血亲伦理的重围，而真正成为一个个本己的、独立承担自己的“Dasein”？

需要指出的是，海德格尔用“Existenz”来解释“Dasein”，又用“Ekstase”来解释“Existenz”。他在《关于人道主义的书信》中将“Ekstase”与“Existenz”合并成为一个新词“Ek-sistenz”。“Ekstase”原意为“心醉神迷，高度兴奋”，联系到柏拉图的“迷狂”和尼采的“酒神精神”（参见《强力意志》第 1055 节的“ekstatischer Nihilisums”，周国平译作“狂喜的虚无主义”）更能体会海德格尔的深意。因此，我译“Ekstase”为“出离”，译“Ekstatische”为“出离状态”，并将原论文中的“绽出之生存”（Ek-sistenz）在本书中改译为“出离之生存”。

邓晓芒老师读到本文后曾来信说想将它收入由他主编的《德国哲学》2012 年号，怎奈当时《文史哲》已决定采用此文。这件事一直让我觉得对邓老师过意不去，未料 2014 年邓老师又来信说正在编《德国哲学》2013 年号，并且又问及此文。我想到，当时正在为梦想在将来出版的专著《马克思早年哲学文本解读》拟一篇题为《让马克思自己说话》的“序言”，就将这篇自序性的文章以专论的身份“冒充”进了《德国哲学》年刊之中，因而至今仍感到有欠于邓老师。本篇首先讨论了马克思在异质文化环境中应该以何种方式言

① Marx, Ökonomisch-philosophische Manuskripte aus dem Jahre 1844, Dietz Verlag Berlin, 1982, S. 530.

② 据张汝伦《〈存在与时间〉释义》上（上海人民出版社，2012 年版，第 124 页），“海德格尔后来在他《存在与时间》的样书上对此处的‘此在’作了这样的注：‘本己的：处在此之中。’”

说自己的问题，由此引出对马克思文本解读的宗旨与原则：为马克思而马克思。让马克思自己说话、让马克思发出自己的声音正是秉承尊重事实、尊重科学本身的学术态度。其次阐发了让马克思自己说话的理由：第一，思想重构以文本解读为基础。第二，倾听150多年前马克思自己的言说，反而对我们极具现实意义。再次是对马克思早年哲学文本的分期以及研究马克思早年哲学的意义。最后阐述了马克思哲学文本解读的方法：学术背景探源的方法、系统研究的方法、前后呼应的方法、历史考察法。本书将它收为第一篇文章，以期申明自己在马克思哲学研究方面的基本态度与做法。

工作后的教学与科研让我深深意识到西方哲学研究到一定程度必然进入基督宗教。2013年至2014年之交，我即开始涉足基督教神学问题的思考。2015年5月，我应杨熙楠总监之邀赴港访学，任香港道风山汉语基督教文化研究所（ISCS）访问学人暨香港中文大学宗教与中国社会研究中心（CSRCS）荣誉副研究员。临行之前，杨总监邀我为5月10日即将来访的香港圣神修院神哲学院的师生准备一场题为“马克思与基督教对话的可能性与范围——以中国学界为背景”的随谈式演讲。这让我想到了早在2013年就已渐渐考虑的一个问题：中国人有没有礼拜天？有没有内在的精神生活？假如答案是否定的，那么原因何在？这一问题立刻将我对安息日、主日、礼拜日的意义与多年来对马克思自由劳动、自由时间的理解联系在了一起。由于《从安息日－主日的意义看马克思的“自由劳动”》一文进行的是一项跨学科、跨信仰——如果视基督宗教为有神论、视马克思主义为无神论的话——的尝试，因此要将安息日－主日的意义在一个更宽广的视野中打开并展现出来。在这个新的地平线上，我们可以看到，一端是基督宗教，另一端是马克思的哲学。而作为这两端理解的桥梁的是黑格尔“思辨的认知”。最后得出，马克思的想法是：让每一天的劳动都成为礼拜日式的劳动。

与上一部分不同，“康德黑格尔哲学”部分是按照类别排列的。

《悖论与物自体》以及2008年的台湾访学研究计划书涉及的是康德“物自身”问题。我的哲学学习是从康德哲学开始的。那时一直有一个问题缠绕着我：既然现象背后的对象不可知，那么如何确定这个对象本身的存在？后来，我在硕士研究生阶段有一门课叫“西方哲学原著选读”，我的课程论文写的就是这个问题，2005年8月10日以《悖论与物自体》为题发表，成为我的第一篇CSSCI期刊论文。

康德“物自身”问题有着深刻的希腊哲学渊源。亚里士多德曾踌躇于“这一个”与“其所是”、实体与形式，谁是第一实体，谁更接近是者本身，并且试图打通二者。而康德的物自身理论实际上宣判了“这一个”与“其所是”之间那个等号永远不能建立起来。一旦对“这一个”有所认识、或说、或想，是本身就会成为谓词。只要西方人一说“话”（Word，Logos），就一定有一个主词，有一个谓词，最基本的主词、第一实体，就是一个抽象得再不能对它“说”什么的“这一个”，但巴门尼德－柏拉图这条西方主流传统又被逻各斯诱惑着一定要说出它的“其所是”来。这正是亚里士多德的困境。物自身显示的不仅是知识、知性的限度与困境，而且是“S 是 P”这一西方－欧洲的语言模式、思维模式的限度与困境。

针对康德对“物自身”的迟疑与止步，后世亦有不同的看法和处理。比如在黑格尔那里，主词就将自己（肯定）与谓词（否定）连起来构成了一个在否定中建立自身的辩证运动过程，实体就成了主体，成了真实的作为主体的“是”；或者换句话说，“是”就成了绝对主体，成了逻各斯。然而，亚里士多德没有解决的难题，黑格尔就解决了吗？黑格尔确实回答出了“是本身”与“是什么”不过是思维内部的不同环节。但对于那个在逻各斯、理性、语言之先或其之外的“这一个”本身，理性又如何应对呢？

其实，亚里士多德已经意识到实体作为“载体”（upokeimenon）永远是潜在（dynamis），即其所不是而将要是的存在，却偏偏要将它抽象为“这一个”、锁在主词位置、去对它形成知识。而这个其所不是而将要是的存在后来就构成了海德格尔对“此在”的重要理解。亚里士多德对于实体的理论旨趣就是想寻求一个脱离周遭世界（Umwelt）、脱离“统一的意义联结”（der einheitliche Bedeutungszusammenhang）的独立自持者。亚里士多德对于独立自持者的迷恋，到了康德那里就成了“物自身的存在”问题。以海德格尔之见，不论是亚里士多德的“这一个”，还是康德的“物自身”，都并非作为意义脉络整体的世界之性格，而只是理论“事物”之性格，由此，“存在之根本规定变成实体性（Substanzialität）”（SZ，201）。所以，“真正构成问题的，其实是理论态度的立场”①。

① 梁家荣：《海德格尔论实在问题》，《同济大学学报》（社会科学版）2008 年第 1 期。

然而，这个问题在海德格尔那里就算圆满结束了吗？其实，海德格尔自始至终都在巴门尼德“思有同一”以来的“有”（可道之道）的传统中打转，从未达到过“无”（不可道之道）的层次①。

《悖论与物自体》发表之后，我曾计划五年内写一续篇，那份台湾“中央大学”访学研究计划书就是按照这个设想拟定的。然而，台湾访学归来之后，出于博士论文写作的需要我开始从康德哲学进入黑格尔哲学，加上博士论文任务繁重，至今未能兑现自己心中这个学术约定。正像康德外物存在的问题在海德格尔那里夭折了，《悖论与物自体》续篇并没有完成。但如今想来，正是“物自身的存在”这一问题成了我哲学运思的起点：没有它，我可能不会去读《纯粹理性批判》《精神现象学》，而会去读胡塞尔、海德格尔。

我想，可能每个人心中都藏着一个“哲学”乐园，那是一块圣地，面朝大海，春暖花开，在那里，诸神孩子般地争辩和嬉戏，他们讥笑柏拉图“哲学的王”简直就像是“圆的方”。透过《悖论与物自体》这篇文章，我仿佛又看到了自己当年心中那个“哲学”乐园里的童话世界。

《康德式谓词观的问题及其解决》《论康德和黑格尔的存在观》这两篇讨论的是存在理论与谓词理论。当时只是朦胧地意识到“在西方将谓述与存在问题相连似乎已是一种传统”，时隔多年才洞悉，“S 是 P”这一西方 - 欧洲语言的基本模式深藏着从巴门尼德、亚里士多德到弗雷格乃至整个西方 - 欧洲哲学思维的秘密，西方人正是在这个主 - 谓词的语言结构平台之上展开对“存在”的思考。我开始对存在理论的研究其实是从谓词理论入手的，那就是2007 年发表的《康德式谓词观的问题及其解决》一文，这篇文章概括的是由康德哲学发展出的分析哲学（主要有弗雷格、罗素、奎因）的谓词理论，所以说我对存在问题的研究是以分析哲学的方式发端的。但由于我在博士研究生阶段经历了黑格尔哲学的洗礼，就意识到康德哲学同时还发展出辩证哲学（即黑格尔）的谓词理论，因此就有了五年之后的《论康德和黑格尔的存在观》一文，该文借助对康德和黑格尔谓词理论的分析厘清了二者存在理论的

① 西方传统从不去寻找非存在、虚无、灭。古希腊哲学与基督宗教两大传统在根源处都属于“有”的传统：赫拉克利特与巴门尼德开创了古希腊哲学两条截然不同的路线，但不论是赫拉克利特所谓那团“永远活生生的火”（或译作“永生的火”），还是巴门尼德所谓“永恒不变的在”，抑或是上帝所自称的“自有永有”，都可谓是追寻永生的传统。

关联。通过这篇文章的写作，我又深深感到黑格尔在分析与综合的二分上发生了一次深刻的哲学革命！黑格尔对存在和谓词对立关系的扬弃同时意味着他对分析命题与综合命题对立关系的扬弃。长期以来，西方哲学沿袭着对分析命题与综合命题的二分理解。虽然奎因在《经验主义的两个教条》中批判了经验主义对分析和综合的区分（实际上是消解了分析命题），但他对分析和综合的规定依然遵循了休谟以来的二分传统，是黑格尔真正扭转了这种传统规定。而这种扭转仰赖的是黑格尔对“综合”的全新理解，由此他从根本上超出了形式逻辑。按照传统理解，综合命题即规定性命题。但在黑格尔看来，规定不是外在的联结，而是在否定中的自我规定。更为重要的是，黑格尔的自我综合深刻解释了历史的自我规定问题。

存在论是我多年来的研究焦点。有了对康德、对黑格尔，以及博士论文完成后对海德格尔存在理论研究的基础，并沿着《论马克思的“历史科学”》一文得出的结论，我在 2013 年发表了《马克思的存在论以“Sein”为对象吗?》一文，算是对马克思存在论研究的一个总结。但由于后者的主题属于马克思哲学，因而在本书中就被归入到上一部分。

我还较为重视康德哲学与经验派哲学的比对，如《从休谟到康德》《康德与逻辑实证主义的知识论——兼论洪谦“康德的先天论与现代科学”中的问题》。

《从休谟到康德》取自我的硕士论文，基本上体现了我在硕士研究生阶段，特别是 2005 年全面细致研读《纯粹理性批判》的那段经历。有了《悖论与物自体》《康德式谓词观的问题及其解决》两篇论文的写作基础，凭着爱好并熟悉康德哲学的缘故，我的硕士论文选择从与康德哲学的衔接入手来讨论马克思哲学，这样就读一节邓晓芒译本的《纯粹理性批判》，再对应着读一节早在 2004 年冬天从北京购买的齐良骥的《康德的知识学》。如此，《纯粹理性批判》成了我在哲学之路上进入的第一部经典。

第一次听到“石里克”的名字是在 2004 年韩林合老师的研究生课堂上。后来了解到韩老师于台湾东大图书公司出过一本《石里克》，有一次在信中提到，韩老师回信说，他有一本复印件，我来北京时可赠予我。2006 年夏恰逢台湾李瑞全教授来北京参加第八届世界生命伦理学大会，我早已约定去北京与他会面，又假李教授之福在那年 8 月部分参加了在中国人民大学举办的中英美暑期哲学学院第 11 期暨康德哲学高级研讨班，在那次北京之行中，我拜会了韩林合老师。这期间了解到石里克、洪谦、韩老师之间的师承关系，又听韩老师讲，由他选编的《洪谦选集》是目前最全的洪谦论著集，而那时洪先生是我最为敬仰的中国哲学前辈之一，当时就买了一本，回去之后如饥似渴地研读，但我体会到洪先生对康德的理解与批评并非依据康德的原意。因此，我便就与洪先生的不同理解向韩林合老师请教（2006－8－22 15：50）。韩老师在当晚的回信中指出："洪先生的解放前文章中的许多内容均是基于维也纳学派立场而写就的，其中的大部分很大程度上是石里克相关文章的意译。而维也纳学派对康德的批评现在看来许多并非有说服力，值得怀疑。"（2006－8－22 22：20）同年，我考入武汉大学哲学学院攻读博士学位。秋季学期，我旁听了朱志方老师的"专业外语"课，第一选篇即为石里克的《意义和证实》。借此机会，我系统地了解了逻辑实证主义的理论主张与志趣。一则，从20世纪30年代石里克发表在德语世界康德哲学权威刊物《康德研究》上的文章来看，他的这种理论在当时是有相当影响力的；二则，逻辑实证主义这种批判康德的角度和方法目前仍为国内哲学界不少学者接受、使用、津津乐道。因此，我就写了《康德与逻辑实证主义的知识论》这篇回应洪谦批驳康德因果律原理和物自体理论的文章，并借此展现出经验主义与先验主义的知识论在原则上的分殊。

《黑格尔存在论的主体能动性传统与辩证法》来源于我的博士论文中黑格尔的存在理论部分。若从主体能动性传统上来看黑格尔的存在论，则存在是一个过程、自己运动的过程、自我否定的过程，即辩证法。黑格尔存在论上主体能动性传统的三大方面对马克思感性存在论之主体概念的形成产生了重要影响。

《黑格尔论市民社会及其否定》从酝酿到完成历时三年。作为本文的准备工作，我翻译了伍德（Allen Wood）教授的长文《黑格尔与马克思主义》，刊登于《国外理论动态》2013年第9期（后收入2015年4月出版的国家出版基金项目中央编译局文库《马克思主义研究资料第16卷·马克思主义哲学研究Ⅱ》）；在学院进行了题为"黑格尔市民社会理论概说"（2013年12月30日）、"黑格尔法哲学'序言'疏义"（2016年4月5日、12日）的学术讲座，并受邀由超星学术视频网全程录制、上线并播映；同时，我在2015年出访香港道风山汉语基督教文化研究所的初衷即为"黑格尔的'国家'与基督教"这一课题搜集资料。

最后是"其他"部分。

《标准在我心》是我第一篇真正哲学形式的论文，正是它让我踏上了哲学的朝圣之路。该文是我本科 2001 年秋季学期“当代西方哲学思潮”这门课的平时作业，贾占新老师给了我 28 分的全班最高成绩。人们对某一事物或问题的审视、分析总是根据心中一定的“尺度”，这“尺度”就是标准。那么，它是绝对的个体问题，还是纯粹社会赋予的统一准则？是主观产物，还是客观存在，抑或是兼而有之？这便是本文讨论的中心议题。由于开始时做了太多的思考、阅读、形成了大量的笔记，迫于时间压力，后因支气管炎住了医院，所以，论文最终是在病榻上完成的。李泽厚的《美学四讲》是我向友人借的一本参考文献，当时做了大量缩写式摘录并标注了页码，后因住院拖延了时间、要赶紧还书，以至于引文不能与原文核对而无法写入论文，算是一点遗憾。一般来说，多数学者是不愿意将自己大学时期的文章展现于世的。但其一，对自己的学术反思断不能拒绝对学术发端之反思；其二，尽管它粗糙、不成熟，但就从这粗糙、不成熟之中亦可管窥日后思想之来源。贾老师在这门课上主讲了叔本华、尼采、胡塞尔、海德格尔、萨特、维特根斯坦六位哲学家，当时对我触动最深的是尼采和维特根斯坦，至今想来，这篇文章潜在地受到了康德、尼采的影响。文中提到的“先验”可能还逗留于 priori，而没有上升至 transzendental 的层次，但可以想象，那使人类文化具有普遍必然性的先验的“先觉意识”再往前追问就会到达康德。

我的硕士生导师宫敬才老师的研究方向是经济哲学，所以给我们开设“经济哲学”课，《个人与国家——亚当·斯密与李斯特经济哲学思想比较》即为这门课的课程论文。但由于我的心智方向不同，后来就没有在这方面太多着力。然而如今看来，文中涉及的问题对于中国的现实太重要了。马克思的立脚点与此二者都不一样，他在《提纲》第十条指出，旧唯物主义的立脚点是市民社会（即作为“原子论的体系”的“独立的单个人的联合”），新唯物主义的立脚点则是人类社会或社会的人类（即建立在独立人格基础上的人格间的自由联合）。

如果说前两篇是对我哲学童年的回忆——在这回忆中有苦恼，有兴奋，有绞尽脑汁，有遗憾与怀念——那么，后两篇则是我比较近期的作品。

一直有这样一个疑惑：黑格尔所批判的“形而上学”与亚里士多德传统的“形而上学”在用法上何以不同？2013 年秋季学期，我要开一门“当代哲学热点问题”的课，就趁着备课的机会将这个问题梳理了一下，这样就有了

《形而上学的意义与命运》的第一部分，之后这一部分以《“形而上学”在西方主要哲学流派中的用法之贯通》为题在“形而上学：东方与西方”国际研讨会（华东师范大学，2013 年 12 月）上宣读，来自印度的主持人 L. P. Singh 教授点评称“Good paper”。本文第一部分力图贯通“形而上学”在西方主要哲学流派中的多重用法：首先，考察了形而上学如何由亚里士多德 - 康德的用法过渡到黑格尔以及逻辑实证主义者的用法；其次，揭示出在尼采、海德格尔的批判中，形而上学与西方 - 欧洲的历史及其命运如何联系在一起。第二部分则从形而上学的自身怪圈来反观形而上学的本性，并思考形而上学的命运。这样就不得不牵涉到欧洲虚无主义的问题。

《十字架、罪与爱——兼论电影〈烈日灼心〉及尼采》是一篇融哲学、圣经解读与电影分析于一体的尝试之作，它展开的是新约圣经、电影《烈日灼心》、尼采三者之间的对话，对话的主题是人性。值得一提的是，基督宗教对人性的理解极为深刻、细腻，主要见于它的原罪思想。相比之下，这种思想元素在中国文化传统里尤其匮乏，即便是荀子的“性恶”说亦非同一层次——荀子所谓“生而有好利焉”“生而有疾恶焉”“生而有耳目之欲，有好声色焉”等皆不是谈人性根源处的罪恶——中国古人基本上是将人性作为自然，而不是作为心灵（nous，在古希腊至少阿那克萨戈拉就已经提出了“努斯”）来讨论的。那么，人类犯罪的根源何在？为什么亚当和夏娃会犯罪？难道上帝会预见不到？为什么他们会被魔鬼（蛇）引诱？难道魔鬼（蛇）不同样是上帝所造的吗？这一切仿佛是上帝在思想中做的一场实验，反映到尘世就成了这一幕幕的现实。人性原罪的思想往前再进一步就会到达作为其根源的上帝（当然在上帝那里不能称之为“罪”）。神性本身就包含人性，否则上帝如何能够造人？人是上帝的一面镜子。并非上帝与魔鬼搏斗，而是上帝与自己搏斗。上帝的本质中就有其阴暗面，但在一个自身等同的上帝那里还不叫作“恶”。因此，上帝创世造人。在人与人的关系中，恶显现出来了。其实，在西方的思想脉络中已经有过这种“离经叛道”的解释（见《精神现象学》），尽管它不被基督教主流所接纳。我说这番话是想强调，中国传统思想根本就没有进入我们灵魂中的那个阴暗世界，而这一方面极大地钳制了儒家的发展，另一方面使道家从未对“道”总是向着相反方向分化、展开自己、以背离自己的方式运动这一悖论式特征做出追问和解释。

德文、英文内容提要

Ein buchstäblicher Kommentar zur Einleitung der *Kritik der praktischen Vernunft*

Abstract: Diese Arbeit ist ein buchstäblicher Kommentar zur Einleitung der *Kritik der praktischen Vernunft*. Diese wird in zwei Paragrafen geteilt, in deren erstem das Verhätlnis die Kritik der praktischen Vernunft und die Kritik reinen Vernunft kurz und allgemein dargestellt wird, um zu erläutern, daß die Kritik der reinen Vernunft die Möglichkeit des Begriffs von Freiheit einerseits behält, aber anderseits, die Möglichkeit, für diesen irgendeine Erfahrung zu verwenden, beseitigt. Dadurch liefert es dem Brauch der reinen praktischen Vernunft die Möglichkeit und den Bereich und macht sie zu einer Richtschnur der Kritik über die praktische Vernunft überhaupt. In dem zweiten Paragraf wird es aus diesem Verhältnis zu einer Einrichtung des Kapitels und der Abschnitte von der *Kritik der praktischen Vernunft* geleitet, die die mit dem Aufbau von der *Kritik der reinen Vernunft* gleichen Elemente, aber eine entgegengesetzte Ordnung hat.

Keywords: Die Reine Vernunft; Die Praktische Vernunft; Freiheit; Ldee; Empirisch

The Rejection and Application of Intuition in Kant's Moral Philosophy

Hui Yongzhao

Abstract: Kant's theory of intuition is composed of three levels: sensible intuition, imagination, and intellectual intuition. Intuition plays an important role in both the first *critique* and the third *critique*. But in *the critique of practical reason* and other moral philosophy works, Kant explicitly rejects the application of intuition. This rejection mainly shows in the Analytic of *the critique of practical reason*. In Kant's moral philosophy, however, intuition still plays a role in an indirect way. Through analogy and symbolism, Kant represents the things which cannot be intuited by the things which can be intuited. From the perspective of symbolism, we can also understand Kant's seemingly paradoxical concept of "the schema of duties of virtue".

Keywords: Intuition Morality; Schema; Analogy; Symbol

On Kant's First Analogy

Hu Hao

Abstract: The argument of Kant's first analogy is worth studying. Its main task is to demonstrate that substance persists in all change of appearances. Kant provides three arguments. The argument in the first edition begins with subjective apprehension to emphasize that something that persists is the substratum of the empirical representation of time itself. But it is not satisfactory due to its gaps and deficiency. The argument in the second edition shifts to another angle: something that persists is the substratum of time itself. This argument is concise. It also makes up for the defect in the first edition. To demonstrate the reason for the persistence of substance, Kant provides an additional argument, which not only defends the goal of the first analogy, but also lays the groundwork for the second analogy. In a word, the argument of Kant's first analogy is plausible.

Keywords: Kant; The First Analogy; Substance; Argument A; Argument B

Analysis of Transcendental Object in Kant's *Critique of Pure Reason*

Abstract: The concept of "transcendental object" in *Critique of Pure Reason* is obscure and hard to understand due to both its profound and layered meaning, and its similarity to other concepts. Hence, this treatise tries to analyze this concept first to summarize three layers of its meaning: the unity, the principle of the unity and the warranty of objective reality. Then the treatise explains that the differences between transcendental object and thing-in-itself is the difference between not only transcendental and transcendent, but also epistemology and ontology. Last, by investigating the relationship between transcendental object and transcendental subject, the treatise attempts to prove that transcendental object is the objectification of transcendental subject. The function of the transcendental object in Kant's philosophy will be better understood after this investigation.

Keywords: Transcendental Object; Representation; Thing-in-itself; Transcendental Subject

"Reflection of Understanding" and " Transcendental Intuition": On the Origin of Hegel's Speculative Reason

Abstract: The origin of Hegel's speculative Reason must be traced back to *The Difference between Fichte's and Schelling' s System of Philosophy*. This paper argues that after diagnosing the culture of the present age consciously, Hegel pointed out the inherent segregation of culture and "The Need of Philosophy" as the result of such segregation. Hegel found that to meet the Need, philosophy at the time was established either on the "Reflection of understanding" (Kant, Jacobi, and Fichte), or the "Intellectual

Intuition", which was totally opposed to the former (Jacobi, Fichte). Both failed to unify the segregation and realize the need of Philosophy itself. In essence, both still remained the "Philosophy of Understanding". Hence, Hegel proposed the speculative philosophy to obtain the "Absolute Identity" to unify the segregation. This article will show the rationality and internal difficulty of this project while explaining how the project promoted the development of Hegel's philosophy.

Keywords: The Need of Philosophy; Reflection of Understanding; Intellectual Intuition; Transcendental Intuition; Speculation

On Early Wittgenstein's Theory of Logical Picture

Xu Tao / 103

Abstract: This paper tries to elucidate the content of early Wittgenstein's theory of logical picture, especially to analyze the essence of picture and its form of representation. The author points out that the picture is the semantic meaning hidden in the model of reality. Secondly, the paper analyzes the relationships and differences among representing relation, representing form and logical form, which are core concepts in Wittgenstein's theory of picture. Lastly, it shows the logical basis of how picture can have sense.

Keywords: Picture; Representation; Representing Form; Logical Form

Wittgenstein's Concept of the Phenomenological Language

Li Jiali / 123

Abstract: In 1929, Wittgenstein returned to Cambridge and put forward his Phenomenology with the core theory of phenomenological language. Phenomeno logical language was advanced to describe the immediate experience, that is, phenomenon. Wittgenstein divided descriptions of a subject into two ways: one way was to take the subject as a physical object and to describe it in physical language; the other was to describe the logical form of a subject by using phenomenological language, for the subject is the phenomenon coming from our sense and immediate experience. A typical example that Wittgenstein used for phenomenological language descriptions was the repeatedly mentioned "color incompatibility problem". This problem means that two colors cannot be in one place at the same time. The possibility of color incompatibility is not fact possibility, but logical possibility, for color incompatibility derives from the logical form of color system and the proposition to describe the color phenomenon is also subject to the syntax within the proposition. Therefore, phenomenological language is an a priori study. However, phenomenon as "the specious present", is contradictory to phenomenological language in time. What's more, like the private language, once phenomenological language exists, it can cause the loss of function of language expression and communication because what phenomenological language describes is individual sense and immediate experience. So it is impossible that phenomenon and phenomenological language exist in one community. Thus, by the end of the year 1929, both external and internal reasons made Wittgenstein gave up the phenomenological language, and shifted his focus onto ordinary language, and then, gradually launched his late philosophy.

Keywords: Wittgenstein; Phenomenology; Phenomenological Language; Ordinary Language

On the Validity of Schlick's Principle of Verification

Abstract: Logical empiricist movement can be described as an important part of the development of Western philosophy in the early 20th century. The most crucial view of this movement can be described as a particular kind of "theory of knowledge": the knowledge of what is effective? Logical empiricists' answers to this question were built on the basis of a "theory of meaning": the valid knowledge is expressed by meaningful propositions. However, what is the criterion of meaningful propositions? Logical empiricist's answer to the latter question-the principle of verification to Meaning-will be discussed in this paper. The author argues that from the point of Schlick's expounded principle of verification, the generally paradigm refutation of this principle is invalid. Moreover, the failure of this rejection was derived from ignorance upon the way we talk about our language.

Keywords: Schlick; Meaning; Principle of Verification

The Ethics and Politics of Narrative: Heidegger + Foucault

Abstract: Heidegger and Foucault are often castigated as ethical-political dead ends. They are criticized for their unwillingness or inability to supply the grounds for sound moral and political judgment. Heidegger's highly abstract form of philosophizing, empyrean ontological vantage point, and depreciation of "das Man" undermines moral principle and political responsibility. And the genealogical studies left Foucault convinced of the ubiquity of the disciplinary matrix. There would be no final liberation. This essay will revisit these accusation in the light of Heidegger's and Foucault's inherent skepticism. My thesis is that Heidegger and Foucault do indeed provide us with the resources for prudential thought and action. Both thinkers implicitly highlight the importance of moral and political judgment by providing compelling narratives that foster its cultivation.

Keywords: Heidegger; Foucault; Narrative; Morals; Politics

Transforming the World until Recognizable

Abstract: Ernst Bloch (1885 – 1977) was the most important Marxist philosopher in Germany after W. W. Ⅱ and a leading figure who made innovations in traditional Marxism. Bloch was unique because he was not only a Marxist, but also a prominent philosopher of the 20th century. Bloch devoted his whole life to writing. Even with an advanced age of 92, Bloch was still writing. When *The complete Works* was published in 1977, he finally finished his life's work. His works were translated into many language, including Slavic, Persian, Arabic, Japanese, Korean, etc. Bloch died in 1977. The following interview was his last important one. In it, he reviewed his academic pursuits and political activities. This interview covered a lot of ground: as a student in the 20s, as a free writer in the 30s, as an exile in America in the 40s, as a professor from the University of Laipzig in the 50s, also as a professor from the University Tübingen in the 60s and 70s. This interview should be rated as a substantive and erudite document of philosophical history and intellectual history of the 20th century.

Keywords: Ernst Bloch; Youth; Exile; Years in Leipzig; Years in TüBingen

Mill's *System of Logic* and German Philosophy

Abstract: Mill's *System of Logic* discussed related thoughts of three German philosophers, viz. Leibniz, Kant and Lambert. When *System of Logic* was translated into German and introduced into Germany, it was followed with interests by many German philosophers, such as Dilthey, Brantano, Frege, Husserl and Heidegger. Investigating the communication between Mill's *System of Logic* and German Philosophy, as well as the influence on one another, the author intends to make a beneficial supplement to the intellectual background on which the study of German philosophy is based.

Keywords: Mill; *System of Logic*; German Philosophy

Mein Wald von Philosophie

Dai Jin / 288

Abstract: Diese Arbeit ist the Einleitung meines Buchs *der Abgrund von Philosophie: Dialoge zwischen Marx und deutschen Philosophen*, das sofort veröffentlicht wird. In dieser blick ich auf den Verlauf zurück, in welchem ich Marxs Schriften in seinen Verhöltnis mit deutschen Philosophen lese. Zum Beistpiel, die Gleichheit und Ungleichheit zwischen Marxs historischer Dialektik und Husserls phänomenologischer Theorie von Lebenswelt, Marxs Entwicklung des Begriffs von Feurbachs Gattung, die innere Beziehung der Marxs Subjekt auf die Hegels Person, die Vergleichung des Marxs und Kants, Hegels, Heideggers, im Gedanken von Sein, außerdem auch Wittgenstein und die analytische Philosophie, die metaphysische Tradition von Aristoteles zu Kant und Hegel, usw., das alles sind meine Themen, und stellen die vielfache Situation der Marxs Philosophie dar.

Keywords: Marx; Die Deutsche Philosophen; Verhältnis; Vergleichung

《德国哲学》稿约

《德国哲学》是由湖北大学哲学学院、湖北省哲学史学会联合主办的专门研究德国哲学及相关问题的学术性刊物。《德国哲学》首任主编为张世英先生（1986～2001年），洪谦先生、贺麟先生和熊伟先生为顾问；现任主编为邓晓芒教授和戴茂堂教授，张世英先生、梁志学先生、杨祖陶先生和王树人先生为顾问。自1986年创刊以来，《德国哲学》对推进德国哲学乃至整个外国哲学研究做出了积极而卓有成效的贡献，在中国乃至外国哲学界都产生了广泛而重要的学术影响。

2016年是《德国哲学》创刊30周年，借此机会编辑部希望国内外热爱德国哲学、热衷外国哲学研究的学界同仁继续给《德国哲学》提供稿件，让《德国哲学》成为一个国内外学界同仁研讨德国哲学和外国哲学的理论平台和前沿阵地。

《德国哲学》稿件除正文外，还需附上中英文摘要和关键词、文章的英文或德文目录、作者简介和联系方式。文章采取脚注。

来稿请寄：430062，武汉市友谊大道368号湖北大学哲学学院《德国哲学》编辑部收。电子邮箱：hddgzx@126.com。

《德国哲学》编辑部

2016年8月1日

图书在版编目(CIP)数据

德国哲学．2015年卷/邓晓芒，戴茂堂主编．--北京：社会科学文献出版社，2016.9
ISBN 978－7－5097－9709－9

Ⅰ．①德… Ⅱ．①邓… ②戴… Ⅲ．①哲学－研究－德国－丛刊 Ⅳ．①B516－55

中国版本图书馆CIP数据核字(2016)第223116号

德国哲学（2015年卷）

主　　编／邓晓芒　戴茂堂
副 主 编／舒红跃

出 版 人／谢寿光
项目统筹／周　琼
责任编辑／黄金平

出　　版／社会科学文献出版社·社会政法分社（010）59367156
　　　　　地址：北京市北三环中路甲29号院华龙大厦　邮编：100029
　　　　　网址：www.ssap.com.cn
发　　行／市场营销中心（010）59367081　59367018
印　　装／三河市东方印刷有限公司

规　　格／开　本：787mm×1092mm　1/16
　　　　　印　张：20　字　数：327千字
版　　次／2016年9月第1版　2016年9月第1次印刷
书　　号／ISBN 978－7－5097－9709－9
定　　价／98.00元

本书如有印装质量问题，请与读者服务中心（010－59367028）联系